LE BONHEUR
D'APPRENDRE

DU MÊME AUTEUR

L'Espace, terre des hommes
Tchou, 1969

La Lune est à vendre
Denoël, 1969

En danger de progrès
Denoël, 1970

Le Bonheur en plus
Denoël, 1975

La France et ses mensonges
Denoël, 1978

Scénarios du futur
Denoël, tome 1, 1978, tome 2, 1979

Le Système EPM
Grasset, 1980
« Le Livre de poche », 1981

Toujours plus !
Grasset 1982, nouvelle éd.
« Le Livre de poche », n° 5842

Tous ensemble
Seuil, 1985
et « Points Actuels », n° A79

Le Pari de la responsabilité
Commission Efficacité de l'État du Xe Plan,
sous la direction de François de Closets,
Payot, 1989

La Grande Manip
Seuil, « L'Épreuve des faits », 1990
et « Points Actuel », n° A 120

Tant et Plus
Grasset / Seuil, 1992
et « Le Livre de poche », n° 9701

François de Closets

LE BONHEUR D'APPRENDRE

Éditions du Seuil

ISBN 2-02-031428-2
(ISBN 2-02-028345-X, 1re publication)

A mes trois passagers de l'école :
Serge, Régis, Sophie.

Avant dire

Apprendre, c'est le premier métier. Celui que tous les Français doivent exercer pendant une vingtaine d'années. Enfance, adolescence, jeunesse, les premiers âges de la vie s'organisent autour des différentes étapes de l'apprentissage : école, collège, lycée, université. Si les jeunes gens sont dispensés de produire, c'est à condition de s'instruire.

Apprendre, c'est une fonction sociale. En France, l'éducation absorbe 565 milliards de francs par an, soit 10 000 francs par habitant. Un effort gigantesque – seule la santé se révèle plus gourmande– qui atteste son importance stratégique. Tout pays développé fonde sa puissance sur le niveau intellectuel de la population et fait de l'école le creuset de la nation.

Apprendre, c'est un droit. L'un des plus précieux. Les Français en défendent non seulement le principe, mais l'extension : tout allongement de la scolarité est salué comme un progrès démocratique. C'est fort bien vu tant que l'on ne confond pas le droit d'étudier et le droit au diplôme.

Apprendre, c'est un devoir. Les parents ont l'obligation de donner une instruction à des enfants qui ont l'obligation de la recevoir. Que cela plaise ou non. Dans le monde scolaire, l'objection de conscience n'a pas sa place.

Apprendre, c'est une épreuve. Les générations sont lancées les unes après les autres dans une gigantesque compétition qui vise davantage à sélectionner les meilleurs qu'à instruire les moins bons. Notes, bulletins, classements, résultats ponctuent nos années d'études et deviennent la météorologie de notre jeunesse.

APPRENDRE, c'est une discipline. L'acquisition des connaissances ne se fait pas « dans la vie », au hasard de l'expérience quotidienne ; elle doit intervenir dans le cadre scolaire. Le schéma pédagogique organise méthodiquement la transmission des savoirs entre des enseignants et des enseignés. Toute autre forme d'apprentissage est ignorée. Quant à l'enfant, il ne sera jamais jugé sur ce qu'il sait, mais sur ce qu'il doit savoir.

APPRENDRE, c'est un enjeu, celui de toute une vie. En France, le parcours scolaire pèse comme une fatalité sur les années adultes. Les premiers de la classe deviennent des gens importants, riches et considérés ; les derniers forment la triste cohorte des pauvres, des chômeurs, des exclus. Cette loi n'est pas toujours vérifiée, mais elle est connue de tous dès l'école primaire.

APPRENDRE, c'est l'affaire des jeunes. Le capital de connaissances se constitue avant l'entrée dans la vie active. Par la suite, il s'utilise, s'actualise, mais ne se renouvelle guère. Les futurologues ont beau annoncer qu'il faudra étudier tout au long de l'existence, nous n'en sommes toujours pas là. Les savoirs validés et reconnus sont, pour l'essentiel, ceux que nous avons acquis à l'école.

Ces transformations ont ritualisé l'instruction, devenue une obligation comme le travail, voire une corvée comme le service militaire. Dans tous les cas : une fatalité de l'existence.

Les Français n'ont jamais tant appris, se sont-ils enrichis et épanouis en proportion ? Franchement, je ne le crois pas. Lorsque je les écoute, lorsque j'observe leurs comportements, j'ai le sentiment que, pour le plus grand nombre, cet entraînement intensif ne débouche sur aucun plaisir, aucune pratique vivante, qu'apprendre, c'est embêtant. Passé la période scolaire, ils se sentent libérés de cette activité rebutante et n'éprouvent de curiosité que contrainte – une obligation professionnelle parmi d'autres –, pour les connaissances qui leur furent enseignées. Quand l'école est finie, c'est le temps de la découverte qui s'achève.

Voilà ce que je ne peux comprendre, car le bonheur d'apprendre a illuminé toute ma vie, en a définitivement chassé la routine et l'ennui. D'où vient qu'il soit aussi peu répandu ? Que le plaisir de découvrir ne soit pas apprécié à l'égal du plaisir d'aimer ou de posséder ? Dans ces premières lignes, j'évoquais les disciplines scolaires, mais elles ne constituent qu'une mise en appétit pour une curiosité beaucoup plus vaste. Sans limites et tout au long de la vie. Car le monde moderne est le plus libre, le plus divers qui ait jamais existé. Il autorise, avec une souveraine indifférence, toutes les aventures intellectuelles, philosophiques, artistiques ou religieuses. Le champ est ouvert, à chacun d'y tracer son chemin.

Une situation sans précédent. Aucune société n'avait, comme la nôtre, donné l'instruction à tous les enfants, la liberté à tous les adultes. Cette double chance devrait éveiller ce goût de l'initiative, ce désir de recherche, cette curiosité insatiable, cette soif de l'inconnu qu'imaginaient les utopistes lorsqu'ils rêvaient une telle société. Nous en sommes loin. On n'observe que passivité, conformisme face à la pression médiatico-publicitaire, on ne découvre que des attitudes prévisibles, des réactions attendues, bref toutes les marques d'un conditionnement tristement efficace. Est-il naturel que quinze ou vingt ans d'études ne produisent que des consommateurs-téléphages, victimes consentantes et soumises de tous les racolages ? Est-il normal d'apprendre tant de choses dans l'enfance et d'en perdre le goût dans son âge adulte ? Je ne peux m'empêcher de ressentir cette rupture, même teintée de nostalgie, comme un échec.

Mon étonnement n'a rien de théorique. Je ne suis pas sociologue, je n'entends pas les sciences de l'éducation et me tiens éloigné des recherches savantes qui ne sont pas de ma compétence. Seuls les hasards de l'existence m'ont rendu plus sensible que d'autres à ces questions. Mes expériences d'élève puis de parent ne furent que de banales évidences, des itinéraires attendus et reconnus. Si je m'interroge et m'indigne, c'est en raison d'une situation sans doute singulière qui m'a été faite : celle d'un étudiant à perpétuité condamné, heureuse condamnation ! à devoir toujours apprendre. Cette curiosité obsessionnelle était une obligation, elle devint une passion. Plus elle me semblait naturelle et plus je m'étonnais d'en être redevable à ma profession plutôt qu'à mes études.

Nul ne parle de l'école sans se référer, consciemment ou non, à son propre parcours. La vision du bon élève porte l'empreinte de ses succès, et celle du cancre les stigmates de ses échecs. Mieux vaut donc jouer cartes sur table et parler de mon expérience. A chacun d'en tirer le « coefficient correcteur » qu'il convient d'appliquer à mes réflexions.

Élève ou étudiant, j'ai traversé l'institution scolaire sans orages, sans même une averse mémorable. Je n'ai pas obtenu les plus hautes distinctions, ENA ou Polytechnique, je ne les ai pas recherchées non plus, en sorte que j'ai le sentiment d'avoir réussi ce que j'ai tenté et, en aucune façon, d'avoir raté ce que je n'ai pas visé. Bref, j'ai été heureux à l'école et j'ajouterai que je le fus à nouveau, quoique indirectement, dans mon âge adulte. Père ou potache, je ne vois aucun nuage gris attrister mes souvenirs scolaires.

Élève fantasque, capable du meilleur comme du pire, j'ai franchi le secondaire sans encombre, sans redoublement. Ni crack, ni cancre. J'ai passé mon bac de bonne heure, sans y accrocher la moindre mention. Puis je suis allé à la fac de droit. Ne me demandez pas pourquoi. Disons que « faire droit et Sciences-Po », c'était ma façon de « faire des études ». Sans problèmes : m'étant tenu à l'écart des plus difficiles concours, je n'ai jamais raté un examen. Mes goûts me portaient vers la littérature, les arts, le spectacle ; j'y consacrais l'essentiel de mon temps et ne donnais à mon travail universitaire que le strict nécessaire pour décrocher les diplômes. Bref, j'avais fait une cote mal taillée entre un goût prononcé pour la bohème et le « sérieux de la vie ». Dernière précision : j'ai toujours subvenu seul à mes besoins depuis l'âge de dix-sept ans et je n'en ai jamais souffert. Bien au contraire. C'était le prix d'une liberté qui valait tous les conforts.

Si j'avais adopté le costume trois pièces du cadre sup, j'aurais trouvé naturel d'oublier et même de rejeter tous les savoirs qui n'ont pas leur place dans un attaché-case. Mais j'ai choisi le journalisme et, qui plus est, le journalisme « spécialisé » : nomadisant de la science à l'économie, en passant par les questions de société ou de santé. Chemin faisant, j'ai retrouvé – à vrai dire, je les ai à peine reconnues – certaines disciplines que j'avais entrevues bien des années auparavant, les sciences en tout premier lieu. Délaissant mes rêves littéraires, je me plongeai dans la physique, l'électronique, la technique. Je fis connaissance avec ces laboratoires, aux bâtiments rebutants, aux secrets captivants, avec ces réalités étranges qui défient l'imagination et se dérobent à toute représentation, avec ces recherches déroutantes dans leur complexité mais grandioses dans leurs ambitions. J'appris à lire l'avenir dans chaque pousse de ces jardins extraordinaires.

Je manquerais à la vérité en prétendant que ce basculement de rêveries artistiques ou littéraires à la dure réalité scientifique et technique fut toujours facile. Avouons-le, j'ai souvent peiné, j'ai même douté. A l'agence France-Presse, j'étais pris entre des exigences contradictoires de clarté, de rapidité, de rigueur et de concision. A *Sciences et Avenir*, je m'adressais à un public dont la formation scientifique était en général très supérieure à la mienne. Je vivais dans la hantise du faux pas, de l'erreur. Pendant les week-ends, je pâlissais sur des revues savantes dont le néophyte que j'étais ne comprenait le sens qu'à troisième lecture. J'ai le souvenir d'un article sur l'holographie qui me laissa un temps désespéré. A l'époque, cette technique de photographie par laser n'avait fait l'objet d'aucune vulgarisation. J'avais interviewé un physicien qui m'avait quelque peu embrouillé la tête et je m'évertuais sur des communications savantes bourrées d'équations auxquelles je n'entendais rien. Pauvre de moi ! Je me noyais dans les subtilités de l'optique physique, bien près de rendre copie blanche. Mais un article n'est pas un devoir, quand il est attendu, il doit être fait. J'en suis donc venu à bout, plutôt satisfait d'avoir dompté ces diaboliques interférences lumineuses.

Mon seul viatique était la conscience aiguë de mon ignorance. Par chance, j'ai toujours trouvé un chercheur pour voler à mon secours, m'expliquer ce que je ne comprenais pas et vérifier que mes propos n'étaient entachés d'aucune erreur. Je ne prétends pas que l'on puisse s'initier sans efforts ni délais à la physique des particules ou bien aux lois de la mécanique céleste, mais chacun n'a pas les mêmes nécessités de choisir ces disciplines, encore moins de les explorer dans de telles conditions.

En dépit de ces difficultés, le plaisir de la découverte l'emporta vite sur l'austérité de l'apprentissage ; en dépit de leur fâcheuse réputation, je fis de ces espaces ignorés mon terrain d'aventure favori. Je devins très vulnérable à la tentation de l'inconnu, y cédant avec un plaisir renouvelé lorsqu'au défi de l'apprentissage s'ajoutait le devoir de l'explication. Car je ne comprenais qu'afin de faire comprendre et trouvais la plus grande excitation à ce jeu de miroirs entre les langages savants et le parler ordinaire. J'étais donc au centre d'une double et réconfortante complicité : avec le monde des laboratoires par l'amont, avec le public de la presse puis de la télévision par l'aval. Je confesse les privilèges d'une position qui favorise à ce point la plus vilaine de toutes les vertus : la curiosité.

Ayant délaissé la science pour d'autres terrains de chasse, j'ai partout éprouvé le vertige de l'ignorance, l'angoisse de l'erreur, la peine de l'apprentissage, le plaisir de la découverte et le jeu de la simplification. Au cap de la soixantaine, je suis toujours sur le départ, guettant de nouvelles expéditions et sachant que le jour où ma curiosité sera émoussée, mon âge sera passé.

Ce bonheur n'est pas une bizarrerie de ma nature. Je l'ai rencontré chez d'autres et, chaque fois, j'ai partagé le même sentiment de complicité gourmande. A chacun son jardin secret, toujours différent, mais qu'importent les fleurs et les plantes dès lors que le jardinier les cultive avec amour pour son seul plaisir. Celui-ci se passionne pour la philosophie bouddhiste, celui-là pour l'histoire de sa province ; tel est fou d'opéra, tel autre d'informatique ou d'équitation : les choix sont divers, l'envie d'apprendre et de s'enrichir est toujours la même. Mais cette richesse-là ne dort pas dans un coffre de banque suisse, elle vit au quotidien et se trahit par une lumière du regard, un frémissement de la voix. Elle porte en elle un art de vivre.

Dans ces années 60-70, je me suis donc enivré de culture scientifique. Je dis bien de culture, car je n'ai rien d'un chercheur, encore moins d'un savant. Ces milliers d'heures passées à visiter des laboratoires, à m'entretenir avec des chercheurs ou bien à dépiauter les revues spécialisées ne m'ont donné aucune science. Si je me trouvais dans un centre de recherche, je serais aussi incapable de concevoir une hypothèse que de participer à une expérience. Tout juste bon à repeindre les murs. Je n'ai garde de confondre les compétences, celles d'un journaliste n'ont rien à voir avec celles d'un chercheur, et j'aime trop mon métier pour en usurper un autre. Cette approche curieuse n'apporte que le plaisir de connaître, mais c'est diablement agréable !

Pour vivre à l'aventure et butiner les savoirs, une profession n'est pas indispensable, une passion suffit. Les occasions sont données de surcroît. Mais l'expérience prouve qu'elles sont généralement dédaignées. Je peux parler de cette indifférence, je l'ai vécue.

Comme tout lycéen, j'avais suivi des cours de physique, chimie, géologie, biologie et, bien sûr, de mathématiques, pour quel profit ? Je ne sais. Car, au moment de choisir une voie littéraire, c'est la science qui me sortit de l'esprit. J'ai beau fouiller dans les souvenirs des dix années suivantes, je n'en trouve pas la moindre trace. Pas d'efforts, pas d'enthousiasme : le désert. J'étais parti dans une tout autre direction, mais cela n'explique rien. Pourquoi faudrait-il qu'un centre d'intérêt chasse les autres ? C'est d'autant plus incompréhensible que ces années furent extraordinaires : premiers vols de l'homme dans l'espace, mise au point des centrales nucléaires et des ordinateurs, découverte du code génétique, etc. La science s'imposait sans cesse à la une des journaux avec des annonces fracassantes. J'étais étonné, voire émerveillé, mais je n'allais pas au-delà d'une simple réaction. La presse parlait avec lyrisme de l'aventure spatiale qui nous permettrait de vivre sur d'autres mondes, des « cerveaux artificiels » qui allaient relayer et concurrencer l'intelligence humaine, de ce mystérieux ADN qui livrerait les ultimes secrets de la vie : cette prose enthousiaste n'avait pas de prise sur moi. Je m'en tenais à l'information et n'éprouvais pas l'envie d'aller plus avant. Si les malices de l'existence n'avaient pas réveillé le diable curieux qui sommeillait en moi, je serais resté ce spectateur inattentif, un parmi des millions. Découvrant mon goût adulte pour les affaires scientifiques, je dus bien m'interroger sur mon apathie juvénile. Pour quelles raisons mes bons maîtres avaient-ils à ce point barbé un lycéen qui était tout sauf allergique à la science ?

Cette première interrogation en a suscité d'autres qui, de proche en proche, se sont étendues à l'institution scolaire puis à la société dans son ensemble. C'est cet itinéraire que j'ai reconstitué dans ce livre, non pas un itinéraire professionnel – voilà qui est fait, nous n'y reviendrons pas –, mais une réflexion sur notre système éducatif et sur le sort qu'il réserve à nos enfants. Vise-t-il à les former ou à les sélectionner ? A leur donner un emploi ou une culture ? Peut-il encore concilier ces objectifs de plus en plus contradictoires ? Au terme de cette traversée apparaîtra une école accablée par des missions incompatibles, chargée de responsabilités insupportables. Je ne prétends pas présenter une étude générale sur les problèmes de l'éducation, étude qui aurait nécessité, entre autres, une comparaison avec les systèmes étrangers. Ce livre est, plus modestement, celui d'un ancien élève, d'un parent, d'un journaliste et, disons-le aussi, d'un citoyen. C'est à l'intérieur de ces limites qu'il doit être reçu.

Le monde de l'éducation a été conçu – est-ce un bien, est-ce un mal ? – comme un univers protégé, à l'abri de la vie et de ses tempêtes. Aujourd'hui, les murs de l'école se sont effondrés, les salles de classe sont envahies par toutes les tensions, toutes les angoisses, toute la violence d'une cité malheureuse et convulsive. Sur le visage des élèves, le front soucieux des adultes a remplacé le regard émerveillé de l'enfance, le plaisir d'apprendre n'a pas résisté à la soif de réussir ou, pire, à la peur d'échouer. Est-ce la marque inévitable des temps difficiles ? Certainement pas. Une société malade ne se guérit pas en chargeant l'école de tous ses maux. Elle ne fait que compromettre son avenir. Hantée par la peur du chômage, la jeunesse troque les joies de la découverte contre l'espoir d'un emploi. Un marché de dupes. Dans une société d'incultes diplômés, il n'y a pas moins de chômeurs, mais il y a encore moins de bonheur.

1

Apprendre, à quoi bon ?

Les Français sont fiers de leur littérature autant que de leur histoire ou de leur cuisine. N'ont-ils pas trouvé en héritage dans leur bibliothèque des centaines de chefs-d'œuvre dont une dizaine seulement suffirait à la gloire d'un peuple ? Ce privilège, qui les dispense de connaître les auteurs étrangers, les entretient dans la conviction qu'il existe une secrète et miraculeuse sympathie entre le génie de la nation et l'art de l'écriture. Au reste, leur langue est la plus belle du monde, ce point-là non plus n'est pas contestable.

Dans cette patrie des belles-lettres, Victor Hugo, Molière, Voltaire, Proust ou Zola font partie du paysage tout comme le Mont-Saint-Michel, les châteaux de la Loire ou le général de Gaulle, et l'on perdrait la face en attribuant les *Confessions* à Chateaubriand ou *Bajazet* à Corneille, autant qu'en prenant un brouilly pour un vin de Loire ou un sancerre pour un blanc d'Alsace ! Seul un Français peut penser avec Aragon que : « La littérature est une affaire sérieuse pour un pays, elle est au bout du compte son visage. »

Ce culte imprègne toute la vie politique. Du général de Gaulle à François Mitterrand, nos hommes d'État ont gagné un prestige singulier en prouvant plume à la main qu'ils eussent brigué la renommée littéraire s'ils n'avaient fait le choix de la politique. A tout le moins doivent-ils apparaître comme de fins lettrés. Examinateur débonnaire et malicieux, Bernard Pivot, seul journaliste littéraire au monde devenu star de télévision, fera passer l'épreuve.

Pour peu qu'il parle avec chaleur et pertinence de ses goûts littéraires, le président de la République gagnera un ou deux points dans les sondages. Les ministres, dans le même souci de respectabilité, se croient obligés de publier, quitte à épuiser leurs nègres, et de faire savoir qu'ils ont mis les vacances à profit pour se plonger dans *Les Mémoires d'outre-tombe* ou *A la recherche du temps perdu*.

En sens inverse, celui qui a imprimé son nom sur une couverture a gagné son ticket d'entrée dans le débat politique. Monsieur l'Écrivain appartient au parti des clercs, il s'exprime à pages ouvertes dans les gazettes et, pour peu qu'il en manifeste le goût, se trouve bientôt sollicité à propos de tout et n'importe quoi, car le livre donne compétence universelle au point que les prises de position, déclarations et pétitions en tout genre finissent par tenir lieu de production littéraire. Dans aucune autre démocratie la plume ne pèse d'un tel poids.

L'école de la littérature

Pour entretenir cette vénération des textes consacrés, l'école enseignait la littérature à l'égal de la langue. Au fil des années et des chapitres, les Français adultes ont découvert les styles et les genres, les maîtres et les œuvres. Éminente helléniste, professeur au Collège de France, membre de l'Académie française, Jacqueline de Romilly s'est faite l'ardente avocate des humanités. Elle ne cesse d'en rappeler les bienfaits : « Ce merveilleux entraînement à l'expression juste ne saurait mieux s'acquérir – c'est là une évidence – que dans un contact étroit avec les textes littéraires [...] ces textes des meilleurs auteurs agissent par contagion : ils donnent l'habitude du langage bien manié[1]. »

1. Jacqueline de Romilly, *Lettres aux parents*, Paris, Éd. de Fallois, 1993.

Si notre académicienne plaide pour ce modèle, si j'en parle au passé, c'est qu'il a perdu sa superbe au cours des dernières décennies. Mais, en dépit des concessions au monde moderne, à ses mathématiques, à sa technique, il demeure une référence culturelle, le socle de toute bonne éducation.

Lors du baccalauréat, les candidats ne doivent pas seulement triturer des textes choisis, s'exprimer en un français correct et développer un raisonnement cohérent. S'ils visent la mention sans laquelle ils n'auront gagné qu'un certificat d'études secondaires, alors ils doivent connaître notre patrimoine littéraire ou, à tout le moins, en donner l'illusion.

De bons esprits s'inquiètent et s'agitent sitôt que l'on envisage de restreindre la littérature dans le menu scolaire, de donner à des textes contemporains le même statut qu'aux textes classiques ou de dissocier l'apprentissage de la langue de l'étude des chefs-d'œuvre. Car, pour les Français qui ont fait leurs humanités, il n'est d'éducation qui ne repose sur ce patrimoine. D'autres disciplines peuvent être utiles, celle-là est essentielle.

Pourtant, cette tradition n'a pour elle ni l'éternité ni l'universalité. Dans la première moitié du XIXe siècle, l'enseignement n'était pas centré sur le français, langue vulgaire, mais sur le latin et, pour les œuvres, Athènes et Rome l'emportaient en raison de leur plus haute valeur morale. Le renversement n'interviendra qu'en 1880 avec Jules Ferry. C'est alors que le français prendra la première place avec les deux épreuves reines : la composition puis, à une époque plus récente, l'explication de texte. Ainsi, cette fusion pédagogique entre langue et littérature n'a pas l'évidence qu'on tend à lui attribuer au moment même où elle se trouve remise en question.

Les leçons de l'étranger recoupent celles de l'histoire. Partout, l'accent est mis sur l'apprentissage de la langue et la maîtrise de l'expression, l'enseignement de la littérature n'apparaissant qu'en pointillé… lorsqu'il est évoqué. On parle d'ailleurs de cours d'allemand, de portugais, et non pas de cours de littérature. Selon les pays, la communication prend le pas sur la littérature, ou bien les œuvres contemporaines sur les œuvres anciennes, etc., mais nulle part l'étude littéraire n'occupe cette place centrale. Royale.

Force est de constater qu'aucun pays ne pousse aussi loin la célébration de son patrimoine littéraire, ne donne une telle importance à la connaissance des œuvres passées et, en dépit des récentes réformes, ne réalise un tel investissement pédagogique pour entretenir cette flamme au fil des générations. Il existe sur ce point une spécificité sinon une exception française.

Lisez-vous ? Moi non plus

Vivant dans ce paradis de la littérature, les Français sont-ils de bons pratiquants ou des fidèles négligents ? La réponse se lit dans les chiffres. Les lecteurs, ceux qui lisent plus d'un livre par mois, représentent un bon tiers de la population. A l'opposé, les non-lecteurs, définitivement allergiques à la galaxie Gutenberg, en forment un quart. Entre les deux s'étire la masse des « occasionnels », qui vit au rythme du livre trimestriel. Un score qui n'a rien de reluisant. L'Allemagne compte deux tiers de lecteurs, la Grande- Bretagne plus d'une moitié. Et ce n'est pas demain que nous les rattraperons. Car les courbes sont désespérément stagnantes ou déclinantes. Les « forts lecteurs » – pour les statisticiens, on est « fort » à partir de deux livres par mois – ont chuté de 22 à 17 % de la population entre 1973 et 1988, tandis que les lecteurs moyens ne bougeaient pratiquement pas. Seule évolution sur cette période : 5 % de la population aurait changé de catégorie passant de « non-lecteur » à « faible lecteur ». Ces chiffres globaux sont tristounets, il en est d'autres franchement consternants. En fouillant dans ces tableaux statistiques sur *Les Pratiques culturelles des Français*[1], on découvre qu'en quinze ans le pourcentage des lecteurs a augmenté chez les adultes et diminué chez les jeunes. Un déclin que l'on impute à la télévision, sans penser que, dans la même période, la scolarité n'a cessé de s'allonger et qu'un effet aurait pu compenser l'autre. Mais non, la jeune génération étudie plus longtemps et lit moins souvent.

Voilà le premier paradoxe : la lecture n'occupe pas la même place dans la vie de la France et dans celle des Français. Du quantitatif, passons au qualitatif : les Français lisent-ils les « bons livres » ? Je me contenterai d'une seule distinction. D'un côté, la production ancienne, que je qualifierai de « classique » sans référence à une école particulière, celle des auteurs aujourd'hui décédés dont on étudie les ouvrages à l'école ; de l'autre, la production contemporaine, celle des auteurs vivants dont les nouvelles parutions nourrissent l'actualité littéraire. De ces deux catégories, laquelle alimente la lecture ordinaire ?

Près d'un Français sur deux possède de la littérature classique dans sa bibliothèque, c'est plutôt rassurant, mais attendons la suite. Ces 48 % ne sont plus que 15 % lorsqu'il s'agit de prendre ces livres et de les lire. Le score n'est pas déshonorant mais il est peut-être trop flatteur. En effet, dans ce genre d'enquête, les réponses, même anonymes, sont rarement sincères. De la meilleure bonne foi du monde, chacun tend à déformer la réalité dans le sens qui le valorise. C'est ainsi que les téléspectateurs prétendent adorer les émissions scientifiques ou littéraires – préférence démentie par les taux d'écoute des différents programmes. « Plus ils disent aimer Pivot, plus ils regardent Bouvard », la règle est bien connue dans les couloirs de la télévision. Il en va sans doute de même ici. On hésite à reconnaître qu'on ne lit jamais de littérature classique, et ces 15 % pourraient bien être très largement surévalués.

1. *Les Pratiques culturelles des Français*, Paris, La Découverte-La Documentation française, 1990.

D'autant qu'ils chutent à 6 % pour les vrais amoureux dont la littérature classique est le genre favori. Ainsi, bien des ouvrages au nom d'auteur prestigieux ne font-ils que de la figuration culturelle, comme ces images pieuses qui jaunissent au mur parce qu'un souvenir respectueux interdit de les arracher alors qu'on a, depuis longtemps, cessé de les vénérer. Les rares lecteurs ne sont d'ailleurs pas toujours désintéressés : « ... ce sont les jeunes et notamment les élèves qui lisent le plus et citent le plus volontiers la littérature classique, ce qui montre combien celle-ci demeure attachée à l'institution scolaire[1] », tiennent à préciser les auteurs du rapport. Si l'on retire de ces malheureux 6 % les très jeunes gens contraints à « lire classique », combien reste-t-il de véritables amateurs qui, rien que pour le plaisir, passent des soirées en tête à tête avec Flaubert, Racine ou Musset ? Inutile de torturer la statistique pour lui faire avouer un pourcentage aussi ridicule, il suffit d'aller dans les librairies.

Qu'y voit-on, qu'y vend-on ? Sur les piles et les rayons n'apparaissent que des ouvrages récents, très récents même puisque la vie d'un livre se limite à quelques mois. Les œuvres classiques se placent derrière, au rayon des livres scolaires et universitaires. Le libraire ne les met pas en avant, car elles ne provoquent pas ces « pulsions d'achat » que traquent les aménageurs de supermarchés. La jeune clientèle les achète quand elles « sont au programme ». Par besoin et non par plaisir. Quant à la clientèle adulte, elle ne les voit pas.

La même constatation pourrait être faite dans les bibliothèques publiques ou sur la liste des vingt titres les plus vendus par le club France-Loisirs. Un palmarès dans lequel ne figurent que deux auteurs « classiques » : Émile Zola et Marcel Pagnol. En plus du champion toutes catégories : Hergé et son immortel *Tintin*.

Dira-t-on que les Français n'ont pas besoin d'acheter ces livres parce qu'ils les possèdent déjà et les trouvent

1. *Ibid.*

dans leur bibliothèque lorsqu'ils en ont envie ? Nul ne le croira. Ils ne les achètent pas parce qu'ils ne les lisent pas, c'est aussi simple que cela. Les ayant étudiés pendant leur scolarité, ils estiment qu'il n'y a pas lieu d'y revenir, ils sont quittes.

Ceux qui vont à l'encontre de cette prévention générale et font leurs délices des *Mémoires* de Saint-Simon, de la poésie romantique ou des *Essais* de Montaigne sont en général des professeurs, universitaires ou gens de lettres qui marient obligations professionnelles et goûts personnels. Les autres se dirigent à tout coup vers des ouvrages inédits dans la production contemporaine.

Pourtant, les grandes œuvres, celles qu'étudient les élèves, sont, de nature, inépuisables. Quand bien même aurait-on lu dans sa jeunesse *Les Liaisons dangereuses*, *Consuelo* ou *Les Fleurs du mal*, on pourrait encore les savourer dans son âge adulte. Imagine-t-on un mélomane cessant d'écouter les concertos de Mozart et les opéras de Puccini sous le prétexte qu'il les a entendus vingt ans plus tôt ?

Cette relecture n'aurait pas la fadeur du connu, mais la fraîcheur de l'inédit. Car l'élève, voire l'étudiant, est bien incapable, même guidé par un bon professeur, d'explorer les profondeurs et les ambiguïtés, les racines et les prolongements d'œuvres qui n'ont pas été écrites à son intention et conviennent généralement mieux à des esprits plus mûrs. Il y aurait donc toutes les raisons de relire les classiques ou, plus simplement, de les lire. Car, même à la grande époque des humanités, les élèves ne se reportaient pas toujours à l'original et se contentaient souvent des morceaux choisis, voire des extraits publiés par les manuels, une pratique qui s'est largement répandue avec les régimes condensés-allégés des nouveaux programmes scolaires.

Le Français découvre donc au lycée une prodigieuse bibliothèque dont il ne voit guère que les couvertures. Qu'importe, disait-on, il a la vie devant lui pour s'y plonger ! Ne nous berçons plus d'illusions : ce qui n'est pas lu avant le bac a bien peu de chances de l'être après.

Seul l'élève qui se dirige vers la fac de lettres reste un lecteur assidu qui fréquente les bons auteurs, c'est bien le moins, mais celui qui prend l'orientation contraire lance dans un joyeux autodafé : « Les livres au feu, les professeurs (de lettres) au milieu. » Selon une enquête du sociologue François de Singly[1], les vrais lecteurs ne dépasseraient guère 20 % chez les étudiants en sciences. On n'ose ajouter « lecteurs d'ouvrages classiques » par crainte de tomber dans les nombres à un seul chiffre.

Cette rupture avec la lecture n'est pas totale, elle n'interdit pas d'avaler l'un des derniers *best-sellers* à la mode. En revanche, il faudra un improbable concours de circonstances : la rencontre d'un ami à la passion contagieuse, l'ennui d'une longue convalescence ou le désœuvrement d'un chômage prolongé et la présence inopinée d'un livre classique à portée de main pour croiser à nouveau la route des grands auteurs. C'est alors que le plaisir du texte dissipe l'austérité des souvenirs scolaires et que l'ancien élève constate, non sans étonnement, qu'il peut aimer ce qu'il n'avait fait qu'étudier. Les hasards d'une soirée théâtrale pourront également réserver de telles surprises. Bref, le Français de 1996 pourrait apprécier les grandes œuvres… s'il les fréquentait. Mais voilà, il les laisse dormir et se flétrir dans sa mémoire sans éprouver l'envie d'y revenir.

Que reste-t-il de cette longue initiation, de ces heures innombrables pendant lesquelles des professeurs de lettres se sont efforcés de faire partager leur passion, que reste-t-il à l'heure du bilan ? Peu de chose assurément. Rien qu'une culture morte, désincarnée, un répertoire de dates, de noms et de citations, un catalogue de jugements préemballés. L'acquis est indestructible, il est vrai, mais à la manière des immortelles qui ne trompent le temps qu'en sacrifiant la fraîcheur des pétales et

1. François de Singly, « Savoir hériter : la transmission du goût de la lecture chez les étudiants », *in* Emmanuel Fraisse (sous la dir. de), *Les Étudiants et la lecture*, Paris, PUF, 1993.

l'aura des parfums. Parler des œuvres classiques comme on parle de ces pays de rêve au bout du voyage, sans en avoir jamais vu que des photos en couleurs sur des dépliants touristiques, c'est notre façon de célébrer une glorieuse tradition littéraire. Qui peut s'accommoder d'un tel fiasco, qui ne chercherait à en comprendre les raisons ?

L'inculture scientifique

Le bilan n'est pas aussi mauvais pour la science. Il est bien pire. Car l'ignorance et l'inappétence, honteuses lacunes lorsqu'il s'agit de littérature, peuvent ici s'étaler en toute impudeur. Il est entendu que l'atome, les hormones, les satellites et l'informatique ne font pas partie de la culture. On n'avoue pas sans rougir que l'on prenait *La Princesse de Clèves* pour un personnage historique et Cyrano de Bergerac pour une invention d'Edmond Rostand ; en revanche, on proclame bien haut que l'on n'entend rien à l'énergie nucléaire, que l'on confond *homo habilis* et homme de Néanderthal, matière minérale et matières plastiques et que l'on est définitivement étranger à l'électronique. Dans un cas, il s'agirait d'inculture, dans l'autre d'une simple allergie.

Cette superbe de l'ignorant n'a d'égale que la réserve du savant. Le chercheur ou l'ingénieur n'évoquent leur discipline que par brèves allusions. Ils joueraient les fâcheux s'ils prétendaient expliquer leurs travaux ou, plus modestement, s'ils parlaient de ces matières arides qui assomment à coup sûr une bonne moitié des personnes présentes. Il faut être auréolé d'un prix Nobel pour s'entendre demander par l'assistance d'expliquer, mais en cinq minutes cela va de soi, le monde des particules, les mécanismes du cerveau ou les énigmes de l'évolution.

L'érudit n'a pas de telles pudeurs. A propos d'un livre dont on parle, il soulignera la parenté avec un ouvrage du début du siècle aujourd'hui bien oublié ; à propos d'un spectacle à la mode, il relèvera les subtiles influences d'un metteur en scène étranger ; si l'on s'indigne des scandales financiers, il évoquera l'enrichissement de Richelieu, Mazarin et Colbert ; si l'on s'inquiète de l'insécurité, il rappellera opportunément le Paris prérévolutionnaire décrit par Louis-Sébastien Mercier. A moins de verser dans la pédanterie, notre homme est assuré d'avoir enrichi la conversation. Il sera complimenté pour l'étendue de son savoir et l'intérêt de ses propos. La culture séduit, la science ennuie, c'est un postulat du savoir-vivre.

La majorité des Français se tient donc à l'écart d'un progrès scientifique qui, pour le meilleur ou pour le pire, conditionne pourtant son existence. Elle préfère reporter son attention sur le fatras des pseudo-sciences qui, de l'astrologie au spiritisme, ne se sont jamais mieux portées qu'en cette veille du IIIe millénaire. Voilà des sujets qui font exploser l'audimat à la télévision comme dans les salons. Nulle crainte de voir la maîtresse de maison froncer les sourcils et l'interlocuteur regarder discrètement sa montre lorsqu'on lance la conversation sur de telles matières. Chacun y va de son histoire incroyable mais vraie, de ses conjectures invérifiables mais fascinantes, et le rationaliste de service qui prétendrait ramener son monde au principe de réalité ne serait qu'un incivil pisse-froid qui gâche la soirée.

Mon propre exemple ne vaut que par son extrême banalité. Rien n'est si rare que la culture scientifique, c'est-à-dire le goût désintéressé de la connaissance. En France, la science est appréciée pour son utilité, c'est dire qu'elle ne l'est pas pour son agrément. Les chercheurs, qui ne peuvent imaginer une telle disgrâce, se plaisent à croire qu'elle serait plus aimée si elle était mieux connue et s'illusionnent volontiers sur l'attente du public. Malheureusement, c'est pour le sexe, pas pour la géologie ou la génétique, que l'on attire le chaland en promettant « ce que vous avez toujours voulu savoir sans jamais oser le demander ». Pour la science, il faut susciter la demande, faute de quoi l'offre sera dédaignée.

Cette atonie s'explique aisément face à des recherches mathématiques accessibles aux seuls initiés, mais il ne s'agit pas de cela. Les journalistes mettent l'accent sur les découvertes les plus stupéfiantes, les phénomènes les plus surprenants, les inventions les plus inattendues. Pour suivre leurs explications, il n'est pas besoin d'avoir fait math sup, les bases données par l'enseignement secondaire suffisent. Ce n'est donc pas l'impossibilité ni même la difficulté de comprendre qui bride l'appétit des Français, c'est tout simplement le manque d'intérêt. Pour peu que cette barrière soit franchie, la curiosité se manifeste, et le plaisir de la découverte suit tout naturellement. J'en ai fait l'expérience pour mon particulier, et j'ai pu le constater maintes et maintes fois dans l'exercice de mon métier.

A l'époque où je travaillais régulièrement au journal télévisé, je m'étais aperçu que le public féminin semblait particulièrement intéressé par mes interventions. Peu à peu, je constatai que ces réactions favorables venaient plus spécialement des téléspectatrices âgées. Bien souvent, j'étais abordé par une dame ayant dépassé la soixantaine et qui, très aimablement, me disait : « Vous savez, j'écoute toujours ce que vous dites à la télévision. Je comprends tout, c'est très intéressant. » La répétition du même message me conduisit à m'interroger. Pourquoi le public féminin et âgé manifestait-il cette sorte de satisfaction et même parfois de reconnaissance ?

La réponse est évidente. Dans les premières années du siècle, l'éducation des jeunes filles excluait les matières scientifiques. Par la suite, le conditionnement social n'avait fait que renforcer ce préjugé. Mes interlocutrices avaient vécu dans l'évidence que ces sujets n'étaient pas pour elles, qu'elles ne sauraient ni les comprendre ni les apprécier. Sans doute seraient elles mortes dans cette conviction si la télévision ne leur avait apporté la démonstration contraire.

Nous étions aux temps héroïques de la chaîne unique et

du menu obligatoire, les séquences du journal télévisé étaient imposées, c'était à prendre ou à laisser et, en général, on prenait. Ainsi, ces femmes découvraient sur le tard la mécanique céleste ou le fonctionnement d'une fusée et s'étonnaient d'y prendre un certain plaisir. Leur seule erreur était de m'attribuer un mérite qui revenait tout entier à cette télévision d'avant l'ère du zapping qui pouvait encore forcer l'attention de son public.

Le goût tardif de la musique

Qu'il s'agisse de littérature ou de science, l'absence de curiosité n'a donc rien de naturel, rien qui justifie une démission fataliste. Comment admettre que des millions de Français abandonnent tout intérêt pour ces disciplines après qu'elles leur ont été enseignées, tandis que des personnes qui n'ont pas bénéficié de cette initiation première éprouvent le plaisir de la découverte quand l'occasion leur en est offerte ? D'où vient que les efforts des professeurs donnent si peu de fruits ? Ces leçons de biologie, de physique, de géologie auraient dû fournir les repères indispensables pour suivre tout naturellement et sans effort le cours du progrès scientifique. A l'évidence, il n'en est rien. Les élèves ne retiennent même pas les notions de base. Ils régurgitent tout ce qu'ils ont ingurgité lorsqu'ils s'orientent dans une autre direction. Les lois d'Ohm, de Mendel ou de Kepler, les acides et les bases, les forces et les accélérations, les volcans péléens et les volcans hawaïens, les stratus et les cumulus, le paléolithique et le néolithique, tout, tout, tout est jeté par-dessus bord. Et cette perte de l'acquis entraîne celle de la capacité d'acquérir. L'envie du savoir disparaît avec ce savoir, ce pseudo-savoir.

Littérature, science : deux disciplines intégrées à l'enseignement secondaire, deux bilans comparables. En positif, l'intérêt et la passion des élèves qui poursuivent dans cette voie ; en négatif, l'oubli ou le rejet de tous ceux qui arrêtent au niveau du bac. Peut-on admettre que tant d'efforts des maîtres, tant de travail des élèves n'aboutissent qu'à un si maigre résultat ? Avant de répondre, je voudrais m'intéresser à d'autres savoirs.

L'enseignement musical a fait quelques progrès au cours des dernières années, il n'en reste pas moins très marginal dans notre système d'éducation. L'immense majorité des Français n'a reçu aucune initiation scolaire, et l'on s'offre un bac fort bien mentionné sans connaître la moindre composition de Beethoven ou de Rameau. Les mélomanes déplorent cette lacune et font valoir que la musique ne saurait être appréciée dès lors qu'elle n'est pas enseignée. Et pourtant…

Toutes les statistiques concordent : les Français écoutent de plus en plus de musique classique – un bilan optimiste qui demande à être relativisé. Avec un point de départ aussi bas – la France n'est pas le pays de la musique, c'est bien connu –, la situation ne peut que progresser, elle n'en devient pas satisfaisante pour autant. Il est bon que le pourcentage des Français qui vont au moins une fois par an au concert soit passé en vingt ans de 7 à 10 %, mais il serait abusif d'en faire un *Te Deum*. Il est rassurant que la moitié de la population possède des enregistrements, disques ou cassettes, de musique classique, que près du quart déclare en écouter « souvent », mais on ne peut ignorer que quelques grands « standards », les *Quatre Saisons* de Vivaldi, l'*Adagio* d'Albinoni, etc., constituent l'essentiel des ventes. C'est un peu court pour parler d'une véritable culture musicale. Il n'empêche que l'évolution se fait dans le bon sens. De 1973 à 1988, le pourcentage des Français qui possèdent des enregistrements de musique classique est passé de 39 à 49 %, et le pourcentage de ceux qui en font leur écoute préférée de 16 à 23 % (notons-le, un pourcentage deux fois plus élevé que pour la littérature classique). On a vu se multiplier les festivals musicaux ; les orchestres et opéras de province font preuve d'une étonnante vitalité ; c'est en France que l'on consacre des films aux grands opéras, etc. On doit s'en réjouir, on pourrait aussi s'en étonner. Comment diable peut-on attraper ce virus dans un pays où les innombrables stations de radio qui peuplent la bande FM ne diffusent pratiquement que du rock et des variétés, où les chaînes de télévision ont oublié depuis longtemps ce qu'est un orchestre symphonique ou un opéra !

Mais il y a plus. A la question : « Quel est votre genre de musique préféré ? », on découvre que le goût de la musique classique croît avec l'âge. La grande musique ne recueille que 7 % des suffrages chez les Français de 20 à 24 ans, mais le score monte à 12 % dans la tranche de 25 à 34 ans, puis s'accroît régulièrement jusqu'à atteindre 27 % après 65 ans. Comment interpréter ces chiffres ?

Les anciens auraient-ils bénéficié d'un meilleur enseignement musical ? Certainement pas. La place de la musique à l'école n'a cessé d'augmenter au fil des décennies. Aucun de nos sexagénaires n'a rencontré Bach ou Mozart sur les bancs du lycée. Ils ont fait cette découverte à un âge relativement avancé. Les jeunes ont une pratique musicale propre à leur génération et qui ne laisse pas grand-chance au classique. C'est par la suite que, en dehors de toute initiation pédagogique, on se lasse des rythmes obsédants, des thèmes répétitifs, du son synthétique et qu'on se laisse prendre au charme des œuvres symphoniques. Chacun trace alors son propre itinéraire dans le champ musical en partant des morceaux les plus faciles.

Ce résultat doit fort peu à l'initiation scolaire, et encore moins à la politique culturelle. Certes, les pouvoirs publics subventionnent de plus en plus les orchestres et les concerts, mais l'essentiel s'est joué à un tout autre niveau : celui de l'écoute à domicile. Et là, le mécénat public n'a guère de part. Les consommateurs achètent leurs disques et leurs cassettes en payant, dans tous les cas, la TVA au prix fort. Seule bizarrerie, ces choix vont toujours dans le même sens. Les Français n'écoutent que de la musique ancienne et jamais contemporaine, alors qu'ils ne lisent que des livres contemporains et très rarement classiques. Une anomalie qui s'explique par l'hermétisme des compositions modernes. Notre vie musicale serait certainement plus vivante si les œuvres les plus récentes pouvaient connaître de grands succès populaires à l'image des *best-sellers* de l'édition. Mais ne rêvons pas, le contribuable continuera encore très longtemps à financer une musique qu'il n'écoute pas.

Pour l'amour de l'art

Livrés à eux-mêmes, les Français ne sont pas devenus mélomanes, ce serait trop dire, mais leur vie musicale, pour modeste qu'elle soit, est plus authentique que la fausse culture littéraire. D'un côté, on connaît beaucoup d'œuvres, mais on en lit fort peu ; de l'autre, on connaît peu de morceaux, mais on les écoute assez régulièrement. A chacun d'évaluer un tel bilan, à chacun, surtout, de mesurer sur une telle comparaison l'efficacité réelle de l'apprentissage scolaire.

Les élèves ne sont pas plus initiés à l'art qu'à la musique. Les programmes, qui craquent de partout, ne peuvent s'encombrer de l'aventure impressionniste ou de l'architecture baroque. En dépit de cet abandon, la fréquentation des musées et des expositions est en constante augmentation, le patrimoine architectural est de plus en plus visité. En moins de dix ans, le nombre des visiteurs dans les 33 musées nationaux est passé de 9,5 millions à plus de 12 millions. Toute nouvelle ouverture, toute rénovation provoque une affluence spectaculaire du public.

Environ 30 % de la population visite au moins un musée ou un monument historique par an. Le pourcentage ne varie guère en fonction de l'âge. Il ne diminue qu'après 65 ans, lorsque toute sortie devient pesante. Pour les musées, le meilleur score, 38 %, est atteint par les adolescents de 15 à 19 ans. A cet âge, ce sont les parents qui entraînent leurs enfants. Or cette initiation familiale, loin de provoquer un rejet, crée des habitudes, puisque l'on retrouve un taux de 35 % pour les adultes de 25 à 34 ans. Ce n'est donc pas le système éducatif, mais la famille qui révèle le patrimoine. Pourquoi cette habitude se perpétue-t-elle dans l'âge adulte, alors que l'acquis littéraire dure si peu ?

Rappelons d'un mot le cas des langues vivantes. Avec ces jeunes Français qui, après six années d'études, connaissent sur le bout des doigts les règles de la grammaire anglaise mais ne savent pas demander leur chemin lorsqu'ils sont perdus à Londres. Là encore, l'élève qui poursuivra ses études vers une maîtrise d'anglais ou d'allemand tirera le plus grand profit des leçons apprises dans le secondaire, mais que reste-t-il à celui qui ne va pas au-delà du bac, que reste-t-il de ces années passées à rabâcher les verbes irréguliers anglais ou les déclinaisons allemandes ? Ne vaudrait-il pas mieux qu'il parle avec des fautes, qu'il baragouine, mais qu'il parvienne à se faire comprendre et qu'il conserve le goût de s'exprimer dans la langue qu'il est censé connaître ? Mais non, les Français passent le bac, thème, version, question de grammaire, décrochent la moyenne et retombent dans le monolinguisme de leurs parents.

Il n'y a qu'une seule discipline où les études secondaires trouvent un prolongement naturel dans les comportements adultes : l'histoire. Matière principale de tous les programmes scolaires, elle reste un véritable centre d'intérêt dans la société. Lorsque les Français adultes sont interrogés sur leurs préférences littéraires, ils placent les livres historiques en deuxième position, tout de suite après les romans mais bien avant les essais, les polars ou la BD. Ce goût de l'histoire, qui en fait une pratique culturelle des plus vivaces, se manifeste de mille manières à travers les commémorations, les émissions historiques, les revues d'histoire et, plus que tout, les discussions souvent passionnées que provoquent toujours la Révolution,

Jeanne d'Arc, Vichy ou Napoléon. Chacun a son opinion qu'il défend bec et ongles face aux contradicteurs. Certes, ces débats deviennent plus élitistes à mesure qu'on recule dans le passé. Dans les usines, on ne se passionne pas vraiment pour le personnage de Robespierre… sauf au lendemain d'une bonne émission sur le sujet. Peu importe, les Français se sont définitivement approprié leur passé, non pas comme un lot d'archives poussiéreuses, mais comme une réalité vivante qu'ils aiment découvrir, dans laquelle ils se sentent impliqués. Les cours d'histoire, les cours suivis dans l'enfance, favorisent l'épanouissement de cette passion française. En fin de scolarité, il reste non seulement des dates et des personnages, mais le souvenir d'une prodigieuse saga dont nous avons les clés pour nous y perdre et pour nous y retrouver. Sur cet acquis, il n'est pas besoin de lancer une grande politique de l'histoire, car chacun prend son plaisir comme il l'entend dans ses lectures, ses promenades ou devant les écrans petits ou grands.

Un vaccin contre la culture

De ce rapide, trop rapide survol, retenons trois constatations.

L'une, banale : les Français sont censés recevoir au collège et au lycée une large initiation culturelle qui va des humanités aux mathématiques en passant par l'histoire, les langues, l'économie, etc.

La deuxième, décevante mais non surprenante : cette initiation ne mérite guère son nom, car elle se réduit le plus souvent à un rendez-vous manqué. Au moment de son orientation, l'élève se concentre sur certaines disciplines et rejette les autres. Le littéraire oublie la science, le scientifique la littérature. Au plus et au mieux, nous l'avons vu, il subsiste des bribes de connaissances – juste ce qu'il faut pour ne pas paraître complètement inculte.

Sur la dizaine de savoirs qui lui ont été enseignés, l'élève s'en approprie deux ou trois, généralement proches de ses activités professionnelles. Il poursuit dans cette voie par plaisir et pas seulement par obligation. C'est alors qu'il se révèle un « initié ». En revanche, il n'aura « plus le temps » pour ces autres matières que les professeurs tentèrent de lui faire aimer au collège et dont il abandonna l'étude par la suite. Un manque de temps qui dissimule mal un manque d'intérêt.

La troisième constatation est beaucoup plus dérangeante. Elle laisse suspecter que ces initiations avortées créent des blocages qui interdisent tout épanouissement ultérieur. L'hypothèse a de quoi choquer, scandaliser même. Si elle était avérée, elle traduirait un vice fondamental de notre système social et pas seulement éducatif, car on ne peut admettre que l'école enseigne le dégoût des lettres, des sciences, de l'économie, bref de tous ces savoirs qui nourrissent nos personnalités et cimentent notre société.

Chacun trouvera dans sa mémoire des exemples qui démentent une telle affirmation. Tel littéraire aimait bien les cours de mathématique, tel physicien les cours d'histoire, et ce premier enseignement, même non poursuivi, a laissé des traces fertiles. Sans doute. Mais si nous fouillons plus avant dans les souvenirs, nous découvrirons toujours un visage, une personnalité. Les maths ou la littérature nous avaient toujours ennuyés, puis, une année, un maître est entré dans la classe et ces disciplines sont devenues passionnantes. Tel est le miracle de l'école. Un bon professeur peut captiver les classes rétives et rendre vivants les enseignements les plus mal conçus. Il peut tout sauver.

Au total, les programmes sont mauvais, la pédagogie inadaptée, mais le prof est bon. Ça marche. Tout au long de cette enquête, nous verrons, en contrepoint des instructions officielles, des programmes et des manuels, le témoignage d'enseignants qui inventent une autre pédagogie pour leurs classes.

Ainsi le corps enseignant, par sa qualité d'ensemble, masque-t-il les imperfections du système. Et, les rencontres heureuses laissant des traces plus durables que les occasions gâchées, les souvenirs des bons maîtres et des cours réussis font oublier la routine et l'ennui de l'institution scolaire.

C'est un subterfuge heureux, mais un subterfuge tout de même. Une mauvaise maison ne devient pas bonne par la seule grâce de ses serviteurs. Tant mieux si les enseignants sont de bonne qualité, mais je ne dirai pas : tant pis si l'enseignement ne convient pas.

En outre, ces souvenirs se réfèrent bien souvent à une école disparue où les élèves et les maîtres étaient heureux, où les uns venaient pour enseigner et les autres pour étudier, bref une école qui vivait sa vie. Sans histoires.

A la place, ou plus exactement à côté, sont apparus des collèges et des lycées qui subissent toutes les crises de plein fouet. Confrontés aux cas sociaux, à la hantise de l'échec et de la drogue, à la démission des familles, à la violence verbale et même physique, aux pires conditions de travail, les professeurs font ce qu'ils peuvent, disons qu'ils font au mieux. Mais où puiseraient-ils la force d'intéresser aux humanités des adolescents qui traînent dans un médiocre lycée professionnel en attendant de se retrouver à l'ANPE ?

Ils s'efforcent de donner à ceux qui y croient encore des recettes pour décrocher un diplôme. C'est ce que les familles demandent, ce qu'elles exigent, et cela ne laisse guère de place à l'invention pédagogique. Ainsi les maîtres peuvent-ils de moins en moins jouer les prothèses pédagogiques d'une instruction mal pensée.

Revenons à la question fondamentale : pourquoi voulons-nous que tous les Français aillent à l'école jusqu'à seize ans et, demain, jusqu'à vingt ans ? La première réponse, ne soyons pas hypocrites, c'est pour qu'ils puissent trouver un emploi. Les parents attendent de l'institution scolaire qu'elle apporte une formation, certifiée par des diplômes, qui donne les meilleures chances sur le marché du travail. Le rêve d'une école qui répand le savoir pour lui-même, indépendamment de son utilisation économique, n'a plus cours. Je me souviens d'Edgar Faure, ministre de l'Éducation nationale en 1969, expliquant que l'université n'avait pas à s'occuper de la formation professionnelle, que son seul objectif devait être d'élever le niveau culturel de la population, et concluant que tout serait pour le mieux dans le meilleur des mondes si, à l'avenir, le pompiste avait une maîtrise de sociologie. Nous en sommes là, mais personne ne s'en réjouit et je pense qu'aucun ministre n'oserait plus tenir un tel discours. De la maternelle à l'université, l'Éducation nationale doit préparer les jeunes à la vie active et faire en sorte que l'enseignement reçu permette de trouver un emploi correspondant. Plus qu'un consensus, il existe une exigence unanime des familles sur ce point, une exigence qui se traduit… par la fascination des formations générales et le dédain des formations professionnelles. Mais les « consommateurs d'école » n'en sont pas à une contradiction près.

En dépit de cette pression, l'institution scolaire ne peut pas se réduire à la formation de travailleurs plus ou moins doublée de la socialisation des enfants. De fait, les instructions officielles précisent que le secondaire doit permettre d'« acquérir la culture nécessaire à tous dans leur vie, dans leur travail et dans leur existence de citoyen ». Et c'est fort bien dit, car la culture, c'est beaucoup plus que le goût des lettres et la connaissance des sciences dont nous parlons en ce moment, c'est la condition nécessaire de la vie en société.

Le mot n'a pas bonne presse. Il a été si souvent utilisé pour cautionner les pitreries de l'épate-bourgeois et justifier les prébendes des artistes de cour, pour faire périr d'ennui les pèlerins des centres dits culturels et les auditeurs héroïques d'émissions de recherche, qu'on ne l'entend plus sans réprimer une envie de bâiller. Dans la presse, la télévision, le spectacle, c'est le terme à éviter, le mot qui fait fuir. Seul le petit monde de l'art subventionné vénère ce sésame qui ouvre les cavernes de l'argent public. Concédons tout cela, il demeure que l'on retrouve ce concept galvaudé à la base de toute société. Retirez la culture, ou pire pervertissez-la, il ne reste que la barbarie.

Il faut nous purger l'esprit de cette vision grise et médiocre d'un art administré qui s'illustre dans les chapelles et s'enferme dans l'hermétisme. La culture, c'est le bonheur de découvrir, d'admirer, de respecter, d'aimer, de croire, d'espérer ensemble, de communier à travers les siècles dans les mêmes émotions, les mêmes amusements, les mêmes joies et les mêmes peines. Bref, c'est un art de vivre qui donne à une société sa cohérence, son identité, alors que l'État ne lui apporte jamais qu'un encadrement.

L'école entretient ce flux nourricier au fil des générations. Elle ne le fait pas à l'aide de savoirs pratiques : que l'on ait appris la chimie dans tel ou tel pays, quelle différence ?… Elle le fait en transmettant cette culture qui différencie les peuples les uns des autres : la France naît chaque matin dans ses classes et, principalement, dans celles du secondaire. Comme l'écrit superbement Danièle Sallenave : « En enseignant, je refonde chaque jour la république[1]. » Je n'ai donc pas le moindre complexe à revendiquer un enseignement culturel.

Et que l'on m'entende bien, je ne réclame ni un contrat philosophique universel en forme de dissertation sur les droits de l'homme ni un salmigondis cosmopolitico-multiculturel transformant l'Hexagone en un *patchwork* de communautés différenciées, je réclame ma culture française, avec ma langue, ma mémoire, mon pays, mes mythes et mes traditions, mes saveurs et mes paysages, mes respects et mes faiblesses, et cette tolérance qui est le ciment de tout humanisme. Bref, tout ce qui fait de moi un Français, sans que j'en tire un sentiment de supériorité ni même une quelconque fierté, tout ce qui me

1. Danièle Sallenave, *Lettres mortes*, Paris, Éd. Michalon, 1995.

permet d'aimer et d'apprécier les civilisations différentes. Oui, je veux que l'école apprenne cette culture aux enfants de ce pays et tout particulièrement à ceux qui viennent d'ailleurs.

Comme le proclame Jean-Marie Domenach dans son ouvrage, *Ce qu'il faut enseigner* : « Le combat pour la culture générale n'est pas un combat d'arrière-garde, c'est un combat d'avant-garde pour restaurer la cohésion d'une société et former des gens capables d'affronter des situations complexes et inédites. C'est pourquoi nous souhaitons que prévale le principe d'une culture générale unique et prolongée[1]. » La démocratie française n'est pas faite pour les barbares, analphabètes ou diplômés, elle a besoin de citoyens cultivés et pas seulement instruits, car on n'entre pas dans la civilisation avec la technique, mais avec la culture.

La société, mode d'emploi

Indispensable à l'équilibre de la société, la culture l'est tout autant au bonheur des individus, à condition de bien la distinguer de tous les faux-semblants qui usurpent sa place et son statut. Elle n'est pas, ne peut pas être, le bruit, l'agitation, la sensation, la frime, l'apparence et le n'importe quoi du système mercantile. La culture ne s'achète pas, elle s'acquiert ; seuls ses outils et ses produits sont en vente. Elle ne peut davantage s'étendre à la moindre activité sous le prétexte que toute action, toute pratique peut s'interpréter comme une expression et un message.

A l'inverse, elle ne se restreint pas à quelques arts académiques. Faire du sport, lire la presse, courir le monde, se plonger dans l'informatique ou s'accomplir dans une association, aller au contact de la nature, se piquer de

1. Jean-Marie Domenach, *Ce qu'il faut enseigner*, Paris, Éd. du Seuil, 1989.

généalogie ou se griser de science-fiction, s'immerger dans les philosophies orientales ou s'adonner aux arts martiaux... sont autant de chemins possibles pour se cultiver. Sous cette foisonnante diversité, la démarche est toujours la même, c'est l'initiation qui suppose l'effort et l'apprentissage avant d'offrir la satisfaction et le plaisir. A l'opposé, la simple consommation n'exige que l'achat et rien de plus. Éduquer des enfants, c'est leur apprendre à explorer ces espaces construits par l'homme dans lesquels ils pourront s'enrichir, mais où ils devront toujours payer de leur personne et pas seulement de leur argent.

Voilà ce que l'école – venant en relais de la famille – doit apporter. Les disciplines qu'elle enseigne ne forment qu'un bouquet dérisoire par rapport à toutes les fleurs offertes. Sans doute ; mais ces apprentissages ont surtout une valeur exemplaire, ils doivent éveiller la curiosité et servir de modèle pour les acquisitions ultérieures, celles de l'âge adulte. Si l'enfant a retenu cette leçon, il construira comme il l'entend son aventure personnelle, avec des disciplines scolaires ou avec d'autres activités, peu importe, l'essentiel sera gagné.

Cette fonction initiatrice trouve sa place naturelle dans l'enseignement secondaire. Le primaire donne les apprentissages de base qui sont aussi indispensables à la vie en société qu'à l'exercice d'un métier. Tout le monde a besoin de savoir lire, écrire et compter. L'enseignement supérieur et les écoles spécialisées délivrent les connaissances adaptées à l'exercice d'une profession particulière. Dans le secondaire, en revanche, on fait l'un et l'autre. On n'enseigne pas la littérature à de futurs techniciens ou la physique-chimie à de futurs avocats pour améliorer la qualité des automobiles ou des plaidoiries. Or les collégiens et les lycéens reçoivent ainsi des centaines d'heures de cours dont ils ne feront aucun usage professionnel. La justification d'un tel effort ne peut être que culturelle. Si l'on ne croit pas à la valeur d'un tel enrichissement, d'une acquisition non utilitaire, il vaut mieux se limiter aux formations spécialisées et remplacer les autres par des activités sportives. Faute de mieux, une telle réforme sera certainement bénéfique à la santé des jeunes. Si l'on y croit, il ne suffit pas de l'écrire dans les textes, il faut organiser le système éducatif en conséquence et vérifier qu'il remplit bien cette mission.

Cet enseignement que l'on qualifie volontiers de « culture générale », entendant par là un savoir abstrait très éloigné de la vie quotidienne, est, en réalité, le plus pratique de tous, c'est le mode d'emploi de notre société. Et, je souligne, le mode d'emploi *populaire* et pas seulement bourgeois. Tordons le cou au mythe de la barrière d'argent qui interdirait l'accès aux biens culturels. Il n'est pas besoin d'être millionnaire pour vivre intelligemment. Le corps enseignant le prouve tous les jours en menant une existence beaucoup plus riche sur le plan intellectuel que sur le plan matériel. J'admire comme certains amis professeurs, aux ressources modestes, savent toujours dénicher aux meilleures conditions les voyages les plus intéressants, les places pour les bons concerts, les itinéraires de découverte astucieux, les bons plans pour les festivals, etc. De tels exemples prouvent que c'est par manque d'intérêt et non pas de ressources que tant de Français zappent systématiquement sur le tape-à-l'œil et le vide-au-crâne.

D'ores et déjà, tout le monde peut trouver les heures nécessaires pour la lecture, la musique et autres activités à valeur culturelle ajoutée. Il n'est que de prendre sur le temps de la télé pour se redonner de la disponibilité. Mais cela n'est rien encore. Entre une durée de travail réduite et une durée de vie allongée, la future génération aura du temps libre à revendre. Bref, le temps ne fait rien à l'affaire. L'argent non plus.

Pour le livre, chacun peut trouver lecture à sa bourse en piochant dans les collections de poche ou en fréquentant les bibliothèques. Pour la musique, l'opéra est toujours hors de prix, mais il n'est pas indispensable d'applaudir Pavarotti dans un fauteuil à l'Opéra Bastille (on peut même le suivre sur écran géant depuis la place quand il n'y a pas grève) ou les *Noces* au festival d'Aix-en-Provence. On peut aussi écouter des enregistrements bon marché, qui, au besoin, s'empruntent, ou bien se brancher sur les quelques radios qui diffusent de la bonne musique – classique, jazz, chanson, peu importe – ou suivre les émissions musicales à la télévision – ça peut arriver – et même assister, pour un peu plus cher, à des concerts. Les musées se sont modernisés et sont rarement hors de prix, tout comme les théâtres subventionnés ou les monuments qui se visitent aisément avec la voiture familiale. Il existe encore de multiples associations qui permettent de partager une passion – il n'est pas interdit d'en fonder une –, et puis la bonne « vieille » télévision offre aussi des émissions de qualité, généralement peu regardées. Bref, le Français de 1996, riche ou pauvre, se voit offrir une palette de plaisirs culturels infiniment plus riche que celle dont disposait le bourgeois de 1900.

A cette offre surabondante s'ajoutera demain la profusion des hypermédias. Les jeunes d'aujourd'hui auront dans leur âge adulte des terminaux à bas prix qui leur permettront de choisir une chaîne parmi les centaines offertes, de se brancher sur des réseaux interactifs, de naviguer dans des CD-ROM, véritables encyclopédies vivantes, pas plus chers qu'un CD-audio d'aujourd'hui, de se brancher sur les innombrables réseaux dont Internet n'est que la préfiguration. Les savoirs qui ne sont encore dispensés que sous la forme parfois aride du livre deviendront accessibles à travers de véritables croisières ludiques en réalité virtuelle et images de synthèse.

Oui, voilà le monde qui s'annonce pour le meilleur ou pour le pire. Pour le pire avec tous ces jeux vidéo, parties de gendarmes et de voleurs qui rivalisent de violence et de stupidité ou parties de jambes en l'air plus répétitives qu'un exercice d'aérobic ; pour le meilleur aussi avec ces nouvelles explorations qui ouvriront à tous les espaces du savoir. Et tout cela, répétons-le, ne sera pas cher. Nous avons vu les prix des téléviseurs, chaînes hi-fi et micro-ordinateurs dégringoler au cours des dernières années, il en ira de même pour ces nouveaux médias. Ainsi, notre société regorge et regorgera plus encore de biens à haute valeur culturelle ajoutée.

De son côté, le système marchand déploie son entreprise de séduction avec des marchandises infiniment plus chères et, surtout, créant des besoins plus dispendieux. Car tous ces biens sont savamment hiérarchisés des plus simples aux plus coûteux, en sorte qu'on n'achète jamais un modèle sans poser un regard d'envie sur celui du dessus. Et l'engrenage fonctionne parfaitement bien. A peine pilote-t-on sa voiture à 100 000 francs que déjà l'on songe à celle de 120 000 francs. Et l'on ne s'offre pas un costume ou un voyage sans se priver des autres, plus chers, plus agréables, plus luxueux auxquels il a fallu renoncer. Ce système dans lequel les biens marchands deviennent des indicateurs sociaux, des étalons de réussite, c'est la société de consommation frustrante pour ses acteurs et désespérante pour ses spectateurs. Si l'on se laisse prendre au piège d'un monde vide de sens, on ne peut que s'étourdir en dépensant des millions ou dépérir faute de les avoir.

Les biens culturels, qui ne sont pas organisés selon cette diabolique hiérarchisation, ne réservent pas de tels pièges. Ici, l'essentiel ne réside pas dans l'objet, mais dans la manière de s'en servir. Le plaisir d'un texte, le ravissement d'une interprétation ne sont pas liés au prix du livre ou de la chaîne hi-fi. Bref, la consommation culturelle est, de loin, le mode d'emploi le plus agréable, le plus accessible et le plus intelligent de notre société. Elle pourrait enrichir la vie du plus grand nombre qui, par définition, n'a pas les moyens de s'offrir les séductions de la production mercantile. Or ces plaisirs sont aujourd'hui réservés à une petite minorité, car l'essentiel de la population n'en ressent pas le désir. La plupart de ces biens restent en déshérence, à l'image de cette cinquième chaîne de télévision qui est loin de rassembler le public que justifierait la qualité de ses émissions. Une fois de plus, la collectivité déploie des efforts considérables pour le plus grand nombre et ne parvient à toucher que le plus petit.

Le collège et le lycée devraient aiguiser les appétits défaillants, éveiller les désirs assoupis. La complémentarité est totale entre la politique culturelle dans la cité et cette initiation culturelle à l'école. Comment se fait-il que ça ne marche pas, qu'une éducation visant à développer la curiosité ne provoque, bien souvent, que l'indifférence ?

Les cours sont « chiants »

Je reviens sur la comparaison entre littérature et musique. Est-il assuré que les milliers de Français qui, la trentaine venue, se laissent prendre aux charmes de la musique symphonique auraient la même disponibilité, la même fraîcheur d'écoute s'ils avaient été contraints de disserter sur l'art du contrepoint chez Bach, s'ils avaient dû décortiquer pendant six mois la *Troisième Symphonie* de Beethoven, s'ils avaient dû aimer, ou faire semblant d'aimer, tout à la fois les *lieder*, la musique de chambre et l'opéra ? Pour ma part, j'en doute.

Certes, les jeunes qui vivent dans une famille mélomane, qui ont appris très tôt le piano ou le violon, qui ont été conduits par leurs parents à des concerts, tireraient le plus grand profit d'un tel enseignement. Ils apprendraient et, en outre, seraient heureux d'apprendre. Mais quel intérêt y trouveraient tous les autres, ceux qui réduisent la musique aux morceaux diffusés par NRJ et Skyrock ? Ils l'avaleraient comme ils avalent tout ce que l'on met au programme, comme leurs grands-parents au même âge avalaient la cuillerée d'huile de foie de morue en se bouchant le nez.

Pour parler crûment, beaucoup d'élèves trouvent qu'en dehors de leur discipline favorite les cours sont « chiants ». Une réaction négative qui a vite fait de s'étendre à tout le champ du savoir. Comment s'étonner ensuite que la politique culturelle ne profite qu'à une élite déjà largement pourvue et n'atteigne pas ses véritables destinataires ? Tant que l'on restera dans ce système, la multiplication de l'offre ne sera d'aucune utilité, faute d'une demande correspondante.

A plusieurs reprises, des enseignants auxquels je faisais part de telles réflexions me répondirent, l'air agacé : « L'école n'est pas une colonie de vacances. » Et c'est vrai. L'enfant n'y vient pas pour se plaire, se distraire et s'amuser, mais pour travailler. Il doit se plier à une discipline pour progresser, faire des efforts pour apprendre et respecter l'autorité pour forger sa personnalité. Mais, sans revenir aux utopies permissives de 68, il doit être possible de combiner le sérieux des études et l'acquisition des savoirs avec le bonheur d'apprendre. A condition de ne pas tout mélanger.

En effet, on n'apprend pas les mêmes choses de la même façon pour acquérir une spécialisation et pour se donner une culture. Or les classes du collège mêlent les futurs scientifiques, les futurs économistes et les futurs littéraires. Aux uns, il faut donner les meilleures bases pour continuer ; aux autres, les meilleures bases pour arrêter. C'est non seulement une question de niveau, mais de contenu : savoir spécialisé contre savoir culturel. Entre l'hétérogénéité des clients et l'homogénéité du service, il faut de nécessité mettre les uns au régime des autres, aligner tous les élèves sur les futurs spécialistes ou bien l'inverse.

La tendance naturelle est de s'intéresser aux bons élèves, à ceux qui vont poursuivre. Au risque de rebuter les autres. C'est celle qui prévaut aujourd'hui : les enseignements ressemblent davantage à des ébauches de spécialisation qu'à un acquis culturel. Comment s'étonner de ces réactions de rejet. Si l'on ne met pas résolument l'enseignement général au service de la culture, si l'on s'obstine à traiter comme de futurs littéraires ceux qui veulent abandonner les lettres et comme de futurs chimistes ceux qui veulent laisser tomber la science, on continuera à former les incultes savants de demain.

Le capital bac

La préférence accordée à l'enseignement utile, celui qui permet de réussir des examens puis de trouver du travail, est d'autant plus forte qu'elle vient d'abord des familles. Le corps enseignant vit sous la pression presque intolérable d'un public, parents et élèves, qui exige des diplômes pour un emploi et reste insensible aux déplorations d'une élite pleurant ses humanités perdues.

En outre, l'objectif culturel paraît insaisissable, or tout système tend à négliger ce qu'il ne peut évaluer. Pour la formation, les résultats d'un enseignement s'observent sur le marché du travail. Mais comment faire pour les acquis culturels ? Car il ne s'agit pas de mesurer un niveau de connaissances, mais une envie de connaître. Allez donc savoir si le lycéen qui s'engage en section littéraire lira encore des magazines de vulgarisation scientifique ou des essais politiques ? L'idée même d'un tel enrichissement est étrangère à notre société.

Pourtant, c'est le grand Michel de Montaigne qui écrivait : « Un enfant n'est pas un vase qu'on remplit, c'est un feu qu'on allume. » Cinq cents ans plus tard, il n'a toujours pas été entendu. Professeurs, parents, administration, tout le monde prend comme modèle un individu-récipient qui se remplit tout au long de sa scolarité et se referme à l'instant où les scellés d'un diplôme – à moins que ce ne soit d'un échec – sont posés. Le Français se prolonge tel qu'en lui-même le baccalauréat l'a figé, avec son capital initial qu'il devra gérer, mais qu'il ne pourra guère enrichir. Dans un tel schéma, l'évaluation est relativement simple. Elle consiste à faire l'inventaire des connaissances acquises par le bachelier. Mais cela n'a aucun sens. La culture doit se juger sur une existence, pas sur un instant, sur une pratique continuée, pas sur un acquis momentané.

Au palmarès des citations, Édouard Herriot s'est

octroyé une place enviable avec sa formule à succès : « La culture, c'est ce qui reste quand on a tout oublié », qui tient lieu de définition consensuelle. Cette notion d'oubli semble provocante. Elle traduit une simple évidence. On ne retient pas toute sa vie les déclinaisons latines, *Les Animaux malades de la peste* ou les dates des journées révolutionnaires. Au fil des ans, les détails s'effacent, la précision se perd, les noms s'envolent, les vers s'effilochent. Rien que de très naturel. Au terme de cette inévitable usure du temps, nos connaissances sont réduites à leur forme essentielle, à leur trame significative. C'est « le reste », comme dit Herriot, et c'est là-dessus que tout se joue.

S'il n'y a plus que des bribes de savoir, des lambeaux d'œuvres, des épaves de théories, ornés de quelques ineffaçables citations, alors ce « reste » ne vaut rien. Non pas en raison de sa minceur, mais à cause de sa fossilisation. Ce vernis culturel, qu'il soit écaillé ou bien encore rutilant, n'est que le papier peint sur un mur qui se lézarde.

En revanche, s'il est encore source de plaisir et de passion, de curiosité et de gourmandise, de préférences et de dégoûts, s'il s'exprime à travers des lectures et des spectacles, des conversations et des réflexions, des aventures et des rencontres, s'il entretient toujours vivaces la soif de la curiosité et le bonheur des émotions partagées, alors ce reste, qui vieillit dans notre souvenir et rajeunit à travers nos enfants, devient le plus beau cadeau du monde. Et peu importe ce qu'on a gardé et ce qu'on a perdu. Car la seule culture qui vaille est la culture vivante, et la seule éducation réussie est celle qui laisse des graines et pas des bijoux. C'est à ce prix seulement que le bagage scolaire est autre chose qu'un tombeau. Dans une telle perspective, il n'est pas essentiel que l'individu ait été fort savant au moment de son bac. Seul compte son devenir. Si, à l'heure du bilan, n'apparaît pas une curiosité sinon une passion, il sera bien malaisé de justifier toutes les heures d'études, bien difficile de ne pas leur imputer une responsabilité dans cet échec.

En reconnaissant que la vraie culture n'est pas ce qui reste, mais ce qui vit, on change le regard et le jugement que l'on porte sur l'enseignement secondaire. On ne lui demande plus de faire avaler, de gré ou de force, un lot déterminé de paquets-rations, on ne le juge plus sur l'acquis mesuré au nombre de mégabits que le potache a inscrits dans sa mémoire, on lui donne comme référence l'adulte et pas l'adolescent. Quel profit celui-ci aura-t-il tiré de ses études, c'est toute la question. Mais on ne peut repasser le bac à cinquante ans !

Seule une observation collective et statistique permet de savoir si le capital scolaire est mort ou vivant. Les chiffres dont nous disposons, les constatations que nous pouvons faire ne laissent aucun doute : l'inculture post-scolaire est la chose de France la mieux partagée. Pour n'être pas saisissable, le fait n'en est pas moins saisissant.

Faut-il donc renoncer à cette idée de la culture conçue comme l'aventure de toute une vie et s'en tenir à l'idée notariale de ce legs culturel qui, au mieux, se perd dans l'oubli et, au pire, se transforme en prévention ? Faut-il admettre que les Français, après avoir fréquenté l'école pendant une vingtaine d'années, vivront en barbares dans la société la plus raffinée qui soit ? Certainement pas. Plus que jamais, les jeunes Français doivent acquérir les bases d'une culture vivante et pas seulement d'un savoir professionnel. C'est la conviction, inquiète mais non désespérée, qui me porte.

Parti de la culture, je me suis tout de suite retrouvé à l'école. C'est bien là qu'il faut poursuivre l'enquête. Le corps enseignant s'efforce désespérément de transmettre le savoir dont il est dépositaire à une population scolaire qui lui demande tout autre chose : la réussite ou, du moins, le « non-échec » scolaire. Si encore nous étions passés d'une école qui dispense le savoir à une école qui donne un métier, il n'y aurait que demi-mal. Mais non ! Plus les jeunes visent l'emploi et plus ils dédaignent les formations professionnelles au profit des filières académiques. C'est ainsi que les étudiants en sciences humaines s'entassent dans les universités. Une aberration dont ils sont bien conscients. Ils savent que leurs études, même réussies, ne débouchent pas sur le travail qu'ils espèrent, mais sur un job sans intérêt ou sur le chômage. Une angoisse et une désespérance qui prennent périodiquement une dimension explosive. A ce jeu de dupes, il ne peut y avoir que des perdants. La jeunesse n'aura gagné, en fin de compte, ni l'initiation culturelle ni l'insertion sociale.

Car le système scolaire souffre plus qu'il n'évolue, il est davantage transformé par les contraintes de toutes sortes que par une volonté politique. Dans ce camp d'entraînement où tous les coups sont permis, le discours humaniste sonne aussi faux qu'une cantate de Bach dans un concert rock. L'école n'est plus dans l'école, mais nos enfants sont toujours au milieu ; alors, comme dit la chanson : « Faut-il désespérer ? » Sûrement pas. La crise actuelle correspond certes à d'immenses difficultés sociales que je n'aurais garde d'ignorer, elle correspond aussi à une inadaptation fondamentale de la pédagogie, que nous découvrirons en regardant les programmes, les élèves, l'école et la société.

2

La passion de lire

Ce fut le plus imprévu, le plus imprévisible des *best-sellers* de 1992. Un phénomène d'édition – 600 000 exemplaires vendus au total – qui laissa pantoise la prestigieuse maison Gallimard. Car on n'atteint de tels chiffres qu'avec des romans ou de grands récits débordant de passion, d'aventure, d'histoire, de personnages et, diamant rehaussant la parure, le nom d'un auteur à succès sur la couverture. Il n'y avait rien de tout cela. Rien que les réflexions, nourries par l'expérience, d'un professeur de lettres qui fait partager à des élèves rétifs sa passion du livre. En somme, un petit traité d'initiation à la lecture, qui s'évalue à 5 000 exemplaires de tirage et 3 000 de ventes chez tout éditeur soucieux de ne pas déposer son bilan avant la fin de saison.

Daniel Pennac, lui-même, reconnaît qu'il fut plus d'une fois saisi par le vertige de l'évidence. N'était-il pas en train d'enfoncer des portes ouvertes ? Fort heureusement, il surmonta cette angoisse de la feuille noircie et publia *Comme un roman*, démontrant une fois de plus que ce qui va sans dire va toujours très mal.

Plutôt qu'un aride traité de pédagogie littéraire, Pennac offrit un livre allègre et moqueur qui entretenait même un suspens de la première à la dernière page. *Comme un roman* méritait bien son nom, et chaque lecteur, qu'il soit élève, professeur ou parent, était assuré de s'y retrouver.

L'enjeu de cette palpitante chasse au trésor, c'est le livre. D'un côté, des adultes qui voudraient attirer les jeunes générations ; de l'autre, des adolescents, enfants des banlieues et de la télé, aussi peu préparés à savourer Ronsard qu'à danser les valses viennoises. L'intrigue se noue dès la naissance. « Il ne lit pas, c'est le drame. » Les aînés guettent et s'inquiètent, pressent et s'empressent, et plus ils tarabustent les petits chéris, plus ceux-ci traînent les pieds et font la moue. Le renfort de l'école n'arrange rien. Sans même en avoir conscience, la sainte alliance parents-professeurs change les règles du jeu et transforme la pratique de la lecture en épreuve du bac.

Nous voici au tournant du livre. Les élèves, meilleurs ou pires, ne se résolvent pas à débrancher les baladeurs pour se plonger dans la lecture, le professeur se lamente, lorsque son épouse, sans nul doute mère de quelques écoliers, lui rétorque tout à trac :

« … Ce que tu attends, toi, c'est qu'ils te rendent de bonnes fiches de lecture sur les romans que *tu leur imposes*, qu'ils "interprètent" correctement les poèmes de *ton* choix, qu'au jour du bac ils analysent finement les textes de ta liste, qu'ils "commentent" judicieusement ou "résument" intelligemment ce que l'examinateur leur collera sous le nez ce matin-là… Mais ni l'examinateur, ni toi, ni les parents ne souhaitent particulièrement que les enfants lisent. Ils ne souhaitent pas non plus le contraire, note. Ils souhaitent qu'ils réussissent leurs études, un point c'est tout ! »

Voilà les évidences qui pouvaient faire reculer l'auteur. Car sitôt dit, sitôt vu, chacun reconnaît la justesse de l'observation et s'aperçoit du même pas qu'il le savait depuis toujours, mais ne voulait pas l'avouer. Que les parents qui préfèrent un enfant lecteur à un enfant bachelier lèvent le doigt ? Pas de honte à ça. Au moment de l'embauche, aucun employeur n'est sensible à la passion de la lecture.

On atteint maintenant le comble du malentendu, car les adolescents, rebutés par les exercices littéraires, se persuadent que la lecture, c'est emmerdant. Les plus consciencieux s'efforceront de réussir le bac en s'épargnant cette corvée.

A ce stade, je devrais arrêter le récit afin de ne pas déflorer le dénouement. Mais, puisque tout le monde a lu *Comme un roman*, je pousserai jusqu'à la fin. Le professeur, celui-là ou un autre, renonce dans un premier temps à « enseigner la littérature » et prend des romans, de vrais romans d'aujourd'hui, que l'on trouve en librairie et qui racontent des histoires, de vraies histoires, qu'il lit à haute voix dans la classe, comme ça juste pour voir, juste pour le plaisir. Et les ados rebelles se laissent prendre à l'ensorcellement du récit comme les bambins qui exigent une belle histoire avant de s'endormir.

Bientôt – ou bien tard, c'est selon –, ils veulent en savoir plus sur l'auteur, ils demandent qu'on leur lise un autre roman, puis ils s'interrogent sur les personnages... La magie du livre opérant peu à peu, ils se surprennent à tourner les pages, ils découvrent « ce vice impuni : la lecture ». Il serait peut-être temps de parler littérature. Voilà pourquoi vos enfants ne lisent pas, voilà comment ils pourraient lire. *Happy end.*

Pennac, on l'a compris, est obsédé par « ceux qui ne lisent pas » et ne se fait guère d'illusions sur les bienfaits que leur procure le système éducatif : « Les mieux avisés sauront apprendre, comme nous, à parler autour : ils excelleront dans l'art inflationniste du commentaire (je lis dix lignes, je ponds dix pages), la pratique jivaro de la fiche (je parcours quatre cents pages, je les réduis à cinq), la pêche à la citation judicieuse dans ces précis de culture congelée disponibles chez tous les marchands de réussite, ils sauront manier le scalpel de l'analyse littéraire et deviendront experts dans le savant cabotage entre "les morceaux choisis", qui mène sûrement au baccalauréat, à la licence, voire à l'agrégation... mais pas nécessairement à l'amour du livre. » Et quel peut être le sens d'un savoir littéraire, si érudit soit il, qui ne débouche pas sur la passion de lire ?

Connaître avant d'étudier

Pourquoi les Français firent-ils un tel triomphe à *Comme un roman* ? Pour la raison simple qu'ils ressentaient tout cela confusément, mais que, pour rien au monde, ils n'auraient osé conclure : « Quelle connerie d'enseigner la littérature à des jeunes qui ne lisent pas ! » Car les parents qui voient leur enfant pâlir sur un commentaire littéraire alors qu'eux-mêmes savourent un bon bouquin, qui l'observent cherchant dans un passage de Balzac les « indices lexicaux, les structures grammaticales, le système énonciatif et le schéma narratif », tout en sachant qu'ils ne l'ont jamais surpris en train de dévorer un roman, même policier, ces parents ne peuvent éviter certaines questions. Comment se fait-il qu'un même art (l'écriture), un même objet (le livre), une même activité (la lecture) soient source d'ennui chez l'un et de plaisir chez l'autre ? A quoi bon imposer aux jeunes cette utilisation seconde et tarabiscotée de l'écrit, alors qu'il en existe une toute naturelle et fort heureuse qu'ils utilisent si peu ?

Oui, les parents le ressentaient, mais n'osaient pas le dire ni, à la limite, le penser. Ils connaissaient trop bien le respect dû aux professeurs comme aux programmes et, lorsque l'adolescent, définitivement rebuté par la recherche des sonorités et allitérations dans la prose balzacienne, se rebellait contre « ces trucs chiants qui ne servent à rien », le duo parental, plus faux cul que jamais, entamait, sur un ton péremptoire qui dissimulait mal une secrète incertitude, une défense et illustration de ces exercices « qui forment l'esprit ».

Touchante docilité, troublante pusillanimité de tous ces papas-mamans tremblant devant l'institution scolaire à laquelle ils ne demandent jamais que de tenir plus serrés et de faire travailler davantage leurs enfants, comme s'ils misaient sur quelque alchimie secrète pour compenser un déficit d'éducation par un surcroît d'instruction. Bref, les parents n'osaient parler et ils avaient bien tort, car les professeurs, eux, ne se gênaient pas pour exprimer leur doute et même leur condamnation.

Dès le début du siècle, l'auteur de la monumentale *Histoire de la littérature française*, le grand critique Georges Lanson, laissait tomber la sentence : « L'histoire littéraire, écrivait-il, chose d'enseignement supérieur, est, dans l'enseignement secondaire, un fléau. Les élèves ne peuvent conduire une recherche personnelle, ni faire une construction, sinon chimérique et qui leur donnerait une mauvaise habitude d'esprit. Ils ne peuvent contrôler ni comprendre les formules du maître, avec le peu qu'ils ont lu. Précédant la lecture à peu près complète ou du moins abondante des textes, le cours d'histoire littéraire est une école de psittacisme[1]. » Lequel psittacisme se définit dans les dictionnaires spécialisés comme « un trouble du langage consistant en la répétition continuelle de mots ou de phrases entendus à la manière d'un perroquet (de fait, psittacisme vient du latin *psittacus*, perroquet). Le plus souvent le sujet ne comprend pas ce qu'il dit. Ce trouble se rencontre assez fréquemment chez les malades mentaux[2] ».

Soulignons tout de suite cette idée première, essentielle : il faut connaître avant d'étudier. J'entends par *connaître* avoir l'expérience directe, immédiate, familière, celle qui nous fait dire qu'« on aime » ou qu'« on n'aime pas » tel livre ou tel film. J'entends par *étudier* poursuivre une analyse approfondie visant une compréhension à la fois théorique et pratique, historique et stylistique. Pour Lanson, les élèves ne devaient aborder l'enseignement littéraire qu'après une lecture « abondante » des œuvres, afin, tout simplement, de savoir de quoi ils parlent ou de quoi on leur parle. Rien n'interdit de dis-

1. Georges Lanson, *Contre la rhétorique et les mauvaises humanités*, 1902.

2. Norbert Sillamy, *Dictionnaire de psychologie*, Paris, Bordas, 1980.

serter sur la tragédie classique ou la poésie romantique sans avoir lu Racine, Corneille, Lamartine ou Musset, sans connaître, autrement que par ouï-dire, les œuvres de référence, cela s'appelle du bachotage. On y gagne parfois son diplôme, mais jamais l'envie de lire. Lanson et Pennac se rejoignent d'une certaine façon, mais les élèves de Lanson vivaient dans la civilisation de l'écrit et le respect du maître, tandis que les élèves de Pennac sont dans la civilisation de l'image et n'en font qu'à leur tête. Ainsi, ce qui ne convenait pas aux premiers conviendra encore moins aux seconds.

Retenons qu'en toute chose l'expérience doit précéder la compréhension : le goût d'apprendre est à ce prix. Les méthodes déductives, à la base de l'enseignement secondaire traditionnel, partent du principe inverse. D'abord, poser les bases théoriques du savoir, puis progresser logiquement vers la compréhension de la réalité. A l'opposé, les méthodes inductives veulent partir de la réalité, de l'observation et de l'expérience pour aller vers l'abstraction. Entre ces deux écoles, la querelle a toujours fait rage. N'étant pas pédagogue, je n'ai pas à choisir ma chapelle, je partirai donc d'un tout autre point de vue, d'autant que l'introduction des nouvelles techniques, hypermédias et autres – tôt ou tard, il faudra bien que l'Éducation nationale s'y mette –, devrait bouleverser les données mêmes de la querelle. L'essentiel me paraît être, en un premier temps, d'éveiller la curiosité, le goût, l'amour, la passion. Lorsque ce préalable est satisfait, le choix des méthodes pédagogiques n'est plus qu'un cas d'espèce. La meilleure est celle qui marche le mieux. Or un élève ne tombe pas amoureux d'une définition et pas davantage d'une expérience ou d'un exercice. Ces deux approches risquent d'abord de provoquer l'ennui dès lors qu'elles ignorent la première étape, celle qui permet d'obtenir l'adhésion de l'enfant. Il n'est de bonne pédagogie qui ne commence par éveiller le désir d'apprendre.

L'Éducation nationale, pour sa part, fait preuve d'une admirable obstination dans la démarche inverse, infligeant des rafales de définitions – souvenez-vous de tous ces « On appelle... », « On appelle... » qui viennent toujours en tête de chapitre – avant le contact direct, chaleureux, sensible avec la matière enseignée. Nous retrouverons ce péché contre l'enfance à chaque étape de notre exploration. Et, pour commencer, dans le français, littérature et langue confondues.

L'enseignement littéraire contre lequel Georges Lanson, lui-même professeur de lettres, partait en guerre était centré sur les œuvres, les genres, les époques et les auteurs, mais que l'élève abordait dans un esprit chronologique et encyclopédique. Ce n'était pas le moindre de ses défauts. Remontant le cours des siècles tout au long du secondaire, il faisait découvrir en premier le plus ancien : Villon, Rutebeuf, Rabelais, les poètes de la Pléiade, Montaigne ou Pascal, pour n'arriver au plus récent que dans les grandes classes. Le sens historique devenait un parfait contresens pédagogique. Cette exploration avait tout du pèlerinage, car elle excluait les auteurs vivants, ce qui donnait aux belles-lettres une fâcheuse apparence de couronnes mortuaires. Elle se devait enfin d'être exhaustive et inscrivait au programme toutes les œuvres notables, en raison de leur qualité littéraire ou de leur importance historique, nonobstant l'ennui profond que leur étude pouvait inspirer à de jeunes esprits. Bref, l'enseignement littéraire s'apparentait davantage à une potion que l'on avale sur prescription médicale qu'à une douceur que l'on s'offre par gourmandise.

Il avait peu de chances de faire aimer la lecture hier, il n'en a plus aucune aujourd'hui. Sa modernisation par l'ajout de quelques auteurs vivants, et l'élimination des écrivains les plus barbants, ne peut à elle seule créer ce lien direct, immédiat entre les livres et des jeunes plongés dans l'expression audiovisuelle. Ce sont les œuvres qui peuvent seules offrir ce point de départ ou, plus exactement, ce point d'entrée dans le monde de l'écrit. Encore faut-il les choisir en fonction de la sensibilité juvénile plus que de l'intérêt littéraire, éviter de faire s'apitoyer des gamines sur les amours crépusculaires de Phèdre et prendre le temps d'une véritable immersion qui aille au-delà d'une simple lecture de morceaux choisis.

C'est un professeur, professeur de lettres dans un lycée, je tiens à le préciser, qui m'en apporta la démonstration. Lors de notre rencontre, il parla de *Dom Juan*, me faisant comprendre comment il pouvait passionner les élèves. Quelle aventure ! D'abord, m'expliquait-il, il faut faire réagir les enfants, les choquer, les heurter, en leur dévoilant la force de l'œuvre. De quoi parle-t-on ? D'un « grand seigneur méchant homme », or « méchant » dans la langue du XVIIe siècle, ce n'est pas l'équivalent de « pas gentil » comme aujourd'hui, cela signifie « qui aime faire le mal », bref « sadique » en français moderne. Je leur fais alors imaginer ce que pourrait être l'équivalent contemporain d'une telle histoire. Un grand seigneur, disons le fils d'un ministre, voire du Premier ministre, qui s'amuse à commettre des crimes – pas de simples goujateries, des meurtres et des viols – parce que la position de sa famille lui assure l'impunité. Imagine-t-on le scandale que provoquerait une telle pièce ? Voilà pourtant ce que Molière écrit sous le règne du monarque absolu Louis XIV, qui peut à tout moment le faire jeter en prison ou même pire. Ce drame, c'est un défi, une révolte et pas du tout une intrigue plus ou moins romanesque. Soudain, la vision que les élèves peuvent avoir des classiques change du tout au tout. Ils ne sont plus extérieurs, ils se sentent concernés. On peut commencer à s'interroger. Questions bateau d'abord : que recherche le héros, est-ce un « homme à femmes », un homme révolté contre Dieu, un combattant de la raison ? Ensuite, on rebondit sur le mythe de Don Juan ? Son origine avec Tirso de Molina, son passage d'Espagne en Italie et d'Italie en France ; le thème à la mode superficiel et voyeuriste qui permettait de présenter toutes sortes de turpitudes au nom de la damnation finale. Et voici Molière, poussé par sa propre troupe à reprendre cette recette à succès qui triomphait chez ses concurrents italiens, le voici qui, d'un sujet rebattu, éculé, fait l'ossature d'un chef-d'œuvre. Pourquoi ? Comment ? Puis arrivent les questions sur la société du XVIIe siècle. En quoi Dom Juan est-il « méchant homme » : parce qu'il trompe sa femme ou bien parce qu'il blasphème ? Les rapports du seigneur avec les femmes du peuple. N'existe-t-il pas un véritable droit de cuissage sur la servante ou les filles sans condition ? Sont-elles en état de refuser ? Et Sganarelle, que représente-t-il ? Et d'abord, pourquoi commence-t-il par faire l'éloge du tabac ? N'est-ce pas un défi de Molière à ceux qui en persécutent les consommateurs ? Voici les ennemis de Molière, ceux qui se sont déchaînés l'année précédente contre le *Tartuffe*, et les menaces – bien plus qu'une simple disgrâce – qu'ils font peser sur le dramaturge. On découvre la « confrérie du Saint-Sacrement », l'« intégrisme religieux » version XVIIe siècle. On peut alors regarder la construction et l'écriture de plus près. La facture, l'action, le style. Un peu de littérature ne fait pas de mal. Et l'on va passer au *Mariage de Figaro*, à *La Double Inconstance* ou bien aux *Liaisons dangereuses* pour découvrir le XVIIIe siècle, et ainsi de suite.

J'avais à côté de moi ce soir-là des adolescents qui, ayant lu la pièce, entrèrent spontanément dans le jeu et posèrent de multiples questions. La mécanique s'enclenchait tout naturellement. Tout se gâte, en revanche, lorsque le professeur doit coller au programme et, plutôt que de suivre son inspiration, fait avaler les grands textes les uns derrière les autres comme les verres de bière à la foire de Munich. La pièce, qui aurait passionné à travers une visite guidée et commentée, se comprime en une fiche parfaitement indigeste. Mais comment faire autrement s'il faut connaître toutes les comédies de Molière ? Et que vaut-il mieux ? S'être pris d'intérêt pour *Dom Juan* en sacrifiant *L'École des femmes*, *Les Femmes savantes*, etc., ou bien s'être fourré dans le crâne « ce qu'il faut savoir » sur chaque pièce jusqu'à perdre l'envie de la voir un jour représentée ?

L'enseignement de la littérature centré sur les œuvres,

les auteurs, les genres et les personnages, avec l'histoire littéraire en toile de fond, donne l'occasion d'une superbe initiation culturelle pour peu que l'on évite le pédantisme, l'encyclopédisme et l'érudition, que l'on mise sur la force vive de la littérature. C'est alors que l'on peut faire naître le plaisir et la passion – ce qui n'exclut ni l'effort ni la rigueur – dans les nouvelles générations. A condition que les enseignants n'aient pas à se demander tous les matins s'il vaut mieux coller au programme pour préparer les élèves au bac ou plonger dans la vraie littérature pour leur transmettre le virus de la lecture.

L'herméneutique littéraire

Cette approche convenue de la littérature se trouve quelque peu malmenée par les nouvelles recherches qui se développent dans les années 50-60. Un certain nombre de chercheurs, dont Roland Barthes reste la figure emblématique, entreprennent de repenser les concepts fondamentaux de notre culture : le discours, l'écriture, la lecture, le sens. S'appuyant sur différentes disciplines : linguistique ou psychanalyse, théorie de l'information ou sémiologie, structuralisme ou épistémologie, ils pénètrent dans l'intimité des processus qui permettent à l'individu de penser à travers des mots, à l'auteur de s'exprimer par l'écrit, au lecteur de l'entendre par le texte. Recherches foisonnantes, enivrantes lorsqu'elles décomposent le texte – ou la pensée ? – et s'efforcent de rechercher, comme des pièces détachées, les structures qui le composent. L'enseignement peut-il ignorer les acquis de cette nouvelle critique et s'en tenir éternellement à la célébration des grands auteurs ?

A ces soucis pédagogiques et épistémologiques s'ajoutent, pour certains, des préoccupations plus politiques. L'enseignement classique, trop nourri d'humanités, favorisait outrageusement les enfants des classes aisées, qui baignaient depuis toujours dans cette culture alors que les enfants des classes populaires la découvraient comme une langue étrangère. Un travail fondé plus sur la méthode, la logique, la réflexion que sur l'acquis culturel mettrait davantage de démocratie dans la compétition scolaire.

Cible de cette contestation, la figure imposée de tous les cours littéraires : l'explication de texte. « Qu'a voulu dire l'auteur ? » « Sur quels moyens littéraires s'appuie-t-il pour construire sa démonstration ? », etc. Voilà bien l'enseignement routinier dans toute son horreur. « L'explication de texte traditionnelle, ou du moins l'exercice scolaire que l'on désigne habituellement par ces termes, avait pour objet la mise en évidence, la clarification, du sens d'un texte. [...] Les livres du maître de nombreux manuels du second cycle sont, de ce point de vue, fort éloquents : ils se bornent, la plupart du temps, à expliciter, sinon à exposer, une signification », explique Gérard Langlade, un des responsables de la filière lettres à l'IUFM de Toulouse, c'est-à-dire « un prof de profs de français ». A ce stade, le lecteur risque de se dire *in petto* : « Sans doute, et alors ? » Eh bien, justement, ça ne va pas du tout, explique le formateur ès lettres : « On connaît les dérives d'une telle pratique, poursuit-il : les textes en viennent à être occultés par le sens canonique qui leur est accolé ; la lecture, prise en charge par un discours rituel, devient simple reconnaissance dans le texte de ce que l'on savait déjà. L'explication de texte risque donc de conduire, paradoxalement, à la négation de la lecture, au degré zéro de l'herméneutique littéraire[1]. »

L'herméneutique, c'est la science des signes et de leur interprétation, que vient-elle faire dans les cours de français ? Voilà une réflexion de parents et, sans nulle offense, de parents *old fashion*. Toute lecture est, ou plus exactement doit être, une herméneutique : c'est le nouveau *credo*. Car le texte est porteur de plusieurs sens,

1. Dans *Lire méthodiquement des textes*, Bertrand Lacoste, 1995.

d'une polysémie cachée, et non pas d'une signification unique, comme tendait à le faire croire l'enseignement classique. Apprendre à lire, passé le premier apprentissage, cela signifie démêler l'écheveau d'une polysémie cryptée. C'est à cette condition que la lecture ne sera pas aliénante, qu'elle permettra à l'élève de devenir un lecteur éveillé, critique et autonome. « Lire n'est pas reconstituer *le* sens préexistant, mais constituer un sens, plus ou moins ponctuel en raison de la polysémie du texte[1] », précise Anne Armand, professeur, formateur, auteur de manuels et inspecteur pédagogique, bref autorité en la matière.

Il n'est donc pas question de laisser l'élève lire en trajectoire balisée avec l'idée fausse qu'il doit « comprendre ce que l'auteur a voulu dire », pas question non plus d'assigner comme rôle au professeur d'être le guide d'une visite organisée. D'emblée, on veut une lecture « personnalisée », c'est-à-dire, précisent les instructions de l'Éducation nationale, une lecture qui mette en œuvre « la construction progressive d'une signification du texte à partir d'hypothèses de lectures dont la validité est soigneusement vérifiée » ; et Gérard Langlade d'expliciter ce propos : « Les hypothèses construites vont permettre au lecteur d'anticiper sur le sens à venir et, grâce à cela, de transformer de nouveaux détails en indices pour procéder à la validation des hypothèses. [...] La valeur d'une construction de sens se mesure donc à son aptitude à rendre signifiant de façon cohérente et dynamique le plus grand nombre possible d'éléments du texte[2]. »

Pour y parvenir, les professeurs de lettres sont invités à remplacer l'ancienne explication de texte, exercice qui déjà était passablement rébarbatif, par la lecture méthodique et ses différents outils de construction : relevé des champs lexicaux, analyse de la focalisation, système

1. Anne Armand, *L'Histoire littéraire. Théories et pratiques*, Bertrand Lacoste, 1993.
2. *Lire méthodiquement des textes*, *op. cit.*

énonciatif, schéma narratif, etc., grâce auxquels l'élève pourra élaborer sa propre compréhension du texte. Cette lecture méthodique, consacrée par le baccalauréat, prend une place importante, c'est dire que l'étude de textes concurrence celle des œuvres, des auteurs et de l'histoire littéraire. L'enseignement doit en toute priorité apprendre à « bien » lire.

La querelle des anciens et des modernes

Les tenants du classicisme ne manquèrent pas de dénoncer ce triturage linguistique irrévérencieux et même blasphématoire. L'académicienne Jacqueline de Romilly, bouillante avocate des humanités, fustige ces innovations : « Dans la littérature française, on s'est autorisé de théories à la mode dans les recherches de pointe pour suggérer que les auteurs ne savaient point ce qu'ils disaient, et l'on a habitué les enfants à ne plus chercher le moindre sens, sous prétexte qu'il en existait trop[1]. »

Les parents, qui n'ont ni l'autorité ni la verve de notre illustre helléniste, n'osent porter des jugements aussi péremptoires, mais ils n'en pensent pas moins, car ces exercices très formalisés, très faciles à corriger et à noter, disqualifient leur propre culture. Désagréable de s'entendre répondre : « Mais non, papa, c'est pas comme ça ! » chaque fois que l'on prétend aider son écolier préféré. Le désarroi est d'autant plus grand que la littérature, à la différence des sciences, passait pour une discipline peu sujette au changement.

Grave erreur ! Les millions de Français, lecteurs assidus, découvrent, non sans surprise, l'infinie complexité de leur loisir favori. A se demander comment ils viennent à bout d'un livre sans avoir, en leur temps, subi cet entraînement spécialisé ! Cette ignorance de la lecture critique

1. Jacqueline de Romilly, *Lettre aux parents, op. cit.*

ne les avait pas empêchés d'avoir sur chaque livre une opinion personnelle. « Autant de lecteurs, autant de livres », disait déjà André Gide, qui ne connaissait pas son Roland Barthes par cœur. Mais ce qu'on fait sans savoir va bien mieux en le sachant, quitte à ne plus le faire.

Ces avancées ont renouvelé la recherche et trouvent sans conteste leur place dans un cycle d'études littéraires, mais faut-il les introduire au lycée, voire dès le collège ? C'est toute la question, et je ne suis pas assuré que les élèves de Daniel Pennac soient bien préparés à de tels exercices.

Ce débat sur l'étude des textes littéraires se doublait d'une querelle des anciens et des modernes, sur le rôle même de la littérature dans l'enseignement du français. Faut-il insister sur le langage en tant qu'outil de pensée, d'expression et de communication, et étudier la littérature en tant que patrimoine artistique ? Faut-il au contraire décider avec Danièle Sallenave que « c'est à la littérature qu'on devrait principalement confier le soin d'enseigner le fonctionnement du langage » ? Mais est-ce une analyse littéraire classique ou bien une analyse de texte inspirée de la linguistique qui est la plus à même de transmettre cet enseignement ?

La controverse pouvait faire les délices d'une académie savante puisque les deux positions sont également fondées. A la différence de la peinture, de la danse ou de la musique qui sont tout entières au service de l'art, le langage est un moyen d'expression utilitaire *et* artistique. C'est d'abord et avant tout l'outil même de la pensée : les Français pensent en français. Si l'on peut conduire un raisonnement sans connaître le moindre morceau de musique, le moindre tableau, le moindre monument, on ne saurait le faire en ignorant le sens et l'usage des mots. Peut-on décider pour autant que le bien écrire et le bien penser sont une seule et même chose qui s'acquiert par l'étude des textes classiques ? Ne peut-on distinguer ces différentes fonctions de manière qu'elles soient toutes enseignées, non pas dans une logique étroite de SMIC éphémère qui permet d'« assurer » le jour de l'examen, mais dans une perspective plus large d'épanouissement personnel ?

L'administration s'est efforcée de satisfaire les modernes sans violenter les anciens, ce qu'on voit fort bien dans les exercices du bac qui conditionnent par l'aval tous les programmes.

Les trois épreuves qui attendent les candidats dosent subtilement les philosophies rivales. *L'étude d'un texte argumentatif* rompt nettement avec la tradition des humanités. Les questions portent sur « le système énonciatif (pronoms personnels, procédés de modalisation, modes de citation…), l'organisation lexicale, la structure logique et rhétorique, le maniement de l'implicite, les buts et les modalités de l'argumentation… ». Pas besoin de connaître ses classiques pour s'en sortir. Pour *le commentaire littéraire*, les questions portent sur « le repérage et l'examen méthodique […] [afin de] guider l'investigation et d'ouvrir des perspectives sur le fonctionnement et l'interprétation du texte », le tout débouchant sur le commentaire qui présentera « avec ordre un bilan de lecture organisée de façon à donner force au jugement personnel qu'il prépare et qu'il justifie ». On se trouve là en épreuve de « lecture méthodique » (et pas d'explication de texte – on peut être recalé pour une moindre confusion) avec la nécessité d'un savoir littéraire de type instrumental, ce ne sont pas les œuvres qu'il faut connaître, mais les figures de style et autres techniques d'écriture. En revanche, pour *la dissertation sur un sujet littéraire*, l'élève devra évoquer à bon escient l'ensemble de ses connaissances littéraires (connaissances sur les genres et l'histoire, lectures complémentaires, rapprochement avec d'autres formes d'expression artistique…), bref avoir étudié de façon intensive la littérature.

Pour préparer sa classe à l'épreuve de vérité, le professeur va consacrer de nombreuses heures à décomposer, découper, décortiquer, disséquer, dépecer un texte précédemment vivant, afin d'en extraire les sous-produits normalisés qu'exigent nos maîtres programmateurs. Mais il doit également passer en revue cinq siècles d'histoire littéraire. Au triple galop, il plante des poteaux indicateurs, colle des étiquettes, découpe des époques, regroupe des écoles, marque d'une pierre blanche les chefs-d'œuvre et fait noter au passage ce que l'on doit penser, savoir et dire de chaque monument entrevu, de chaque paysage traversé. Il lui faut enfin proposer une étude exhaustive des quelques œuvres complètes qui seront présentées à l'examen. Un programme aussi ambitieux est-il le plus à même de donner aux jeunes Français de 1996 la maîtrise de leur langue et l'amour de la littérature ? Aux professeurs de se débrouiller.

Le résultat évident, c'est que les chers ados sont noyés dans un flot de connaissances qu'ils n'arrivent pas à maîtriser : « Il faut, en deux ans de préparation au bac français, mettre les bouchées doubles pour faire acquérir simultanément des connaissances et la manière de les employer, alors que ni les unes ni l'autre n'ont le temps de s'enraciner et de s'enrichir mutuellement, constate Hélène Sabbah, professeur de lettres et conseillère pédagogique. Certains élèves savent construire une argumentation à partir d'une structure, mais sont trop démunis culturellement pour donner un contenu à cet exercice. Ils sont tellement désarmés qu'ils attendent davantage de leurs professeurs des recettes à appliquer pour arriver à des résultats immédiats, notamment passer le bac, que des “instruments” pour apprendre à réfléchir [1]. »

Ceux qui sont naturellement portés vers ces disciplines, qui n'ont pas attendu d'y être obligés pour lire les bons auteurs, vont se prendre au jeu. Pour eux, le système pédagogique tourne à plein régime. Fort bien, mais guère probant. Car tout enseignement littéraire, qu'il soit délivré sous forme de pastilles, de cataplasmes, de piqûres ou

1. Hélène Sabbah, « Ce bac pervers », *Le Monde des Débats*, septembre 1994, n° 22.

d'infusions, leur conviendrait aussi bien. Forcerait-on sur l'acquisition du patrimoine classique, pousserait-on plus avant dans la linguistique, qu'ils s'en accommoderaient de même. Mais quel profit les autres, la majorité, vont-ils tirer d'un enseignement qui, dans sa logique, conduit tout droit en fac de lettres ? Ceux-là ne risquent-ils pas de rejoindre la cohorte des littérophobes ? Un ami, professeur de lettres, me disait : « Un professeur vérifie son enseignement en regardant la bibliothèque de son élève vingt ans plus tard. » De nombreux enseignants pensent de même.

Mais comment atteindre un tel objectif avec une approche aussi aride ? Comment trouver l'amour du roman à travers des exercices de lecture raisonnée ? C'est aussi improbable que de prendre le goût de l'équitation en visitant une boucherie hippophagique. Or bien des lycéens, et pas seulement des collégiens, n'ont pas une pratique personnelle de la lecture, une pratique qui permettrait de se lancer sans inconvénients dans de telles études.

Le français en problèmes

Lanson contestait l'enseignement de l'histoire littéraire avant une bonne connaissance des chefs-d'œuvre, que n'aurait-il dit pour la nouvelle pédagogie du français ? Il suffit pour le comprendre d'ouvrir l'un de ces ouvrages qui ne visent pas à apprendre le français, mais « les méthodes du français ». La méthode, tout est là, pour cette discipline comme pour n'importe quelle autre. C'est elle qui donne les modèles, outils indispensables à une véritable compréhension. La physique modélise les différentes forces présentes dans la nature, la chimie les interactions qui se produisent entre les atomes, l'astrophysique fait de même avec les astres ou l'univers dans son ensemble, le nouveau savoir littéraire suit la même voie. Il rompt avec l'exégèse traditionnelle, les remarques pertinentes et fleuries de la critique littéraire, pour adopter une démarche méthodique et codifiée.

Or une modélisation commence toujours de la façon la plus décevante qui soit : par des définitions et des énonciations afin de poser les concepts. A ce stade, la démarche scientifique n'apprend rien du tout, on ne dépasse guère la « vertu dormitive » de l'opium.

Dans l'un des classiques du genre[1], on apprend à la première page que « le texte, qui vise à produire un sens et à le communiquer, résulte d'une énonciation », laquelle énonciation consiste « à produire un énoncé en utilisant les possibilités offertes par la langue », ce qu'en langue vulgaire on traduit par : « Quand on parle, c'est pour dire quelque chose », et l'on va continuer en découvrant que celui qui « énonce » est le « locuteur ». Puis on apprendra que « le sens général d'un texte se constitue progressivement à partir de celui des unités lexicales, les mots ». Ces unités lexicales se répartissent en « champs lexicaux » lorsqu'elles se rapportent « à un même domaine de sens ». Mais prenons garde à la polysémie et à la synonymie, ainsi qu'à l'homonymie, la paronymie et l'antonymie. Apprenons encore à corriger la dénotation par la connotation, à bien repérer l'implicite derrière l'explicite, etc., et nous finirons par être armés pour mettre à mort n'importe quel texte.

En première approximation, on pense à la leçon de philosophie du *Bourgeois gentilhomme*. Mais non, il s'agit d'un véritable savoir. Car ces fondations ennuyeuses et pesantes permettront à une critique linguistique de se développer et d'atteindre, mais seulement dans un stade ultérieur, une compréhension plus subtile du texte. Et cette finesse d'analyse suppose une bonne connaissance de cet appareil normatif. Ce sont en somme des gammes de linguistique, des gammes bêtes comme toutes les gammes, mais indispensables pour progresser.

1. D. Labouret et A. Meunier, *Les Méthodes du français au lycée*, Paris, Bordas, 1995.

Mais que dirait-on d'un conservatoire de musique dans lequel les enfants répéteraient des gammes à longueur de journée et refermeraient définitivement le piano le jour où ils parviendraient à les exécuter sans faute ? Sans avoir eu le plaisir de jouer une mélodie. Pure folie ! Et pourtant... n'est-ce pas l'image de cet enseignement pour les élèves qui ne poursuivent pas leurs études de lettres ?

Il est vrai que ces définitions ne constituent qu'une première étape. Les concepts servent ensuite à décortiquer les textes. Travail fastidieux mais accepté, puisque ces exercices font partie des incontournables exigences bachelières et qu'en les répétant à satiété on s'offre, à tout coup, une moyenne. Les futurs scientifiques sont particulièrement reconnaissants aux littéraires d'avoir imaginé un truc pareil. Car ils lui trouvent un cousinage certain avec leurs problèmes de maths ou de physique. On se met dans le crâne tout cet outillage de concepts, d'opérations, de relations, puis on multiplie les entraînements jusqu'à pouvoir traiter n'importe quel texte comme un vrai petit ordinateur, et l'on est assuré de décrocher la moyenne en français sans avoir la moindre notion de littérature. Avoir desséché cette matière charnelle, savoureuse, brûlante qu'est une œuvre littéraire pour n'en conserver que la trame glacée d'un problème, c'est un triomphe de la pédagogie contemporaine. Or nos lycéens ne sont, hélas, plus de vrais lecteurs, mais ils pourraient le devenir. Pour peu qu'on n'aseptise pas trop leur nourriture...

Tant que l'on reste dans la théorie, tout cela semble n'être que de la cuisine scolaire. Mais est-il innocent, après avoir exposé les principes de cette méthode, de mettre *Le Dormeur du val* sous le nez de l'élève en lui enjoignant d'« identifier l'entrecroisement des champs lexicaux » dans le sonnet de Rimbaud ? Voici, par excellence, le poème – il en existe très peu – qui parle à la sensibilité juvénile, à celle des adolescents de 1996. C'est peut-être la chance de faire découvrir que la poésie est un monde magique qui les concerne. Et, avant même qu'ils aient découvert le « trou de verdure où chante une rivière », ils n'ont déjà plus sous les yeux qu'un énoncé de problème qu'ils vont décortiquer dans tous les sens pour en trouver la solution. Bienvenue dans l'illumination rimbaldienne !

Nos futurs techniciens ne verront dans les poèmes qu'un puzzle dont on se sert pour obtenir la moyenne. Heureux souvenirs pour animer un Cercle des poètes disparus !

L'épreuve du texte

Bien des universitaires, s'interrogent sur la pertinence de ces exercices à l'ancienne mode ou à la sauce linguistique. Lors d'un colloque organisé en 1975, à Strasbourg, sur l'enseignement de la littérature, les professeurs, universitaires, écrivains manifestèrent leur trouble et leur incertitude. Dans son intervention, l'universitaire Jean Burgos dénonçait le « littérorisme » et se livrait à une description savoureuse de cette « littérature d'inventaire » :

> – Inventaire méthodique des antécédents et des précédents historiques qui, de paternité en paternité, a tôt fait de remonter toutes les filières de tous les thèmes et de tous les motifs pour faire de l'étude textuelle une variante à rebours de la généalogie biblique.
> – Inventaire des genres et des styles qui, à l'affût des recettes, des sauces et des assaisonnements, plutôt qu'inviter à la dégustation de l'œuvre, préfère s'attacher à l'analyse chimique de sa cuisine, voire de son arrière-cuisine.
> – Inventaire des œuvres entendues comme production obligée d'un producteur suspect appelé auteur, c'est-à-dire responsable des écrits qu'il commet, et qui conduit tout droit à chercher l'homme derrière le texte réduit au rôle de mouchard.

> – Inventaire des matériaux, soigneusement numérotés, du texte enfin considéré pour lui-même mais si bien aseptisé et coupé de toute relation extérieure, si bien privé d'air et de lumière qu'il ne saurait être question, même un instant, d'habiter son espace.
> Cette littérature d'huissiers, comment se ferait-elle entendre et quel auditoire normalement constitué accepterait-il de s'y laisser prendre[1] ?

Vingt ans plus tard, les inquiétudes sont plus que jamais présentes. Dans l'excellent dossier des *Cahiers pédagogiques*, Jacques Charmatz traduit ainsi ce *blues* des profs : « Disons-le tout net : tout le système de l'enseignement des lettres, du contrôle du savoir littéraire a tué la culture littéraire qui n'est plus qu'un passeport alibi pour *passer le bac* et réussir de grandes écoles ou des entretiens de culture générale. [...] la *culture littéraire* véhiculée par le lycée est tout au plus un bagage qu'on jette par-dessus bord dès le bac de première passé ! C'est un permis à points. Un point c'est tout[2]. » Jacques Charmatz n'évoque pas le pire de tous les risques, celui de provoquer non seulement l'oubli, mais le rejet de la littérature, de fabriquer ces faux érudits de vingt ans qui annoncent les vrais incultes de cinquante.

Les maîtres ne se satisfont pas de préparer des machines à passer le bac. Raoul Pantanella traduit bien cette frustration : « Être cultivé, c'est donc avoir rencontré des textes et vécu avec eux une histoire d'amour... Donner à l'enfant des textes à aimer, des textes à vivre... Et si d'entrée on pratique le massacre analytique des textes fragmentés et choisis, si on attaque bille en tête la vivisection littéraire sous la forme des sempiternelles explications, lectures dirigées, méthodiques, des commentaires convenus, etc., on interdit l'expérience intime, la mise en branle indispensable de l'imaginaire, du merveilleux, que tout

1. Michel Mansuy (sous la dir. de), *L'Enseignement de la littérature*, Paris, Fernand Nathan, 1977.
2. *Cahiers pédagogiques*, n° 313, avril 1993.

récit, tout texte fictionnel porte en lui. On met la charrue rhétorique avant que l'émotion n'ait creusé son sillon ! Pour cultiver ses élèves, le professeur de lettres doit d'abord provoquer cela chez eux : comme une passion secrète dont ils n'ont pas à rendre immédiatement compte, le plaisir premier de lire pour soi. »

Ainsi, des professeurs de lettres qui ont à la fois le goût de la littérature et le désir de le transmettre reconnaissent que les méthodes actuelles sont en porte à faux par rapport aux mentalités des adolescents. Le malaise est si largement répandu que les nombreuses lettres de collègues reçues par Daniel Pennac ne jetèrent pas l'anathème sur l'iconoclaste mais lui manifestèrent une large approbation. En revanche, la corporation des professeurs de lettres, avec ses corps constitués, ses syndicats, ses associations et surtout l'inspection générale, resta plus que réservée. Le constat dressé dans *Comme un roman*, s'il était pris en considération, entraînait de proche en proche une série de remises en cause auxquelles les responsables de notre enseignement ne sont pas prêts.

Comment donner tout à la fois la maîtrise de la langue et de l'expression, la connaissance des œuvres littéraires et l'amour de la lecture ? L'éducation s'obstine à considérer que ces objectifs sont complémentaires, alors qu'ils tendent à devenir contradictoires et qu'en les mélangeant on défait d'une main ce que l'on fait de l'autre.

On ne peut impunément mettre en pièces des textes, rechercher le bon usage du XXe siècle dans la langue du XVIIe ou réduire des œuvres à « ce qu'on doit en dire » sans risquer des conséquences néfastes sur le long terme.

Reconnaissons qu'il n'est pas facile de construire un enseignement du français et que, s'il existait une recette miracle, cela se saurait. L'explication de texte traditionnelle n'était guère plus stimulante que la lecture méthodique. Tout exercice normalisé tend à stériliser la sensibilité et l'imagination. L'élève ne veut plus que réussir son tour de piste, il se focalise sur les méthodes, qui deviennent des procédés, des recettes. Le texte est réduit à un simple prétexte, il perd sa fonction première qui est de transmettre un sens, une émotion, une histoire.

C'est alors que l'on risque une coupure définitive avec la littérature vivante ; mais, à l'opposé, on ne peut faire lire sans jamais tenter de pénétrer dans l'intimité du discours. Le tout est de donner sa juste place à ce travail, d'en éviter les effets pervers et, surtout, de faire découvrir le plaisir de jouer avec la langue. On a parfois le sentiment que le recours systématique aux exercices est plus une commodité pédagogique, facilité d'enseigner, d'apprécier, de noter qu'une réponse adaptée à l'éveil du sens littéraire. Il n'y aurait que demi-mal si les jeunes prenaient assez tôt le goût de la lecture, ce n'est manifestement plus le cas.

Les nouveaux élèves

Les objections méthodologiques de Georges Lanson ont conservé toute leur pertinence, mais il s'y ajoute aujourd'hui des raisons culturelles et sociologiques. En ce début de siècle, l'enseignement secondaire était, pour l'essentiel, réservé aux enfants de la bourgeoisie. Le professeur de lettres s'adressait à des élèves qui étaient imprégnés de culture littéraire. Le livre et le journal régnaient en maîtres dans ces maisons qui n'étaient pas encore envahies par les écrans et les haut-parleurs. Chacun lisait, parlait de ses lectures, incitait les autres à lire. Sans doute cette pratique était-elle trop conventionnelle, trop conformiste, trop chloroformante par rapport aux œuvres, mais elle établissait un premier contact. Dès le plus jeune âge, on apprenait des poèmes et des fables. Puis commençaient les humanités. Corps central de l'enseignement qui reléguait à la périphérie les autres matières. En entrant au lycée, la lecture, celle des classiques en particulier, était une habitude bien acquise, et la littérature, sous ses différentes formes, une présence familière. C'est alors que le professeur entreprenait l'étude de l'histoire littéraire et des différentes œuvres de référence. En dépit de cette première éducation, Lanson estimait que les élèves n'étaient pas mûrs, qu'ils n'en tireraient aucun profit, que dirait-il aujourd'hui ?

Car les classes évoquées par Daniel Pennac sont pleines d'adolescents qui n'ont reçu aucune initiation familiale et que hante le spectre de l'échec scolaire : « ... bien entendu on n'aime pas les livres. Trop de vocabulaire dans les livres. Trop de pages aussi. Pour tout dire, trop de livres. Non, décidément, on n'aime pas les livres. » Sans doute existe-t-il encore des lycées à l'ancienne, de bons établissements bourgeois où les enfants, bien préparés par leurs familles, viennent apprendre comme autrefois. Mais ils tendent à devenir l'exception, celle que les parents recherchent désespérément. Car il y a les autres, tous les autres établissements, des moins mauvais aux pires, qui sont confrontés à une population toute différente. Hier réservé à une minorité, l'enseignement secondaire est devenu l'école pour tous.

Le professeur de lettres sait qu'il ne prend plus le relais de la famille dans la marche vers la culture littéraire. Il part du niveau zéro. Pas question de présenter le livre comme un objet courant, la lecture comme une pratique habituelle, pas question de parler du théâtre comme d'un spectacle bien identifié, pas question de lancer « les classiques », « les romantiques », comme des catégories repérées, « Voltaire », « Rousseau », « Stendhal » comme des noms connus. Ce sont les fondations qu'il faut poser sur un sol désertique peu préparé à les accueillir.

Il faut surtout se battre contre une culture, celle des jeunes, qui marginalise la lecture et, plus encore, la littérature. Les élèves baignent dans les sons et les images, pas dans l'écrit. Ils sont sollicités par mille distractions et plaisirs immédiats, qui ne demandent aucun effort, aucune initiation. A l'école même, les cours de français, qui jadis s'appuyaient sur les cours de latin, sont durement concurrencés par ceux de maths, de sciences, d'économie, de langues. Le français reste une matière reine, mais la littérature tend à devenir une discipline parmi d'autres, dont les jeunes ne perçoivent pas toujours l'intérêt. Dans pareil contexte, quelles peuvent être les conséquences d'une telle pédagogie ?

Antoine Prost, le meilleur connaisseur de notre système scolaire, en tire les enseignements : « En français même, le formalisme linguistique a fait son apparition. Tandis que les classes se démocratisaient, l'enseignement devenait plus abstrait, plus théorique. Sans doute cette évolution était-elle nécessaire, pour tenir compte du progrès des sciences, encore que l'on puisse se demander s'il était nécessaire d'aller si loin, et si vite, dans cette voie. Notre enseignement souffre d'une incorrigible prétention, à l'image de ces institutrices du siècle dernier qui s'obstinaient à apprendre à lire à des enfants qui ne savaient pas encore parler. [...] l'évolution des contenus enseignés a aggravé la distance culturelle qui sépare l'enseignement de son public [1]. »

Les promoteurs de ce nouvel enseignement entendaient aussi favoriser les enfants du peuple ou, du moins, les mettre à égalité avec les enfants de la bourgeoisie. Les enquêtes ont montré que le résultat fut tout juste inverse, comme le soulignent deux sociologues, Marlaine Cacouault et Françoise Œuvrard : « Au niveau du second cycle, l'accent mis en cours de français sur les contenus, les savoirs et la culture, entendus au sens traditionnel, ne défavorisent pas ces élèves (ceux qui viennent de milieux culturellement défavorisés), à la différence des démarches d'inspiration formaliste insistant sur la pluralité des méthodes applicables à l'étude des textes et sur la diversité des langages [2]. »

En définitive, le plus grand nombre, ceux qui ne sont

1. Antoine Prost, *Éloge des pédagogues*, Paris, Éd. du Seuil, coll. « Points Actuels », 1990.

2. Marlaine Cacouault et Françoise Œuvrard, *Sociologie de l'éducation*, Paris, La Découverte, 1995.

pas bons en français, ceux qui ne sont bons en rien – ce qui ne signifie pas bons *à* rien –, ceux qui passeront un bac d'extrême indulgence avec une année de retard, auront-ils tiré un véritable profit de ces innovations ? On juge l'arbre à ses fruits.

Les professeurs de faculté ne cessent de se lamenter sur le bas niveau des étudiants qu'ils accueillent en premier cycle. L'un d'eux eut l'idée de poser à ses étudiants une série de questions puisées dans le programme des collèges, des questions qu'on n'ose à peine adresser à un bachelier : sur la paternité des œuvres les plus célèbres, par exemple. Les réponses furent catastrophiques, révélant une inculture difficilement concevable après de si longues années d'études sanctionnées par un diplôme. Les collègues n'en parurent pas autrement surpris. Ils savaient déjà. L'universitaire garda ses copies comme un secret de la défense nationale. « Bien entendu, me dit-il, il n'est pas possible d'en faire état. »

Danièle Sallenave, elle, n'a pas de ces pudeurs complices et dénonce les lacunes de ses étudiants : « En première année donc, et un peu au-delà, je suis le bon docteur Kouchner : un prof de la brigade humanitaire ; j'ai ma trousse de premiers secours de syntaxe et d'orthographe ; mes pansements d'urgence ; mon kilo de dates historiques. Je débarque avec des conjugaisons lyophilisées, de la grammaire en poudre, je rappelle ce qu'est une concessive et le système des modes et des temps, qu'INRI n'est pas le deuxième prénom de Jésus, que Caïn n'était pas le fils (ou le frère) d'Œdipe, et que le *Confiteor* n'est pas une spécialité régionale[1]. »

Aucune pédagogie miraculeuse ne pourra donner une culture littéraire à tous les jeunes qui vivent dans un monde non littéraire. On risquerait moins de se tromper si l'on partait de l'enfant, si l'on recherchait délibérément, obstinément, les meilleures façons de l'intéresser plutôt que partir de schémas épistémologiques. Le

1. Danièle Sallenave, *Lettres mortes*, *op. cit.*

meilleur enseignement sera toujours celui qui est retenu non pas le temps d'un examen, mais pour une vie entière.

Le français d'abord

Si l'on doit envisager l'enseignement littéraire comme un investissement sur l'avenir, en se répétant que l'important n'est pas ce qu'ils ont lu, mais ce qu'ils liront, il n'en va pas de même pour le français. Au sortir du lycée, les jeunes doivent maîtriser leur langue et pas seulement « s'exprimer » tant bien que mal. L'exigence est absolue. Mais les échos sont encore plus pessimistes sur ce point : « Ils ne savent plus s'exprimer en français ! » La cause paraît entendue. Il est vrai que l'on remplirait des livres avec les horreurs linguistiques relevées dans les copies du bac, sans parler de la simple médiocrité, de la pauvreté ordinaire d'un langage de base réduit à cinq cents mots et deux ou trois constructions passe-partout. Méfions-nous pourtant des conclusions hâtives ; bien des lycéens dont on déplore les insuffisances eussent été tout bonnement analphabètes dans les générations précédentes. En faisant passer la norme du certificat d'études au baccalauréat, la société française a brouillé les repères. Mieux vaut s'en souvenir et délibérer ses jugements.

Pour donner une bonne maîtrise du français, l'Éducation nationale combine grammaire et littérature. D'un côté, elle enseigne les règles, de l'autre, elle en montre la parfaite application – coincé entre les deux, le petit Français doit se pénétrer du bon usage. La méthode a fait ses preuves, mais en d'autres temps et d'autres circonstances. Est-il assuré qu'elle ait conservé sa pleine efficacité ?

La grammaire s'attache à étudier les règles cachées du langage. S'agissant de langues étrangères, l'école les enseignait avant toute pratique, avec le résultat absolument catastrophique que l'on connaît. Des enfants qui apprennent conjugaisons et déclinaisons alors qu'ils ne savent pas échanger trois mots ne seront jamais capables de se débrouiller dans les conversations courantes. On s'efforce aujourd'hui d'être un peu plus pratique, mais sans vraiment sortir des schémas scolaires. Pour la langue maternelle, les marmots ont la fâcheuse habitude de la parler sans attendre leurs premiers cours de français, ce qui leur fait commettre de nombreuses fautes. L'école entreprend le plus tôt possible de mettre un terme à cette acquisition désordonnée, pour ne pas dire sauvage, en commençant l'initiation grammaticale. Les adjectifs et les substantifs, les conjugaisons, les verbes du premier, du deuxième et du troisième groupe vont arriver très vite, alors que les petits sont tout juste capables de se faire comprendre. S'il est un ordre pédagogique semblant voué à l'éternité, c'est bien celui-là. Aux yeux de tous, il ne saurait en aller autrement. Et pourtant…

Pourtant, une fois de plus, ce qui nous semble « naturel » est, en réalité, très français. Cette rage grammaticale est une spécialité nationale qui ne se manifeste pas avec une telle intensité dans les autres pays. En fait, c'est tout à la fois la discipline et son enseignement qui prennent en France une place sans équivalent au monde.

Sur le plan pédagogique, ne vaudrait-il pas mieux favoriser l'usage et la familiarisation avant de passer à la théorisation ? D'autant que la grammaire n'est sans doute pas la discipline la mieux adaptée aux très jeunes esprits dont les compétences exceptionnelles s'épanouissent dans des savoirs moins abstraits. A commencer par l'apprentissage, parlé et non pas théorique, des langues étrangères. Il pourrait donc être sage de prendre son temps et de n'attaquer la vénérable grammaire qu'au collège.

Ce genre d'idées, autour desquelles tourne le président du Conseil national des programmes, Luc Ferry, paraît de prime abord déraisonnable. Si l'on attend l'entrée en secondaire pour se lancer dans l'analyse logique et grammaticale, les enfants arriveront en sixième sans savoir s'exprimer. Inconcevable !

Mais est-il assuré qu'on ne puisse faire de progrès que par la grammaire, qu'on ne puisse parler convenablement une langue sans l'avoir étudiée ? C'est évidemment faux. Le parler, le parler correct, a existé avant l'école. Au XIXe siècle, bien des gens de maison, sans aucune instruction mais qui avaient entendu parler un bon français, s'exprimaient sans fautes. Ils appliquaient par habitude et réflexes des règles que, pour l'essentiel, ils ignoraient. Voilà ce que l'école ne pourra jamais comprendre : une acquisition qui n'emprunte pas le canal pédagogique traditionnel.

Un professeur de français, Jean-Michel Zakartchouk, passionné par les problèmes de pédagogie, les problèmes pratiques et non pas théoriques, nous donne une double leçon de ses expériences. En négatif, tout d'abord, il condamne le gavage prématuré : « Dans le primaire, on essaie trop souvent de faire ingurgiter aux enfants le maximum de notions, alors que ce qui importe, c'est d'éveiller la curiosité. Pour la grammaire par exemple, quelles que soient les méthodes utilisées – traditionnelles ou non, fondées sur des théories linguistiques ou non –, son enseignement risque d'être un échec. » Mais le refus de la grammaire ne signifie nullement le refus du travail sur la langue : « Il faut partir de la pratique de l'écriture, et d'une écriture créatrice comme les contes, par exemple. On peut tenter de trouver ensemble les éléments caractéristiques d'un conte et créer un texte à partir de là. On voit qu'on ne peut pas toujours répéter les noms, il faut des pronoms. De là, un travail sur le pronom (à quoi ça sert ? quelle est sa fonction ?). Pour étudier les formes grammaticales, il n'est pas besoin de sortir un livre de grammaire, il suffit de se rendre compte que, depuis un quart d'heure que le cours a commencé, nous avons utilisé plusieurs fois ces formes dont nous parlons. » Commencer par jouer avec la réalité avant de l'étudier sur un plan abstrait, le principe est toujours le même.

Encore les jeunes ont-ils la chance, en 1996, d'avoir de bonnes grammaires clairement exposées et riches d'exemples. Les générations précédentes frôlèrent la catastrophe lorsque apparurent, dans les années 70, des manuels structuralo-linguistiques qui décortiquaient le français selon une logique quasi mathématique à grand renfort de graphes et de jargon rebutant. Fort heureusement, les professeurs renâclèrent, les parents protestèrent, et l'on revint à un enseignement de type classique enrichi par des apports discrets de linguistique.

Enraciné dans la grammaire, le français s'épanouit dans la littérature. Malheureusement, l'étude des textes classiques n'a sans doute plus les vertus qu'on lui prêtait, car l'élève en est plus éloigné que jamais. A supposer qu'il soit sensible au style de Marivaux ou de Voltaire, qu'il puisse disserter sur l'élégance des tournures et la précision du vocabulaire, l'idée lui viendra-t-elle de transposer ces bonheurs d'écriture dans sa langue ordinaire ? J'en doute. Autant imaginer que je serais plus habile, pinceau en main, après avoir longuement analysé les tableaux de Vermeer. Je crois surtout que je serais paralysé devant la toile blanche. Car le spectacle de la perfection n'aide à progresser que les disciples, pas les débutants. Une fois de plus, cette pédagogie est plus appropriée aux étudiants qu'aux collégiens.

A cette première distance s'en ajoute une deuxième qui, elle aussi, s'est bien accrue : le décalage linguistique. Des enfants, qui parlent un français « très contemporain », reçoivent le français classique comme un dialecte historique fort lointain. Le voudraient-ils qu'ils ne sauraient fertiliser l'un par l'autre. Combien d'élèves, après avoir récité une fable de La Fontaine, enchaînent sur une énorme faute qui ne les choque pas ! Ils n'établissent aucun rapport entre les vers qu'ils ont appris et les phrases qu'ils doivent construire.

Il vaut donc mieux distinguer enseignement de la littérature et apprentissage de la langue, ne pas trop miser sur l'un pour assurer l'autre. Depuis quelques années, les programmes poussent en ce sens, c'est heureux. Il est absurde de présenter à toute la population la langue classique comme un modèle à reproduire, mieux vaut reconnaître, comme on le fait désormais, qu'il existe différents registres de langue puisant aux mêmes sources mais suivant des cours différents. Encore faudrait-il convaincre un certain nombre de lettrés ou de parents qui, jugeant de tout selon leur propre expérience, voient toujours dans les textes classiques les meilleurs précepteurs du beau langage.

Sur ce premier exemple, c'est toute l'ambiguïté de notre système scolaire qui se trouve mise au jour. Faut-il, dans chaque discipline, se mettre au service des meilleurs et les préparer aux études supérieures ? Faut-il au contraire se centrer sur les autres qui n'iront pas au-delà du bac ? Dans la première hypothèse, on commence dès le collège à enseigner les méthodes sans lesquelles on ne peut poursuivre, mais qui perdent leur sens si l'on s'arrête en chemin ; dans la seconde, on privilégie une connaissance générale, plus plaisante, plus extérieure, qui ne constitue pas un savoir véritablement organisé, mais qui a plus de chances de créer un intérêt durable, une base de culture qui perdure toute la vie.

Ce dilemme, nous ne faisons ici que l'entrevoir, il se révèle encore plus fortement dans d'autres disciplines. Car tout savoir digne de ce nom s'organise à partir de méthodes rigoureuses – méthodes mathématiques pour les sciences pures, logique analytique pour les sciences humaines, peu importe –, on ne construit quelque chose qu'à partir de concepts très précisément définis, de relations soigneusement identifiées, de modèles répertoriés.

Mais tout ce que nous savons n'est pas structuré de la sorte. On peut être mélomane et ne pas connaître le solfège, gastronome et ne pas savoir faire la cuisine, passionné d'astronomie et ignorer les mathématiques, lecteur insatiable et n'avoir jamais entendu parler de sémiologie ou de linguistique, cinéphile sans avoir étudié les secrets du montage. Ce savoir-là est purement gratuit. Il ne permet pas de produire de grandes œuvres ou des connaissances nouvelles. Il se fonde sur le goût et la passion, il apporte du plaisir et rien de plus. C'est la superbe inutilité et la merveilleuse richesse de la culture. Le cadeau que l'école devrait faire à tous les enfants de France. Un viatique pour toute une vie.

Ces deux formes de savoir ne sont pas exclusives l'une de l'autre, mais elles ne correspondent pas au même apprentissage. Si l'on commence par la méthode, on risque de ne jamais découvrir le plaisir. C'est toute la difficulté des adolescents de Pennac qui devaient apprendre la littérature avant de l'avoir rencontrée.

Et si l'on fixait comme premier objectif à l'enseignement secondaire de donner à tous les enfants de France, outre la maîtrise de la langue française, le goût de la lecture acquis par une véritable pratique et quelques références historiques pour classer le patrimoine ? A partir de ce tronc commun, l'école ferait progresser les lycéens de la filière littéraire dans les savoirs abstraits, formalisés, préuniversitaires. Mais que l'on distingue bien : avant la bifurcation, lorsque les « futurs » littéraires et non littéraires sont encore mêlés, c'est la culture générale qui reste prioritaire.

Les programmes actuels, en dépit des améliorations récentes qui vont effectivement dans ce sens, ne sont pas adaptés à une telle fin, pour la simple raison qu'ils n'ont pas été conçus pour cela. Ils doivent en priorité préparer les élèves à l'évaluation terminale, ce que l'on réussit plus sûrement avec des exercices méthodiques, austères, répétitifs, qui font accepter l'effort dans l'espoir d'un succès.

Les bons élèves

En définitive, nos programmes et nos cours de littérature ne sont parfaitement adaptés qu'aux futurs agrégés de lettres. Nous retrouverons ce malentendu dans les autres disciplines. C'est tout l'enseignement délivré par les collèges et lycées qui est conçu pour les bons élèves, d'une part, et ceux qui poursuivront après le bac, de l'autre.

Posons donc la question : Qui conçoit et organise l'enseignement du français ? Oublions les titres des uns et des autres : inspecteurs généraux, auteurs de manuels, etc., retenons l'essentiel : leur formation. Alors, miracle ! les différences s'effacent, les voilà tous rendus à leur unité originelle : l'agrégation de lettres. Qu'en déduire ?

D'abord, qu'ils ont toujours été de bons élèves. Il leur est donc difficile de se mettre à la place des cancres, d'imaginer ce qu'ils ressentent, ce qui pourrait les aider à changer.

Il y a quelques années, je reçus un abondant courrier à la suite d'une émission de télévision consacrée à l'échec scolaire. Parmi toutes ces lettres, il en est une que je n'oublierai jamais, celle d'un professeur en retraite qui m'écrivait : « Vous avez omis de dire une chose absolument essentielle, c'est que les professeurs sont d'anciens bons élèves. » Cette réflexion m'a semblé lumineuse.

Le « bon » élève adhère au système, il vient pour apprendre, il sait que ce ne sera pas facile mais l'a admis. Inutile de se mettre en frais pour capter et retenir une attention qui est acquise dès le jour de la rentrée. Rien de tel avec le « mauvais élève », qui n'aime pas l'école, qui ne cesse d'osciller entre ennui-échec et détestation. Seule une stratégie de séduction adaptée à sa condition et à sa perception pourrait le faire échapper à cette spirale perverse. Croit-on que des aréopages au sein desquels on collectionne les prix au concours général, les mentions au bac, les titres de normalien ou de sévrienne, les thèses savantes et les ouvrages de référence comme des quartiers de noblesse au Jockey-Club soient parfaitement adaptés à une telle mission ? Ne serait-il pas indispensable d'associer ceux qui firent de médiocres parcours scolaires ?

Ces responsables furent de bons élèves *de français*. La précision est d'importance. Convenons, là encore, qu'on n'excelle pas dans une discipline, qu'on ne choisit pas d'en faire sa profession, sans éprouver pour elle une attirance naturelle.

Au moment de définir les programmes, de construire des exercices, l'ancien champion de français sera influencé par le souvenir qu'il a conservé de sa scolarité. Ne vaudrait-il pas mieux entendre les avocats des « mauvais en français » qui retrouveraient en eux cette inappétence face à la littérature, ce désintérêt pour la qualité stylistique si étrangers à nos agrégés ? Il est bien beau de voir polémiquer les tenants de l'œuvre et les tenants du texte, mais il ne faudrait pas oublier les non-tenants, ceux qui se fichent de l'une comme de l'autre et que, pourtant, il va falloir séduire et instruire.

Mais il y a plus. Pour nos érudits, le savoir littéraire forme un ensemble ordonné et structuré, depuis la parfaite maîtrise des règles grammaticales et des formes littéraires jusqu'à la connaissance exhaustive des auteurs, des œuvres et de l'histoire. Ils ont beaucoup de mal à imaginer cette approche gourmande qui savoure les fruits sans connaître la botanique et la physiologie végétale, qui s'émerveille devant la chapelle Sixtine sans percevoir les influences du maniérisme dans la facture de Michel-Ange, qui se laisse emporter par le récit sans relever au passage l'audace des tournures et les prouesses de construction. A leurs yeux, ces satisfactions ont peu à voir avec la vraie culture, leurs délices de tous les jours, qu'ils ont pour mission d'apprendre aux jeunes générations.

On commencera donc toujours par le schéma théorique. Pour la poésie, les programmes de cinquième ne prévoient-ils pas d'enseigner : « Les vers : les mètres et les rythmes (coupes et accents) ; vers réguliers et vers libres ; l'alexandrin. Les sonorités : rimes, assonances, allitérations. Le groupement des vers selon le mètre et selon la rime. La strophe. Le poème et la chanson. » Lorsque l'enfant de treize ans aura assimilé ces principes, il lui sera possible d'aborder les raffinements cachés des *Fleurs du mal*.

Pour l'agrégé, cette démarche est d'une logique irréfutable, n'est-ce pas celle qui lui a permis de réussir le concours suprême ? Il a gagné beaucoup de temps, estime-t-il, en sachant très tôt décrypter et non pas seulement lire un poème. C'est assurément de cette façon qu'il faut procéder.

Malheureusement, la poésie est un genre qui se meurt. Les jeunes n'en lisent plus et, plus grave, n'y sont plus sensibles. Ils voient dans le poème un objet bizarre, hermétique, dont ils ne perçoivent ni le sens ni la beauté. C'est un art d'un autre temps. Situation déplorable, mais que l'on ne peut ignorer. Croit-on que la génération rock-rap trouvera le sens poétique au terme d'une approche méthodologique, qu'elle se laissera griser par cette écriture déroutante en comptant les pieds et les strophes, en s'interrogeant sur les rimes masculines et féminines ? Ne vaudrait-il pas mieux se délecter des textes les plus faciles, les plus accessibles, Prévert plutôt que Lamartine, et remettre à beaucoup plus tard l'exploration des règles cachées qui président à cette forme littéraire ?

Les deux logiques s'opposent. Celle du futur agrégé, celle du futur électricien. J'irai même plus loin : celle de la fille d'agrégé et celle du fils d'électricien. La première est sans doute en état de recevoir, dès la cinquième, un enseignement de poétique ; le second en est fort éloigné. En choisissant la première voie, on prépare une parfaite « reproduction sociale » selon la formule à succès de Pierre Bourdieu, c'est-à-dire qu'on prépare chaque enfant à prendre la suite de son père. La seconde en revanche n'empêchera pas la fille d'agrégé de faire Normale sup, mais elle permettra au fils de l'électricien d'aimer la poésie qu'ignore son père. C'est tout le pari.

Mais le maître des lettres qu'est l'agrégé ne conçoit pas qu'on mobilise la machine enseignante et la compétence de ses professeurs au service de cette curiosité naïve plus ou moins nourrie de repères évidents. Bien des collègues agrégés ou certifiés avouaient à Pennac leur gêne d'avoir fait tant d'années d'études pour limiter son enseignement à une lecture à haute voix. Réaction bien compréhensible. Dès lors qu'on exige des enseignants un tel niveau de connaissances – et pas de pédagogie –, qu'on les soumet à des concours d'érudition, on peut difficilement leur demander d'en faire abstraction et d'avoir une pratique sans rapport avec cette formation savante.

Peut-on tracer de si haut le chemin de ceux qui vont s'arrêter dès les premières hauteurs ? Un grimpeur endurci est-il le mieux placé pour frayer la voie à ceux qui découvrent la montagne ? Questions sacrilèges qu'il faudra pourtant poser. Mais on voit, par ce premier exemple, que les structures en place laissent peu de chances à une autre démarche. Je dis bien les structures… Car les hommes, essentiellement les inspecteurs généraux, sont animés des meilleures intentions, ils ne doutent pas d'agir dans l'intérêt des enfants. Comment pourraient-ils, cependant, éviter de voir dans tout collégien le bon élève qu'ils ont été, de souhaiter en faire l'agrégé qu'ils sont devenus ?

3

Les maths sont modernes

Les mathématiques à la une des quotidiens ! Les mathématiques sur la couverture des magazines ! On n'avait jamais vu ça. Hélas, les titres n'avaient rien de triomphant, ils n'annonçaient pas : « Incroyable ! La quadrature du cercle réussie ! » ou « Victoire ! Le théorème de Fermat enfin démontré ! »… Non, ils dénonçaient le fiasco des mathématiques modernes, un fiasco qui prenait la dimension d'un scandale national. En ce début de 1972, la France entière était envahie par une nuée d'êtres extraterrestres : « ensembles », « sous-ensembles », « éléments », « bases », « groupes », « graphes », « anneaux », « diagrammes sagittaux », dont les mœurs étranges se déclinaient en « inclusion », « projection », « application », « bijection », « distributivité », « transitivité », « isométries » ponctuées de la formule sacramentelle : « si et seulement si ». Ces énigmatiques bestioles seraient passées inaperçues si – et seulement si – elles étaient restées confinées dans leur niche écologique traditionnelle : les centres de recherche et autres laboratoires. Malheureusement, de sournois professeurs Nimbus les avaient lâchées dans les écoles. Sur nos chers enfants !

Le ton de la presse était à la mesure de l'événement. *L'Express* en faisait un mélodrame : « Le cauchemar des maths modernes » ; l'*Observateur*, une satire : « Dis, papa, de ton temps, trois fois quatre, ça faisait combien ? » ; *France-Soir*, une confession : « Je n'ai pas su aider ma fille, j'avais l'air d'une idiote » ; *Elle*, une comptine : « Je n'y comprends rien, il n'y comprend rien, nous n'y comprenons rien » ; *La Croix*, un cri de révolte : « Les manuels au feu, les auteurs au milieu » ; et *Science et Vie*, une condamnation sans appel : « Maths modernes, les raisons logiques de laisser tomber la réforme ».

Ces titres reflétaient sans exagération la révolte et l'exaspération de très nombreux Français. La bataille embrasait toutes les écoles, de la maternelle à Polytechnique, elle déchirait la communauté scientifique – physiciens contre mathématiciens – mais aussi la communauté mathématique elle-même. Des enseignants hostiles à la réforme se regroupaient pour contester l'Association des professeurs de mathématiques de l'enseignement public qui avait porté les maths modernes sur les fonts baptismaux, et des mathématiciens aussi prestigieux que René Thom (médaille Fields) ou Jean Leray (président du Congrès international des mathématiciens) dénonçaient les méfaits et les illusions de ce grand chambardement. A l'Académie des sciences, le président Georges Chaudron déplorait qu'on ait « sacrifié une génération de jeunes élèves à une orgueilleuse fantaisie », alors que le père de la réforme, André Lichnerowicz, était lui-même académicien… Le débat fut si vif que la compagnie, tirée de son habituelle somnolence, dut prononcer le huis-clos et, après les passes d'armes que l'on imagine, publia une mise en garde contre les excès de la réforme. Les deux prix Nobel de physique Alfred Kastler et Louis Néel se rendirent à l'Élysée pour faire savoir au président tout le mal qu'ils pensaient de ce nouvel enseignement, mais on disait que le propre fils du professeur Kastler, un brillant mathématicien, s'était déclaré réformiste. Car les familles se déchiraient comme aux pires moments de l'affaire Dreyfus. Les journaux avaient même annoncé le suicide d'un instituteur rendu neurasthénique par ces maléfiques mathématiques !

Premiers concernés – après les enfants, mais, eux, on ne les entendait pas –, les parents. Ils étaient ballottés entre le désarroi, l'angoisse et la colère face à ces chinoiseries qui semblaient n'avoir été inventées que pour les disqualifier, les ridiculiser. Les mères étaient dépassées, les pères indignés, surtout ceux qui se piquaient de quelque compétence. Tous ces ingénieurs, ces techniciens, qui en d'autres temps se gagnaient un regard admiratif, tendre et complice en aidant leurs enfants embourbés dans les calculs de bénéfices ou d'horaires, restaient stupides et interdits devant des manuels de septième ! Le « maths-dépannage » familial était en panne. Suprême humiliation pour ces anciens de math sup surpris en flagrant délit d'impuissance comme s'ils n'étaient plus capables d'être papa ! Les plus consciencieux allaient suivre des cours du soir pour se recycler, les autres se contentaient d'envoyer l'école à tous les diables. Mais pas devant le petit, bien sûr ! Maudites maths modernes ! La France entière fit un véritable rejet.

On disait à l'époque que « les maths modernes donnent la clé de toutes les mathématiques »... Eh bien, on peut dire aujourd'hui que « les erreurs des maths modernes donnent la clé de toutes les erreurs pédagogiques ».

Le grand œuvre de Bourbaki

Au départ, il y a Nicolas Bourbaki, célèbre mathématicien français dont chacun sait qu'il n'existe pas. Sous ce nom s'étaient regroupés, en 1935, une poignée de matheux flamboyants, normaliens pour la plupart, qui se recrutaient par cooptation et s'éliminaient « librement et automatiquement » à la cinquantaine. Ensemble, ils se lancèrent dans une sorte de « grand œuvre » : l'unification de *la mathématique*. Historiquement, les différentes disciplines – arithmétique, géométrie, algèbre, topologie – s'étaient développées de manière autonome en maniant chacune des concepts et des modes de raisonnement propres ; tout naturellement, l'enseignement avait suivi cette démarche, et l'élève abordait séparément les différentes disciplines qui, au total, formaient *les mathématiques*. Les bourbakistes entreprirent de reconstruire la discipline à partir d'une logique à valeur générale. Ils partaient de structures universelles – les ensembles –, dont les propriétés et les relations étaient rigoureusement définies ; ainsi se constituait un langage très abstrait, une « algèbre », doté d'une puissante capacité synthétique. Au départ, cela semble très simple, mais le jeu se complique bien vite à mesure que s'opère la grande unification qui, de proche en proche, finit par retrouver nos disciplines mathématiques comme applications particulières de cette base axiomatique qui sous-tend l'édifice. Pour simplifier, disons que Bourbaki s'efforce de transposer au monde des mathématiques l'équivalent des notes et des règles de la composition propres à la musique, c'est-à-dire un ensemble d'objets élémentaires et une logique de combinaison à partir desquels il devient possible de générer des structures très diverses dans lesquelles on retrouve, souterrains, les objets fondamentaux.

L'enseignement des mathématiques, qui n'avait pas changé depuis 1905, avait le mérite de résoudre des problèmes qui étaient en prise directe sur des applications, il avait le défaut de ne pas remonter aux racines de la logique qui éclaire ces différentes méthodes. C'est ainsi que les élèves voyaient dans la numération décimale une manière « naturelle » d'exprimer les nombres et, par conséquent, la seule possible. En théorie, on peut tout aussi bien s'appuyer sur la base 2 avec seulement les chiffres 1 et 0 – c'est le calcul binaire qu'utilise toute l'informatique – ou bien sur la base 20, qu'utilisaient les Aztèques et les Mayas, ou la base 60 des Babyloniens, que nous avons conservée dans le calcul du temps (60 minutes, 60 secondes...). Il semble que la plus commode de toutes soit la base 12, qui, à la différence de 10, se divise par 2 et par 3. Laplace avait préconisé ce mode duodécimal, mais le système décimal l'emporta... sans doute parce que nous avons dix et non douze doigts... Bref, notre numération décimale n'est qu'un mode d'expression parmi d'autres du nombre, lequel constitue la réalité, alors que le chiffre n'est jamais qu'un symbole. Or on pouvait passer son bac – et obtenir la moyenne en mathématiques – sans distinguer entre les nombres et les chiffres, les signifiés et les signifiants. En croyant que *huit* ne peut se traduire que par le chiffre 8, alors qu'il s'écrit 1000 en binaire…

Cette synthèse grandiose exerça une forte séduction sur les esprits mathématiques. Certes, les simples utilisateurs, ceux qui, au quotidien, jonglent avec les chiffres et les formules pour construire des ponts, calculer le rendement d'un moteur, évaluer le coût d'une assurance ou mettre sur pied une expérience de physique n'éprouvaient pas le besoin de philosopher sur leurs outils de travail. En revanche, les véritables mathématiciens, ceux qui vivent dans un monde d'« idéalités mathématiques », qui construisent ces cathédrales d'abstraction sans nul souci d'une éventuelle application – et qui font ainsi des découvertes qui se révèlent fort utiles – ne concevaient plus les mathématiques que rénovées par la pensée de Bourbaki. A leurs yeux, notre bonne vieille algèbre, notre trigonométrie, nos fonctions relevaient de la simple recette, du truc que l'on applique et qui donne le résultat, sans qu'on ait pénétré l'intelligence secrète des moyens utilisés. Les maths « appliquées » faisaient un peu figure de bricolage par rapport à ces maths « intelligentes » qui permettaient de savoir ce que l'on fait et non plus seulement comment on le fait.

Le langage universel

Dès les années 50, les mathématiciens les plus prestigieux, Jean Dieudonné, André Lichnerowicz, Gustave Choquet, commencent à se poser la question de l'enseignement. Une évidence s'impose : il n'est plus possible d'apprendre aux petits Français les mathématiques de papa[1]. La première ébauche de réforme est présentée dès 1959 par Gustave Choquet, lors d'un colloque international organisé à Royaumont. Jean Dieudonné, le plus éminent représentant de l'école bourbakienne, y lance le slogan des temps nouveaux : « A bas Euclide ! », c'est-à-dire à bas notre bonne vieille géométrie qui ne connaît en tout et pour tout que notre espace avec ses plans, ses droites, ses parallèles et ses angles droits. Ne s'agit-il pas d'un cas particulier de tous les espaces possibles ?

La décennie suivante est marquée par de grands progrès scientifiques, notamment celui du calcul électronique qui deviendra l'informatique. L'idée s'impose que les mathématiques sont la clé de l'avenir. En 1964, l'Association des professeurs de mathématiques de l'enseignement public crée une commission pour élaborer la réforme.

C'est qu'entre-temps est intervenu le choc du premier Spoutnik. Il fait croire que le monde communiste est en passe de prendre une avance décisive sur le plan scientifique. Les pays occidentaux attribuent cette défaite à l'insuffisance de l'enseignement scientifique en général et mathématique en particulier. Un organisme aussi sérieux que l'OCDE propage cette idée sur le plan international.

Entre la révolution bourbakiste et cette inquiétude de l'avenir se développe une véritable idéologie des mathématiques. Celles-ci sont présentées comme l'évangile des temps nouveaux, le langage universel qui va pénétrer et révolutionner toutes les disciplines. De fait, on les met à toutes les sauces. « La connaissance du monde passait par sa mathématisation, se souvient Bernard Charlot, professeur de sciences de l'éducation à l'université de Paris-VIII. A force d'être partout, les mathématiques n'étaient nulle part, et leur signification disparaissait derrière le dis-

1. Pour retracer cette genèse de la réforme, on peut se reporter à l'exposé qu'en fait Rudolph Bhouche, dans *Faire des mathématiques. Le plaisir du sens*, Paris, Armand Colin, 1991.

cours[1]. » Dans l'enthousiasme du moment, ces spéculations de nature théorique se virent reconnaître une utilité immédiate, pratique, stratégique.

Fin 1986, une commission officielle est créée pour préparer la réforme. Elle est présidée par André Lichnerowicz, mathématicien indiscutable et personnalité consensuelle. Son rapport affirme, péremptoire, que « le problème des mathématiques et de leur enseignement est devenu ainsi le premier, peut-être, des problèmes mondiaux de l'éducation[2] », et condamne « l'enseignement traditionnel, un mélange indigeste et contraignant de recettes et de procédés tout à fait inutiles maintenant. L'enseignement rénové prépare nos enfants à maîtriser les techniques du monde qui sera le leur dans vingt ans. L'algèbre des ensembles est le meilleur outil qui leur permette d'apprendre à raisonner… ». Enseigner ces nouvelles mathématiques, c'était donner aux enfants les clés de l'avenir pour maîtriser tous les savoirs et toutes les techniques qui allaient déferler, c'était les armer sur le plan intellectuel pour le nouveau monde qu'ils allaient affronter. Qui pouvait refuser aux petits Français ce passeport pour le XXIe siècle ?

A cette première raison s'en ajoutait une autre, pédagogique celle-là. Les mathématiques tiennent une place à part dans la vie scolaire, elles sont « des activités chargées d'angoisse[3] », constate Stella Baruk, qui n'a cessé de lutter contre le caractère anxiogène de cet enseignement. Celui-ci tient au caractère implacable de la discipline. En français, en histoire, l'élève peut toujours se dire que le correcteur n'a pas aimé ses idées, qu'un autre l'aurait noté différemment. En maths, il perd ces alibis ; ici, les résultats sont vrais ou faux. Il n'y a rien au milieu. Un mathématicien me disait : « Je me suis pris à aimer les maths le jour où j'ai compris que ça ne dépen-

1. Rudolph Bhouche, *ibid*.
2. Extrait du rapport de la Commission Lichnerowicz.
3. Stella Baruk, *Échec et Maths*, Paris, Éd. du Seuil, 1973.

dait pas du professeur. » Un argument de « fort ». Malheureusement, il y a aussi les faibles.

En français, en histoire, en latin, le cancre, c'est celui qui travaille mal, qui s'en fiche ou qui n'est pas très intelligent ; le crack, c'est l'inverse. En mathématiques, il en va tout différemment. A la tête de la classe se trouvent des enfants qui semblent pénétrer « naturellement » dans cette discipline. Ils se déplacent avec aisance parmi les équations, les courbes, les fonctions. A l'autre bout se débattent des sujets qui paraissent rétifs à cette forme particulière de raisonnement. Sont-ils stupides, fainéants ? Certainement pas. Ils peuvent être très brillants dans d'autres matières. Pourraient-ils comprendre au prix d'un effort supplémentaire ? Pas toujours. Les parents ont beau se ruiner en leçons particulières, les notes ne s'améliorent pas. Que se passe-t-il ? L'élève est réfractaire aux maths, il fait une sorte de blocage et même de rejet. Un jour, peut-être, il renversera la barrière et parviendra à résoudre les problèmes. Plus vraisemblablement, il s'enfoncera dans la certitude qu'il en est incapable et prendra les maths en horreur. A force de constater la facilité des uns et l'impossibilité des autres, le bon sens populaire a fini par admettre qu'il existe une « bosse des maths », un don inné que les uns possèdent et les autres pas.

Pour les mathématiciens, il n'est rien de plus incompréhensible, rien de plus scandaleux que cette malédiction. Grâce aux mathématiques modernes, ils crurent avoir trouvé le moyen de rendre aimable et accessible leur discipline favorite. Pour G. Walusinski, l'un des mathématiciens en pointe dans ce mouvement, la réforme s'appuie sur « l'heureuse conjonction des idées dites modernes en mathématiques et des découvertes des sciences de l'éducation sur la formation des concepts dans l'esprit des enfants ainsi que sur les techniques des divers apprentissages ».

Les bourbakistes se persuadèrent que la phobie des maths tenait au caractère arbitraire de l'enseignement traditionnel qui faisait apparaître sans nécessité logique les objets et les règles que l'on utilisait sans trop les comprendre, qui chargeait la mémoire de formules et de recettes que l'on appliquait sans bien savoir pourquoi. Au contraire, le nouveau paradigme convenait parfaitement aux esprits enfantins, car il s'appuyait sur la raison depuis les fondements de la science et pas seulement à partir de la solution d'un problème ; ainsi, l'esprit juvénile irait de découverte en découverte s'appropriant au passage les concepts nécessaires à sa progression. Car les enfants ont l'esprit logique, tout le monde le sait. Ils demandent toujours : « Pourquoi ? » Encore faut-il qu'on leur donne à comprendre et pas seulement à apprendre. Voilà précisément ce qu'apportaient ces maths « modernes » qui, en outre, suivaient une logique « constructiviste », le dernier cri en matière de pédagogie. Les bambins partaient de petits exercices fort simples et très concrets, du genre : « Mets ensemble toutes les cerises d'un côté et toutes les pommes de l'autre », et, peu à peu, de manière ludique, élaboraient leurs propres concepts.

En renouvelant à la fois la logique du savoir et celle de l'apprentissage, la réforme devait conjurer la malédiction de l'échec et ouvrir à tous l'univers enchanté de la mathématique. Georges Guibaud, mathématicien de l'École pratique des hautes études, vient proclamer à la télévision le principe des temps nouveaux : « Le droit à la mathématique pour tous sans distinction de race ni de religion !... »

Résumons tout cela. Le nouvel enseignement va faire du cancre en maths une espèce en voie de disparition et donner à la jeune génération une logique, rigoureuse, synthétique, indispensable dans le monde moderne.

Le progrès ne sera pas seulement pédagogique, il sera démocratique, car il fera des mathématiques le juge indiscutable de la compétition scolaire. Ce rôle était tenu traditionnellement par les « humanités » – le français, la littérature, la philosophie, les langues anciennes – qui, estimaient bien des sociologues, rendaient un jugement biaisé par les inégalités de l'héritage familial. Rien de tel avec les mathématiques. Que la famille soit riche ou pauvre, de toute façon, on ne fait pas d'équations le soir au dîner. En sorte que le fils d'agrégé se trouve à égalité avec le fils d'ouvrier devant un problème de trigonométrie, alors qu'il bénéficie d'un avantage décisif pour composer une dissertation.

En outre, cette discipline fait appel à la logique pure, elle ne véhicule aucune idéologie particulière, contrairement aux autres savoirs, littéraires – historiques, économiques, philosophiques – toujours suspectés par les universitaires de gauche d'endoctriner les jeunes, de les intégrer de façon insidieuse dans l'ordre bourgeois. L'école ne respecte jamais mieux la neutralité laïque qu'en enseignant 2 et 2 font 4 (en base 10, bien sûr).

Dernier avantage, et non des moindres : une notation indiscutable. Alors qu'en lettres un même devoir est payé 5 ou 15 sur 20, les copies de mathématiques ont la réputation d'être notées de façon plus rigoureuse. Une supériorité contestée par certaines études scientifiques, mais qui n'était guère discutée dans les années 60.

Pour les bourbakistes, les maths modernes, également accessibles à tous, doivent constituer la discipline reine de l'Éducation nationale, et l'on pouvait lire dans un manifeste des mathématiciens, la *Charte de Chambéry* : « Ce qu'on appelle un peu vite la mathématique moderne... s'adapte “comme un gant”, nous permettrons-nous de le dire, à la formation de la jeunesse de notre temps[1]. »

L'école tout ensemble

La réforme était donc poussée par tous les conformismes du moment lorsqu'elle fut propulsée par la tornade de mai 1968. L'heure est aux changements, aux

1. Cité dans *Science et Vie*, hors-série, *Sciences à l'école. Les raisons du malaise*, n° 180, septembre 1992.

certitudes. Il faut renverser le vieux monde et, au plus vite, mettre en place le nouveau. Le prudent Lichnerowicz est débordé par l'activisme brouillon de ses troupes. Il avait demandé que l'on procédât par étapes en commençant en sixième. Vaine pusillanimité, on va tout chambouler à partir de la maternelle. N'est-il pas certain que « la perspective ensembliste [...] suggère une pédagogie particulièrement heureuse pour les plus jeunes esprits », comme l'explique un auteur de manuel[1]. Une véritable frénésie s'empare des enseignants, et surtout des éditeurs, qui préparent à toute allure une nouvelle génération de manuels qu'ils veulent lancer au plus vite sur le marché et qui parviendront aux enfants sans avoir été vus par les membres de la commission. A tous les niveaux, on insiste sur la rupture radicale, rupture de la démarche, de la symbolique, du langage, il faut surtout que le nouveau ne ressemble pas à l'ancien, qu'il y ait un véritable changement culturel.

A partir de 1972, la réforme se met en place dans les pires conditions. La problématique de Bourbaki, qui est à la base de ces mathématiques, n'est vraiment familière qu'à un tout petit nombre d'acteurs. A la demande de la commission Lichnerowicz, l'Éducation nationale a bien créé des instituts de recherche sur l'enseignement des mathématiques où professeurs et universitaires se recyclent, mais ces IREM sont encore trop peu nombreux, et des milliers de maîtres seront pris de vertige en basculant du calcul arithmétique à l'algèbre des ensembles.

Dans les classes, le résultat fut tel qu'on peut l'imaginer. Professeur de mathématiques, Élisabeth se souvient : « Je n'ai pas eu vraiment de mal à prendre le train en marche car, par chance, je suis arrivée dans l'enseignement à peu près à l'époque où la réforme se mettait en place et, de toute façon, je me formais continuellement. Je pense que les maths modernes sont, en soi, une bonne

1. M. A. Touyarot, dans *Itinéraire mathématique. Cours préparatoire*, Paris, Fernand Nathan, 1967.

chose parce qu'elles sont une tentative de rationaliser encore plus le raisonnement, mais il est clair qu'on pouvait difficilement les introduire de manière plus maladroite. Les gens qui ont conçu cette réforme n'avaient jamais dû enseigner devant une classe. Je me rappelle que beaucoup de mes collègues plus âgés, qui n'avaient pas été formés aux maths modernes, paniquaient en se demandant comment ils allaient faire passer cela aux élèves. En outre, il y a eu une époque où nous avons croulé sous les définitions abracadabrantes où les choses les plus simples prenaient une forme tellement compliquée que nous-mêmes devions décortiquer le texte pour comprendre de quoi il retournait, c'était le cas pour la définition de la droite par exemple. Mais je ne me préoccupais pas de ces définitions, je choisissais de ne pas les exposer à la classe. Lorsque, vraiment, les définitions paraissaient incontournables, je les faisais écrire aux élèves en leur disant : "Bon, ça y est, vous l'avez écrit, maintenant commençons les choses sérieuses." Mais il est certain que les profs plus âgés qui essayaient de faire ce que disait l'inspecteur, de bien respecter le programme, se cassaient la figure en classe avec les trois quarts des élèves qui décrochaient. »

Miser sur les bons profs pour rattraper les mauvais programmes, c'est décidément une constante de notre Éducation nationale. Encore faut-il qu'ils aient un minimum de formation. Mais comment faire lorsqu'ils ne sont pas préparés et qu'en outre les manuels rédigés à la hâte décalquent les cours du supérieur à l'intention du primaire ? Un exemple très simple : l'addition. Dans les cours de cinquième d'avant la réforme, les élèves apprenaient que « la somme est la grandeur obtenue en réunissant plusieurs grandeurs de la même espèce » et que « l'addition est l'opération qui permet de calculer la somme de deux ou plusieurs nombres ». Et l'on s'empressait d'illustrer ces définitions avec des petits problèmes bien concrets : « Une ménagère a dépensé successivement 12 francs chez le marchand de primeurs,

30 francs chez le boucher, 3 francs chez le boulanger. Quelle est sa dépense totale ? » Et l'on avançait de petit problème en petit problème pour découvrir les propriétés de cette opération[1]. Coupables approximations d'une mathématique pseudo-scientifique !

Et nous voici quelques années plus tard dans le manuel de sixième du même éditeur – c'est-à-dire destiné à des enfants qui ont une année de moins –, au même chapitre : « L'addition ». Nous découvrons que :

> Les mathématiciens appellent **somme** des cardinaux de deux ensembles *disjoints* **le** cardinal de leur *réunion*. [...] L'opération qui donne la *somme* de deux cardinaux (le cardinal de la réunion de deux ensembles disjoints) s'appelle une **addition**.

Et voici les applications qui vont éclairer la définition :

> C'est l'addition qui nous donne la somme 8 des deux cardinaux 5 et 3. [...] Ainsi l'addition fait correspondre à chaque couple de cardinaux (5, 3), la somme de ces cardinaux, c'est-à-dire un cardinal 8. Chaque couple ayant une somme et une seule, cette correspondance est donc une *application* (fig. 2), mais cette application n'est pas bijective[2].

Deux pages plus loin, les chers enfants sont invités à bien voir que 4 + 3 = 12 en base 5, mais que, en base 8, 7 + 7 = 16, tandis qu'en binaire 1 + 1 = 10... enfin, après cinq pages, ils ont droit au calcul décimal, le seul qu'ils utiliseront jamais.

On veut bien admettre que la seconde formulation soit plus satisfaisante que la première sur le plan épistémologique, on pourrait même convenir que les forts en maths pouvaient s'en accommoder, mais à qui fera-t-on croire

1. Tiré des manuels Fernand Nathan de 1950.

2. *Mathématique. Classe de sixième*, Paris, Fernand Nathan, 1971.

que ce pathos logique correspond mieux à l'esprit enfantin ?

Faisons un saut de quelques années, et voici la définition de l'addition proposée dans les plus récents manuels de sixième. Nous découvrons que : « C'est l'opération qui associe à deux entiers a et b (ou deux décimaux) leur **somme a+b**. Le mot addition désigne une opération, le mot somme désigne le résultat de cette opération[1]. » Voilà qui semble clair. Pourquoi a-t-il fallu des années d'errements pour expliquer une chose aussi simple ?

En revanche, c'est à chaque page que les calamiteux manuels réformés utilisaient des formulations axiomatiques, alourdies par des clauses de style et des rappels de conditions nécessaires, qui auraient fait passer pour langue de Voltaire le plus obscur pathos juridique. Les auteurs se vautraient dans le formalisme pour s'en tenir à un niveau de généralités qui embrassait toutes les applications particulières, ils emmenaient leurs jeunes lecteurs dans les profondeurs abyssales d'une *épistémé* fondatrice de toutes les sciences mathématiques. Le jargon, lexical ou symbolique, fleurissait à chaque page, et les formules à chaque ligne, bien que le professeur Lichnerowicz m'ait assuré à l'époque que les maths modernes pouvaient s'enseigner en n'introduisant qu'une dizaine de termes nouveaux !

« Les manuels scolaires sont devenus de petits ouvrages savants destinés à donner aux professeurs des complexes d'infériorité, mais difficilement utilisables par les élèves eux-mêmes[2] », constatait l'Union des professeurs et utilisateurs de mathématique, association créée en réaction contre le nouveau conformisme. *Le Canard enchaîné* fit même les honneurs de ses colonnes à certaines « perles » de pure cuistrerie relevées dans ces cours.

Plus sérieusement, le professeur Jean Leray alerta les

1. *Maths. Tous les programmes du collège*, Paris, Larousse, 1995.

2. Dans *Science et Vie*, n° 654, mars 1972.

autorités contre les incohérences de cet enseignement. Il prit comme exemple la définition de la droite que l'on proposait – ou plutôt que l'on imposait – en quatrième, à l'âge de treize ans. Il s'agit d'une notion assez simple en géométrie classique. Fi de la simplicité ! Les élèves vont devoir assimiler la notion de droite « affine », qui devient susceptible de transformations diverses, donc des applications les plus larges… y compris celle d'être une droite ordinaire telle que nous l'entendons dans le langage courant. Il va de soi que la définition devenait alors fort savante et semblait aux non-initiés d'une monstrueuse complication[1]. Ainsi traitée dans une perspective ensembliste, la droite cesse d'être liée à « l'exception » de nos repères habituels et devient transférable dans des systèmes de coordonnées différents. Mais il n'est plus question de se la représenter, comme le constate Jean Leray : « Une droite n'est donc plus l'ensemble E de ses points, elle n'est plus une partie de l'espace physique, mais elle est un “espace”, au sens que la mathématique contemporaine donne à ce terme. »

Une fois assimilé ce comble d'abstraction, l'élève finira par retrouver quelque part notre bonne vieille droite, le plus court chemin d'un point à un autre, avec ses graduations normalisées, qui lui paraîtra d'une lumineuse simplicité. Mais que vaut une telle démarche qui finit par revenir au connu au lieu d'en partir ? Sur cet exemple comme sur bien d'autres, le professeur Leray était catégorique : « Initier les élèves à une géométrie

1. « Par définition, une droite affine Δ est un ensemble E muni d'une famille Φ de bijections de E sur R telle que :

« a) pour tout élément f de Φ, et pour tout élément (a, b) de R° × R, l'application définie par g(M) = a f(M) + b appartient aussi à Φ ;

« b) réciproquement, si f1 et f2 sont deux éléments quelconques de Φ, il existe (α, β) appartenant à R° × R, tel que f2(M) = f1(M) + β.

« L'ensemble E est appelé le support de la droite affine Δ, un élément M de E est appelé point de la droite affine Δ. »

non euclidienne, la géométrie affine, en classe de quatrième, avant de leur enseigner en troisième la géométrie euclidienne est impossible. »

L'illusion mathématique

Toute réforme débutante s'accompagne inévitablement de telles aberrations : c'est ce que l'on appelle « essuyer les plâtres ». Une fois ces premières bévues corrigées, le nouvel ordre se met en place à la satisfaction générale. Hélas ! dans ce cas précis, si les murs se fendillaient et que le papier se décollait, ce n'était pas en raison de plâtres encore trop humides, mais bien à cause d'un plan d'ensemble aberrant. Toute la maison avait été édifiée en dépit du bon sens. Les promoteurs de la réforme, eux-mêmes, durent en convenir. Dès 1973, Gustave Choquet, qui, quinze ans plus tôt, en avait lancé la première version, écrivait : « Je suis effaré par ce que je constate dans l'enseignement à l'école primaire et dans le premier cycle du secondaire. [...] On a dit aux enseignants qu'ils étaient des minables s'ils étudiaient des triangles, que l'algèbre linéaire remplaçait toute l'ancienne géométrie [...]. Le résultat est tel que, sans une saine réaction de la base, je pense que la génération actuelle recevra une formation mathématique ne la préparant ni à la recherche mathématique, ni à l'utilisation des mathématiques dans la technique ou les sciences expérimentales[1]. » Et le saint Paul de l'église bourbakienne, Jean Dieudonné, fustigea dans cet enseignement ce qu'il condamnait dans le précédent : une nouvelle scolastique, « forme encore plus agressive et stupide placée sous la bannière du "modernisme" ».

Avec le recul, on s'aperçoit que la copie de nos mathématiciens ne comportait pas seulement quelques erreurs

1. Article paru dans *L'École libératrice*, cité dans *Faire des mathématiques...*, *op. cit.*

de calcul ou de raisonnement : à peu près toutes les réponses étaient pédagogiquement fausses. Si les profs de maths, si cruels dans leurs annotations, avaient dû la corriger, ils l'auraient striée de qualificatifs assassins : « stupide », « lisez donc l'énoncé », « non-sens », « ne répond pas à la question posée », bref, comme disent les élèves, les réformateurs avaient « tout faux », des prémisses aux conséquences. Mais on ne peut se contenter d'une note qui n'apprend rien, il nous faut faire le corrigé, relever les erreurs, car cela nous permettra de repérer plus aisément celles qui furent commises dans d'autres disciplines et qui en sont les cousines germaines.

Sauvons tout de suite ce qui doit l'être : le travail de Bourbaki, qui reste un progrès essentiel et qui, c'est vrai, ne peut plus être totalement ignoré par l'enseignement. Le meilleur étant ainsi bien sauvegardé, passons au pire en reprenant les étapes qui conduisirent à la réforme. Pour cela, je m'inspirerai de l'étude lumineuse de Bernard Charlot[1].

Au départ, il y a l'engouement général pour un savoir nouveau qui semble désavouer et même condamner le savoir ancien transmis par l'école. (C'est, notez-le au passage, ce que nous avons déjà vu pour le français avec les recherches structuralo-linguistiques.) La première erreur va porter sur l'appréciation de ces nouvelles théories qui, par l'effet de mode, font figure de nouveau paradigme. C'est toute la pensée et même toute la vie des hommes qui vont être révolutionnées. Ce n'est plus un savoir, c'est une idéologie. Première erreur.

Face à ces avancées de la recherche, l'Éducation nationale devrait toujours se hâter lentement. Car il faut du recul pour donner sa juste place à la nouveauté. Sur le même principe, on aurait pu faire de la psychanalyse,

1. Bernard Charlot, « Histoire de la réforme des “maths modernes” », document de référence publié dès 1986 dans le *Bulletin de l'Association des professeurs de mathématique de l'enseignement public* et repris dans *Faire des mathématiques...*, *op. cit.*

discipline particulièrement sensible aux effets de mode, une matière principale et réduire la psychologie à la portion congrue.

Le seul domaine dans lequel l'institution scolaire devrait coller d'assez près à l'actualité, c'est celui de la technique. En effet, nos enfants vivent à l'écart des théories scientifiques alors qu'ils côtoient tous les jours et même manipulent les nouveaux outils du monde moderne. C'est donc sur ce second point, et pas sur le premier, qu'ils s'interrogent. L'école procède exactement en sens inverse. Gamins et gamines de France doivent apprendre, toutes affaires cessantes, la mathématique issue des ensembles, les recherches en sémiologie, les théories monétaires ou l'évolution des structures de parenté, mais ils n'ont aucun besoin de savoir comment marche un four à micro-ondes, un lecteur de disques laser, le système des codes-barres ou celui des cartes bancaires. Dieu sait que la curiosité manifestée vis-à-vis de ces objets encore nouveaux et un peu magiques permet de laisser entrevoir des phénomènes physiques fondamentaux. Mais, bon, notre enseignement préfère l'abstrait au concret, et l'éducation intéresse plus les universitaires que les ingénieurs. Nos enfants continueront donc à ne rien comprendre aux objets qu'ils manipulent tout en jouant les singes savants avec les dernières théories à la mode.

Revenons à l'algèbre de Bourbaki : a-t-elle bouleversé les mathématiques au point d'en rendre l'usage impossible à ceux qui l'ignorent ? Certainement pas. Nous avons vu que, dans les années 70, bien des ingénieurs ou techniciens qui maniaient le calcul à longueur de journée séchaient le soir sur les problèmes de leurs enfants. Manifestement, ils résolvaient fort bien leurs problèmes – concrets et non pas académiques – en ignorant l'enseignement bourbakien. A l'époque, les physiciens craignaient que les étudiants formés à la nouvelle école ne sachent jamais mettre une expérience en équation, c'est pourquoi ils avaient demandé le maintien d'un enseignement traditionnel. Les prophètes de 1960 parlaient au nom de l'an 2000, nous y sommes, et les perspectives ouvertes par les travaux de Bourbaki appartiennent encore au domaine de la recherche, elles ont apporté un éclairage indispensable aux mathématiques, elles restent précieuses pour former les jeunes esprits, mais elles interviennent toujours aussi peu dans la pratique de nos ingénieurs, de nos managers ou du Français moyen.

Je me souviens d'un brillant mathématicien m'expliquant à l'époque : « N'oubliez pas que les enfants d'aujourd'hui [en 1970] vont vivre dans un monde où l'ordinateur sera omniprésent, comme le téléphone ou la télévision… » En cela, il ne se trompait pas, mais attendez la suite. « Or l'ordinateur ne calcule pas comme nous en système décimal, il utilise le calcul binaire. Ceux qui ne comprendront pas ce calcul seront incapables d'utiliser correctement ces machines, ils seront handicapés à vie. » J'écris actuellement sur mon ordinateur et je me fiche comme de l'an quarante qu'il calcule mes lettres en binaire, en trinaire ou en duodécimal. C'est son affaire. Des millions de gens de par le monde, qui se servent de l'ordinateur pour des usages bien plus sophistiqués, ne se soucient pas davantage de sa logique binaire et ne s'en tirent pas plus mal.

La critique de Bernard Charlot ne se limite pas à la place de ce savoir particulier, elle s'étend à la discipline dans son ensemble : « Nous sommes actuellement mystifiés par le discours sur les mathématiques, explique-t-il. […] A en croire le discours ambiant, elles seraient la base de la culture de l'homme du XXe siècle. **C'est là une idée fausse** [en gras dans le texte]. Nous vivons une *époque* "*presse-bouton*", et non *une époque* "*pense-mathématiques*". Pour prouver l'importance des mathématiques, on avance souvent l'exemple des ordinateurs. Or, précisément, l'ordinateur, loin d'exiger plus de mathématiques, dispense des mathématiques. Les mathématiques sont nécessaires à ceux qui programment l'ordinateur et non à ceux qui l'utilisent… Quant aux raisonnements de la *vie* *quotidienne*, leur structure est *rarement mathématique*[1]. »

L'informatique contre les mathématiques, cela peut choquer, c'est pourtant évident. Si la quantification et la mise en équation progressent, elles le font bien souvent par l'intermédiaire de programmes tout faits. Et leur mise en œuvre se simplifie de jour en jour à mesure que la puissance de calcul disponible permet à la machine d'utiliser un langage naturel. « Dites ce que vous voulez, et l'ordinateur vous donnera le résultat », c'est la grande loi du progrès dans cette industrie.

Quant aux chasseurs de tête, ils constatent que les supermatheux cessent de faire prime sur le marché. Les entreprises s'intéressent de plus en plus à des esprits rigoureux formés par l'étude des humanités et non plus seulement des maths. Celles-ci conservent bien une place essentielle dans notre société, mais comme outil de sélection. Nous y reviendrons. Retenons pour l'immédiat que le premier postulat : *les nouvelles mathématiques, langage universel de l'avenir*, était faux.

Le mathématicien et l'enfant

Spécialiste de l'enseignement des mathématiques, Michèle Artigue s'efforce, avec le recul, de tirer les enseignements de cet épisode : « On s'aperçoit alors de l'erreur commise : croire que l'outil fondamental du développement des mathématiques au XXe siècle, c'est-à-dire la mise en évidence de structures unifiantes, devait l'être aussi pour l'enseignement, quel que soit son niveau. Une erreur commise en confondant abusivement deux mondes : celui des mathématiques en création et celui de l'enseignement[2]. »

1. *Faire des mathématiques…*, *op. cit.*
2. Michèle Artigue, « Mathématiques : les leçons d'une crise », *Science et Vie*, hors-série, *Sciences à l'école…*, *op. cit.*

Car les mathématiciens – portés par l'air du temps, il faut le reconnaître –, non contents d'avoir surévalué la place de leur science dans la société, avaient allégrement sous-évalué la difficulté de son enseignement à l'école. Autre défaut commun à tous les spécialistes.

Les chercheurs, quelque intérêt qu'ils manifestent pour la pédagogie, ne conçoivent de savoir qu'organisé à partir des principes généraux jusqu'aux conséquences particulières. Tout enseignement qui ne transmet pas cette structure, qui s'en tient à tel ou tel aspect limité ou superficiel, devient une trahison. Et, tout naturellement, les connaissances doivent s'apprendre en suivant cet ordonnancement logique, en partant des causes pour aller aux effets, de la logique constructive pour en venir aux constructions spécifiques. C'est une démarche logique, beaucoup trop logique.

J'ai tendance à penser qu'en général l'individu effectue le parcours inverse. Il entre en contact avec le particulier, le sensible, puis très progressivement passe au stade de l'abstraction et remonte vers le général. Les plus sages réformateurs des mathématiques avaient bien vu le piège, ils avaient recommandé que les grandes généralisations abstraites ne viennent pas en introduction, mais en conclusion de l'étude. C'est ce que l'on tenta dans les très petites classes en faisant découvrir les notions d'ensemble, de nombre, d'égalité à travers des exercices ludiques et très concrets. Passé ce stade, prémathématique, la contradiction se révéla trop forte entre une science qui partait du général pour aller vers le particulier et son enseignement qui aurait suivi la démarche contraire. Les maths modernes entraînèrent les élèves dans un monde de pur formalisme, dans une logique stratosphérique en remettant à plus tard l'étude des paysages familiers. S'initier aux différents espaces possibles avant d'en venir à celui dans lequel on vit, comme le dénonçait le professeur Leray, n'était donc pas une erreur exceptionnelle, mais la simple application d'une logique générale.

Ainsi, le bambin de CP devra suivre tout l'itinéraire de la numération en partant du nombre, en distinguant ordinal et cardinal, en découvrant les différents systèmes de regroupement, en jonglant avec les bases 2, 3, 4, et ainsi de suite, avant de découvrir le calcul en base 10, le nombre 10 et la suite de *notre* numération. Et nous qui avions bêtement commencé à manier les chiffres sans avoir au préalable maîtrisé les concepts ! A tous les stades, le parcours comptait plus que l'arrivée. Alors même que la conclusion s'imposait, que l'enfant l'avait parfaitement comprise, il fallait suivre un long itinéraire de raisonnement, pas à pas, dans une logique judiciaire qui égrène une interminable série de « considérants » avant d'en arriver au jugement que tout le monde attend et qui tient en cinq lignes.

Car, si l'on voulait toujours partir de la théorie pour arriver à la pratique et mettre le pourquoi avant le comment, on pourrait se compliquer énormément la vie dans l'espoir de la simplifier. C'est ainsi que l'apprenti conducteur commencerait par se faire expliquer la théorie des mobiles, les mobiles à propulsion externe, les mobiles à propulsion interne, puis les lois du frottement et la résistance à l'avancement, puis les sources d'énergie disponibles et les lois de la thermodynamique. A ce stade – six mois de cours –, on pourrait aborder la mécanique, les différents types de moteurs, le moteur à combustion interne, les modes de transmission du mouvement... Allons, il ne faudrait que trois ou quatre ans pour s'asseoir au volant et prendre sa première leçon de conduite.

Dans l'absolu, cette démarche est bien plus cohérente que la méthode actuelle dans laquelle le moniteur montre au débutant ce qu'il doit faire pour mettre le moteur en marche, passer les vitesses, sans lui expliquer en profondeur le sens des manœuvres qu'il va effectuer. Dans notre relatif quotidien, on s'accommode fort bien de cette solution, tout illogique qu'elle puisse être.

Loin de moi l'idée que nos professeurs doivent prendre modèle sur les instructeurs d'auto-écoles et s'en tenir à un savoir-faire vide de tout savoir, ils doivent prendre en charge le « pourquoi » et pas seulement le « comment ». Pour cela, il leur faut aller beaucoup plus loin, mais pas nécessairement partir de beaucoup plus loin. Apprendre à conduire est, en tout état de cause, un bon point de départ, que l'on veuille devenir simple automobiliste ou bien ingénieur automobile.

La nouvelle scolastique

Bernard Charlot est remonté jusqu'aux racines de ce splendide échec. Les nouvelles mathématiques, remarque-t-il, se voulaient d'abord un langage. En soi, ce n'est pas original, toute science s'appuie sur une telle modélisation du réel, mais ici le langage traduit un monde abstrait et non pas concret. Passé les premières notions qui se découvrent de façon ludique dans le primaire, les élèves entrent dans un univers formel qui échappe à toute représentation. Or ce rapport avec la réalité est générateur de sens, des abstractions coupées de tout lien avec l'expérience ne risquent-elles pas de se perdre dans un verbalisme pur ? « Définir la mathématique comme langage, c'est orienter l'enseignement vers l'apprentissage des mots et s'exposer à voir cet enseignement se transformer en scolastique, c'est-à-dire en discussion sur des mots. »

Les mathématiciens se déplacent avec aisance dans leur univers formel, ils en perçoivent immédiatement et, je dirai « naturellement », la logique et le sens. Ils savent que les choses se disent ainsi, ils savent même qu'elles ne peuvent se dire autrement, ils ne doutent pas que cette logique-là soit le reflet de celle qui structure l'esprit humain. Pas la peine de vérifier. En réalité, l'élève peut très bien se contenter de manipuler habilement les symboles sans véritablement construire un concept. Les activistes mathématiciens avaient fait le pari inverse, celui de la compréhension ; mais, pour des enfants qui n'avaient pas l'expérience, la maturité nécessaires, le jeu du langage mathématique l'emporta sur la maîtrise du sens : « Ce souci d'introduire très tôt des structures que l'on ne peut encore que nommer sans vraiment les comprendre provoque une dérive de l'enseignement des mathématiques du concept vers le mot et le transforme en une interminable leçon de vocabulaire ésotérique. A l'école maternelle et dans l'enseignement élémentaire [...] sous prétexte de faire construire à l'enfant ses notions mathématiques [on] lui apprend en réalité à décrire dans un langage mathématique plus ou moins tarabiscoté des situations pseudo-concrètes souvent abracadabrantes. Dans l'enseignement secondaire et universitaire, le formalisme s'installe, et l'aptitude à raisonner rigoureusement sur des objets mathématiques dont on ignore le sens est cultivée comme une vertu. »

Et Charlot de constater, mélancolique : « Enseigner très tôt des structures abstraites aurait été, si cela s'était avéré praticable, un remarquable raccourci. Malheureusement, les élèves n'avaient pas "le paysage mental" voulu. » Une conclusion dont la portée dépasse largement le champ des mathématiques.

Dans toutes les disciplines, on retrouve ce face-à-face entre ceux qui savent, et pour lesquels les mots savants sont chargés de sens, et ceux qui ne savent pas, pour lesquels ils ne sont que des étiquettes collées sur une définition arbitraire et formalisée. Faute du bagage nécessaire pour construire une véritable signification, l'apprenti se reporte à une définition qui le renvoie à d'autres dénominations savantes, et ainsi de suite. Il plonge dans le verbalisme. Ce qui ne lui apprend rien et, surtout, lui désapprend à apprendre. Quand le bambin nomme « Maman » la dame qui est toujours à côté de lui, ce mot est lourd de sens. Il l'a vécu avant de le dire. L'expérience a précédé la découverte du mot, lui a donné sa nécessité. Toute l'acquisition de la langue maternelle, l'apprentissage le plus naturel qui soit, se fait de la sorte. La perception révèle les choses, puis l'homme les désigne. Pourquoi faut-il que l'enseignement procède toujours en sens inverse ? Le nom-concept d'abord, la réalité ensuite. Au mieux, c'est emmerdant ; au pire, c'est mystificateur. L'élève finit par ne plus voir dans la connaissance qu'un langage scolastique qui se suffit à lui-même, à oublier que les mots ne sont que des outils au service de la compréhension. Ainsi les maths modernes réussirent-elles cet exploit de reproduire, après les avoir tant dénoncées, les pires dérives des mathématiques traditionnelles. Les élèves se souciaient bien plus d'apprendre que de comprendre, ils se réfugiaient dans le langage savant et les symboliques hermétiques.

L'échec a dépassé les espérances

La dernière illusion, celle des maths pour tous, ne résista pas davantage à l'épreuve de l'expérience. Certes, les petits entraient volontiers dans les jeux qui devaient leur faire découvrir les nombres et les ensembles, mais ça ne durait pas. Lorsqu'on arrivait à l'abstraction pure, lorsque se mettait en place ce langage déroutant, cette symbolique barbare, les mêmes rejets se manifestaient. Plus que jamais, il y avait les bons en maths et les autres. Et cette différence-là ne devint pas plus démocratique, bien au contraire.

Le désastre prit une telle ampleur que l'Éducation nationale dut amorcer un repli stratégique, mais elle se garda bien de l'annoncer. En effet, les pouvoirs publics ne reconnaissent jamais leurs erreurs. Ils convoquent le ban et l'arrière-ban des médias pour lancer leurs programmes, mais, en cas de fiasco, ils se contentent de trois lignes à l'agence France-Presse. Ainsi les catastrophes nationales, à l'inverse des hommes célèbres, naissent-elles dans la gloire et sont-elles enterrées dans la plus stricte intimité, voire dans l'anonymat le plus complet. En tout état de cause, il ne pouvait être question de faire demi-tour et de revenir aux programmes antérieurs. La machine est si lourde, l'inertie si grande, qu'une telle manœuvre est impossible. Il était facile pour les opposants d'écrire qu'il fallait « flanquer au feu » ces manuels, il était plus difficile pour l'administration de remplacer du jour au lendemain quelques millions de livres inutilisables par autant de livres à concevoir, fabriquer, diffuser… acheter et faire acheter. Enfin, il n'était pas souhaitable d'effectuer un tel retour en arrière. Car l'idée de départ restait saine. Les programmes devaient être revus et modernisés à la lumière des plus récentes recherches, notamment des mathématiques de Bourbaki, seule l'arrogance des réformateurs, méprisant tout ce qui existait, ne connaissant plus de vérité que la leur, avait fait capoter l'opération.

Élisabeth, comme bien des professeurs de mathématique, est la première à le reconnaître et à le déplorer : « Après avoir raté l'introduction des mathématiques modernes, on les a entièrement retirées du collège, moyennant quoi on ne fait plus faire aux élèves aucune démonstration, mais seulement de la géométrie bébête, du calcul, du bricolage. Après avoir fait n'importe quoi dans un sens, on fait n'importe quoi dans l'autre sens. »

La retraite fut, reconnaissons-le, fort bien conduite. Ce relatif succès tient d'abord à l'évidence de l'échec. En très peu de temps, l'enseignement réformé n'eut plus aucun défenseur. D'une année sur l'autre, tout au long de la décennie suivante, la « débourbakisation » progressa, au-delà du raisonnable comme il se doit.

Pour un péché réparé, l'Éducation nationale se dépêcha d'en commettre un autre en élevant sans cesse le niveau des programmes de mathématiques qui, rapidement, ne furent plus destinés à former mais à sélectionner les élèves. Plus que jamais, la jeunesse française vécut dans l'obsession et la hantise des maths : « C'est ainsi que pendant un quart de siècle la note de mathématiques a décidé de l'avenir scolaire, et donc de l'avenir tout court de millions d'enfants ; c'est ainsi qu'elle est devenue un tenant-lieu du sens et bien souvent le seul ;

c'est ainsi qu'il n'a plus pratiquement fallu travailler que pour elle ; c'est ainsi qu'elle a phagocyté tous les idéaux que s'assigne l'institution scolaire ; qui a sacrifié à d'implacables décomptes de points la saveur, la couleur des idées, le bonheur du savoir », constate Stella Baruk[1]. Difficile, en vérité, pour un même objet d'être le refuge des valeurs humanistes tout en devenant l'enjeu d'une implacable mêlée dans laquelle tous les coups sont permis. Les mathématiciens ne sont pas les derniers à reconnaître qu'à ce jeu les mathématiques ont perdu leur âme. Les mathématiques et l'enseignement en général, comme nous le verrons.

Car elles furent placées au centre et au sommet de tout le dispositif par la création de la filière C, qui détournait une spécialisation maths-sciences en filière d'excellence. A tout le moins, cette décision devait permettre d'éprouver la capacité des mathématiques à démocratiser la méritocratie scolaire. Expérience faite, et jugement sans appel. Dans les terminales C, le pourcentage des enfants de professions supérieures passa de 20 % en 1967-1968 à 39,9 % en 1980-1981, tandis que celui des enfants d'ouvrier chutait de 17,9 à 8,8 % !

1. Stella Baruk, dans *Le Monde des Débats*, mars 1994.

4

L'Histoire sans histoires

Notre Éducation nationale commit les mêmes bévues avec une troisième matière : l'histoire. Le scénario est identique : d'un côté, un enseignement qui transmet le même savoir depuis des décennies ; de l'autre, une rupture épistémologique qui renouvelle la discipline. Entre les deux, l'école qui veut se mettre à l'heure des laboratoires. C'est le grand bond en avant préparant la marche en arrière. Voyons cela.

L'enseignement de l'histoire consistait à raconter, dans l'ordre chronologique, ce qui s'était passé aux différentes périodes. Ça n'était pas vraiment original, mais on n'imaginait pas d'autre méthode, et celle-ci perdurait avec la colossale inertie des évidences admises. Dans cette matière comme dans les autres, l'école vivait tranquille entre routine et tradition. Le programme remontait le cours des siècles tout au long du secondaire. L'élève de sixième prenait le train à la station Antiquité. Au fil des sept années, il voyait défiler toutes les gares : Moyen Age, Renaissance, Ancien Régime, Révolution, Empire, XIXe siècle, dans un ordre immuable, pour arriver à l'époque contemporaine en terminale. Terminus.

Les événements se succédaient ou, plus exactement, s'enchaînaient dans ces chroniques du temps passé qu'étaient les leçons des maîtres et les pages des manuels. Au XVIIIe siècle, les historiens ne s'intéressaient guère qu'aux faits notables concernant la vie des « grands » : naissance, mariage, sacre, mort et guerre. Au XIXe siècle, ils s'attachèrent à la vie politique et aux affaires diplomatiques, réduisant la vie mondaine à la portion congrue. Au XXe siècle, ils ajoutèrent en arrière-plan la réalité économique, sociale et religieuse. La pédagogie suivait le mouvement en s'appuyant sur des récits fortement personnalisés.

La Révolution se traduisait par une série de noms (Mirabeau, Robespierre, Danton, etc.), de dates (les journées révolutionnaires, l'exécution de Louis XVI, etc.), d'intrigues (la bataille des États Généraux, l'affrontement des Girondins et des Montagnards) et de péripéties au sommet de l'État (la fuite à Varennes, la chute de Robespierre). L'état de la France et la condition des Français tenaient peu de place dans ces récits haletants. Les réactions populaires face aux persécutions religieuses, à l'exécution du roi et à la conscription auraient été expédiées en quelques lignes si elles n'avaient provoqué les guerres de Vendée : superbe récit.

Cet enseignement avait beau s'être sclérosé dans ses multiples clichés, ses anecdotes célèbres et ses images pieuses, il avait le double mérite de passionner les enfants et de leur fournir d'indispensables repères chronologiques. Des années après le bac, devenus adultes, les Français pouvaient encore se promener dans les siècles passés sans commettre d'anachronismes pendables : s'ils faisaient du Moyen Age un inclassable fourre-tout, ils donnaient à chaque héros sa place – Richelieu avant Mazarin, Napoléon après la Révolution, Henri IV à la fin des guerres de Religion et la Régence avant Louis XV. Chaque chose en son temps, cela ne fait pas encore une culture historique, mais c'est bien utile pour la suite.

Tandis que l'Éducation nationale poursuivait ses croisières organisées au fil des siècles, l'histoire avait connu un profond changement. Cette mutation s'est cristallisée dans les années 30 autour de *La Revue d'histoire économique et sociale* créée par Marc Bloch et Lucien Febvre. De ce creuset naquit une approche du passé qui rompait avec l'historiographie classique. On parla bientôt d'une

« école des *Annales* », qui s'épanouit après-guerre dans la prestigieuse VIe section de l'École pratique des hautes études, devenue par la suite l'École des hautes études en sciences sociales.

L'histoire narrative se constitue : « selon la structure d'un roman, à cette exception près qu'il faut en tisser la trame avec des faits véridiques et vérifiés dans les règles ; et cette histoire est bien le roman vrai des nations [1] », pour reprendre la formule de François Furet. Ce récit fait son miel des événements – une mort, une bataille, un traité, un scandale, un coup d'État et, plus rarement, une émeute ou une crise économique –, autant de faits datés, de ruptures dans la continuité, ce que l'on appelle aujourd'hui des informations, voire des *scoops*. Au reste, quand on en arrivait à l'époque moderne, les têtes de chapitre correspondaient effectivement à d'anciens titres de « une ». Cette histoire fut qualifiée d'« événementielle » le jour où elle cessa d'être la seule concevable, le jour où elle se découvrit une rivale qui, elle, s'affirmait « non événementielle ».

Car la nouvelle venue refuse la dictature de l'événement et valorise des faits, souvent plus gros de conséquences, qui ne se manifestent pas sous cette forme « explosive », selon l'expression de Fernand Braudel. Exemple typique : la démographie. Elle tient une place centrale autant que souterraine dans l'histoire des peuples – on le voit aujourd'hui avec les situations contrastées d'explosion et d'implosion démographiques que l'on constate dans le monde –, mais elle n'apparaît pas en tant que telle dans la suite des « nouvelles » relevées par la chronique ou rapportées dans les gazettes. Un doublement de population fait moins de bruit médiatique qu'une victoire de football, c'est bien connu. Il en va de même pour les transformations économiques ou sociales, pour celles des structures familiales, des mœurs et des mentalités, pour la

1. François Furet, *L'Atelier de l'histoire*, Paris, Flammarion, 1982.

diffusion des techniques ou des normes juridiques. Dans tous ces cas, l'évolution est progressive, au fil des décennies, et ne respecte pas les divisions de l'histoire narrative. Les historiens savent que le passage de la IVe à la Ve République ne correspond à aucune rupture économique et qu'au contraire le passage d'une économie de plein emploi à une économie de chômage s'est effectué dans une parfaite continuité politique. En découpant l'histoire à partir des événements qui affleurent en surface, on risque de manquer les évolutions profondes et continues qui donnent tout leur sens à la narration. On se condamne à raconter plus qu'à expliquer.

La nouvelle histoire sera celle des « non-événements », des profondeurs, de la durée. Elle s'intéresse à des phénomènes qui n'ont pas émergé au niveau de la chronique, qui n'ont pas laissé de cicatrice en surface, mais dont les conséquences furent très importantes. Nous en sommes conscients aujourd'hui parce que la statistique permet de saisir cette réalité impalpable, d'en faire une information. Périodiquement, un taux de chômage, de criminalité, de production fabrique de l'actualité avec du « non-événementiel ». Mais il n'en allait pas de même dans le passé. C'est cette lacune que l'histoire quantitative s'efforce de combler.

Au prix d'incroyables recherches qui exigent le flair du policier et la patience du bénédictin, elle parvient à reconstituer l'évolution des prix, des rendements, de la natalité, de la longévité. Bref, elle s'efforce d'effectuer pour le passé le travail accompli par l'INSEE pour notre époque.

Cette histoire s'appuie sur une nouvelle appréhension du temps, comme l'explique Fernand Braudel : « Une journée, une année pouvaient paraître de bonnes mesures à un historien politique d'hier. Le temps était une somme de journées. Mais une courbe de prix, une progression démographique, le mouvement des salaires, les variations du taux d'intérêt, l'étude (plus rêvée que réalisée) de la production, une analyse serrée de la circulation réclament des mesures beaucoup plus larges[1]. » On ne se situe plus dans le moment, mais dans la durée ; on ne pense plus par année, mais par décennie, voire par siècle.

En outre, ces nouveaux historiens ne limitent pas leurs sujets à un découpage dans le temps : telle période, telle vie, tel règne, telle bataille. Ils s'intéressent à des phénomènes bien particuliers : les structures féodales, la banque, le costume, la vie monastique, la maladie, etc., qu'ils suivent au long cours en spéléologues plus qu'en chroniqueurs. Succédant à l'histoire-récit, c'est, selon l'expression de François Furet, une « histoire-problèmes » qui intègre les acquis de nombreuses sciences humaines.

L'épopée de la voûte

Cette révolution dans les sciences historiques s'est imposée à l'étranger, elle a fait briller l'historiographie française d'un éclat sans pareil. Dans les années 50, en France, tous les historiens s'en réclament peu ou prou. Ils ont pour l'école des *Annales* une fascination qui surpasse celle des mathématiciens pour Bourbaki. Et, tout naturellement, ils en viennent à penser que les jeunes générations ne peuvent être tenues à l'écart d'une telle révolution. Leurs déclarations sur ce point reproduisent exactement celles des mathématiciens. Pierre Chaunu, grand maître de l'histoire quantitative, estime : « On ne peut enseigner l'histoire aujourd'hui comme hier sans tenir compte des nouveaux acquis d'une discipline en pleine expansion. L'histoire ne peut être seulement le récit des guerres, des conflits, l'histoire exclusive de la construction de l'État national[2]. »

1. Fernand Braudel, *Écrits sur l'histoire*, Paris, Flammarion, coll. « Champs », 1969.

2. Pierre Chaunu, *L'Historien dans tous ses états*, Paris, Perrin, 1984.

Dès les années 60, les jeunes professeurs plus ou moins disciples de l'école des *Annales* – Fernand Braudel, le grand prêtre, présidait des jurys d'agrégation – introduisirent ce nouvel éclairage dans les classes terminales. Mais l'Éducation nationale ne prendra vraiment le virage que dans la décennie 70. Là encore, des réformateurs enthousiastes vont se précipiter en confondant allégrement le collège et le lycée, voire le primaire et le supérieur.

La mode, pas mauvaise en soi, est aux « activités d'éveil » qui se développent au détriment de l'enseignement magistral et qui sont grandes dévoreuses de temps. L'histoire doit trouver une place dans ce fourre-tout, une place qui risque d'être réduite. Certains instituteurs ne lui consacrent plus guère qu'une heure par semaine, et leurs élèves arrivent dans le secondaire sans aucune vision organisée du passé.

Ils l'ont d'autant moins que le collège se trouve en plein bouleversement. La réforme Haby, qui supprime les filières diversifiées, l'oblige à accueillir une population disparate avec des élèves de faible niveau. C'est dans ce contexte que l'on prétend dépasser l'histoire traditionnelle jugée trop étriquée et ouvrir les esprits enfantins à d'autres civilisations, aux grandes évolutions socio-économiques et surtout à tout ce qui fait le délice des historiens : les études transhistoriques, l'histoire thématique. Bref, on se veut beaucoup plus ambitieux sur un territoire devenu exigu et plus abstrait avec des élèves plus faibles. La contradiction sera résolue par le sacrifice de l'histoire événementielle et de la chronologie. Cette innovation pédagogique arrange l'Éducation nationale empêtrée dans sa réforme. De nombreux élèves, on le sait fort bien, quitteront le secondaire en cours de route. Si l'on adopte le cheminement chronologique, ils descendront en marche à l'époque de la Révolution, voire aux guerres de Religion, sans avoir jamais entendu parler de la suite. De grands survols transhistoriques permettraient de les voir partir avec une idée de toutes les époques.

Jean Favier, éminent médiéviste et président de la Bibliothèque nationale de France, se souvient d'un dîner qui avait réuni plusieurs historiens de renom autour du ministre de l'Éducation nationale René Haby pour discuter des nouveaux programmes du collège. Nos inspecteurs généraux envisageaient de faire découvrir « l'agriculture à travers les âges » en sixième et « les transports à travers les âges » en cinquième. « Nous avons fait remarquer, explique-t-il, que ces enfants ne connaissaient pas encore “les âges” et qu'il fallait commencer par leur raconter l'histoire chronologique avant d'en venir à de telles études. » Peine perdue, à l'inspection générale et dans les laboratoires de pédagogie avancée, on avait jeté aux orties la narration chronologique, on ne jurait que par la nouvelle histoire : c'est elle qu'il convenait d'enseigner. Dans les instructions aux professeurs, il était spécifié : « Dans le même esprit et aux mêmes fins qu'en sixième, les professeurs procéderont à quelques coupes dans l'histoire générale, afin de suivre une évolution des origines à nos jours. » Sur de telles instructions, les éditeurs de manuels vont rejouer le scénario qui avait si bien réussi dans les mathématiques : poser dès le collège les fondements d'un savoir universitaire dans une pure logique de chercheur.

Chez Larousse, le manuel de sixième en 1977, *Milieux, Hommes et Civilisations*, attaque sur le ton du manifeste en affichant la volonté de « … montrer, dès la classe de sixième, qu'il existe une science historique et géographique capable de favoriser, chez l'élève, la compréhension du passé et celle du monde dans lequel il vit. C'est bien là le but de l'enseignement de l'histoire-géographie, et non pas de communiquer des connaissances privilégiant la simple chronologie, le seul événement, ou cette pseudo-histoire déversée sans vergogne sur le public, sous prétexte de grandes figures, de femmes célèbres et de bâtards illustres [1] ». Finie la gaudriole avec la Montes-

1. Marc Guidais et Michel Pierre, *Milieux, Hommes et Civilisations*, Paris, Larousse, 1977.

pan et la Pompadour, finie la bagarre avec Bouvines et Fontenoy : puisque ça n'intéresse plus les chercheurs, ça ne devra plus intéresser les collégiens.

Et les réformateurs d'en appeler à la pédagogie ! En présentant les nouveaux programmes dans *Le Monde de l'Éducation*, Pierre Kerleroux prend soin de préciser : « L'esprit en est résolument novateur : fille de Piaget – les travaux du psychologue ont fait apparaître que l'âge de onze à quatorze ans est le plus favorable aux études historiques de longue durée – et de l'école des *Annales*, attentive au temps long et aux "nouveaux objets", l'histoire thématique et diachronique permettra de "donner aux enfants une meilleure notion du temps historique", de faire percevoir les notions d'évolution et de relativité, l'interaction des phénomènes, l'émergence de l'histoire dans le présent[1]. » Quoi que l'on fît dans ces années – et de préférence si c'était absurde –, on clouait le bec à ses détracteurs en se réclamant du psychologue suisse : Jean Piaget.

Les enfants ne sont donc plus intéressés par les histoires, mais par les problèmes, ce sont les psychologues qui l'affirment ! L'épopée d'Alexandre ne peut que les barber, et d'ailleurs ça n'apprend rien. De toute l'histoire grecque, on retiendra *le* problème adapté à leur curiosité : l'analyse de la démocratie athénienne au Ve siècle en tant qu'oligarchie. Ce classique de la littérature scolaire est desséché jusqu'à devenir un cours de droit constitutionnel athénien qui, en deux pages, détaille, schéma à l'appui, le rôle respectif de l'*ecclesia*, des *bouleutes*, des *héliastes* et de l'*héliée*. A onze ans, c'est tout de même plus sérieux que le cheval de Troie et la bataille de Marathon.

Cet arrêt sur image a le don de mettre en rage les hellénistes. Pierre Vidal-Naquet, indigné que l'on focalise l'attention sur cette période et ce problème au lieu de faire

1. Pierre Kerleroux, « La nouvelle façon d'enseigner l'histoire », *Le Monde de l'Éducation*, mai 1977.

défiler normalement toute l'histoire grecque, parle de « flanquer une fessée publique aux agrégés qui ont commis ces manuels ». Le doyen de l'inspection générale d'histoire-géographie répond en s'abritant derrière ses compétences pédagogiques : « L'important n'est-il pas de tenir compte d'abord des centres d'intérêt de l'enfant ? Pour les connaître, il faut en être proche. » Bienheureux collégiens, couvés par l'inspection générale, ils ont enfin des programmes à la mesure de leur intelligence. L'événement n'est plus que la fioriture du concept. On le cite en passant ou on ne le cite pas, dans tous les cas ce n'est guère qu'une référence, pas une narration.

Si l'on évoque au pas de charge Byzance et l'Empire romain, c'est pour « conduire à une réflexion sur le concept d'empire, système centralisé et hiérarchisé, et sur ses implications : complexité dans un monde où les informations circulent mal », et le succès du christianisme doit être présenté comme « le résultat d'une synthèse réussie entre les éléments d'une mystique orientale, les apports de la philosophie grecque et la rigidité des institutions romaines ». Je rappelle que nous ne sommes pas dans une leçon d'agrégation, mais dans un cours de sixième.

A lire les instructions officielles, il ne fait aucun doute que ces jeunes gens de onze ans sont des historiens en herbe, ne doivent-ils pas acquérir d'emblée « la capacité à construire une problématique et à saisir la multiplicité des causes dans les sciences humaines, le développement de l'esprit critique à l'égard du document ou de l'explication en histoire » ?

En conformité avec ces directives, le manuel Hatier ouvre le programme par… une définition : « Découvrir et étudier le passé des hommes, c'est faire de l'**histoire**… » S'ils avaient cru qu'on allait s'amuser avec la science-fiction, les voilà détrompés, mais, sitôt défini le concept (qui n'apprend rien du tout), on passe à la *méthode*.

En lisant dans plusieurs textes officiels l'insistance mise sur l'apprentissage des méthodes, j'avais naïvement pensé qu'il s'agissait des méthodes de travail utilisées par l'élève, et cela me semblait fort bien pensé. C'était le fameux « apprendre à apprendre ». Mon erreur était totale. Les méthodes en question étaient celles des chercheurs, pas celles des élèves. Je n'ai jamais compris pourquoi il paraît essentiel aux spécialistes que les jeunes connaissent dès leur plus jeune âge les techniques qu'ils utilisent dans leurs recherches. Toutes les professions aiment à faire admirer leur savoir-faire, et je soupçonne quelque vanité dans cet exhibitionnisme. N'en va-t-il pas de même pour les disciplines intellectuelles ?

Qu'importent les raisons, voici la nouvelle marotte. L'enseignement de l'histoire se fait d'abord à travers la méthode et les documents : non plus seulement les tableaux classiques ou pompiers qui enluminaient nos manuels ou les graphiques qui accompagnent le texte, mais les vrais, ceux que déchiffrent les chercheurs. « Il faut pouvoir rassembler des documents », annonce donc le manuel, qui entreprend, sans attendre la seconde leçon, de passer aux travaux pratiques avec deux documents anciens, datant l'un de 1434, l'autre de 1848, qui traitent de la condition paysanne, sujet favori des enfants dans les cours de récréation. Les auteurs prennent soin de préciser que « ces documents sont conservés aux archives départementales de l'Isère à Grenoble, un service dont la fonction consiste à rechercher et classer tous les documents intéressant le passé de la région ». C'est là que notre futur agrégé d'histoire ira fouiner, mais on tient à le prévenir : « Le travail de l'historien est difficile. Sur un même événement les témoignages ne coïncident pas toujours, il faut donc exploiter des textes avec prudence et les soumettre à une sévère critique[1]. »

Autre manuel, toujours le même souci de formalisme, avant de partir dans le passé, il faut savoir que « la science qui s'intéresse aux premiers hommes s'appelle la “paléontologie humaine” » ; ailleurs, on tient à souli-

1. H. Jover, J. Brignon et M. Dridollou, *Histoire et Géographie*, Paris, Hatier, 1977.

gner que « la chronologie est la science des dates » !...

Et lorsqu'on cesse de définir pour ne rien dire, les informations s'entassent, si denses qu'elles finissent par se réduire à de simples énumérations. En six lignes, les collégiens font connaissance avec les « nomades sémites », les « Phéniciens », les « Hébreux », les « Akkadiens », les « Assyriens », les « Babyloniens », plus les « Indo-Européens », parmi lesquels les « Hittites », les « Mèdes » et les « Perses ». Pas le temps d'en dire plus car, sur la même page, il faut parler de la Bible, des Manuscrits de la mer Morte, de la conquête de l'Égypte par les Perses en 525, de la découverte du monothéisme et de Yahvé, des dimensions du royaume de David et de celui de Salomon. Au lieu de répartir les informations le long d'une chronologie, on les entasse dans des thèmes fourre-tout. On ne raconte plus, on cite, on « fait allusion à... » et l'on dégage les idées. Puis on passe au thème suivant.

Pierre Vidal-Naquet tempête : « On a voulu faire une histoire immobile sans cause ni évolution. Immobilisme renforcé par le choix des périodes qui ne retient que des moments où la société étudiée connaît un relatif équilibre, au sortir de crises souvent très graves. L'étude des thèmes ne corrige pas la tendance, elle l'accentue... En isolant des périodes parfois séparées de plusieurs siècles, on perd toute possibilité de faire comprendre à l'enfant les notions historiques fondamentales : la durée, l'évolution. » Autrement dit, on a remplacé le film par la projection de diapositives. La différence, tout le monde la connaît, c'est que, sur un film, les images restent chacune à leur place, le début avant la fin, alors que les diapositives s'entassent et que l'on finit par ne plus rien situer dans les boîtes à chaussures où se pressent deux décennies de photos.

Selon les instructions officielles, l'évolution des techniques est soigneusement reconstituée lors de vertigineuses études transhistoriques. Un exemple : la construction. La classe est lancée sur la grande épopée de la voûte. Il s'agit certes d'un sujet plus concret que les différences entre démocratie et oligarchie, d'un sujet qui pourrait intéresser des enfants s'ils voyaient réellement s'édifier un monument. Mais le thème, c'est l'histoire de la voûte qui fait défiler, à toute vitesse, les Romains maniant le mortier pour mettre au point le « blocage » qui permet d'élargir les murs et de lancer des voûtes audacieuses et même des coupoles, puis les bâtisseurs du Moyen Age qui inventent la voûte en berceau, « constituée d'arceaux de pierre en forme de demi-cercles », et la voûte sur croisée d'ogives, « constituée par une armature d'arceaux de pierres entrecroisés en diagonale qui supportent le poids du revêtement ». Juste le temps de tourner la page, et le collégien apprend que la tour Eiffel comporte 18 038 pièces métalliques reliées par 1 056 846 rivets, que la Cité radieuse de Le Corbusier repose sur des « unités d'habitation » de 137 mètres de long, 24 de large et 56 de haut, et que l'on pourrait dans l'avenir construire des maisons gonflables. Cela s'appelle une *transversale*.

Jeanne d'Arc avec Charlemagne et François Ier aux croisades

Voilà donc, poussé à la caricature, le défaut de la pédagogie française. A peine nos enfants ont-ils mis le pied à l'école, à peine découvrent-ils un nouveau savoir qu'avant toute familiarisation ils doivent déjà acquérir les idées et les méthodes dont ils auront tant besoin pour préparer Normale sup. On imagine la tête ahurie des bambins emportés dans ces chevauchées à travers des siècles ou des millénaires inconnus ! Les nouveaux pédagogues croyaient que cette approche du passé allait ancrer la connaissance historique dans le concret et ne voyaient pas qu'une approche thématique est plus étrangère aux esprits enfantins qu'une approche narrative. Comment ne pas retrouver ici, point par point, toutes les motivations de nos mathématiciens ? Ainsi les élèves, complètement perdus dans la chronologie, avançaient-ils dans une connaissance toujours plus approfondie des thèmes transhistoriques. Les professeurs ne racontaient plus, ils servaient un savoir pseudo-scientifique parfaitement désincarné. L'effet de mode aidant, ceux qui en tenaient pour la tradition furent considérés comme de vieilles barbes et mal notés par l'inspection.

Comme toujours en matière d'enseignement, la querelle avait une connotation idéologique. L'histoire événementielle, celle des grands personnages et des batailles, se situait dans une tradition académique, une tradition de droite. Par opposition, les nouveaux historiens qui donnaient le primat à l'économique et au social, aux structures permanentes, et qui relativisaient du même coup le rôle des hommes et des circonstances, semblaient se situer à gauche. D'ailleurs, la plupart d'entre eux étaient marxistes, sinon franchement communistes.

Cette réforme donnait donc à l'enseignement de l'histoire une coloration plus à gauche, et certains activistes, combinant les logiques politiques et pédagogiques, ne souhaitaient pas moins éliminer l'ancienne histoire que promouvoir la nouvelle.

C'est pourtant le grand Fernand Braudel qui écrivait : « Pour moi, l'histoire est la somme de toutes les histoires possibles, une collection de métiers et de points de vue, d'hier, d'aujourd'hui et de demain. La seule erreur, à mon avis, serait de choisir l'une de ces histoires à l'exclusion des autres[1]. » Mais la prudente sagesse des maîtres, ici Lichnerowicz, là Braudel, est toujours dépassée par le zèle intempestif des disciples.

Après la génération des élèves « qui ne savent plus compter », on se mit à redouter celle des élèves « qui ne connaissent plus leur histoire ». Les parents découvraient que leurs enfants confondaient la Renaissance et le Grand Siècle, qu'ils mettaient Bismarck pendant la guerre de 14

1. Fernand Braudel, *Écrits sur l'histoire*, *op. cit.*

et envoyaient François Ier aux croisades. Que pouvait bien signifier un enseignement de l'histoire qui ignorait le *b a ba* de la discipline : l'ordre chronologique des événements ?

L'affaire éclate en 1979, lorsque Alain Decaux paraît en couverture du *Figaro Magazine* pointant son doigt non pour raconter, mais pour dénoncer : « On n'apprend plus l'histoire à vos enfants. » Il explique que l'enseignement de l'histoire, réduit à une heure par semaine, est « désincarné, borné à quelques idées générales, à un fourre-tout de connaissances disparates. Presque totalement coupé de la chronologie, des faits révélateurs et des personnages clés, comment eût-il pu, de la part des élèves, susciter autre chose qu'un ennui de moins en moins dissimulé ? »...

Alain Decaux n'est pas seul dans sa protestation, il reçoit le soutien de Jean Perrot, le président de l'Association des professeurs d'histoire et de géographie. Le débat réunit deux thèmes hautement inflammables : l'histoire et l'école, c'est dire qu'il a vite fait de se transformer en incendie. La presse s'empare de la querelle, des députés interpellent le gouvernement, de nombreux professeurs d'histoire joignent leurs protestations à celle de leur « confrère cathodique », les parents témoignent avec indignation. Certains suspectent un complot antifrançais.

Les ténors de l'histoire quantitative dénoncent également l'absurdité d'une telle pédagogie. Pierre Chaunu rappelle : « Sans une grille spatio-temporelle personnalisée, l'enfant perd la possibilité de mémoriser les jalons d'une conscience collective civique », je préfère dire « citoyenne ». Et Fernand Braudel, un mois avant sa mort, donne à des enfants une leçon publique consacrée au siège de Toulon de 1792. Pendant une heure, le vieux maître raconte la bataille : un pur exercice d'histoire événementielle destiné à bien marquer son attachement à ce type d'enseignement.

Le bon sens reprend le dessus. Le ministre de l'Éducation nationale Christian Beullac entreprend de rectifier le tir et amorce un retour à l'histoire classique. L'enseignement de l'histoire devient une affaire d'État, il figure à l'ordre du jour du Conseil des ministres du 31 août 1983. Une commission est constituée, que préside Jacques Le Goff. Elle reconnaît « les dérapages des nouvelles méthodes pédagogiques : absence de chronologie et mépris de sa continuité, abus du thématique, sans insertion dans une histoire globale, enfermement dans le milieu local, oubli de l'histoire générale au profit d'une insistance exagérée sur une période, une société, un thème particulier[1] ».

Avec Jean-Pierre Chevènement, la pédagogie traditionnelle, enrichie au niveau du lycée par certains apports de la nouvelle histoire, reprendra ses droits. Une fois de plus, on avait oublié que les nouveaux savoirs ne se substituent pas aux anciens, mais qu'ils les enrichissent. Si l'on ne garde que le dernier étage, tout l'édifice s'écroule. On avait également oublié que l'enfant a tout à la fois son rythme et sa logique d'apprentissage. Si l'on prétend ignorer ces règles de base, l'acquisition ne se fait plus, car un récepteur saturé ne se contente pas de rejeter le trop-plein, il ne reçoit plus rien du tout.

La marelle de l'histoire

L'histoire doit être récit avant de devenir problèmes. Car l'élève a besoin de découvrir la réalité visible, c'est-à-dire les événements qui s'enchaînèrent au fil des siècles. Il doit avoir une bonne notion de la continuité historique avec des personnages, des faits, des dates, des événements, tout en sachant que celle-ci comporte non seulement des mariages princiers et des batailles, mais

1. Cité par Philippe Némo, dans *Le Chaos pédagogique*, Paris, Albin Michel, 1993.

également des mouvements populaires, des inventions, des épidémies et des famines. Nos zélotes de l'histoire quantitative oublient un détail, c'est qu'ils connaissaient parfaitement l'histoire chronologique avant de se lancer dans des études thématiques. La nouvelle histoire ne peut venir qu'après l'ancienne, au lycée et pas au collège, c'est aussi bête que cela.

C'est ce que m'expliquait Jean Favier : « Ce dont l'enfant a d'abord besoin, c'est de faire l'apprentissage d'un espace-temps à travers des récits dont il est très friand. C'est ainsi qu'il acquiert une grille avec des cases qui lui permettent de se repérer dans le passé. Car c'est ainsi qu'il pourra s'enrichir par la suite. Il y a trois générations, on considérait qu'on n'apprend rien qu'à l'école, que tout ce qui n'a pas été acquis à ce moment ne le sera jamais plus. Aujourd'hui, nous recevons des informations tout au long de notre vie, par la presse, par des livres, par la télévision, mais ce sont des informations ponctuelles qui demandent à être remises à leur place, dans leur case. C'est le rôle de l'enseignement secondaire de préparer l'enfant à pouvoir poursuivre sa culture dans le monde adulte[1]. »

Voilà, très précisément défini, le sens de cet enseignement de culture générale : un pari sur les acquisitions d'une vie entière, une mise en appétit qui donne le goût du savoir, ce qui ne va pas sans respecter les logiques d'acquisition propres aux jeunes esprits.

Pour communiquer l'amour de l'histoire, je crois plus à l'épopée napoléonienne qu'à l'évolution des techniques agraires. Pour la continuité chronologique, sans laquelle le passé n'est qu'un fatras déstructuré, un grenier à l'abandon, je crois plus aux événements politiques qu'aux phénomènes économiques. Cela ne signifie pas qu'une dimension historique soit plus importante que l'autre, mais simplement que la première fournit de meilleurs repères que la seconde. Il peut être aride de se

1. Entretien avec l'auteur.

mettre dans la tête les noms, les événements et les dates, mais cela s'appelle le travail et passe mieux dans le cadre d'une chronique personnalisée. L'histoire des mœurs, des techniques et des mentalités peut intéresser les jeunes enfants, l'historien Pierre Miquel l'a bien montré avec la série à succès sur la vie privée des hommes aux différentes époques[1]. Mais il ne doit s'agir que d'un complément de l'histoire chronologique et pas de l'enseignement principal.

Lorsque cette base factuelle est posée, il devient possible d'en extraire les grands concepts, de se donner des ouvertures plus larges. Pour cela, il n'est pas besoin d'expliquer les méthodes de l'histoire quantitative, de faire jouer les enfants aux petits historiens en s'échinant sur des documents anciens d'où l'on tire des statistiques. Laissons cela aux étudiants. En revanche, les résultats de ces recherches peuvent aisément se glisser dans l'histoire ordinaire à partir du lycée. Il est effectivement absurde d'enseigner la Révolution française en obligeant l'élève à citer des kyrielles de noms propres – Dieu sait qu'on peut allonger la liste à volonté – et sans expliquer la très grave crise économique qui sévissait et qui faisait vivre la population dans la hantise de la famine. Mais on peut présenter ce résultat sans se perdre dans les analyses du cours des grains dans la seconde moitié du XVIIIe siècle.

En choisissant habilement son thème, il est possible dans les dernières années de lycée de donner quelques exemples d'histoire thématique. Comment des adolescents de terminale ne seraient-ils pas intéressés par le retard des mariages au lendemain du Moyen Age ? Ils ne se doutent guère que, dans toutes les civilisations depuis l'aube de l'humanité, les jeunes de leur âge sont mariés et généralement déjà parents d'un ou deux enfants. Que l'adolescence, cette période dans laquelle ils se trouvent entre la puberté et le mariage, n'est pas « naturelle », que

1. *La Vie privée des hommes*, Paris, Hachette Jeunesse, 30 volumes réédités, traduits en 17 langues.

c'est une innovation sociale qui a joué un rôle déterminant dans l'avènement du monde moderne. Des adolescents de dix-sept ans sont nécessairement concernés par un tel sujet. Ils découvrent alors que l'histoire n'est pas seulement celle des rois et des batailles.

Pour l'histoire comme pour les mathématiques, l'Éducation nationale a fait, dans les années 90, un retour au classique modernisé. La chronologie a retrouvé sa place de la sixième à la terminale, la narration fait la part belle aux thèmes économiques, techniques, religieux ou sociaux. La plupart des manuels sont beaux comme des livres d'art et vaudraient pour leur seule iconographie. Les élèves ont bien de la chance, mais aussi bien du pain sur la planche. Car la somme des savoirs accumulés est assez ahurissante. C'est qu'il a fallu ne fâcher personne. Pour réconcilier les tenants de l'ancienne histoire et ceux de la nouvelle, les spécialistes de l'Antiquité et ceux de l'époque contemporaine, les orientalistes et les médiévistes, les programmateurs ont procédé par accumulation. En sixième, où l'on apprenait la préhistoire, l'Égypte et l'Antiquité, on a ajouté la Chine, l'Inde, les Hébreux, les débuts du christianisme et, pour couronner le tout, la notion de civilisation. Aux toutes dernières réformes, on aurait jeté l'Asie par-dessus bord pour alléger la barque.

C'est tout le programme historique du secondaire qui s'est énormément alourdi depuis la fin de la Seconde Guerre mondiale. A partir de 1959, l'époque contemporaine a fait une entrée en force. Elle va désormais jusqu'à l'élection de Jacques Chirac et dévore la première et la terminale. A tous les niveaux, les dimensions économiques, sociales, religieuses, techniques, artistiques, auxquelles s'ajoutent les « faits de civilisation », la connaissance des méthodes historiques et l'étude des documents, viennent alourdir la masse du savoir à transmettre. L'Éducation nationale, effarée par cet amoncellement de faits, d'idées, ne cesse de mettre en garde contre l'érudition et l'encyclopédisme, elle recommande d'insister sur les notions essentielles. Les enseignants sont invités à synthétiser pour simplifier, à rassembler des éléments disparates dans des concepts globalisants : la Renaissance, la Réforme, la démocratie, les libertés, etc. Au risque de se perdre une fois de plus dans l'abstraction.

Les auteurs de manuels accumulent comme à plaisir les détails et, surtout, les mots savants dont ils pensent qu'ils font sérieux, alors qu'ils ne servent qu'à perturber l'enfant. A quoi bon apprendre à onze ans des termes que les adultes ignorent ? Au hasard des manuels de sixième en histoire-géographie, on relève ainsi un véritable vocabulaire d'érudition : *annone, encorbellement, éphébie, étambot, estoc, foggara, hamada, hilote, huerta, hussite, hypogée, inlandsis, insula, limes, misthophorie, oushebti, paddy, palestre, pérégrin, pluriactif, selva, sigillée, stupa, trière*, etc. Il ne s'agit là que de quelques exemples qui n'ont pas été pris dans le corps du texte, mais dans le lexique final. Ces mots, comme le précise un de ces ouvrages, constituent « le vocabulaire de base en fin de sixième » et devraient, en principe, être connus par tous les petits Français de douze ans. Peut-on, en même temps, faire entrer en sixième tous les enfants, y compris ceux qui savent à peine lire, et leur infliger un tel florilège de culture savante ?

L'idée ne vient pas que cette cuistrerie lexicale gâche les meilleurs exposés et, surtout, décourage les jeunes lecteurs qui ne savent plus ce qu'ils doivent apprendre des grandes notions, des faits de base ou de ces mots que leurs parents sont incapables de leur expliquer. Mais non, quels que soient l'âge ou la maturité de l'apprenti, l'étude d'une discipline doit passer par les concepts, les méthodes, le langage savants. La pédagogie officielle n'en veut pas démordre.

Les savants, j'aimerais mieux dire les « sachants », se font toujours les avocats de leur science, qu'ils prétendent distribuer à pleine louche en postulant que de si généreuses rations ne pourront qu'être profitables. Entre des inspecteurs généraux de l'Éducation nationale, chanoines qui voient un moinillon dans chaque élève, et des chercheurs qui veillent à l'évangélisation des jeunes générations, peut-on encore concevoir un enseignement de culture et non de spécialité ?

L'école à l'heure des laboratoires

Dans ces trois exemples, le nouveau savoir est plus abstrait que l'ancien. Quoi de plus naturel ? C'est la démarche générale du progrès humain qui va de l'expérience sensible aux concepts sous-jacents. C'est ainsi que la physique est partie du macroscopique et du visible pour s'enfoncer dans le microscopique jusqu'à découvrir des structures qui ne se décrivent plus qu'en termes d'équations, que la mathématique a commencé par compter les choses… et les pièces de monnaie pour élaborer peu à peu des objets de pure logique coupés de toute réalité concrète, que la linguistique a pris le relais de la grammaire et du vocabulaire pour étudier le système même du langage et de la pensée, que l'histoire est passée des événements immédiatement perceptibles aux phénomènes souterrains de plus grande valeur explicative. Toute avancée de la connaissance se situe au-delà de l'observation quotidienne et nous entraîne dans un monde d'abstraction.

Pour le spécialiste, qui se meut dans sa discipline comme dans sa langue maternelle, cette approche tâtonnante de l'humanité devient une perte de temps dès lors que l'on connaît le point d'arrivée et le chemin à suivre. Il souhaite donc que l'école fournisse au plus vite l'équipement intellectuel le plus moderne, qu'elle donne à l'enfant les moyens de comprendre et pas seulement d'apprendre. Comment mesurerait-il la difficulté d'une telle approche pour un non-initié ? J'ai bien souvent observé les efforts des scientifiques pour m'expliquer leurs recherches. Ils commençaient avec des mots très simples, presque enfantins. Pour un peu, je leur aurais demandé d'aller plus vite. Et puis, soudain, ils faisaient l'impasse sur une notion essentielle et supposée connue, ils se référaient à un mécanisme que je devais avoir présent à l'esprit, ils partaient dans une logique de raisonnement qui m'était étrangère et poursuivaient leur démonstration sans voir que j'étais resté en rade, qu'en dépit de leur immense bonne volonté je n'avais pu les suivre. Ils devaient alors revenir me chercher, ils découvraient la difficulté de leur monde familier pour les malheureux étrangers que nous sommes.

Le savoir n'a pas été conçu pour être enseigné. Il développe ses concepts et ses méthodes, construit ses lois, accumule les connaissances selon une logique propre qui n'a rien à voir avec les capacités, les limites, les envies, les refus de jeunes esprits. C'est à la pédagogie de trouver un compromis entre la matière enseignée et les capacités de l'élève. Mais cette exigence est peu sensible au spécialiste pris au piège de l'évidence savante.

C'est ainsi que la mathématicienne Nicole Picard défendait les maths modernes en expliquant aux parents : « L'enseignement des mathématiques que nous avons reçu était un enseignement ne correspondant pas à la pratique des mathématiciens de notre temps[1]. » L'argument vaut d'être médité.

La « pratique » à laquelle il est fait allusion n'est pas celle des ingénieurs et autres techniciens qui utilisent les maths à longueur de journée et qui, nous l'avons vu, n'ont guère été influencés par l'algèbre de Bourbaki, mais celle des chercheurs, loin, très loin, des applications courantes. Dès lors que ces mathématiciens de pointe faisaient de nouvelles découvertes, celles-ci devaient se répercuter au niveau de l'école. Tel est le postulat. On ne peut douter que Nicole Picard, comme tous ceux qui mirent sur pied le nouvel enseignement, croyait se placer

1. Nicole Picard, « Pourquoi les "maths" modernes », *L'École des parents*, avril 1972.

dans une logique pédagogique. En fait, la démarche suivie était purement épistémologique, elle impliquait qu'une discipline s'enseigne dans sa logique propre et dans son dernier état d'avancement. De la linguistique à l'histoire, c'est toujours la même erreur d'appréciation.

On frémit en pensant que, si les physiciens s'étaient mis de la partie, ils auraient demandé l'enseignement de la relativité dès la cinquième ! Ils auraient pu donner le même type de démonstration. La physique scolaire tout entière située dans son univers euclidien n'est qu'un cas particulier d'une physique plus large et plus « vraie », celle de la relativité. Il faudrait donc étudier celle-ci en priorité avant de s'attaquer aux phénomènes pour lesquels les corrections relativistes peuvent être ignorées. Oui, la physique d'Einstein est « plus vraie » et « plus intelligente » que celle de Newton. Mais il n'en résulte pas qu'elle doive prendre place dans les programmes du secondaire. Tout au plus peut-elle être entrevue au lycée.

Une approche pédagogique reproduit, à sa manière, l'approche historique. Elle part d'une découverte des faits, d'une familiarisation avec la réalité. Peu à peu, les idées se dégagent. Les premières, les plus simples, les plus évidentes, ne traduisent pas forcément le dernier état de la connaissance, elles ne sont encore que des vérités « approximatives ». Les notions s'affineront peu à peu, puis le langage savant se mettra en place, il viendra par la suite, afin de désigner ce que l'on a observé et qui doit être nommé. Jamais avant. Pour l'élève comme pour les pionniers du savoir, c'est la confrontation avec les phénomènes qui engendre les questions ; c'est ainsi que toute nouvelle acquisition se charge de sens, correspond à une véritable compréhension.

Plutôt que de poser « la féodalité » ou « l'absolutisme » pour en donner ensuite des exemples, commençons par en raconter l'histoire. Lorsque les enfants posséderont les grandes images médiévales, qu'ils auront une bonne vision des XVIe et XVIIe siècles, il sera temps de les faire réfléchir, de dégager les idées dominantes et de les nommer. Plutôt que de définir axiomatiquement les figures littéraires, faisons-les découvrir au contact des œuvres ; plutôt que de catégoriser les genres, racontons l'histoire littéraire avec ses personnages, ses querelles, ses découvertes. Il faudra bien ensuite, mais ensuite seulement, caractériser les écoles, les types d'œuvre et les baptiser.

La démarche inverse, celle qui part de la formalisation pour sauter dans l'abstraction, ne peut que susciter le désarroi et l'ennui. Car il n'est rien de si bête qu'un outil dont on n'a pas l'usage, et rien de si précieux que l'outil dont on a besoin. Pour chaque discipline, il existe tout un arsenal de concepts rigoureusement définis. Quel besoin de faire leur connaissance avant d'avoir à s'en servir ?

C'est pourtant la seconde approche que préconise l'Éducation nationale dans le programme d'objectifs pour les classes de sixième et cinquième :

> Dans tout processus d'apprentissage, on peut identifier trois stades : compréhension initiale, transfert guidé, libre réemploi.
> Premier stade : l'élève comprend et mémorise un concept, une méthode, un ensemble de connaissances.
> Second stade : à la demande du professeur, l'élève exerce son savoir en l'appliquant à des situations différentes.
> Au troisième stade, celui de l'acquisition définitive de la connaissance, l'élève utilise ce qu'il sait librement, à bon escient.

Heureux, les chers enfants qui iront ainsi de révélation en révélation. Un concept par-ci, une méthode par-là. Toujours tombés du ciel, coupés de toute expérience sensible. Fi de cette réalité vulgaire, de ces phénomènes, de ces événements, de ces objets, de ces histoires ! Vos maîtres, comme les serveurs dans les bons restaurants, vous ont déjà dépiauté la bête, ôtant la peau et les arêtes pour ne garder que les parties comestibles. En l'occurrence, je pense qu'ils sont allés jusqu'à la pilule nutritive.

Dieu sait pourtant que je ne suis pas ennemi du concept,

que les faits ne m'intéressent qu'en fonction des idées, qu'un enseignement pratique qui n'apprend pas la pensée abstraite me semblerait le plus indigne de tous ! Mais n'arrive-t-on pas au même résultat en ignorant à ce point la mentalité enfantine ?

Imposer des notions générales à de jeunes esprits sans les avoir confrontés préalablement à des cas particuliers et concrets, transmettre des acquis récents de la science à ceux qui ne possèdent ni les connaissances de base ni le pouvoir d'abstraction suffisant, c'est construire la maison en commençant par le toit sans avoir creusé les fondations ni bâti les murs. Les hommes n'ont pas eu la révélation des connaissances, ils les ont trouvées au contact de la réalité. Il doit en aller de même à chaque génération. Commencer dès l'âge de onze ans, c'est peine perdue et enfance maltraitée.

La loi d'orientation de 1989 proclame la volonté de « mettre l'élève au centre du système éducatif », et le rapport du Conseil national des programmes précise que « le système éducatif est fait pour l'élève et que ce qui compte, c'est moins ce qui est enseigné que ce qui est réellement appris et acquis », et insiste sur « la nécessité d'une "didactique" entendue comme réflexion sur les "savoirs savants" et sur la façon de les transposer en tout ou partie afin de les rendre accessibles aux élèves ». Que de sottises n'aurait-on pas évitées en s'inspirant de ces principes qui semblent aller de soi mais qui vont à l'encontre de la logique propre à notre système d'enseignement !

5

L'économie civique

J'ai tenu à revenir sur ces réformes malencontreuses, car nous sommes à bonne distance, une vingtaine d'années environ, pour en tirer les leçons. Avec un tel recul, les erreurs deviennent évidentes tandis que les causes restent toujours présentes. Bref, on peut comprendre, apprendre et, si possible, se reprendre. D'une décennie à l'autre, les modes ont changé – la mode joue en effet un grand rôle en ces matières –, mais les structures et les mentalités n'ont guère évolué. Et nous verrons sur de prochains exemples que d'autres disciplines ont connu semblables avatars.

A l'origine de ces trois erreurs se retrouvent les meilleures intentions et surtout les meilleures compétences. Ce sont les plus brillants chercheurs, les universitaires les plus prestigieux, les aigles de la discipline qui se sont agités. Les professeurs de base, surtout les moins jeunes, étaient réservés face à ces innovations. Mais là-haut, au sommet, on disait que les programmes étaient dépassés, qu'ils ne transmettaient plus que des notions périmées. L'argument d'autorité jouait à plein. Il n'y avait qu'à s'incliner.

A ces considérations proprement scientifiques s'en ajoutèrent d'autres de type sociopédagogique. Nos pontifes étaient assurés que le catéchisme rénové serait plus agréable, plus facile et plus profitable pour les enfants, pour tous ces enfants qui déferlaient sur les collèges. Ils croyaient œuvrer en pédagogues et ne doutaient pas de leur compétence en la matière.

Voilà bien un de ces pièges de l'évidence camouflés à la confiture des bons sentiments. Pour les inspecteurs généraux de l'Éducation nationale comme pour les universitaires, il est manifeste que savoir et savoir enseigner sont une seule et même chose. Ce sont donc des savants, plus que des pédagogues, qui imaginent cette initiation première dans une logique de discipline, non d'apprentissage. Et quand les spécialistes des sciences de l'éducation viennent mettre leur grain de sel, c'est pour rendre le brouet franchement non comestible.

Mais comment faire admettre dans cette société qui révère tant les « grands savants » que c'est une chose de maîtriser un savoir particulier et que c'en est une autre de le transmettre à de jeunes enfants, qu'une chaire au Collège de France ne donne pas qualité pour enseigner dans le plus modeste collège de France, que, lorsqu'un éminent scientifique comme Pierre-Gilles de Gennes ou Yves Coppens manifeste un grand sens de la pédagogie, il ne le doit pas à sa science mais à ses qualités personnelles ? Au reste, les scientifiques les plus renommés furent bien souvent les premiers à reconnaître les aberrations des nouveaux enseignements mis sur pied par des spécialistes qui étaient loin d'avoir leur hauteur de vue.

Les conditions

Si je reviens à mon interrogation première : « Pourquoi l'initiation scolaire donne-t-elle plus souvent le dégoût que le goût des savoirs enseignés ? », je peux entrevoir un début de réponse. C'est tout simplement qu'elle n'est pas conçue à cette fin et que, en particulier, elle suit une logique épistémologique et non pédagogique. Dans chaque discipline, les maîtres dessinent un chemin pour faire venir à eux les petits enfants, en suivant la voie royale qui conduit tout droit, mais après une rude et longue ascension, au sommet de la science. C'est ainsi qu'il convient d'exposer les choses à un adulte bien décidé à accomplir l'effort d'apprentissage nécessaire pour acquérir la parfaite maîtrise d'un sujet. Mais que vaut une telle méthode pour des enfants qui sortent de l'école primaire ? Elle n'est valable qu'à une série de conditions très précises :

Qu'ils adhèrent totalement à l'institution scolaire, bien décidés à suivre la route tracée par les professeurs même s'ils n'en voient ni l'intérêt immédiat ni la finalité.

Qu'ils abordent le collège en ayant bien assimilé les apprentissages des petites classes, qu'en particulier ils sachent lire et pas seulement déchiffrer. Ajouterai-je : qu'ils aient une pratique personnelle de la lecture ?...

Qu'ils éprouvent spontanément pour une discipline une certaine affinité qui permet de poursuivre l'effort sans avoir le retour immédiat d'un enrichissement personnel.

Qu'ils aient acquis dans le milieu familial une certaine habitude de la pensée abstraite, de la réflexion logique, afin d'éviter un dépaysement trop brutal face au dispositif théorique qui leur est proposé.

Qu'ils ne soient pas accablés sous une charge de travail qui empêche d'aimer ce qu'on fait – même lorsqu'on le fait bien – et incite à concentrer son effort sur les matières essentielles au détriment des autres.

Qu'ils ne vivent pas dans un climat de tension compétitive et un syndrome d'échec qui retirent tout plaisir et ne laissent que de l'angoisse.

A supposer que ces conditions soient remplies, il n'est pas certain que l'élève tirera d'un tel enseignement un véritable amour de la discipline, une curiosité qui perdurera au-delà de la scolarité. Mais en quoi le triturage linguistique des textes fera-t-il aimer la littérature à l'économiste, en quoi les problèmes de physique feront-ils découvrir la beauté de la science à un littéraire ? La question reste posée.

Il est clair que ces conditions initiales, qui étaient plus

ou moins remplies dans les lycées de 1950, ne le sont plus du tout dans certains collèges de 1996. C'est alors qu'un enseignement trop ambitieux engendre ce redoutable sentiment d'échec. L'enfant qui ne suit pas, qui accumule les mauvaises notes, se persuade qu'il est incapable, prend l'école en grippe et bloque ses capacités d'apprentissage.

En dépit de ce risque, la plupart des programmes imposés à nos collégiens préfigurent ceux du supérieur, ils sont des embryons ou des avortons, comme on voudra, d'un départ vers l'agrégation. L'enseignement secondaire a combiné l'ouverture à des jeunes qui ne remplissent plus les conditions initiales et la dérive vers l'abstraction et le formalisme. Ces réformes antipédagogiques, dont les principes eussent été mauvais dans les années 50, devinrent catastrophiques trente ans plus tard.

L'école a fermé son enseignement au moment où elle ouvrait ses portes, elle a renforcé le caractère élitiste de son discours à mesure que s'accentuait le caractère populaire de son public. Nous l'avons observé dans les tentatives pour rénover les disciplines traditionnelles, mais on retrouve le même défaut dans les matières récentes comme l'éducation civique ou l'initiation économique. Voyons d'abord comment on enseigne la citoyenneté aux collégiens.

Sciences-Po en sixième

« Si tous les étudiants sortant de Sciences-Po savaient ça, je serais rudement content. » Politologue renommé, directeur de l'Institut d'études politiques de Paris, Alain Lancelot laissa tomber la sentence en refermant le manuel d'éducation civique de sixième dont il venait de lire quelques extraits. Ce 27 février 1989, j'avais consacré mon émission *Médiations* aux programmes scolaires. Je me tournai vers les experts que j'avais réunis sur le plateau : ils levèrent les yeux au ciel et ne parurent pas autrement surpris. Pour eux, ce n'était pas une découverte.

A ma demande, Alain Lancelot avait accepté d'expertiser les ouvrages qui prétendent initier des enfants de onze ans à la vie civique. Il en était sorti effaré et avait manifesté son effarement devant les caméras. Le jugement, rendu par la plus haute autorité en la matière, était sans appel : les auteurs de manuels avaient simplement confondu des élèves de sixième et des étudiants de Sciences-Po. L'erreur – ou plutôt le scandale – était publique, montrée à la télévision et dans une émission de grande écoute. Des millions de spectateurs étaient informés, et en tout premier lieu le ministre de l'Éducation nationale, Lionel Jospin, qui participait à l'émission.

Un instant, je me pris à imaginer que cette révélation ne pourrait rester lettre morte, que lesdits manuels ne se relèveraient pas d'une telle condamnation et que, dans la foulée, les programmes seraient également revus. Nous étions en 1989. Six années plus tard, rien n'a changé, les manuels sont toujours là, toujours aussi délirants.

Voilà bien un cas d'école et pour plusieurs raisons. Tout d'abord, il s'agit d'une action volontaire et louable du ministre Jean-Pierre Chevènement pour relancer un enseignement tombé en désuétude. Il était donc possible d'imaginer une pédagogie neuve qui ne supportât pas le poids des traditions. Il n'y aurait pas, en ce domaine, une querelle des anciens et des modernes, des tenants des méthodes éprouvées face aux innovateurs. On pouvait faire ce qu'on voulait.

D'autre part, l'éducation civique était clairement un enseignement de culture qui ne préparait pas à une spécialisation dans le supérieur, qui ne devait pas donner les outils et les méthodes utiles en fac de droit ou à l'ENA. L'objectif officiel était de « développer chez l'élève le sens de l'intérêt général, le respect de la loi, l'amour de la République. Pour cela, l'élève doit être éclairé, c'est-à-dire instruit des droits et devoirs que le citoyen exerce pleinement à sa majorité ». Pas d'ambiguïté, donc, cette initiation ne va pas au-delà du collège, elle ne vise pas à préparer des juristes, des fonctionnaires ou des politiciens.

Enfin, il ne s'agit pas d'une matière principale qui compte pour le bac. C'est dire que ni les élèves ni les familles ne seront particulièrement motivés. Si les cours ne sont pas d'emblée intéressants, ils ne seront pas suivis, c'est aussi simple que cela. Les élèves seront certes présents – en sixième, l'absentéisme est encore rare –, mais ils penseront à autre chose.

Dernier point : tout le monde peut être juge en cette matière. En effet, il ne s'agit pas d'une discipline particulière, mais de notre vie quotidienne dans la société française. Si vous lisez ce livre, vous appartenez probablement à la majorité des citoyens éclairés et informés, vous savez donc ce que tout Français doit savoir en matière d'éducation civique. Réciproquement, les informations que l'on peut apporter à votre enfant de onze ans sont celles-là mêmes que vous avez en tête et que vous lui donneriez directement si l'école ne s'en chargeait pas.

Le programme officiel prévoit que, pour la sixième, on part du collège, on élargit à l'Éducation dans son ensemble, puis on inculque des notions de morale civique : respect des autres, des biens publics, etc. Ensuite, on s'intéresse à la vie communale. En cinquième, on se concentre sur le département et la région, puis on passe aux « diversités et solidarités des hommes ». Un programme qui en vaut bien un autre, le tout est de savoir comment de si louables intentions seront traduites dans les faits, c'est-à-dire dans les manuels que les enfants auront entre les mains.

Le manuel Hachette « actualisé 1994 » attaque bille en tête sur le style convivial et chaleureux pour séduire les gamins et gamines de onze ans. Voici ce que cela donne : « L'**éducation** a pour but de préparer l'enfant à sa vie adulte en développant ses facultés physiques, intellectuelles et morales. L'acquisition de connaissances en tout domaine, c'est-à-dire l'**instruction**, fait partie de l'éducation… » Suit un extrait de la Déclaration des droits de l'enfant adoptée le 20 novembre 1959 par l'Assemblée générale des Nations unies : « Tous les enfants du monde doivent bénéficier d'une protection spéciale », etc., complété par le texte de la Convention internationale des droits de l'enfant de 1989, qui réaffirme « **le droit de l'enfant à une éducation** » (en gras dans le texte). L'ensemble de la page est consacré au rappel de la dure condition enfantine dans le passé et dans de nombreux pays du monde. Toujours en style institutionnel ou télégraphique. Page suivante, on découvre que : « Le collège doit donner à tous les jeunes un enseignement et une culture qui les préparent à leur avenir. » Et l'on repart dans les rappels historiques de ministre en ministre, avec les lois de Jules Ferry, la scolarité à quatorze ans de Jean Zay en 1936, la scolarité à seize ans de Berthoin en 1959, la création des CES par Christian Fouchet en 1963, le collège unique avec la réforme Haby en 1975, la réforme Chevènement de 1985-1986, la rénovation des lycées de 1992, le tout couronné par un organigramme du secondaire totalement hermétique et démoralisant pour de tendres catéchumènes poussés dans ce labyrinthe que balisent des intitulés menaçants – *Cycle d'observation* (« Qu'est-ce qu'ils vont découvrir ? »), *Cycle d'orientation* (« Pourvu qu'ils ne m'orientent pas ! ») –, que traversent des flèches rouges qui vous propulsent vers des épreuves CAP, BEP, bac, au sortir desquelles vous vous faites catapulter vers la *Vie active* (« Là, c'est l'échec ! ») ou vers l'*Enseignement supérieur* (« Pourvu que j'y arrive ! »). Les collégiens ont déjà de quoi être accablés et, lorsqu'ils tournent la page, ils tombent sur l'organigramme de l'Éducation nationale, avec le cabinet du ministre, les directions ministérielles, l'inspection générale, les inspections régionales, départementales, académiques… N'en jetez plus, seuls les futurs profs n'ont pas encore refermé le bouquin.

Il s'agit donc d'un manuel édité par une prestigieuse

maison, un « classique » réédité et actualisé depuis près de dix ans et dans lequel on peut lire des phrases comme celles-ci :

> La décentralisation de l'enseignement, définie par les lois du 22 juillet 1983, du 25 janvier 1985 et par les décrets de 1985, précise les responsabilités des communes. Ces nouvelles dispositions sont entrées en vigueur le 1er janvier 1985. La compétence des communes s'exerce désormais essentiellement au niveau des écoles élémentaires, des classes maternelles et enfantines.
> Pour chacun de ces niveaux, la création d'une école ou d'une classe est décidée par la commune après l'avis de l'État. La commune assure la construction, l'extension, l'équipement et l'entretien des locaux, et elle en est propriétaire. Elle peut prendre en charge le matériel éducatif et recruter du personnel spécialisé pour l'éducation sportive et artistique…

J'arrête là, je vous fais grâce de la suite. Je précise qu'il ne s'agit pas de l'un de ces « documents », sinistres extraits de littérature réglementaire et officielle, censés illustrer un ouvrage et qui ne font que le polluer, non, il s'agit du texte même. C'est une glorieuse brochette de professeurs qui a rédigé ces phrases à l'intention d'enfants de onze ans, c'est l'un des plus grands éditeurs scolaires qui a jugé cela très bon et qui l'édite et le réédite depuis une décennie.

Tous les manuels se croient obligés de détailler cette subtile répartition des compétences établie par les lois de décentralisation. Quel bonheur de savoir dès son plus jeune âge, grâce au manuel d'ISTRA, que « les communes ont la charge des écoles primaires, les départements assurent le fonctionnement des collèges, et les lycées sont entretenus par les régions »… Mais en n'oubliant pas que « les grandes orientations pour l'enseignement primaire et secondaire sont définies par le ministre conseillé par les inspecteurs généraux » et que « c'est encore le ministère qui assure la gestion des personnels payés par l'État ». Il s'agit là d'une des pires monstruosités imaginées par les lois de décentralisation, il importe que les petits Français sachent dès leur âge tendre de quoi nos technocrates et politiciens sont capables.

Le manuel Magnard utilise la plus vermoulue des langues de bois administratives ; en le lisant, efforcez-vous de penser qu'il s'agit de « pédagogues » s'adressant à de tout jeunes enfants : « Acquérir des connaissances et développer des compétences, ce sont les deux objectifs principaux du collège. L'équipe éducative attend des élèves un travail préparé, suivi, organisé et personnalisé. Ce travail est basé sur l'assimilation des connaissances et des savoir-faire acquis en cours grâce à des leçons à apprendre, des exercices d'application… De façon plus générale, une participation active à la classe et au déroulement des cours est souhaitée par les professeurs. » Et cela continue, page après page, sur le même ton. Quel dommage que les élèves ne puissent noter certains professeurs ! Car, en l'occurrence, ils se sont mis à cinq pour pondre ce chef-d'œuvre lyrique.

Dira-t-on qu'il est impossible de présenter autrement cette matière aride ? Pas du tout. Certains auteurs ont fait l'effort de trouver un ton plus adapté à leur public. Ainsi, le manuel Nathan s'ouvre sur un sympathique BONJOUR, LES SIXIÈMES ! Et l'on enchaîne très simplement sur : « Vous êtes 800 000 à entrer cette année en sixième. Soit autant de cas particuliers. Chacun vit les choses à sa façon, avec ses enthousiasmes et ses difficultés. Voici des témoignages. Lisez-les. Peut-être vous y reconnaîtrez-vous. Peut-être non. Aussi, rassemblez vos propres réactions et dites clairement ce que vous en pensez. » Suit une série de témoignages très simples, très authentiques, d'élèves au premier jour du collège. Puis un dessin – pas un organigramme – sur double page représente le collège avec ses différents locaux et ses occupants. L'élève découvre que les salles ne sont pas toutes les mêmes, que c'en est fini de la classe unique avec l'instituteur. On apprend à s'y retrouver. On présente le mode d'emploi du collège, l'infirmerie, la cantine, les règles de sécurité, puis le principal, les profs, l'intendant, qui fait quoi ? Et l'on prépare déjà l'élection du délégué de classe et les activités qui pourront être développées. Une page pour penser à l'orientation et au métier. Un bref rappel sur le droit à l'éducation et ceux qui n'en profitent pas. Et un regard sur notre mère à tous : l'Éducation nationale. Des notions simples, accessibles, utiles, et pas une de ces informations parasites qui ne servent qu'à brouiller le message et à le rendre complètement indigeste. Pas un texte officiel, pas de langue de bois administrative. C'est simple, plaisant, évident. Ce fut rédigé dès 1986. Je ne connais pas Jean Mastias et ses collaborateurs agrégés qui préparèrent ce manuel, mais, à l'évidence, c'est ainsi qu'il faut procéder pour présenter l'école à des enfants.

Et pour la commune, que faut-il faire ? Un peu d'histoire, un peu de géographie, les auteurs sont en terrain de connaissance pour introduire le sujet, et ils s'en donnent à cœur joie. Mais sans se compliquer la vie. Le rappel historique est généralement réduit à un chapelet de dates. Ce n'est plus de l'histoire chronologique, mais de la chronologie désincarnée, d'autant plus proliférante et méticuleuse qu'elle n'explique rien. L'exposé lui-même n'est qu'un cours d'administration communale. Ça commence avec l'élection. Nos futurs électeurs doivent absolument savoir ce qu'est un « scrutateur » et faire la différence entre les communes de moins de 3 500 habitants, qui pratiquent le panachage, et celles de plus de 3 500, sur listes bloquées mais avec une dose de proportionnelle. Un manuel ira même jusqu'à distinguer la répartition à la plus forte moyenne de la répartition au plus fort reste ! Un autre de rappeler que les candidatures individuelles ne sont autorisées que dans les communes de moins de 2 500 habitants. Là, plus d'un étudiant de Sciences-Po peut se planter.

Parmi les petites merveilles, relevons la double page sur

le cadastre du manuel Hachette, où l'on distingue soigneusement le **plan cadastral**, qui comprend le **tableau d'assemblage** et les **feuillets parcellaires**, puis l'**état des sections** et enfin la **matrice cadastrale**. Il s'y ajoute même un encadré CADASTRE ET INFORMATION qui rappelle ce que nul Français n'ignore, à savoir que : « En 1974 fut décidée la mise en application du projet MAJIC 1, c'est-à-dire l'informatisation du fichier des propriétaires. En 1980 fut introduite la micromation, c'est-à-dire la mise sur microfiches du fichier des propriétaires. En 1986 est mis en application le projet MAJIC 2. » Je vous fais grâce des détails du système, mais sachez tout de même que « la mise en microfiches de l'état des sections est actuellement à l'étude ». Nous voilà bien rassurés. Le collégien aussi.

Autre bonheur : le détail des ressources municipales dans le manuel ISTRA. Le collégien est invité à bien se mettre dans le crâne (grâce aux mots en caractères gras) que : « C'est à partir des données fournies par la matrice cadastrale que la **commission communale des impôts directs** fixe la **valeur locative** de chaque propriété. Cette valeur locative, périodiquement réévaluée pour tenir compte de l'augmentation du coût de la vie, sert de **base de calcul** pour l'établissement des impôts locaux. »

Quant aux auteurs de Magnard, ils offrent des développements époustouflants sur la coopération intercommunale. Et d'abord un rappel des textes législatifs sur les syndicats de commune. Ça remplit de la place sans avoir à payer de droits d'auteur. Puis on détaille les merveilles des SIVU, des SIVOM, des districts, des communautés urbaines, des syndicats mixtes et des SDAU. Inutile d'expliciter ces sigles. Si un enfant de onze ans doit les apprendre, c'est, par définition, que tout adulte en connaît la signification.

Là encore, il n'existe aucune fatalité. Le manuel Nathan explique les choses assez simplement. Il donne des informations qui intéressent les élèves, par exemple ce qu'est le numéro de Sécurité sociale ou la carte d'identité. S'il entre un peu trop dans le détail pour ce fameux scrutin municipal, il explique concrètement les décisions que doit prendre un maire : « Le directeur de l'école souhaite bâtir un garage près de celle-ci. C'est du maire qu'il sollicite le permis de construire qui doit être en conformité avec le plan d'occupation des sols. Une mère de famille se plaint de la mauvaise signalisation d'un passage pour piétons. Autorité de police, le maire peut prendre des mesures pour mieux assurer la sécurité et la tranquillité de ses concitoyens. Des enfants attirent son attention sur le manque d'éclairage à proximité de l'école. Le maire explique qu'on profitera des travaux pour améliorer cette situation. » Afin de rester dans le concret, le livre reproduit sur une pleine page les « Mariannes d'or 1985 » attribuées à des maires pour des réalisations exemplaires. Cela va de Dominique Baudis, maire de Toulouse (pour « un stade motocycliste pour les jeunes afin de prévenir la délinquance. Là, des motos sont prêtées gratuitement et des compétitions régulièrement organisées »), à Jacques Siffre, maire d'Istres (pour « une action tournée vers l'informatique : les élus ont en effet considéré l'informatique à l'école comme un devoir essentiel. Et l'enseignement se fait dès la maternelle »). Seul couac bien pardonnable, le « Prix spécial du jury » était attribué cette année-là à Maurice Arrecks, maire de Toulon, qui « avait annoncé sa retraite depuis longtemps et, fidèle à sa parole, a renoncé à la mairie pour redevenir simple conseiller municipal ». Il faudra expliquer aux élèves comment un maire modèle peut se retrouver en prison !

En classe de cinquième, on applique les mêmes recettes : de l'histoire, de la géographie et des exposés de droit institutionnel du niveau de Sciences-Po. Pour la répartition des compétences en matière d'éducation, le manuel Belin bat à plates coutures le manuel ISTRA de sixième. Le chapitre commence par une déclaration liminaire : « Les nouveaux établissements sont créés par arrêté du représentant de l'État sur la proposition de la collectivité compétente. » Heureusement que les auteurs ont utilisé un « langage accessible aux élèves », comme le précise la préface, que serait-ce en cas contraire ! Viennent ensuite deux pleines pages pour détailler ce casse-tête institutionnel. Les collégiens doivent retenir que les lycées et collèges, qui étaient des établissements publics nationaux, sont devenus par la loi du 23 juillet 1983 des établissements publics locaux d'enseignement – existe-t-il un seul collégien pour savoir qu'un « établissement public » est un statut juridique et non pas un bâtiment de pierre et de béton ? –, et l'on détaille par le menu les compétences des différentes collectivités locales et de l'État. Question proposée pour travaux pratiques : « Par qui le département est-il représenté au conseil d'administration de votre collège ? Le département soutient-il des actions en matière d'éducation ? »

Et les contrats de plan de la Région ? Encore une chose qu'on avait toujours cachée aux enfants. Ils n'en ignoreront plus rien. Sur une pleine page sont présentés les contrats du IXe Plan avec les montants chiffrés, puis les actions prioritaires retenues dans les différentes régions. Plus d'une centaine d'objectifs allant de « diversification et soutien de l'agriculture » en Champagne-Ardenne à « valorisation des glucides » en Picardie ou « diffusion du Vidéotex » en Poitou-Charentes. Rien n'est oublié, pas même le « Comité économique et social », organisme fantoche s'il en est, dont on reproduit à la virgule près le texte officiel qui en fixe la composition et les compétences. Et l'on demande en travaux pratiques d'« enquêter sur la composition professionnelle du Comité économique et social ».

Semblable délire dans le manuel Hatier, où l'on semble adorer les organigrammes 3-D qui font florès dans les rapports d'activité des entreprises. On a droit ainsi à un superbe schéma avec effet de perspective pour révéler aux enfants… les titres officiels des dix-huit principaux directeurs et délégués placés sous les ordres du préfet de région !

Chef-d'œuvre de perversité pour piéger des étudiants

en doctorat de droit : le statut particulier de Saint-Pierre-et-Miquelon qui permet d'échapper au tarif extérieur commun de la CEE. Grâce à Hatier, les élèves de cinquième ne s'y laisseront plus prendre. En matière de finances publiques, les dotations de l'État aux collectivités locales constituent traditionnellement l'un des sujets pièges pour le concours de l'ENA. Les élèves de cinquième pourront désormais s'y présenter – ne doivent-ils pas apprendre à distinguer : « une dotation globale de fonctionnement : en moyenne 180 francs par habitant en 1984 ; une dotation globale de décentralisation pour compenser la différence entre les charges et les recettes fiscales ; une dotation globale d'investissement qui se substitue aux subventions accordées au coup par coup ». Soyons juste, les enfants n'auront pas encore à apprendre les équations qui permettent de calculer le montant de ces dotations et qui constituent le chef-d'œuvre absolu de la sophistication bureaucratique.

Le « toujours plus » institutionnel triomphe à chaque page. Il simplifie la tâche des auteurs – on se contente de reproduire les textes officiels, c'est bien commode – et dispense de toute réflexion pédagogique. On s'en tient à l'exposé de la matière, la curiosité de l'enfant ne compte pas. Ainsi, lorsqu'on évoque la carte grise, c'est simplement pour leur faire remarquer que la Région « prélève une taxe sur les permis de conduire, les droits de mutation et les cartes grises ». Pourtant, la carte grise et le permis de conduire sont des documents familiers qui intriguent les enfants. Ils seraient sans doute intéressés d'en connaître la signification et l'usage. Mais non, c'est la Région qui est au programme.

Et que dire du jargon que des enfants de onze ou douze ans doivent se fourrer dans la tête ? Faut-il vraiment savoir dès cet âge ce qu'est une *favela*, une *métropole d'équilibre*, un *appel a minima*, une *forclusion*, une *commission rogatoire*, la *déconcentration*, une *franchise*, un *patronyme*… ? Et je passe sur les sigles qui fleurissent page après page. Si ces ouvrages étaient des « livres du maître », ce qu'ils sont d'ailleurs pour partie, ils seraient déjà fort mauvais, mais comme manuels destinés à des enfants, ils deviennent aberrants.

Enseigner sans se fatiguer

J'arrête ici la démonstration. J'ai pris des manuels au hasard, je n'ai pas cité la moitié des perles que j'ai relevées en les feuilletant. Voici comment on prétend inculquer à des enfants qui ont, je le rappelle, entre onze et douze ans, l'amour de la République.

On ne manquera pas d'objecter que les manuels ne sont pas le cours, que le professeur peut suivre une tout autre pédagogie et rendre la matière vivante. Nous voilà donc de nouveau face à un système scolaire qui ne repose que sur la qualité des enseignants, sur leur aptitude à corriger ses défauts. Les bons profs existent, heureusement, et les mêmes thèmes, traités par eux, prennent une tout autre coloration. Ainsi, Annie, professeur d'histoire dans un collège et chargée de l'éducation civique, s'accommode des sujets imposés : l'école et la commune, mais les interprète à sa façon :

« Je travaille avec les élèves sur la petite communauté qu'est le collège. Je leur fais découvrir plusieurs lieux significatifs de l'organisation de l'école. Ça permet de faire un travail sur la lecture du plan. Lors des élections de délégués, nous avons organisé le vote. Les candidats devaient rédiger un miniprogramme. Les votants devaient s'inscrire sur les listes. Nous avons fabriqué une urne. Tout cela a permis de faire un cours sur ce qu'est le vote libre, de quand il date, les régimes qui le pratiquent et ceux qui ne le pratiquent pas.

« Nous avons aussi étudié le règlement intérieur. Je me suis associée avec le professeur d'arts plastiques, qui a matérialisé le règlement en fabriquant un jeu de l'oie avec les élèves. Ça leur a beaucoup plu.

« De même, comme des élèves du collège passaient devant le conseil de discipline, nous avons regardé ensemble quels points du règlement intérieur avaient été enfreints. Pour la commune, la RATP va venir animer des séances et faire un travail sur le comportement civique en ville. »

Elle fait également un travail très concret avec les élèves de cinquième pour les aider à découvrir leur région : la végétation, les peintres, les timbres, etc. Mais, en dépit de son savoir-faire et de son immense bonne volonté, elle avoue être « clairement en décalage avec les instructions officielles qui prévoient l'étude du fonctionnement de la Région avec son conseil régional, etc. A mes yeux, c'est trop complexe et trop abstrait pour les enfants ».

Voilà ce que peut devenir l'instruction civique « avec un peu d'imagination », dit modestement Annie. Avec, disons-le, beaucoup de talent et d'enthousiasme. A ce prix, mais à ce prix seulement, il est possible d'« agir vraiment sur la conscience civique des enfants ». Il existe sans doute pas mal d'enseignants qui savent ainsi réinventer le programme, mais cela n'excuse en rien l'indigence des manuels et des instructions officielles. Je dirais même qu'on ne peut avoir la même indulgence pour un mauvais prof et pour un mauvais manuel.

Contrairement au cours qui est l'œuvre d'un seul et qui comporte toujours une part d'incertitude, le livre doit représenter un travail abouti. Il est le produit d'une équipe – on compte en général de quatre à cinq signataires – composée d'auteurs qui étalent leurs diplômes et leurs titres : agrégés, certifiés, inspecteurs généraux, et qui ont été choisis, en principe, pour leurs qualités pédagogiques particulières. Le manuscrit a été relu, vérifié par la maison d'édition. Bref, ce devrait être tout sauf de l'improvisation. Malheureusement, ces ouvrages sont souvent bâclés dans la précipitation sitôt connues les nouvelles instructions pédagogiques.

Pour cet échantillon de manuels, les équipes, à l'exception d'une seule, se sont contentées de faire en cette discipline ce qu'elles font dans les autres. Elles ont tartiné de page en page un savoir théorique, abstrait, formalisé, institutionnel, jargonnant et pléthorique sans la moindre recherche originale, en intercalant, parce que c'est la dernière mode pédagogique – et non la moins stupide – des « documents » pour « faire concret », sans même voir que lesdits documents, extraits de textes officiels et réglementaires, sont encore plus abstraits et rebutants pour les jeunes lecteurs que la prose indigeste du manuel et ne peuvent guère servir qu'aux professeurs. Pour ces équipes, tout va bien dès lors que le contenu du livre correspond aux instructions de l'Éducation nationale. Si l'enfant ne suit pas, c'est un mauvais élève.

J'insiste sur ce morceau de roi parce qu'il met à nu cette indigence pédagogique et qu'il la rend visible à tous. Pas besoin d'être latiniste, mathématicien ou scientifique pour juger. N'importe quel parent lisant ces pages sait qu'on ne parle pas ainsi à des enfants. La matière ne fait rien à l'affaire. Mais n'oublions pas que la dénonciation publique de ce scandale par Alain Lancelot, en présence du ministre, devant les téléspectateurs, n'a eu aucun effet. Manifestement, tout le monde s'est dit dans la Grande Maison : « Pourquoi s'en prendre à l'éducation civique, puisque c'est la même chose dans les autres disciplines ? » Quant aux collèges propriétaires de ces ouvrages, ils n'avaient pas les moyens de les jeter et d'en acheter d'autres.

L'indignation est d'autant plus légitime qu'il s'agit d'une superbe occasion gâchée. Jean-Pierre Chevènement a cent fois raison. Cet apprentissage de la société, cette formation de la citoyenneté n'ont jamais été aussi nécessaires. Indispensables. Encore fallait-il s'en donner les moyens, et pas seulement en dégageant des heures de cours. Les collégiens sont toujours preneurs d'histoires, et il n'en manque pas pour illustrer ces vertus civiques que l'on veut inculquer. Au lieu de reprendre le prêchi-prêcha institutionnel, que l'on projette des films comme

L'Armée des ombres, *Au bon beurre*, qu'on leur fasse suivre l'itinéraire de certains héros connus et d'autres inconnus. Ils découvriront peu à peu que la démocratie est le plus précieux de tous les biens, qu'il faut la défendre. Ils voudront en savoir plus. Racontons-leur des histoires vécues de racket, de fraude fiscale et, au contraire, de dévouement au service des autres. Avec des personnages bien réels et non à coups de rappels historiques en trois lignes ou en limitant la vertu civique à l'antiracisme version Harlem Désir.

Parlons-leur de ce qui les concerne dans leur vie de tous les jours et qu'ils ne comprennent pas bien : de ces papiers qui sont dans le portefeuille de leur père et dont ils entendent parler sans savoir de quoi il s'agit. Plutôt que de proclamer le droit à l'éducation, faisons-leur toucher du doigt les difficultés de ceux qui ne savent pas lire et pas écrire dans notre société. Au lieu d'énumérer les dates qui ont marqué l'instauration du suffrage universel en France, rappelons comment vivent les peuples qui n'ont pas d'élections ou qui ne connaissent que des élections truquées. C'est alors qu'ils auront envie de comprendre les procédures électorales qui visent à éviter les fraudes. Et, s'il faut théoriser, pourquoi pas, alors expliquons à quel point il est essentiel dans une démocratie que les juges soient indépendants, qu'ils puissent punir les puissants comme les faibles, les ministres comme les voyous. Cela, les enfants peuvent le comprendre et, surtout, s'y intéresser. Au lieu de quoi on leur présente le fonctionnement de la justice à travers un schéma institutionnel et procédurier !

Car le plus extravagant est bien que ce descriptif institutionnel sec et aride comme un procès-verbal de greffier ne transmet aucune idée, aucune des notions essentielles qui sont à la base de la démocratie et que l'on peut ressentir, sinon parfaitement intellectualiser, dès l'âge tendre. Les petits savent très bien que la loi du plus fort, « c'est dégueulasse ». A l'école de faire comprendre que la démocratie a précisément pour but de l'empêcher. Expliquons le sens et le rôle des grands principes qui doivent assurer que les faibles ne seront pas écrasés par les forts. C'est, dira-t-on, de la science politique. Sans doute, mais mille fois plus assimilable, car mille fois plus chargée de sens que les descriptions technocratiques de nos institutions. A condition, bien sûr, que l'on prenne la peine de parler aux enfants dans leur propre logique, c'est-à-dire que l'on passe des faits aux idées sans s'encombrer de cet appareil formel et administratif qui les parasite et finit par les rendre incompréhensibles. Quel père n'a pas eu des conversations de ce type avec son fils ou sa fille ? Pourquoi faut-il que les pédagogues professionnels oublient leur simple expérience de parents ?

Je ne sais si, à l'arrivée, le collégien saura parfaitement décrire les institutions régionales, ce dont bien peu d'adultes sont capables, mais je suis assuré qu'il aura retenu quelques notions essentielles, qu'il sera meilleur citoyen, et c'est le but même de cet enseignement.

Mais, pour cela, il faut travailler énormément, il faut se mettre au service de l'enfant et chercher ce langage particulier, cette démarche originale qui pourront le conduire jusqu'à l'essentiel en oubliant l'accessoire.

Voilà ce qu'il faudrait faire et qui, en l'occurrence, n'a pas été fait. Pourtant, la pédagogie est de mise dans l'Éducation nationale, des centaines de chercheurs sont censés l'étudier, des milliers d'universitaires ou d'enseignants se prétendent experts en la matière. Mais à quoi peuvent bien servir de tels efforts s'ils conduisent à de tels résultats ?

Avec l'éducation civique, il s'agissait de mettre sur pied une discipline proprement scolaire ne correspondant pas à une science organisée : le résultat, on le voit, est proprement déplorable. Mais il n'est pas meilleur lorsqu'on prétend initier les enfants à un savoir organisé : l'économie par exemple.

Les petits économistes

L'Éducation nationale a décidé que les enfants ne pouvaient pas ignorer – la redoutable formule – l'économie. Une proposition facile à justifier en raison de la place que celle-ci tient dans le monde contemporain. Il convenait donc de leur inculquer les premières notions dès l'entrée au collège. Fort bien. Nul besoin de longues recherches pour voir que le temps consacré à cette nouvelle matière serait fort réduit. Quelques heures dans l'année, rien qui permette de constituer un véritable savoir. Comment utiliser de façon profitable un si maigre capital ? Deux orientations étaient possibles.

La première consistait à répondre aux interrogations des enfants. Car ils s'interrogent, les petiots. Ils savent bien à quel point l'argent joue un rôle décisif dans la vie de la famille. Ils vont faire les courses, ils sont sollicités par la publicité, ils gèrent leur argent de poche, ils voient leurs parents manier le chèque et la carte de crédit, payer le loyer et les impôts, régler des factures, courir les soldes, ils les entendent se plaindre de la vie chère, s'interroger sur les achats à faire, s'inquiéter du chômage, parler des dettes et des échéances. Bref, ils baignent dans l'économie sans trop comprendre de quoi il retourne. Cette expérience quotidienne fournit la base de départ naturelle pour s'y retrouver dans ces histoires de gros sous.

Sur ces différents points, on pourrait leur donner de toutes premières explications. Certes, on objectera qu'il faut mobiliser toute la science économique pour apporter des réponses pertinentes et complètes. S'il en était ainsi, on ne parlerait jamais aux enfants. Or l'éducation passe d'abord par le jeu des « pourquoi ? ». En général, l'explication attendue serait beaucoup trop compliquée pour être comprise, ce qui conduit à en proposer une autre, plus simple, plus approximative, qui, faute de mieux, donne une première idée des choses. Les parents font cela à longueur de journée. Il n'est pas besoin de détailler le rôle d'intermédiaire financier tenu par les banques pour expliquer que l'argent de papa ne se trouve pas dans sa poche mais est déposé à la banque, que le chèque veut dire « prenez sur mon argent tant de francs pour les donner à ce commerçant » et qu'il faut faire attention à ce que le chèque ne soit pas plus gros que l'argent déposé en banque, autrement le banquier refuse de payer et on a beaucoup d'ennuis. Bon, ce n'est pas très satisfaisant sur le plan de la « science » économique, mais c'est tout de même « un peu vrai ». Il sera temps de découvrir plus tard ce qu'est une autorisation de découvert et la création de monnaie scripturale par ouverture d'un crédit. On pourrait ainsi éclairer de jeunes enfants en leur donnant un savoir pratique, sans pour autant en faire des économistes en herbe.

La seconde option consiste à entreprendre l'enseignement de l'économie à partir des concepts de base qui permettront, après des années de manipulation, d'avoir une connaissance rigoureuse, sinon scientifique, de ces phénomènes. C'est l'éternel choix du secondaire.

Pour ne pas se tromper de réponse il fallait considérer :

– la difficulté d'assimiler un savoir théorique à un âge aussi tendre, difficulté que l'on rencontre de plus en plus dans les nouvelles générations de collégiens ;

– la familiarisation des enfants avec ces questions et leur curiosité latente ;

– le temps extrêmement réduit que l'on consacrerait à cet enseignement ;

– le fait que les notions de base seraient rapidement acquises à un âge plus avancé lorsqu'on entreprendrait véritablement l'étude de l'économie.

Autant de raisons qui condamnaient un enseignement théorique, qui auraient dû inciter à proposer une découverte très pragmatique de la réalité économique. Notre système éducatif étant définitivement fermé à une telle approche, c'est évidemment la seconde solution qui fut retenue. Les collégiens de onze ans devaient au plus vite apprendre les premières notions qui leur seraient indispensables à Sup de Co. Les programmes officiels ont donc prévu que les élèves de sixième doivent « comprendre la notion d'agent économique et reconnaître les acteurs de la production et des échanges en prenant appui sur l'étude du circuit économique dans la commune », tandis que figurent au menu de la cinquième : « la monnaie, sa nature, son rôle, prendre conscience des problèmes que posent les échanges internationaux ». Quoi de plus logique, n'est-ce pas le *b a ba* de la théorie économique ? Autant les éditeurs furent les grands coupables en éducation civique, autant la faute revient aux concepteurs des programmes dans ce cas particulier. Le résultat n'en est que plus riche d'enseignement, il met à nu les vices les plus profonds de notre système.

L'iconomanie

On a donc vu apparaître dans les manuels d'histoire-géographie trois ou quatre chapitres terminaux, entre 10 et 20 pages sur 300, consacrés à cette « initiation économique ». Ces pages ont le mérite de se feuilleter très rapidement, car elles ne se lisent pas vraiment. Tout n'est qu'illustration, le texte se tasse dans un coin de page, sur une colonne, honteux d'occuper la place d'une image. La surprise est d'autant plus grande que le programme, bourré de notions abstraites, appellerait plutôt de longs développements. Mais non, les enfants n'aiment pas lire, tout le monde le sait. Il faut les instruire par l'image, c'est leur nouveau langage et c'est la grande mode de l'édition scolaire, qui peut ainsi vendre plus cher des albums plaisamment illustrés et chichement commentés. En général, on ne relève pas la contradiction entre un savoir toujours plus abstrait et un exposé toujours plus réduit. Dans le cas présent, elle devient aveuglante.

Tout au long des chapitres d'histoire et de géographie, l'illustration tient une place importante et justifiée, car elle est informative et pas seulement décorative. Que l'on parle de la civilisation égyptienne ou des régions polaires, il faut montrer la réalité en même temps qu'on la décrit. Pour l'économie en revanche, et celle-ci en particulier, l'image n'apporte strictement rien. Pour un jeune téléspectateur de 1996, elle ne mérite même pas un coup d'œil.

Le manuel Hachette attaque sa section économique sur six pleines pages de grandes photos couleurs brièvement légendées. On voit donc une imprimerie (légende : *La production : une imprimerie de journal*) ; une famille en train de lire (légende : *La consommation : la lecture en famille*) ; l'Hôtel de Ville de Paris (légende : *L'Hôtel de Ville de Paris : l'administration communale offre des services non marchands*) ; un guichet de banque (légende : *La banque est l'intermédiaire financier entre les agents économiques*). Grâce à la netteté des photos, les enfants sauront à tout coup reconnaître un agent économique, un intermédiaire financier et un service non marchand quand ils le croiseront dans la rue.

Cette iconomanie conduit à prolonger les photos par des « documents » et des graphiques qui mangent au minimum le quart de chaque page. Il faut donc traiter le programme sur la surface d'un timbre-poste. Les auteurs n'ont pas eu à chercher bien loin la solution, ils se sont adonnés à leur péché mignon : la définition. Paragraphe après paragraphe, celles-ci déferlent avec la régularité des vagues par marée d'équinoxe. « On appelle… », « on appelle… ». Quelques platitudes pour enchaîner de l'une à l'autre, et l'on joue à saute-mouton sur les mots en gras, ceux qu'il faut découvrir, définir et retenir, la grasse graphie signifiant : « Fourrez-vous cela dans le crâne et vous saurez votre leçon. » Ce n'est plus un exposé, rien qu'un dictionnaire. Voici la nouvelle pédagogie – le zapping iconolexicographique –, c'est elle qui va apprendre à nos enfants les bases premières de l'économie. *In principio est verbum*, découvrons donc les mots nouveaux dépositaires de la vérité.

Le ménage est une personne

On attaque en général sur « les ménages ». Ménage, l'enfant connaît vaguement, il y a des gens qui « se mettent en ménage », d'autres qui se font des « scènes de ménage ». Dans tous les cas, c'est un couple. Erreur grave de votre candeur abusée, le ménage, c'est « une personne seule », proclament deux manuels, qui précisent tout de même « … ou un groupe de personnes qui dépendent d'un même revenu ». Un troisième livre fait subtilement remarquer que des religieux dans un couvent ou des soldats dans une caserne forment aussi des « ménages ». Un, deux ou cent, peu importe, quand on évoque cet être multiforme, il faut savoir dire que c'est un « agent économique » et une « unité de consommation ». Avec ça, on a « bon ».

Pour les petits vicieux qui voudraient vraiment comprendre, Hachette propose un premier schéma plein de ronds, de carrés et de flèches. Le ménage est emprisonné dans un carré d'où il tire une flèche verte marquée *travail* vers un autre carré dans lequel sont enfermées les entreprises, les administrations et les banques, mais il n'est pas à court, car il reçoit une flèche jaune marquée *salaire*. Autre jeu de flèches, mais vers le haut cette fois : on tire en rouge avec *demande* sur la cible ronde du *marché* qui reçoit en sus la flèche bleue de l'*offre*. On est bien d'accord : cinq minutes avant de tomber sur ce schéma, le lecteur de onze ans n'avait jamais entendu parler d'économie.

Ailleurs, on préfère découvrir dès la première page que nous avons des besoins, les uns primaires, les autres secondaires, et que nous les satisfaisons avec des biens marchands et des services marchands et non marchands. Là encore, un superbe schéma en couleurs détaille tout cela en cinq colonnes et six niveaux qui permettent de retrouver « les meubles créés par un bricoleur pour lui-même » dans la catégorie des « biens individuels durables non marchands », tout comme « une heure de ménage assuré par une personne de la famille » est un « service civil non marchand à la disposition des particuliers », tandis que le cimetière est un « bien d'équipement collectif communal marchand », alors qu'un concert serait un « service privé civil marchand ». Si l'enfant avait un peu de mal à suivre, il n'aurait qu'à se reporter aux cinq photos qui illustrent la page présentant un mannequin de haute couture, un cuisinier à ses fourneaux, un maçon sur son échafaudage, des enfants dans une librairie et des skieurs sur un télésiège. La place manquait sans doute pour la photo du raton laveur. Voilà, c'était la toute première leçon d'économie de votre vie dans le manuel Belin.

Si vous l'aviez prise dans le manuel ISTRA, vous auriez eu droit, après le discours inaugural sur les besoins, les biens et les services, illustré par les trois photos d'usage : supermarché, salon de coiffure, collège, à une définition de votre nouvelle discipline : « La science économique est ainsi la connaissance [...] des activités humaines tendant à transformer la nature et à échanger les produits ainsi obtenus en vue de satisfaire les besoins humains. » Celle-ci est de Jean Fourastié, auteur bien connu de littérature enfantine.

Page après page, les manuels définissent donc à tour de bras, chacun ajoutant sa touche particulière, généralement tout à fait saugrenue. Ici, le mot *Entreprise* renvoie à un tableau censé donner les « références pour l'étude d'une entreprise » en quatre colonnes : *hommes et femmes au travail, équipements, fournitures, ventes*. J'ai regardé, je n'ai pas compris. Je dois confesser que je ne suis pas un spécialiste d'audit industriel. Un autre manuel offre, en appoint de la définition, un organigramme d'entreprise depuis le PDG jusqu'aux ouvriers en passant par le chef comptable, les analystes programmeurs, la secrétaire de direction, etc. Certains en rajoutent dans la difficulté en expliquant l'écart subtil qui sépare le pouvoir d'achat du niveau de vie. Un sujet de colle idéal pour maîtrise d'économie, un *distinguo* fort utile pour les négociations avec les syndicats. Mais je me demande ce qu'un père peut répondre à son rejeton lui demandant si c'est son niveau de vie ou son pouvoir d'achat qui est insuffisant.

Les définitions patinent un peu sur la notion de marché. Ce n'est pas le marché des fruits et légumes que l'on voit sur l'inévitable photo en couleurs, alors, pour faire comprendre qu'il ne s'agit pas d'un lieu déterminé, tel auteur évoque la vente par correspondance et tel autre précise : « Lors de la signature d'un contrat d'assurance, l'assureur se rend souvent chez le client ! » Sur un autre manuel, on est plus expéditif : « Le marché, on ne le voit pas… » Ailleurs, il est « sans existence réelle ». Il y a aussi les flux économiques. Mais, attention ! le collégien connaît peut-être déjà ce mot. Il faut le détromper. « Le mot flux évoque le courant d'un fleuve. En économie, il signifie le déplacement de biens, de services, de travail ou de monnaie d'un agent économique à l'autre. »

Voilà bien le problème : les dénominations sont d'autant plus déroutantes qu'elles donnent des noms savants à des choses connues quand elles ne donnent pas des sens savants à des mots connus. Comment s'y retrouver ? Le ménage n'est plus le ménage, le marché n'est plus le marché, mais le travail non plus n'est plus le travail, c'est devenu le « service qu'une personne rend à une entreprise, à une administration contre un salaire » (donc, quand on lui dit de travailler, ce n'est pas du travail)… Dans la vie, une « demande » appelle un don : « je demande un service », tout dépend de savoir si celui auquel je m'adresse acceptera ou non de me rendre ce service, rien à voir avec cette « demande » des économistes qui doit déboucher sur un achat pour lequel le vendeur est toujours partant. Il ne s'agit plus de ce que j'ai envie qu'on me donne, mais de ce que je veux acheter. A l'inverse, on baptise « biens économiques » tout ce qui se vend : quand on en a envie, c'est un « besoin » et, quand on l'achète, c'est de la « consommation ». La définition est censée établir le lien entre ce qu'on connaît et la façon nouvelle de le dire, mais à la moindre distraction, on se prend les pieds dans le tapis.

On a droit aussi aux inévitables documents dont on se demande toujours ce qu'ils viennent faire là. Ainsi, le manuel Hatier offre gracieusement un encadré sur les nouveaux types de produits vendus en grande surface. Sachez donc, futurs économistes, que les bijoux en or firent leur apparition en 1986 chez Leclerc puis chez Auchan, les laits maternisés en 1989, les ordinateurs en 1992 chez Auchan et Carrefour, l'optique en 1993 chez Carrefour, et le parfum de marque Pierre Cardin en 1994 chez Auchan. Ça, c'était pour la rubrique « C'est toujours bon à savoir ».

D'un manuel à l'autre, les rares efforts pour expliquer les mécanismes économiques s'enlisent dans un pathos consternant : « Les commerçants rassemblent dans des lieux accessibles aux consommateurs les biens et les services offerts par les entreprises de production. Le premier rôle des commerçants est donc d'assurer un service de distribution. Ils peuvent donc être définis comme des intermédiaires qui permettent la rencontre de l'offre et de la demande : en termes économiques, ils créent un marché. »

Ah ! la rencontre de l'offre et de la demande ! C'est le point d'arrivée obligatoire de cette rhétorique, le point oméga du discours. Quand l'auteur réussit enfin à placer son couplet final : « Les flux de biens et services qui correspondent à l'offre des entreprises rencontrent sur le marché économique la demande des ménages », il connaît la béatitude du devoir accompli. Par un dernier scrupule de conscience, certains vont offrir un tableau en prime à ceux qui n'ont pas l'esprit marchand. On reprend sur une demi page le tout premier schéma qui avait salué la découverte des ménages, mais en ajoutant le Trésor public, le marché du travail, les impôts, etc. Au total, sept ronds et carrés reliés par une dizaine de flèches multicolores. C'est presque un schéma d'usine à gaz, preuve que vous êtes entré dans le monde enchanté de l'économie. C'est fini pour cette année, on se reverra après les vacances.

La monnaie, programme de cinquième, est le sujet piège qui cache, sous son apparente simplicité, une redoutable complexité. D'un côté, les enfants savent ce qu'est l'argent et à quoi ça peut servir ; de l'autre, les plus grands spécialistes en sont encore à disputer sur la nature et le rôle de la monnaie. Au total, toute la population a une pratique de l'argent et du crédit prouvant qu'elle en sait beaucoup plus qu'elle ne le croit sur le sujet.

Chacun adopte sa propre stratégie pour attaquer le sujet. Certains manuels comme le Bordas font dans le genre pédago-classique, clair et barbant. « La monnaie est un bien intermédiaire [...]. La valeur d'un bien ou d'un service est déterminée par son prix. » Des définitions et des axiomes à se fourrer dans la tête. En face d'un texte mille fois trop dense pour être assimilable, une documentation qui parasite les deux tiers de la page. On ne sait pas pourquoi il faut reproduire le texte d'Aristote qui définit la monnaie comme un intermédiaire ou l'article 139 du Code pénal qui punit les faux-monnayeurs.

Belin a choisi de se mettre au goût du jour en expliquant tout par l'iconographie. On traite la monnaie papier avec un texte de Marco Polo, on découvre la monnaie de compte dans un extrait d'ouvrage de... 1690 et des tas d'illustrations : reproduction de pièces antiques ou médiévales, tableaux divers doivent donner les premières indications sur l'histoire et les usages de la monnaie. A l'élève de reconstituer le puzzle. Sur un sujet aussi délicat, il risque fort de fabriquer un monstre.

Un texte d'explication n'apparaît qu'à la quatrième

page, à peine une demi-colonne. Pour compenser l'espace gâché, les auteurs tirent les définitions à la mitrailleuse. Vous avez vu les pièces ? C'est de la monnaie divisionnaire. Et les billets de banque ? De la monnaie fiduciaire. Les écritures sur comptes bancaires, c'est la monnaie scripturale. Fermez le ban. Sachez encore que : « Le client peut aussi obtenir un prêt auprès de sa banque. Le banquier inscrit le montant du prêt au crédit de son client. » En lisant un peu vite, le collégien va découvrir que plus on a de dettes, plus on est riche. Pas le temps d'expliquer, on découvre à la ligne suivante que la banque crée de la monnaie lorsqu'elle inscrit un chiffre sur un compte. Bon, mais alors quelle différence avec la Banque de France qui imprime les billets (à Chamalières dans le Puy-de-Dôme et à Puteaux dans les Hauts-de-Seine, ça on a tenu à le préciser), c'est la même chose ? Silence : on est là pour définir, pas pour répondre aux questions. D'ailleurs, on parle déjà à la ligne suivante de la masse monétaire. A quoi ça peut servir ? Et si ça ne veut rien dire, pourquoi en parler ? Peu importe. Il faut retenir que la monnaie divisionnaire, plus la monnaie fiduciaire, plus les comptes et livrets de caisse d'épargne, ça fait au total la masse monétaire d'un pays. C'est comme ça !

Dans les différents manuels, les auteurs reproduisent bien des chèques et des cartes bancaires, mais ils omettent d'en expliquer l'usage commun qui intéresse tout le monde pour se concentrer sur l'usage technique, la compensation, qui ne concerne que les banquiers. Un texte de la Banque de France explique ces opérations par le menu : « Le banquier du bénéficiaire complète la ligne magnétique figurant en bas du chèque par l'indication de la somme. (Ah ! bon, je croyais qu'il fallait écrire à la main la somme sur le chèque, alors pourquoi indiquer ce qui est déjà écrit ?) Il présente ensuite le chèque au banquier du tireur, par l'intermédiaire d'une chambre de compensation ou directement dans le cadre d'échanges centralisés ». Tous les manuels se croient obligés d'enseigner ce qu'est la compensation, dont les titulaires de comptes se fichent éperdument. Il y a même un schéma explicatif avec des flèches dans tous les sens : remise, encaissement, présentation, relevé de compte, etc. Le gamin de douze ans qui comprend peut tout de suite quitter l'école et aller faire fortune dans la finance.

Certains auteurs se sont efforcés d'exprimer les choses simplement, c'est le cas notamment du manuel Hachette qui attaque le cours sur le mode du dialogue : « Lorsque vous recevez de l'argent de poche, vous détenez de la monnaie. Vous pouvez échanger cet argent ou monnaie, contre un bien – un disque – ou un service – une place de cinéma. La monnaie sert donc d'intermédiaire dans les échanges… Une partie de l'argent de poche que vous recevez peut être mise de côté afin de faire des économies : dans ce cas vous réalisez une épargne. A la différence du mètre dont la valeur est reconnue par la majorité des États, la monnaie a un caractère national. Le franc n'est pas utilisé en Allemagne, où la valeur des biens et des services est exprimée en marks. »

Ces explications simples et directes qui devraient être la règle sont, hélas ! l'exception. Au reste, le même manuel se croit obligé de reproduire l'organigramme du Crédit du Nord, un texte sur le troc datant de Magellan et de préconiser comme exercice d'aller enquêter dans une agence bancaire pour savoir où se fait la compensation ! Bref, au terme de sa cinquième, le collégien devra connaître les différentes sortes de monnaie, les différentes fonctions, avoir des notions sur la banque, le crédit et les échanges internationaux. On serait tenté de dire que c'est toujours mieux que rien. Je ne le crois pas et, à tout prendre, je préférerais que l'on n'apprenne rien à mes enfants.

Le verbalisme

Remarquons d'abord que les ménagères connaissent la plupart de ces notions – pas la compensation, j'en conviens – sans avoir jamais suivi le moindre cours d'économie. Certes, elles sont incapables de les formuler en langage savant. Mais elles font parfaitement la différence entre les besoins de première et de seconde nécessité, entre les services que l'on paie et ceux que l'on ne paie pas, elles connaissent la loi de l'offre et de la demande, l'action de la concurrence sur les prix, les services que peut leur rendre une banque… En y réfléchissant, elles trouveraient toutes seules que l'argent, ça sert à mesurer la valeur des choses, à les payer et à se faire des économies, et si le gamin de onze ans n'en est pas encore là, il n'en est pas loin. Un très petit effort de réflexion pourrait l'y amener. A ce stade, il n'a pratiquement rien appris. Et rien compris.

Il aura donc le sentiment que l'économie n'est qu'une façon emmerdante de dire des choses ordinaires ou bien qui ne servent à rien. Il parlait de pièces de monnaie, il faut dire monnaie divisionnaire ; il parlait de billets de banque, il faut dire monnaie fiduciaire ; son père parlait de « faire un chèque », il aurait dû dire « utiliser la monnaie scripturale ». La conclusion s'impose : les mêmes choses sont vraies quand elles sont exprimées d'une certaine façon, et fausses quand elles sont dites avec les mots de tous les jours. La vérité ne dépend donc pas de ce qu'on pense, mais de la façon de le dire. Peu importe qu'on ait compris ou non : du moment qu'on connaît le terme technique, on mérite la moyenne.

Donner à croire qu'on est plus savant parce qu'on utilise un certain langage, c'est le contresens épistémologique majeur. Peu à peu, l'enfant se réfugie dans les définitions de son manuel et se persuade qu'elles se suffisent à elles-mêmes. Il n'essaie plus de saisir le sens véritable, il se satisfait de la formule sacramentelle. Le mot a tué l'idée, le langage a paralysé la réflexion. Tout parent qui a fait « réciter » – l'horrible mot – les leçons connaît cela. L'enfant répond comme un perroquet en ressortant les phrases de son cours à la virgule près. Et la question piège, qui tend à vérifier que la réponse a été bien comprise, provoque une réaction de désarroi et de révolte. Il avait « bon », pourquoi essayer de le coincer avec des trucs tordus qui ne sont même pas dans le cours ! Apprendre, ce n'est plus comprendre, c'est mémoriser. Je ne connais pas de meilleure voie de garage pour stériliser cette richesse de l'esprit juvénile : la curiosité. Le premier atout de l'enfance est la capacité de s'interroger, c'est elle qu'il faut préserver à tout prix. A la seconde où le « pourquoi ? » cesse de jaillir, c'est le développement intellectuel qui s'arrête.

Or le « nominalisme » assassine cette faculté d'acquisition. Voilà ce que nos pseudo-pédagogues scolaires n'ont jamais compris. Le parler ordinaire a une vertu extraordinaire : il interdit toute confusion entre le signifiant et le signifié. Impossible de croire que le langage savant vaut explication dès lors que l'on s'exprime avec les mots de tous les jours. Si l'on ne sait pas, on ne sait pas, et aucun effort de mémoire ne peut donner l'illusion d'un savoir qui n'est pas acquis. Les formulations savantes sont donc toujours dangereuses pour l'esprit. Mieux vaut ne les utiliser qu'avec précaution et parcimonie, lorsqu'elles sont devenues indispensables parce qu'une notion a été comprise et qu'il reste à la nommer. Tout notre enseignement repose sur le principe inverse. Le terme savant et sa définition en début de chapitre, la réalité à découvrir par la suite. Éventuellement.

Cependant, le désastre n'est pas si grand qu'on pourrait craindre, car, là encore, les professeurs vont s'intercaler entre les instructions officielles et les enfants. Ceux que j'ai interrogés ont tous levé les yeux au ciel à l'évocation de ces manuels, mais se sont empressés d'ajouter que leurs cours n'avaient rien de commun avec ces dangereux étouffe-chrétien. Daniel Picouly, par ailleurs excellent romancier, a enseigné l'économie dans des lycées de la banlieue parisienne, il n'est pas tendre avec les instructions officielles : « Les programmes et les manuels maintiennent artificiellement un niveau d'excellence, une présentation académique qui ne correspondent en rien à l'enseignement que l'on donne dans les classes. » En fait, ce type et cette forme de savoir sont simplement intransmissibles aux élèves. « Je pense, comme Daniel Pennac, qu'on ne peut plus utiliser l'impératif. Il ne peut plus dire "Lisez", et moi, je ne peux plus dire "Apprenez". Les élèves veulent savoir à quoi cela peut leur être utile, en quoi ça les intéresse. Or, en économie, ils connaissent beaucoup de choses, ils écoutent leurs parents, ils entendent les informations, ils baignent dans l'actualité et ils ont des tas d'idées en tête. Vraies ou fausses. C'est l'acquis dont il faut partir. Un professeur qui ne peut répondre aux questions d'actualité, qui s'en tient à une modélisation désincarnée ne peut pas tenir sa classe. Je m'appuie sur les questions que les jeunes ont dans la tête. A nous de savoir élargir la réflexion, enrichir les connaissances. Mais on ne peut pas faire comme s'ils venaient acquérir un savoir dont ils ignorent tout. »

Certes, l'école ne peut pas se transformer en un café du Commerce où l'on se contente de commenter l'actualité, il faut définir un contenu pédagogique dans le fond comme dans la forme. Lequel ?

Question préjudicielle : ne faudrait-il pas reporter au lycée la découverte de l'économie proprement dite ? En attendant, les collégiens pourraient en relever la trace à travers l'histoire et la géographie. Les facteurs socio-économiques sont toujours présents, il suffit d'en faire mieux saisir l'importance. J'évoquais à ce propos l'histoire révolutionnaire, mais il en va de même pour la Renaissance, le XIXe siècle ou même l'Antiquité. Toute l'histoire est de l'économie appliquée. La géographie aussi. Il n'est pas besoin de longues explications pour faire comprendre qu'au XIXe siècle les ouvriers cassaient les machines par crainte du chômage ou que les paysans de la Côte-d'Ivoire sont dans la misère quand les cours du cacao s'effondrent. Il s'agit de faits bien concrets qui frappent l'imagination et à partir desquels l'enfant construira plus aisément des concepts le moment venu.

Si l'on tient à un enseignement spécifique, alors il faut prendre appui sur l'expérience quotidienne. Non point à la manière bébête des manuels qui réduisent la société à des cartes postales, mais de façon moderne en s'intéressant aux faits plutôt qu'aux décors.

Si l'on parle d'économie simplement, ordinairement à des onze-douze ans, il est possible de leur faire découvrir des tas de choses, il est surtout possible de les intéresser et de leur donner le goût d'en savoir davantage. Cette approche-là ne prépare pas directement à la fac d'économie, mais on pourrait, peut-être, laisser aux chérubins le temps de grandir.

Face aux mécanismes déjà repérés, l'enfant risque le contresens épistémologique, et face aux mécanismes ignorés, l'ennui qui tue la volonté de savoir. A quoi bon lui fourrer dans le crâne des concepts comme les flux économiques, la masse monétaire ou les secteurs primaires, secondaires et tertiaires dont il n'a pas l'usage ? Développe-t-on l'intelligence avec ces mémoires garde-meubles dans lesquelles on ne fait qu'entasser les objets dont on n'a pas l'usage ?

Les premières notions retenues par l'Éducation nationale, du type « les acteurs économiques » ou « la création monétaire », n'ont pas leur place au petit collège. Il ne s'agit nullement de rester dans le concret, le pratique et de fuir l'idée. Bien au contraire. L'enfant est parfaitement capable de réfléchir, et l'enseignement doit précisément l'y aider. Mais cela s'obtient à partir d'une plongée dans la réalité et non pas à coups de définitions axiomatiques.

Si l'on veut introduire la notion d'inflation, par exemple, il faut montrer très concrètement les difficultés que l'on rencontre pour suivre l'évolution des prix. Voici les statisticiens qui constituent « le panier de la ménagère » – pourquoi ne pas jouer avec la classe pour voir ce qu'on pourrait mettre dedans ?... Voici les inspecteurs qui partent surveiller les étiquettes dans les magasins. Comment procèdent-ils pour ne pas se laisser abuser ? La démonstration peut prendre la forme d'une enquête policière, truffée d'anecdotes, amusante. C'est certainement plus vivant et plus concret que la sinistre compensation interbancaire. L'élève s'imprégnera des notions essentielles sans qu'il soit besoin d'utiliser des termes techniques. Il n'aura pas appris la théorie de l'inflation, mais il commencera à comprendre ce dont il s'agit. C'est bien suffisant à ce stade.

Nos inspecteurs généraux trouvent plus logique de commencer par les premières marches d'un savoir universitaire, s'imaginant qu'ils font ainsi gagner du temps alors qu'ils en font perdre. Le collégien ahane pour suivre une démarche savante qu'il aura bien vite oubliée et qu'il faudra recommencer les années suivantes. Tout le monde le sait, et c'est la même chose dans toutes les disciplines. L'ennui, c'est qu'au lieu de nourrir, une telle méthode coupe l'appétit. Or cette formalisation et les termes techniques qui l'accompagnent s'apprennent très vite à un stade ultérieur, lorsqu'on se lance vraiment dans l'étude de la discipline. Pour des élèves qui attaquent vraiment l'étude des sciences économiques, il n'y a pas deux leçons de décalage entre ceux qui ont déjà reçu une telle initiation et ceux qui débutent.

Il est mille entrées possibles dans le monde économique. Chacune offre un itinéraire de découverte différent mais non moins pertinent dès lors qu'on ne cherche pas à constituer un savoir scientifique, que l'on part en voyage d'exploration bien plus qu'en mission d'étude. Ce point de départ est essentiel, c'est le moment où l'esprit accroche, se prend au jeu ou bien, au contraire, décroche et sombre dans l'indifférence et l'ennui.

Bien des professeurs m'ont dit qu'ils instaurent en classe des situations simples et concrètes de relations économiques reflétant celles dont les enfants entendent parler à longueur de journée. Comment un marchand s'y retrouve-t-il dans ce qu'il dépense et ce qu'il encaisse ? Que doit-il payer ? Comment fixe-t-il le prix de ce qu'il vend ? Quel rôle joue la banque ? Comment doit-il toujours prévoir ce qu'il devra payer ? Etc. On peut également aborder les questions concrètes de l'économie domestique : comment on établit son budget, comment on doit prévoir les dépenses. Lesquelles sont inévitables, lesquelles se décident au coup par coup ? Et le crédit ? Les garanties qu'il faut donner ? Les prélèvements ? Les rapports avec la banque ? Etc. Des inventeurs astucieux ont fait jouer le monde entier au Monopoly, on pourrait peut-être faire de même pour les collégiens avec des jeux économiques bien conçus.

Un esprit juvénile peut suivre un raisonnement économique dès lors qu'on le fait entrer dans une problématique qui le concerne et que l'on avance pas à pas au rythme de ses interrogations. Car il faut prendre le temps de s'expliquer en évitant ces messages axiomatiques aussi plaisants qu'une tête réduite par les Jivaros, aussi comestibles qu'une ration de survie, en privilégiant le dialogue vivant sur le monologue magistral.

Imaginons que l'on veuille adopter une telle démarche, l'argent paraîtrait alors tout indiqué comme port d'embarquement. Non pas « la monnaie », mais l'argent. Il suscite beaucoup d'interrogations, les unes pratiques, les autres théoriques, qui, toutes, débouchent sur les concepts majeurs de l'économie. Tirons donc sur ce petit bout de laine et essayons, tout doucement, de dévider la pelote, sans casser le fil.

Les élèves découvrent bien vite que la première caractéristique de l'argent, c'est que tout le monde voudrait en avoir davantage.

Est-ce donc si difficile de s'arranger pour que tout le monde ait plus d'argent ? Sûrement pas, c'est même très facile. L'argent, c'est un bout de papier sur lequel on a fait quelques dessins et marqué des chiffres : 10, 50, 100, 200, 500. C'est un peu compliqué à imprimer, mais les usines qui fabriquent les billets pourraient en produire bien davantage. Dix fois plus, cent fois plus. Ça ne serait pas difficile et ça ne coûterait pas bien cher.

Alors ? Pourquoi ne pas faire tourner ces machines et imprimer beaucoup plus de billets qu'on donnerait à tout le monde ? En discutant, la classe va découvrir ce qui se passerait si l'on mettait ainsi beaucoup plus d'argent en circulation. L'histoire des Allemands en 1926, qui étaient tous milliardaires et tous malheureux, peut éclairer la discussion.

Peu à peu se dégage l'idée que l'argent n'a pas de valeur en soi, qu'il ne servirait à rien sur une île déserte. Il permet d'acheter ce dont on a envie, et l'on comprend que les gens demandent de l'argent, alors qu'en réalité ils demandent ce qu'ils pourront se payer avec cet argent. Pas besoin d'Aristote pour définir le rôle d'intermédiaire joué par la monnaie…

Un pas de plus, et les élèves prennent conscience de la rareté. La plupart des choses dont on a envie sont rares, et il faut de l'argent pour les acheter. Pour qu'un pays s'enrichisse, que ses habitants soient plus heureux, il doit produire davantage de richesse, c'est long et difficile. Faire plus de monnaie, c'est facile, rapide, mais ça ne sert à rien et ça provoque même des catastrophes.

Bon, mais comment décide-t-on que certains auront plus d'argent et d'autres moins, que certaines choses seront plus chères et d'autres moins, que l'on va fabriquer telle quantité de ceci et telle quantité de cela ? Les réponses sont compliquées, puisqu'il y a 56 millions de Français qui sont tous dans des situations différentes, qu'il y a des dizaines de milliers de produits tous différents. C'est l'économie qui organise tout cela afin que l'on ait le plus de richesses – et pas de monnaie – possible. Pour s'y retrouver, il va falloir mettre un peu d'ordre.

On est parti de notions et de mots très simples, on a parlé de « choses », mais il faudra préciser par la suite, découvrir ce que sont les biens et les services que l'on désire. Il faudra aussi voir d'où ils viennent, comment ils se produisent. Ensuite, on essaiera de comprendre comment l'argent se répartit entre les Français, pourquoi certains en ont beaucoup et d'autres moins. Est-ce normal, est-ce juste, est-ce que ce ne devrait pas être différent ? Et puis la France n'est pas seule au monde, il faudra voir comment elle s'arrange avec les autres pays. Tout cela peut se comprendre dès le collège, à condition de tirer ces notions de la réalité et de ne pas les assener sous forme d'axiomes péremptoires.

Ce n'est pas ainsi que l'on fait un cours, je le sais. Il faut construire une progression en harmonie avec le rythme d'assimilation en relançant sans cesse la curiosité, en soutenant l'attention, en racontant des histoires, en sachant provoquer le rire. Cela, c'est le métier des pédagogues et je n'y prétends pas. Mais ne peut-on démarrer sur des schémas de ce type laissant peu à peu apparaître certaines notions essentielles comme des nécessités, plutôt que se lancer tout de suite dans ce formalisme sans aucune signification ?

Il est ahurissant de devoir rappeler de telles évidences en 1996, alors que nous vivons à l'ère de la communication. Tous les jours, des milliers de bureaux d'études, de sociétés de conseil, d'agences travaillent à « mettre en forme » des messages. Les résultats sont plus ou moins bons. Ils sont rarement aussi catastrophiques que ceux de nos manuels scolaires. Car les professionnels ne cessent de se demander : « Comment va-t-on intéresser le public auquel on s'adresse ? », « Comment va-t-on procéder pour lui faire comprendre notre message ? »... Loin de moi l'idée de réduire la pédagogie à la communication ou, à plus forte raison, de la mettre à l'heure de la publicité. Il ne s'agit pas de cela mais, plus simplement, de rechercher pragmatiquement, modestement, la meilleure façon de se faire comprendre.

Commençons par communiquer tout bonnement pour éveiller l'intérêt, pour transmettre quelques idées générales, il sera temps par la suite de passer à une approche académique, fondement d'un véritable savoir.

6

Raconte-moi la physique

Dans le primaire, l'enfant est au régime du menu imposé ; dans le supérieur, l'étudiant avale le menu qu'il a choisi ; entre les deux, dans le secondaire, il compose son repas à la carte. Au collège, il goûte un peu tous les plats. Au lycée, il écarte les uns et retient les autres. Cette phase de dégustation est essentielle pour la suite des études et, plus généralement, pour le reste de la vie, car les plats dédaignés ne repassent pas. Rares sont les privilégiés qui, comme moi, se virent offrir une deuxième chance d'aimer ce qu'ils n'avaient pas su apprécier dans leur jeune âge.

Dans cette phase de présentation, l'enfant ne s'interroge guère, il réagit très rapidement, affectivement : « J'aime », « Je n'aime pas », et la porte s'ouvre ou se referme sur le paysage à peine entrevu. C'est un piège évité ou une occasion manquée, peu importe, la sentence est tombée avant le délibéré.

Les réactions dépendent des circonstances particulières autant que de la matière elle-même. Un maître sympathique, un contact plaisant, et le nouveau savoir paraît « génial », il aurait suffi d'une initiation maladroite, d'un exposé rebutant pour qu'il soit étiqueté « barbant », « rasoir », « pas pour moi ».

Une entreprise de séduction

La nouvelle attitude des élèves n'a fait qu'accroître l'importance de ces premières rencontres. Dans ma génération, on ne se prononçait guère sur le programme, on l'avalait. Plus ou moins bien selon les matières et les aptitudes, mais on ne se croyait pas autorisé à juger de son intérêt. Les nouveaux collégiens sont beaucoup plus critiques. Ils se tiennent sur la réserve et s'engagent plus ou moins selon l'intérêt qu'ils prennent aux cours. C'est dire que l'instruction passe par une première phase de séduction.

Cette évidence s'est peu à peu imposée dans les directives officielles. Pour l'histoire, on prétend « répondre à la curiosité des élèves », formulation bien optimiste qui postule ladite curiosité. Mais, pour la physique, le texte plus récent fixe comme objectif de « développer chez l'ensemble des élèves des éléments d'une culture scientifique » et précise qu'il faut être « séducteur » afin de « susciter la curiosité ». Sur tous ces points, on ne peut qu'applaudir.

Encore faut-il adopter une démarche résolument pédagogique qui relègue à plus tard les bases théoriques de la discipline. Lorsque les grandes orientations auront été prises, que le secondaire se fera préuniversitaire, alors l'enseignement basculera de son pôle pédagogique à son pôle épistémologique. Les deux logiques ne sont pas en parfaite concordance, à chaque étape l'une doit donc prendre le pas sur l'autre. En fin de cycle secondaire, celle du savoir l'emportera sur celle de l'enfant. Et tant pis si la biologie moléculaire est plus austère que l'ancienne biologie cellulaire, si l'économie recourt de plus en plus aux mathématiques, le train du progrès roule pour tout le monde et laisse à quai ceux qui ne peuvent suivre. La manière d'apprendre, qui perd de son importance en terminale, est donc capitale au collège. Ici, tout se gagne ou se perd en quelques mois, voire en quelques semaines.

Pour nous, parents, cette initiation présente le grand avantage d'être à notre portée. Ce n'est le cas ni à la maternelle ni au lycée. Dans un cas, la pédagogie est trop particulière ; dans l'autre, les savoirs trop compliqués. La plupart d'entre nous perdent pied dans le secondaire. N'étant pas mathématicien, je me sens incapable de dire si les cours de terminale S sont bien conçus, si les thèmes ont été judicieusement choisis, si l'itinéraire et le rythme adoptés sont les bons. Je dois m'en remettre à l'opinion de personnes plus compétentes.

En revanche, tout parent ayant atteint le niveau du bac peut suivre sans difficulté les premiers pas de son enfant dans une nouvelle discipline. Il doit être capable de l'aider à faire ses devoirs, à apprendre ses leçons, quitte à rafraîchir ses souvenirs en se plongeant dans les manuels. Bref, il ne devrait pas être dérouté car, si lui l'était, l'enfant serait complètement perdu.

Dernier point, une telle pédagogie recoupe parfaitement l'éducation familiale. Les parents, harcelés par la curiosité enfantine, doivent donner une première idée de choses compliquées. Ils savent ce qui marche et ce qui ne marche pas. N'ayons donc aucun complexe, nous sommes à même de juger si cet enseignement, celui-là, pas celui du lycée, répond à ses objectifs.

L'idée et le sens

Au fil de ces pages, j'ai voulu prendre le lecteur à témoin de ce qu'il peut juger, je lui ai présenté des enseignements dont il peut apprécier la pertinence ou l'inadéquation. Je n'ai pas caché mon opinion : j'ai le sentiment qu'on apprend trop tôt un savoir trop formalisé, qu'on s'adresse à de futurs agrégés.

De telles critiques attirent immanquablement l'accusation de « faire baisser le niveau » ou d'« effectuer un nivellement par le bas ». Pour un peu, vous seriez suspecté de vouloir distraire les chers petits sans nul souci de les instruire. Il est vrai que de telles billevesées ont fait florès dans le sillage de Mai 68, combattues par les véritables pédagogues, elles ont provoqué de saines et légitimes colères dans le corps professoral. Je suis d'autant moins suspect de les reprendre à mon compte qu'ayant croisé ces méthodes ultrapermissives, je me suis empressé d'y soustraire mon enfant avant qu'elles n'aient provoqué d'irréparables dégâts. Bref, je ne conçois pas d'éducation qui ne repose d'abord sur la discipline et le travail.

L'école n'est ni un club de loisirs, ni un parc d'attractions, ni un syndicat d'initiative, ni, à l'opposé, un centre d'apprentissage, c'est d'abord et avant tout un temple de la pensée. Si les enfants n'y apprennent pas à réfléchir, à dépasser les faits pour remonter aux notions générales, à manier sans difficulté les idées abstraites, à passer des effets aux causes, alors ils perdent leur temps. Le plus précieux de tous les temps. Ce n'est pas l'abstraction qui est en cause, c'est le sens. L'adulte le construit grâce à un capital d'idées, d'expériences, de souvenirs qui donne une consistance à la pensée. Qu'en est-il pour l'enfant ? Si la notion nouvelle lui est présentée alors qu'il ne possède pas ce terreau fertile, elle ne pourra s'enraciner et dépérira.

Certes, les écoliers doivent se mettre dans la tête des noms particuliers, des formules, des dates, des règles, c'est indispensable. Encore faut-il qu'ils possèdent les catégories, les références qui leur permettront de les situer. Faute d'un tel équipement intellectuel, ce ne sera jamais qu'un galimatias que l'on avale pour faire plaisir au prof, certainement pas un nouveau savoir. Il est rébarbatif à souhait de retenir les tables de multiplication ou les verbes irréguliers anglais, c'est du « par cœur » à l'état pur, mais l'élève comprend de quoi il retourne, il sait qu'en faisant cet effort, il s'enrichit de nouvelles connaissances. De mon temps, les élèves devaient apprendre la liste des préfectures et des sous-préfectures que l'on psalmodiait jusqu'à ce qu'on soit capable de les débiter en rafales. Ressasser : « Cantal, chef-lieu Aurillac, sous-préfectures Mauriac, Saint-Flour. Lozère, chef-lieu Mende, sous-préfecture Florac », ça n'était pas folichon. Mais je savais qu'il s'agissait de villes dans le centre de la France, des villes que je ne connaissais pas mais que je découvrirais peut-être un jour. J'avais déjà dans ma mémoire un répertoire riche de tas de noms correspondant à des cités inconnues, j'en mettais quelques-uns de plus sur la liste.

En revanche, quand il faut appeler « unité lexicale » un « mot » et se souvenir que « l'énonciation consiste à produire un énoncé en utilisant les possibilités offertes par un langage », sans connaître l'utilisation que la linguistique fait de ce vocabulaire, quand il faut savoir que « la balance des paiements, c'est la balance commerciale plus la balance des capitaux, plus la balance des invisibles », sans pouvoir aller au-delà des mots et relier ces notions à des problèmes économiques concrets, alors, oui, l'abstraction jargonnante devient une calamité.

Barbant comme un cours de physique !

S'agissant du français, des mathématiques ou des langues vivantes, tous les élèves cèdent à la nécessité. Ils ont admis que ces matières sont essentielles et doivent être apprises. Seuls ceux qui refusent en bloc l'institution scolaire rejettent aussi ces matières centrales qui, pour tout potache, sont de l'ordre de la fatalité : on peut couper à certaines choses, pas à celles-là.

Pour les disciplines scientifiques, au contraire, le conformisme social autorise toutes les rébellions. Les enfants comprennent très jeunes que, dans notre société, il y a, d'un côté, les scientifiques, de l'autre, les non-scientifiques, et que les seconds ne sont pas moins honorables, pas moins respectés que les premiers. Ils savent que la langue fait partie du bagage obligatoire mais qu'il n'en va pas de même pour la science. Pour peu qu'ils ne souhaitent pas poursuivre dans ces matières, ils ne voient donc pas la nécessité de s'y investir.

Cette disgrâce des enseignements scientifiques est une constante de l'école française. Dans les années 60, le déficit en ingénieurs et scientifiques avait été évalué à 5 000 par an et la scolarité obligatoire jusqu'à seize ans avait été décidée pour remédier à cette situation inquiétante.

Les jeunes Français ont donc un problème avec la science. Le magazine *Science et Vie* l'a fort bien étudié dans un numéro spécial : *Sciences à l'école. Les raisons du malaise*[1]. Une série d'enquêtes concordantes permet de dresser une sorte de *hit-parade* des disciplines. A 44 %, les enfants se déclarent très intéressés par le français. L'histoire et les mathématiques arrivent au même niveau. Mais, pour la biologie, on chute à 38 %, et la température baisse encore pour la physique : 33 %. On pourrait croire que la chaleur remonte avec l'âge. Pas du tout. Les amoureux de la physique, qui se comptent à 40 % entre 11 et 12 ans, se retrouvent à 27 % entre 15 et 17 ans. Bienheureux effets d'une première initiation réussie !

Ces préférences varient fortement selon le sexe et les matières. Première constatation : la gent féminine n'est toujours pas réconciliée avec les sciences : 38 % de filles « très intéressées » par les sciences, face à 45 % de garçons. Le décalage s'observe dans tous les milieux sociaux, preuve que le préjugé antiscientifique est la chose de France la mieux partagée. La cote de popularité varie fortement en fonction des disciplines. « Selon notre enquête, écrit Daniel Boy, les intérêts des jeunes sont avant tout centrés sur la compréhension des principes de

1. *Science et Vie*, hors-série, *Science à l'école…*, *op. cit.*

la vie et sur l'histoire des hommes et des espèces vivantes [...] les jeunes choisissent en premier lieu "la vie des animaux" (67 %), "le corps humain et les découvertes médicales" (60 %), "l'exploration de l'espace" (52 %) et "l'histoire de l'homme" (52 %). » Bien entendu, les filles se sentent plus proches des sciences de la vie, et les garçons des sciences de l'espace. Je note que ces préférences rejoignent celles des téléspectateurs. Le public scolaire n'est pas différent du public en général.

Sciences et Vie s'est efforcé de dépasser la froide statistique en interrogeant directement des collégiens. Les réponses sont éloquentes... pour autant que l'ennui puisse l'être. « La physique, c'est le stress mortel », « Je suis carrément allergique », « Tout ce qu'on fait en cours, c'est abstrait », « Les matières scientifiques, c'est difficile, il y a trop de mots compliqués », « Le pire, c'est la chimie, H_2O, CO_2 », « En physique, on ne comprend rien de ce que nous dit la prof », « A quoi ça sert, les moles dans un liquide ? », « Les profs nous bassinent avec les protons, les neutrons, les électrons et tout. Mais qu'est-ce que c'est vraiment, l'électricité ? Je n'en sais rien... », etc. Bref : « La physique-chimie, c'est dur, c'est chiant et ça sert à rien. »

Ces réponses sonnent juste. Une majorité d'élèves trouve la science barbante et tout particulièrement la physique et la chimie. La présentation scolaire n'est pas entièrement étrangère à ce jugement. Agnès Marillier, qui menait cette enquête au palais de la Découverte, a constaté que certains s'émerveillent devant de belles présentations ou des démonstrations bien faites alors qu'ils sont allergiques aux cours. Preuve que tout n'est pas irrémédiablement perdu.

Mais, en attendant que toutes les écoles se dotent d'un petit palais de la Découverte, les enfants de France s'esbignent à qui mieux mieux sitôt qu'on veut leur faire découvrir les charmes secrets de la physique. Un préjugé qui coûte fort cher. Car la déperdition de talents est catastrophique, surtout pour les filles. Comment admettre qu'elles soient si minoritaires dans les sections scientifiques alors qu'elles réussissent mieux que les garçons tout au long du secondaire ? Quant au supérieur, n'en parlons pas ! La population de math sup et math spé est masculine à 83 %. Dans les grandes écoles d'ingénieurs, les filles représentent entre 10 et 15 % de l'effectif.

Aucune recherche n'ayant démontré une nette supériorité génétique de l'homme sur la femme dans la logique scientifique, force est d'incriminer les préjugés et le conditionnement social.

Les prix Nobel pédagogues

Depuis toujours, j'entends les plus grands savants se désoler de cette mauvaise image qui détourne tant de jeunes des études scientifiques. Les prix Nobel de physique Pierre-Gilles de Gennes et Georges Charpak incarnent parfaitement cette préoccupation, cette obsession pédagogique. Ils n'ont eu de cesse, depuis qu'ils ont été propulsés dans les médias, de plaider pour un meilleur enseignement. Ils sont toujours mobilisables, je peux en témoigner, pour cette cause. Ils se passionnent pour toutes les initiatives, toutes les méthodes nouvelles.

Dans les années 70 déjà, les physiciens avaient fait des propositions pour rénover la pédagogie. Elles restèrent lettre morte. A l'époque, l'enseignement de la physique commençait en sixième avec une formulation mathématique très précoce. Les premiers problèmes et les premières équations arrivaient bien avant que les notions fondamentales aient été véritablement comprises. La physique, c'étaient des maths en plus chiant. Elle était aussi abstraite, n'avait aucune signification, mais, maths pour maths, les jeunes préféraient les vraies, qui réservaient plus de satisfactions intellectuelles à ceux qui savaient les apprivoiser. Professeur de physique-chimie, Jean-Claude P. se souvient : « On pouvait étudier des choses aussi peu claires que la “masse volumique” en sixième. Comme les élèves ont déjà tendance à confondre la masse et le volume, parler de masse volumique n’était vraiment pas très futé et il est clair que ce programme avait été conçu par des gens qui n’avaient sans doute pas vu un élève de sixième depuis vingt ans. »

Les premières réflexions de scientifiques seront reprises par une deuxième commission, et la réforme sera enfin lancée dans les années 90, avec le Groupe technique disciplinaire présidé par L. Boyer, professeur de physique à l’université de Marseille. Cette fois, on va concevoir de nouveaux programmes – ceux de quatrième, troisième et seconde, puisque c’est désormais à ce stade que commence l’initiation –, et pour cela conduire une réflexion et une concertation sans précédent.

D’emblée, L. Boyer se fixe comme premier objectif de « lutter contre l’ennui ». Mais comment faire ? Rappelons que l’on retrouve dans ce public des enfants que la science intéresse, qui vont se spécialiser en S, et d’autres que la science fait fuir et qui ne la croisent que contraints et forcés, juste le temps de l’oublier. C’est l’ambiguïté de l’enseignement secondaire dans toute sa splendeur.

L. Boyer et son équipe adoptent un parti pédagogique : la démarche expérimentale. Ils partent du concret, de l’expérience pour, pas à pas, faire découvrir les concepts et les lois qui rendent intelligibles les phénomènes physiques. On commence par le plus simple, mais en évitant de partir trop vite dans l’abstraction et, pis encore, dans la mathématisation. Quant aux problèmes de physique, ils viendront en leur temps, c’est-à-dire plus tard. Ces orientations peuvent dérouter certains professeurs habitués à noter les élèves sur de tels exercices, sans parler de tous ceux qui n’ont pas à leur disposition le matériel expérimental nécessaire. Le professeur Boyer prend son bâton de pèlerin et parcourt la France pour convaincre.

Deux thèmes sont retenus pour la première année : la lumière, l’optique et la vision d’une part, l’électricité de l’autre. En troisième, on poursuit l’électricité et l’on s'intéresse à la propulsion et aux moyens de transport.

Pour être sûrs qu'ils ne seront pas trahis, les concepteurs détaillent par le menu les matières à enseigner. Ils écrivent, à peu de chose près, la table des matières et l'intitulé, chapitre par chapitre, des futurs manuels. Ils n'hésitent pas à donner des indications ponctuelles et pas seulement de grandes orientations. Ici, il faut parler des illusions d'optique ; ici, montrer la différence entre les lampes à incandescence et les lampes à décharge. Les expériences sont décrites avec la précision d'un mode d'emploi, des activités de support sont suggérées. Bref, le travail est mâché pour les éditeurs comme pour les professeurs.

Le résultat représente un progrès considérable par rapport aux programmes antérieurs. Ici l'on prend l'élève par la main pour le faire progresser à son rythme. Il lui faudra beaucoup de mauvaise volonté pour ne pas comprendre. Quant aux éditeurs, ils n'ont qu'à se conformer à ces directives. Leur marge d'interprétation se trouve singulièrement réduite. C'est dire que les manuels se ressemblent et qu'on n'y relève pas les aberrations que nous avons vues ailleurs. Voilà donc ce que notre Éducation nationale sait faire de mieux en matière de programmes lorsqu'elle veut séduire un public qu'elle sait rétif et peu intéressé.

Le programme nouveau est arrivé

Toute première découverte : la physique, ça fait se dresser les cheveux sur la tête. Les manuels s'ouvrent sur une photo de jeune fille aux cheveux électrisés. Le temps qu'elle aille se recoiffer, le cours commence sur une injonction : « Frottons. » C'est parti pour la première expérience. Quand on frotte énergiquement un morceau de plastique avec un tissu, il devient capable d'attirer certains objets très légers. On dit qu'il s'est électrisé.

La déclinaison de cette expérience mettra en évidence des phénomènes d'attraction, mais aussi de répulsion, l'interprétation révélera l'existence de charges électriques positives et négatives. A la fin de l'épisode, l'électron est entré en scène. Les éditeurs jouent donc en figures imposées, ils citent tous le même texte fondateur de Dufay, au XVIIIe siècle, sur l'électrostatique, ils montrent une machine de Wimshurst et apprennent ce qu'est un détecteur de charges électrostatiques. Pour élargir le propos à des phénomènes plus spectaculaires que la poussière sur un écran de télévision, le programme prévoit l'explication des éclairs et précise « retenir le pouvoir des pointes ».

L'exercice est plus difficile qu'il n'y paraît puisque l'élève n'a en magasin que deux notions : il y a des charges négatives et des charges positives, les charges de même signe se repoussent, les charges de signe contraire s'attirent. Hachette s'en tient au minimum en reliant le phénomène à l'étincelle d'un allume-gaz. Dans tous les cas, il s'agit de décharge. La foudre et l'effet de pointe sont expédiés en style télégraphique. Le sujet est passé, le temps d'un éclair, on n'a rien vu. Hatier lui consacre deux pages. Son explication, beaucoup plus fouillée, permet de découvrir qu'au sein d'un nuage se créent des « courants de convection », qu'entre sa base et son sommet il peut apparaître « plusieurs dizaines de millions de volts » et que circulent des courants de « plus de 20 000 ampères ». Toutes notions que l'élève ne connaît pas encore. Nathan s'en sort mieux avec une description copieuse mais simple, et sans anticiper sur les termes et les notions à venir.

Deuxième leçon : le mot d'ordre a changé, c'est désormais : « Branchons. » On s'offre un circuit. Pour rester dans le quotidien, les élèves font l'autopsie d'une brave petite ampoule, en dévoilant son plot, son culot, son filament. C'est plutôt mignon. Mais, avant de se lancer sur les circuits, il faut d'abord apprendre le code. Toute une ribambelle d'éléments, pour lesquels il est indispensable de connaître le nom, la définition, le hiéroglyphe correspondant que l'on utilisera sur les schémas et, si possible, la signification. Voici l'interrupteur ouvert (lamelle vers le bas) et l'interrupteur fermé (lamelle droite posée sur la borne), le générateur (un grand et un petit T qui s'affrontent quand il s'agit d'une pile, un rond avec un M à l'intérieur quand c'est un moteur), ne pas confondre la résistance (un simple rectangle) avec la lampe (le même rectangle, mais à l'intérieur d'un cercle), et la diode (le triangle contre le mur) devient électroluminescente lorsque s'y ajoutent deux petites flèches partant vers le haut.

Avec cet équipement en tête, le courant peut passer. Les circuits sont montés, position ouverte, position fermée, en série ou en parallèle ; on distingue les conducteurs des isolants, on cherche à identifier le sens de circulation du courant… et des électrons. Les pages sont envahies par les photos de ces montages (la pile, les lampes, les fils) et surtout par des schémas de circuits toujours aussi peu lyriques. Entre l'exposé et les exercices, on en compte près d'une vingtaine pour illustrer le chapitre.

Les explications sont bien données : « Un circuit est un itinéraire dans lequel le point de départ est également le point d'arrivée. Exemple : un circuit automobile » ; « Le courant électrique dans un conducteur métallique est un déplacement d'ensemble d'électrons. Ce mouvement d'ensemble est très lent, à la vitesse d'environ un millimètre par seconde » ; « Le générateur électrique fonctionne comme une pompe, il ne crée pas d'électrons, il assure seulement leur circulation ». La multiplicité des schémas et des exercices rend la compréhension facile, je dirais presque inévitable.

Pour Jean-Claude P., si critique vis-à-vis des programmes antérieurs, le progrès est considérable : « A mes yeux, dit-il, il ne faudrait pas du tout faire de cours abstraits au collège : on ne devrait faire que de l'expérimentation. » C'est donc un adepte résolu de la démarche expérimentale : « C'est elle qui les motive plus que le thème. Quand ils manipulent, ils disent : "On fait les choses pour de vrai." Ce qu'ils aiment, c'est être acteurs. » Encore faut-il que le professeur ait le temps de préparer sa classe d'expérimentation, ce qui n'est pas toujours le cas, et dispose du matériel nécessaire.

L'élève part ensuite à la découverte de l'intensité, de la tension et arrive à l'oscilloscope, étape imposée par les pédago-physiciens. Il est vrai que l'écran de l'oscilloscope est à l'expérimentateur ce que l'écran du téléviseur est à l'enfant : une image fascinante que l'on ne quitte pas des yeux. Est-ce suffisant pour que l'élève attache le même intérêt à l'un qu'à l'autre ? Anatomie et physiologie de l'oscillo sont donc au menu. Schémas à l'appui, on s'efforce d'expliquer la genèse du faisceau à partir du canon à électrons, son cheminement et sa déviation grâce aux plaques horizontales et verticales, puis son impact sur l'écran fluorescent et la formation du spot lumineux. « Faut suivre, mais ça se comprend. » Viennent ensuite l'utilisation comme voltmètre et, un peu plus sophistiqués, le balayage et l'apparition de la sinusoïde en mesure des courants alternatifs.

Les élèves qui auront bien suivi sauront utiliser un oscilloscope pour étudier un courant. Ils auront identifié que, sur l'écran, le temps figure en abscisse et la tension en ordonnée comme le prévoient les instructions officielles. Des esprits méchants diraient que cet appareil est caractéristique du monde scientifique et qu'il manque, peut-être, de *sex appeal* pour des collégiennes prévenues contre la physique. Qu'on se rassure ! Le collégien sera récompensé de ses efforts, car il va découvrir que l'oscilloscope cathodique fonctionne comme un « imageur » et qu'à ce titre il permet de comprendre le « principe de formation de l'image sur un écran de télévision ». Les manuels passent donc du tube cathodique de labo à celui du téléviseur. L'affaire est expédiée en trois coups de cuiller à pot. Les enfants doivent seulement savoir que, dans le téléviseur, ce sont des bobines et pas des plaques qui dévient le faisceau d'électrons. Ce dont on se fiche éperdument. Du coup, il ne reste que trois phrases pour faire découvrir les secrets du balayage et les illusions créées par la persistance rétinienne. C'était la télévision expliquée aux collégiens. Si un seul a compris, il est en trajectoire pour Sup Élec.

Passer par l'oscilloscope pour comprendre le téléviseur, c'est typiquement la fausse bonne idée dont on croit qu'elle facilitera la compréhension alors qu'elle risque de rebuter. Les principes de la télévision et, plus encore, de la télévision en couleurs sont accessibles à un esprit non scientifique dès lors que la curiosité est éveillée. Or le téléviseur, par sa double nature, familière et magique, est propre à susciter un tel intérêt. Si l'on annonce : « Nous allons tenter de comprendre comment marche la télé », que l'on dispose des schémas simples et clairs pour illustrer le balayage électronique de l'écran, la classe doit offrir la qualité d'attention nécessaire pour suivre l'explication. En revanche, le détour par l'oscilloscope ne laisse aucun espoir. Une fois de plus, les « mordus » seront seuls à suivre, les autres attendront que ça se passe. « Quel intérêt de retenir le fonctionnement d'un oscilloscope ? », se diront-ils. Et, de fait, ils ne le retiendront pas.

L'écran vert de l'oscilloscope n'arrive pas tout à fait par hasard, il est inscrit en filigrane dans les instructions officielles. Après avoir souhaité que l'enseignement secondaire donne une « culture scientifique », elles précisent qu'il doit « former les esprits à la rigueur, à la méthode scientifique ». Ambition louable à condition de ne pas prétendre l'enseigner comme telle. C'est en découvrant la science que, peu à peu, incidemment, l'élève prend conscience qu'elle utilise une démarche particulière, qu'elle ne se contente pas de l'à-peu-près, qu'elle procède par étapes et vérifications, qu'elle va sans cesse de l'hypothèse à l'expérience. Il n'est rien de plus formateur pour l'esprit. Mais le « discours sur la méthode expérimentale » est parfaitement rebutant, alors qu'il se déduit tout naturellement des expériences, des erreurs, de la progression du raisonnement. Pas besoin d'en faire la théorie. Et l'on peut toujours s'aider d'exemples judicieusement choisis dans l'histoire de sciences, retracer l'aventure de certaines découvertes autrement plus savoureuses que les entrailles de l'oscilloscope.

L'autre partie du programme est donc consacrée à la lumière, l'optique et la vision. Une matière plus séductrice que l'électricité. Elle permet au manuel Hatier de consacrer une double page, superbement illustrée et commentée, à l'œil de la mouche, de la grenouille, du hibou et du chat. Inutile de faire des tests psychopédagogiques pour savoir que les jeunes lecteurs seront passionnés par les singularités du monde animal. On joue gagnant à coup sûr.

Les illusions d'optique, toujours très spectaculaires, auront aussi un grand succès, tout comme les mécanismes de la vision, la formation des images, les couleurs et leur perception. En sens inverse, la disparition de l'optique géométrique et de sa formulation mathématique correspond bien à la volonté de séduction. Quel était l'intérêt de ces calculs qui n'ajoutaient rien à la compréhension des phénomènes ? Le qualitatif l'a nettement emporté sur le quantitatif, et la compréhension sur l'utilisation des formules, c'est autant de gagné pour l'enfant.

Qui a peur des électrons ?

Il en va de même pour la chimie, largement débarrassée de son formalisme rebutant. Les principes pédagogiques posés par les instructions officielles proposent : « une initiation à la chimie par des activités à caractère technique (reconnaissance, séparation, purification, synthèses) et théorique (conceptualisation, modélisation) ». On cesse d'assassiner le néophyte avec une nomenclature métal-métalloïde, acides-bases, oxydants-réducteurs débouchant sur des formules rebutantes. On mise sur l'expérience et l'observation en s'efforçant de « ...situer, aussi fréquemment que possible, les techniques mises en œuvre dans la classe par rapport aux techniques sophistiquées mises en œuvre dans la recherche, la production et le contrôle de qualité, en signalant leurs points communs mais également leurs différences ». De fait, le programme de quatrième, qui s'articule autour de l'eau, s'échappe chaque fois qu'il est possible de la classe-laboratoire pour voir les bassins d'épuration, la composition des eaux minérales, les états de l'eau dans l'environnement, la pollution des eaux, la dessalinisation de l'eau de mer, etc. On se veut concret, mêlant induction et observation, la méthode est saine.

Cette volonté d'être concret, d'entrer tout de suite dans le vif du sujet, est poussée à l'extrême. Après les programmes traditionnels s'ouvrant sur d'assommantes définitions qui n'apprennent rien, voici le contraire. L'élève est jeté à l'eau – c'est le cas de le dire – sans qu'on lui ait donné la moindre idée du jeu auquel on va jouer. « L'eau est le constituant le plus important des organismes vivants », attaque un manuel, qui se lance aussitôt sur la trace de l'eau cachée dans le pain que révèle le sulfate anhydre de cuivre ; un autre annonce d'entrée que toutes les boissons ont un point commun – elles contiennent de l'eau –, sur ce, il découvre la panoplie du parfait laborantin : les ballons, les erlenmeyers, les bechers et les tubes ; un troisième révèle que « l'eau est un corps pur moléculaire » et entreprend de démontrer que des solides, des liquides et des gaz se dissolvent dans l'eau. C'est bien après qu'ils découvriront la structure moléculaire et la réaction chimique. Comme si l'abstraction, dont on a tant abusé, se mettait tout à coup à faire peur.

Pourquoi ne pas dire d'emblée qu'il y a des atomes à la base de tout ce qui existe, qu'il y en a plusieurs dizaines, tous différents les uns des autres, et que ces atomes ont naturellement tendance à se marier entre eux pour former des molécules qui deviennent des substances nouvelles ? Qu'il en existe autour de nous des milliers qui ont chacune leurs propriétés particulières. La chimie permet de comprendre cette grande foire aux atomes et, du même coup, de fabriquer sans cesse de nouvelles substances, depuis les matériaux de construction jusqu'aux médicaments.

Pourquoi ne pas aller un peu plus loin ? L'élève a découvert dans son premier cours de physique l'électrostatique et l'électron. On pourrait lui dire que ce qu'il a observé avec des corps électrisés qui s'attirent et se repoussent, il va le retrouver au monde des atomes parce que tout atome comprend des charges électriques. Des charges positives au centre et des électrons négatifs qui tournent tout autour. Ces forces électriques vont agir comme des crochets pour lier les atomes au sein des molécules. Certains atomes vont prendre des électrons en plus, ils deviennent des ions négatifs, d'autres vont en perdre, ils deviennent des ions positifs, les uns et les autres s'attirent et forment des molécules. Mais les atomes ont encore bien d'autres façons de s'accrocher les uns aux autres avec leurs crochets électriques. On retient simplement que les électrons qui tournent autour des atomes leur permettent de former des molécules et que la chimie nous fait comprendre comment ces mariages sont à la base d'un nombre infini de substances.

Ce n'est qu'une vision très grossière de la chimie, j'en conviens, qui est loin de recouvrir tout le champ de la discipline, mais qui permet, au moins, d'avoir une idée de ce qui se passe au niveau élémentaire de la réaction chimique : c'est une hypothèse de départ pour tenter de comprendre ce que l'on va faire. Il sera bien temps, beaucoup plus tard, d'entrer dans l'intimité des réactions chimiques, de découvrir les valences et les différents types de liaisons. Mais les scientifiques détestent cet à-peu-près qui est à l'opposé même de leur démarche. Tout ce qui est dit doit être vrai, rigoureux. Si l'on estime, à un stade donné, qu'une notion ne peut être comprise, alors on n'en parle pas et on attend. Il ne faut surtout pas adopter un langage vague et imagé qui risquerait de donner des idées approximatives.

Les auteurs sont toujours sur la corde raide entre la volonté de décrire les phénomènes dont ils parlent et la crainte de faire perdre pied aux élèves. Ils en viennent ainsi, paradoxalement, à parler de chimie sans prononcer le mot électron.

Les ions ont des charges électriques positives ou négatives, c'est tout. Pourquoi ne pas expliquer qu'ils ont des électrons en plus ou en moins, que, dans le premier cas, ils auront une charge électrique négative et, dans l'autre, une charge positive ? Cette notion supplémentaire qui permet de comprendre « ce qui se passe », de se le représenter, me semble éclairante. Mais non, par crainte de l'abstraction, on postule l'existence de ces ions qui deviennent bien plus énigmatiques que des atomes qui, les uns, ont volé un électron de plus et, les autres, s'en sont fait arracher un. La crainte de dérouter l'enfant, le souci d'une progression pas à pas sont des préoccupations nouvelles et fort heureuses. Mais elles ne doivent pas conduire, par refus d'un langage simple, général et imagé, à le faire cheminer dans un monde énigmatique qu'il découvre peu à peu sans aucune vision d'ensemble.

Le renfort de la didactique

Les efforts des scientifiques ont permis de dépoussiérer les programmes, tant mieux. En mon temps, j'avais pu « apprendre » la chimie, résoudre, je pense correctement, les « problèmes » qu'on me posait sans avoir jamais compris le rôle des électrons et des forces électrostatiques, qui sont pourtant à la base des phénomènes que j'étais censé étudier. Tout était postulé à grand renfort de symboles, de formules et de définitions, que l'élève mémorisait et ressortait opportunément pour résoudre les exercices. A ce jeu, il y avait ceux qui « pigeaient », ceux qui ne « pigeaient pas », mais on ne se souciait guère de savoir lesquels avaient compris. Mes professeurs n'étaient pas plus mauvais que d'autres, je n'étais pas plus stupide que mes condisciples, je pense que la plupart des bacheliers littéraires sortaient du lycée sans avoir une idée simple et générale de la discipline qu'ils avaient étudiée pendant des années comme de simples perroquets. Inutile de dire qu'un tel enseignement laissait un souvenir déplorable. Quand on avait « tout oublié », ce qui ne tardait guère, il ne subsistait que l'image d'une science assommante réservée à des spécialistes, un savoir pour maniaque qui n'avait pas sa place dans la culture d'un honnête homme. On voit le progrès immense qui a été accompli et auquel il faut rendre hommage.

Cette démarche expérimentale a du bon, mais elle ne peut, à elle seule, enflammer les jeunes imaginations. Elle demande à être enrichie, colorée, pour ne pas se borner à un jeu de l'oie d'une manip à une autre. Dominique, professeur de physique, s'en inquiète. « On donne trop d'importance aux travaux pratiques et, souvent, ce qui n'est pas de l'ordre de la manipulation, qui est purement intellectuel, est laissé de côté. C'est dommage, car c'est ce qui intéresse le plus les élèves. » Eh oui ! Des petites démonstrations, si probantes soient-elles, ne parlent que médiocrement à l'esprit des enfants. Encore et toujours il manque le sens, la mise en perspective. La curiosité enfantine ne peut se satisfaire d'un exercice nécessairement artificiel. Elle a besoin de plonger dans la réalité ou, au contraire, dans de grands espaces d'émerveillement, de rêve. C'est alors que Dominique procède à ce qu'il appelle un « détournement de programme ». « La lentille dont on parle en quatrième relève de l'optique, domaine assez intellectuel. Je leur parle d'astronomie, je leur montre comment on fait un télescope. On en profite pour parler un peu de Copernic, de Galilée, c'est-à-dire pour faire un peu d'histoire des sciences. Cela les passionne. Je trouve très souvent que notre enseignement est trop abstrait. Je leur ai proposé de disséquer un œil de bœuf. Le travail était facultatif, mais tous mes élèves étaient volontaires. Entre un schéma au tableau et avoir ça dans les mains, je peux vous assurer qu'il y a une grande différence. Maintenant qu'ils ont touché une rétine, ils ne risquent plus de la confondre avec la cornée. Il faut les intriguer. Démonter une prise électrique, tout le monde s'en fout – surtout qu'on les achète toutes faites désormais. » Passer des définitions et des problèmes aux expériences, c'est bien, mais c'est encore insuffisant. Pour gagner l'élève, pour surmonter le blocage culturel qui le tient à distance de la science, il faut aller plus loin dans la séduction.

Ne pourrait-on trouver des méthodes encore plus efficaces ? De nombreux spécialistes se posent la question. L'enseignement de la science aux jeunes enfants est même devenu le pont aux ânes de la didactique. Partout dans le monde, des équipes élaborent des théories fort savantes, se livrent à des expériences très sophistiquées pour mettre au point un nouveau mode d'apprentissage. La démarche expérimentale, l'approche pratique et inductive à la base des nouveaux programmes semble très grossière par rapport à de telles recherches.

Les didacticiens ont longuement étudié les mécanismes d'acquisition des connaissances, ce qui les a conduits à remettre en cause le schéma traditionnel. Dans celui-ci, un détenteur du savoir doit le transmettre à un novice. Ce dernier se met en situation passive, ouvre sa mémoire, voire son intelligence, et attend qu'on les remplisse. Périodiquement, un exercice va vérifier les acquis. Il présente une situation totalement formelle, « étudiée pour », qui comporte une solution et une seule, celle que l'élève devra découvrir et qui lui permettra d'avoir une bonne note. Certains chercheurs récusent ce processus : « Si le concept, comme dans l'enseignement actuel, ne correspond à aucun questionnement, n'est induit que par une situation qui apparaît très particulière à l'élève, on peut dire que le savoir enseigné risque d'être un savoir mort[1] »,

1. Monique Goffard, *Le Problème de physique et sa pédagogie*, ADAPT, 1994.

explique Monique Goffard, didacticienne au laboratoire interuniversitaire de recherche sur l'éducation scientifique et technologique. Ne pourrait-on faire mieux ?

Nous avons beaucoup de mal à imaginer une transmission des connaissances qui s'écarte de ce schéma scolaire traditionnel. Pourtant, ce n'est pas ainsi que nous avons appris à parler notre langue. Enfants, nous avons buté sur des difficultés pour nous faire comprendre, et nos parents nous ont aidés à les résoudre en nous apprenant les mots qui nous manquaient. La langue maternelle fait donc l'objet d'une appropriation aidée et guidée par les adultes et non pas d'une transmission systématique de type scolaire.

Pendant des siècles, c'est ainsi que les paysans ont appris leur métier. Ils se confrontaient très jeunes à la vie de la ferme, ils devaient « faire » et pas seulement « apprendre ». Quand ils ne savaient pas, ils essayaient de trouver une solution et, quand ils n'y parvenaient pas ou qu'ils se trompaient, le père montrait comment il fallait s'y prendre. Bien des patrons autodidactes se sont ainsi « formés sur le tas » et font preuve d'une compétence qui ne le cède en rien à celle des chefs d'entreprise diplômés. Là encore, un savoir a été transmis selon des schémas non scolaires.

Aujourd'hui même, le chercheur est confronté à des problèmes dont personne ne connaît la solution. Il émet des hypothèses, cherche, tâtonne, interroge la réalité et, peu à peu, élabore la nouvelle connaissance. Quel rapport entre cette approche, qui constitue la véritable démarche scientifique, et celle de l'élève auquel on propose une expérience qui ne le concerne en rien, mais dont il sait que le professeur tirera des conclusions et des concepts qu'il connaît à l'avance et que l'enfant devra apprendre ?

Certains tentent d'imaginer une nouvelle pédagogie dans laquelle l'élève serait confronté à des « situations-problèmes », c'est-à-dire à des situations ouvertes, débouchant sur plusieurs solutions possibles, et non pas à des problèmes fermés, délimités et verrouillés sur une seule réponse. Le professeur ne serait plus là pour dire ce que l'élève doit faire et penser, mais pour l'accompagner, l'éclairer dans sa démarche. A lui de réfléchir, de se risquer dans différentes voies, bref de construire une compréhension au lieu de la recevoir toute faite. L'enseignant devient un compagnon plus qu'un maître, il n'intervient qu'en second. C'est l'apprenti ou, plus vraisemblablement, le groupe d'apprentis qui doit avoir l'initiative, et c'est à partir de ses démarches et de ses essais que l'on progresse dans la connaissance.

Monique Goffard rappelle que des travaux poursuivis à l'Institut national de la recherche pédagogique vont dans ce sens. Ils « présentent le double intérêt d'approcher d'un point de vue épistémologique le contenu du savoir enseigné et d'un point de vue constructiviste le savoir de l'élève. Partant de cette double analyse, ces chercheurs considèrent qu'un concept scientifique ne se construit pas à partir d'un exemple et, éventuellement, d'un contre-exemple, mais "progressivement par oppositions, généralisations, remodelages successifs". Un concept scientifique permet d'"établir des relations entre éléments analysés", et sa définition n'est pas susceptible d'être formulée dans un dictionnaire[1] ».

Quand pourra-t-on écrire sur tous les tableaux noirs de France que l'idée n'est ni dans le mot ni dans sa définition, qu'on ne sait pas quelque chose parce qu'on sait le dire, et qu'au choix il vaut mieux comprendre bien ce qu'on dit mal (c'est très possible) que dire bien ce qu'on comprend mal (c'est très fréquent) ?

Pour surmonter cette prévention antiscientifique, une réforme pédagogique ne suffit pas, il faut une révolution. Le prix Nobel de physique américain Léo Lerderman a été l'ardent promoteur d'une telle rupture fondée sur la méthode « *hands on* » que l'on pourrait traduire par « les mains à la pâte ». Toute l'astuce consiste, en effet, à utiliser les mains plus que les oreilles comme organe d'ap-

1. *Ibid.*

prentissage. Ce sont elles qui vont permettre de manipuler tout un matériel ludique : bois, carton, ficelle, colle, savon, plastique, graines, etc., mis à la disposition de la classe. Les très jeunes élèves n'assistent pas aux expériences, ils les font. En groupe de préférence. A force d'essais, de tâtonnements, avec un peu d'aide aussi, ils parviennent au résultat. Ils s'amusent, mais ce n'est pas un simple jeu, tout ce qui a été fait doit être consigné. C'est ainsi que les petits expérimentateurs découvrent *a posteriori* les lois et les méthodes qu'ils ont appliquées sans les connaître.

Cette pédagogie semble très simple – surtout lorsqu'elle est aussi brièvement résumée –, elle est, en réalité, très élaborée : fruit de longues recherches. Les premières expériences faites dans les quartiers déshérités de Chicago ont prouvé qu'elle permet à des écoliers, sans aucun bagage culturel, de se passionner pour toutes sortes de disciplines, des mathématiques à la biologie, et de faire des progrès étonnants. Les résultats sont à ce point spectaculaires que des milliers d'instituteurs américains apprennent aujourd'hui cette nouvelle façon d'enseigner.

Avec quelques années de retard, la France à son tour s'intéresse à cette pédagogie active et concrète. Les premières expériences devraient être tentées à la rentrée 96-97 sous la houlette de l'Institut pédagogique national.

Cette lumière du regard

Souhaitons qu'une telle révolution s'étende et réussisse, car il n'en faudrait pas moins pour sortir les disciplines scientifiques de leur ghetto. En effet, les méthodes « classiques » plus ou moins améliorées supposent toujours l'adhésion de l'élève. Elles font merveille face à des cadres qui viennent se recycler en informatique avec la curiosité en éveil et l'attention mobilisée.

Ces conditions favorables sont rarement réunies dans les collèges. Les élèves, dans leur majorité, n'apportent qu'une présence passive, une attention distraite, une intelligence rétive et suspicieuse. La science n'est pas pour eux, ils en sont convaincus.

Tant que l'on n'aura pas changé cet état d'esprit, toutes les recherches, qu'on les qualifie de pédagogiques ou de didactiques, et quelle que soit leur pertinence, resteront vaines. Le bon sens populaire dit qu'on ne fait pas boire un âne qui n'a pas soif, il pourrait ajouter que tous les breuvages paraissent excellents lorsqu'on a la gorge sèche. Voilà le point d'où il faut partir. Entre l'enfant intéressé, curieux, avide de comprendre et l'enfant ennuyé, fermé, refusant tout effort, la différence est bien plus grande qu'entre les bonnes et les mauvaises méthodes d'enseignement.

Notre Éducation nationale a pu former des spécialistes de qualité dans des conditions souvent déplorables. Sa présentation des différents savoirs était le plus souvent aride, rebutante, décourageante au possible, et les professeurs, jamais formés à l'enseignement, n'étaient pas toujours des champions de la pédagogie, mais cela n'empêchait pas de voir, dans toutes les matières, un certain nombre d'élèves se passionner et réussir brillamment. Pourquoi ? Parce qu'ils avaient une affinité naturelle avec la discipline considérée, qu'au départ ils étaient intéressés et décidés à fournir l'effort nécessaire. Cette volonté initiale leur permettait de suppléer toutes les défaillances du système. Quand on a l'envie d'apprendre, on y arrive toujours.

L'enseignement traditionnel des sciences au collège était parfaitement adapté à une telle situation, il faisait progresser « les bons » et ne se souciait pas trop de « la classe ». On prétend aujourd'hui, et c'est fort louable, s'intéresser à « la classe » et plus seulement aux « bons ». Le problème n'est qu'accessoirement didactique au sens étroit du terme. Si les collégiens ont envie d'apprendre, les nouveaux programmes leur en donnent la possibilité.

On peut toujours faire mieux, mais ceux-là peuvent convenir. A cette réserve près que l'hypothèse de départ est fausse et que tout le monde le sait. Il n'est pas vrai que les collégiens – et les collégiennes – aient « envie » d'étudier la physique-chimie. Les réformateurs étaient conscients de la difficulté, aussi donnèrent-ils à « la séduction » un rôle prioritaire. Ont-ils réussi ?

Parlons franc : je ne le pense pas. Quand j'imagine ces collégiens abordant leur première leçon de physique ou de chimie avec le front buté et la mine renfrognée, je ne peux croire qu'il suffira de quelques expériences bienvenues : électrisation de deux corps, montage d'un circuit électrique, observation des différentes sources de lumière, filtration d'un jus d'orange, distillation de l'eau sucrée ou décantation d'une vinaigrette pour allumer dans leurs yeux cette petite lumière de curiosité sans laquelle ils n'apprendront rien. Nos scientifiques, en dépit de leur immense bonne volonté, n'ont pas mesuré le fossé qui s'est créé entre leur discipline et les élèves.

C'est un constat que je fais souvent à propos du public adulte. Bien des chercheurs, bien des universitaires s'indignent du peu d'émissions scientifiques proposées à la télévision. Je ne peux que les approuver. De leur point de vue, il suffirait que de telles émissions soient programmées pour que les téléspectateurs abandonnent les niaiseries dont ils se régalent et en fassent leurs délices. Cette opinion est confirmée par ces mirobolants sondages sur les goûts du public qui reviennent toujours à démontrer que les gens aiment ce qu'ils ne regardent pas mais regardent ce qu'ils n'aiment pas. A ce jeu, l'information scientifique est toujours fort bien placée. Mais c'est une chose de bien figurer dans les sondages d'opinion et une autre de bien figurer dans les sondages d'audience. L'expérience montre qu'au moment de répondre, zappeur en main, le Français manifeste à l'égard de la science une prévention très difficile à surmonter, une prévention que les scientifiques ne peuvent ni mesurer ni comprendre.

Des méthodes inspirées par la démarche « les mains à la pâte » permettraient de surmonter de tels blocages dans le primaire, mais que faire avec des collégiens qui rencontrent la science en classe de quatrième ? Ne faut-il pas alors accompagner l'expérimentation d'une démarche plus excitante pour l'esprit ? Oser rompre avec le schéma pédagogique traditionnel afin de gagner cette présence active ? L'objectif ne peut être atteint sans remettre radicalement en cause les programmes actuels. Mais la science mérite que l'on fasse preuve d'audace.

Éminent physicien, conseiller de Lionel Jospin au ministère de l'Éducation nationale, remarquable vulgarisateur, Claude Allègre est le prototype de ces scientifiques passionnés par les questions de pédagogie. Dans un entretien récent, il en vient à la même conclusion[1] : « Actuellement, l'enseignement scientifique consiste à répondre à des questions que les enfants ne se posent pas. » Il ne propose pas pour autant un enseignement qui se limite à un prosaïque « comment ça marche ? », qui fuit les idées générales, bien au contraire. Il sait que ce n'est jamais l'abstraction qui pose problème, mais l'absence de signification et la présence du formalisme. Que suggère-t-il ? « Il faut enseigner des choses difficiles très vite. Il faut enseigner dès le collège la notion de probabilité, la théorie de l'évolution, les lois de Mendel et la génétique dès la cinquième. La chimie dès la sixième, de manière pratique, en faisant construire des molécules aux enfants, en disant : l'hydrogène a une valence, le carbone en a quatre, voilà vos boules et construisez vos molécules, et très vite des molécules compliquées. [...] Il est impensable pour moi qu'on n'enseigne pas l'astronomie au collège. Impensable qu'on ne commence pas par parler de ce qu'on voit, du ciel, du Soleil, des planètes, des étoiles. Ce qui n'implique pas des professeurs d'astronomie. Il faut arrêter le corporatisme des sciences. »

1. « L'enseignement des sciences est à repenser », entretien avec Claude Allègre, dans *La Recherche*, décembre 1995.

Avouons-le, j'ai souvent fait dialoguer en moi le journaliste scientifique et le parent d'élève. Je me suis demandé pourquoi les approches de la pédagogie et de la vulgarisation étaient si différentes au départ, alors que, dans les deux cas, on s'adresse à un public ignorant et inintéressé, un public à séduire, non pas à instruire. Je n'ai pu m'empêcher de penser que, dans cette discipline, on pourrait tenter des approches radicalement différentes. Enhardi par les audaces d'un Claude Allègre, j'ose me lancer. Voilà, me semble-t-il, ce que pourrait être l'électrochoc capable de gagner l'adhésion des élèves.

Apollo et les dinosaures

Pourquoi ne pas consacrer les heures d'initiation à des thèmes historiques : « Comment l'homme est-il arrivé sur la Lune ? », « Pourquoi les dinosaures ont-ils disparu ? », « Comment a été fabriquée la première bombe atomique ? »… Chacun d'eux pourrait se poursuivre sur une dizaine d'heures. Cela permettrait de faire des « cours de science », qui s'imposeraient par nécessité dans la logique du récit et ne seraient pas décrétés par une autorité programmatrice.

De telles questions frappent l'imagination de l'enfant, éveillent sa curiosité, réactions que ne peuvent susciter l'électricité, la propagation de la lumière ou les réactions chimiques. Au départ, je fais donc le pari que les élèves seraient « preneurs », qu'au lieu de se braquer contre la science ils seraient disponibles pour la recevoir.

Tous les élèves rétifs face à un savoir arbitraire et désincarné seraient ouverts à la découverte d'événements dramatiques et fascinants. Des récits aussi riches, aussi captivants donnent toujours envie de comprendre. Souvenons-nous de la formule à succès de la télévision, *Les Dossiers de l'écran*. Elle reposait sur le jumelage de la narration et de l'explication. Tout d'abord, un film, c'est-à-dire une histoire. S'il a été bien choisi, il fait naître de nombreuses questions dans la tête des téléspectateurs. Les voilà disponibles pour un débat qu'ils n'auraient certainement pas regardé s'ils n'avaient été mis en appétit par le film. Dans le cas présent, il s'agirait d'imbriquer constamment histoire et science. Car ces thèmes, ou d'autres du même type, appellent tout naturellement de nombreux développements scientifiques. Si le collégien est captivé par l'histoire, il le sera également par les explications. Il voudra comprendre et fera l'effort nécessaire pour y parvenir.

Je fais donc le pari que la curiosité enfantine sera constamment en éveil et que le travail du professeur en sera grandement facilité. Son propos aurait alors un sens, il viendrait « en situation », ce qui modifie radicalement l'attention de la classe. Voyons cela.

La présentation du programme Apollo s'ouvre sur le récit, le plus possible illustré, du voyage lui-même et des premiers pas de l'homme sur la Lune, le 21 juillet 1969. Il s'agit de bien poser cet événement légendaire, unique dans les annales de l'humanité, dont on va reconstituer toute l'histoire ; de le replacer dans son cadre historique, avec ses péripéties, ses incertitudes, ses rebondissements, ses héros, ses drames. Les différents plans s'entremêlent sans cesse : l'affrontement des empires soviétique et américain, la difficulté de l'entreprise, les problèmes techniques et scientifiques, le courage des hommes, etc. Au fil du discours, les « questions de cours » arrivent tout naturellement et, à partir de cas particuliers, ouvrent des perspectives plus larges et des notions générales.

Le rappel du premier Spoutnik oblige à se poser la question : « Comment un satellite artificiel peut-il tourner autour de la terre sans retomber ? » A détailler les deux phases du lancement : s'élever au-dessus de l'atmosphère, conférer une vitesse circulaire suffisante. Il faut aussi s'interroger sur le véhicule. Pourquoi la fusée est-elle seule capable de fonctionner dans l'espace ? Les élèves découvrent que les moteurs de voiture ou d'avion ont besoin de l'oxygène de l'air, que la fusée emporte son oxygène et fonctionne dans le vide. Un rappel historique permet de retracer les premières années de l'ère spatiale, les triomphes soviétiques, les déconvenues américaines. La réaction du président Kennedy et le pari lunaire.

Tout repose sur la possibilité de construire un véhicule capable d'une telle mission. Une heure n'est pas de trop pour faire comprendre le fonctionnement d'une fusée.

Puis il faut s'intéresser à l'objectif de la mission : la Lune. Une leçon permettra d'en faire la découverte.

La mission se prépare, on parle de mécanique céleste. La solution retenue, les rendez-vous, etc.

Le drame, avec l'incendie de la cabine qui coûte la vie à trois astronautes. L'oxygène, son rôle dans la respiration, ses dangers.

La fusée Saturne est en chantier; la difficulté, c'est de domestiquer l'hydrogène. La classe découvre cet élément. Elle apprend que l'on brûle l'oxygène et l'hydrogène pour pousser la fusée et qu'on les combine pour produire de l'électricité dans les piles à combustible.

Le grand problème, c'est la fiabilité. Comment être sûr qu'une panne ne provoquera pas une catastrophe ? On explique la simulation, la redondance, tout ce qui a permis d'assurer la sécurité. Le drame évité d'Apollo XIII.

Ensuite viennent les télécommunications et le guidage. Comment a-t-on pu suivre le vaisseau spatial et comment les spectateurs ont-ils pu voir l'expédition à la télévision ?

Voici maintenant l'entraînement des astronautes. L'absence de gravité, le danger des rayonnements, le scaphandre lunaire : un vaisseau spatial à forme humaine. L'alimentation des hommes dans l'espace, etc.

Puis viennent les expériences scientifiques effectuées au cours des vols Apollo. Ce qu'elles ont appris sur la Lune, sur la Terre.

Ainsi, le programme Apollo offre une bonne dizaine

de leçons, fort diverses, qui peuvent être abondamment illustrées de photos, de dessins, de films et de schémas, et surtout de faits, d'événements, d'anecdotes. Toutes les informations données, du simple détail matériel à l'explication la plus abstraite, sont « en situation », elles sont indispensables à la compréhension de l'histoire. Ainsi passe-t-on en revue l'astronomie et la technologie, la chimie et la physiologie. Il ne peut s'agir que d'un survol, mais qui, à chaque étape, permet de retenir quelques idées générales accrochées à l'épisode. Mais n'est-ce pas trop ambitieux pour des enfants qui ont, je le rappelle, treize ans et non pas onze ? Franchement, je ne le pense pas. Parmi les spectateurs qui suivaient, passionnés, l'événement à la télévision ou dans la presse, qui lisaient et comprenaient les explications données, on comptait bon nombre d'adolescents. Et qui comprenaient parfois mieux que les parents, car ils étaient plus intéressés. Il suffirait de faire renaître une semblable curiosité pour retrouver la même faculté de compréhension.

La démonstration est beaucoup plus évidente pour la saga des dinosaures. On n'avait pas attendu *Jurassic Park* pour savoir à quel point les jeunes, et pas seulement les marmots, sont fascinés par ces animaux. Le point de départ, c'est bien sûr l'énigme de leur disparition. Un rappel sur le monde de l'ère secondaire : une Terre dominée par les dinosaures. Des centaines d'espèces, les unes carnivores, les autres herbivores, des animaux gigantesques, d'autres de petite taille. Le monde entier leur appartenait. Les mammifères n'étaient représentés que par quelques bestioles peureuses. Comment se fait-il qu'ils aient tous disparu et que les mammifères aient pris leur place ? Les différentes leçons décriraient le travail des scientifiques reconstituant le monde des dinosaures, tout ce que l'on sait sur la Terre à l'ère secondaire et les hypothèses sur la disparition de ces animaux. Les ouvertures scientifiques sont multiples et attrayantes.

Présentation des dinosaures. Comment peut-on reconstituer ce qu'étaient ces animaux à partir des ossements retrouvés ? Qu'est-ce qui les caractérise ? Étaient-ils à sang chaud ou à sang froid ? Etc.

La datation. Comment peut-on connaître la date à laquelle ils vivaient, la date à laquelle ils ont disparu ? La notion des durées géologiques. Les méthodes de datation, absolues, relatives. La conclusion : on sait qu'ils ont tous disparu, il y a soixante-cinq millions d'années.

La Terre au temps des dinosaures. Les continents n'étaient pas disposés de la même façon. Au début, ils étaient rassemblés, puis ils se sont écartés, car les continents ne sont pas immobiles, ils bougent avec le temps. Le climat aussi a changé dans le passé, quel temps faisait-il à l'ère secondaire ?

L'histoire des espèces. Les premiers être vivants. Ces êtres microscopiques. Puis, après un temps très, très long, apparaissent les premiers êtres organisés. Les premières espèces ont évolué, ont donné naissance à d'autres espèces vivantes. A certaines époques, la plupart des espèces disparaissent et sont remplacées par d'autres, il n'y a pas que les dinosaures. Mais on ne connaît pas la raison de ces exterminations. Et, on ne sait pas pourquoi, il y a toujours des espèces qui survivent et qui se développent à la place des disparus.

Les hypothèses sur la disparition :

Hypothèse de la comète. Que sont les comètes ? Y en a-t-il beaucoup ? Risquent-elles de frapper la Terre ? Y en avait-il davantage autrefois ? Comment sait-on qu'une comète aurait frappé la Terre il y a soixante-cinq millions d'années ? Les traces de l'impact, la datation ? Quelles peuvent être les conséquences d'une telle catastrophe sur la Terre ? Le climat aurait-il brutalement changé ?

Hypothèse volcanique. Découverte du volcanisme. Les grandes éruptions, leurs conséquences sur l'atmosphère. Les couches de lave volcanique en Inde. La crise volcanique qui les aurait produites. Quelles en auraient été les conséquences sur la planète ? Pourquoi ces bouleversements de l'atmosphère auraient-ils pu être fatals aux dinosaures ? Les autres catastrophes du passé.

Hypothèse du changement progressif. Un changement complet du climat et de l'environnement terrestre, sans grandes catastrophes. Les animaux ont de plus en plus de mal à survivre. Ils ne disparaissent pas tout d'un coup, mais progressivement, sur des millions d'années. Mais comment se fait-il que les changements, fatals à tous les dinosaures, aient été supportés par certains mammifères ? Est-ce que les dinosaures ont disparu comme ça, parce qu'ils avaient vécu plus de cent millions d'années et que leur espèce était « fatiguée » en quelque sorte ? Est-ce que toutes les espèces finissent par disparaître et céder la place à d'autres ? On ne sait pas. Enseigner la science, c'est apporter des réponses, c'est aussi faire découvrir des énigmes non encore résolues.

Là encore, la dizaine de leçons vient naturellement, non pas comme un exposé universitaire mais comme une fresque commentée. Il suffit de présenter le phénomène sans en décrire précisément les mécanismes. Montrer les mouvements des continents sans entrer dans la tectonique des plaques et rappeler qu'il en va de même aujourd'hui et que cette dynamique provoque les tremblements de terre.

Le sujet passionne à ce point les enfants qu'il a suscité une abondante littérature qui présente la saga des dinosaures pour tous les âges de sept à soixante-dix-sept ans, selon la formule. C'est bien la preuve que l'on peut se situer à un niveau d'explication approprié pour le public que l'on vise. Là encore, les illustrations sont abondantes qui permettent de faire réfléchir les élèves sur des représentations concrètes et non pas sur des idées abstraites.

Le piège du noyau atomique

Ce troisième thème peut sembler moins adapté à de jeunes esprits : trop abstrait, trop dramatique. Je n'en crois rien, surtout lorsqu'on l'aborde non pas en sixième, mais en quatrième, voire en troisième. Quel est l'enfant qui ne se sent pas concerné par la bombe atomique ? Cette histoire nous fait pénétrer dans le monde, *a priori* ésotérique, de la physique nucléaire. Une matière que l'on n'oserait comme telle mettre au programme de la quatrième. Mais on mise sur une autre approche de la science, une approche qui prend appui sur la force du récit.

Là encore, il faut partir du fait nucléaire. Le 6 août 1945, une seule bombe rase Hiroshima et fait cent mille morts. Depuis lors, les grands pays ont fabriqué des bombes si puissantes et si nombreuses que leur explosion détruirait toute vie sur la Terre. Comment une arme aussi terrifiante a-t-elle pu naître ? Les inventeurs ont-ils été des militaires, des dictateurs ? Pas du tout, il s'agissait de savants qui faisaient des recherches et qui pensaient à tout sauf à fabriquer des armes. Comment des chercheurs qui vivent paisiblement dans des équations ont-ils pu de proche en proche être entraînés dans une telle aventure ? Pour le comprendre, il faut se référer à des phénomènes terriblement abstraits : épreuve de vérité pour une telle démarche. N'exige-t-elle pas un niveau de connaissances trop élevé ? Faisons l'exercice, nous verrons bien.

Dans les années 30, les physiciens veulent trouver les briques microscopiques qui composent la matière. Ils explorent le monde de l'infiniment petit. Ces chercheurs ne sont pas très nombreux, il y a quelques équipes en Allemagne, en Angleterre, en Amérique… en France aussi. Un seul est connu dans le monde entier, c'est Albert Einstein qui a inventé une théorie : la relativité, devenue très célèbre bien que peu de personnes aient été capables de la comprendre.

En France, ces recherches sont effectuées par Frédéric Joliot et sa femme Irène Curie (qui sont-ils ?). Tous ces gens se connaissent, s'écrivent, se rencontrent dans des réunions internationales. Ils publient les résultats de leurs recherches dans des revues qu'ils sont seuls à lire et à comprendre. Ceux qui font de grandes découvertes, qui sont les premiers à les annoncer, reçoivent le prix Nobel. C'est une récompense très convoitée, et la compétition est très forte pour l'obtenir.

En ce début des années 30, ces physiciens savent que la matière est composée d'objets très petits, les atomes. Ils ont compris qu'il existe un grand nombre d'atomes différents correspondant à toutes sortes d'éléments que l'on connaît : le fer, l'oxygène, le cuivre, etc. Ils ont découvert que ces atomes ne sont pas des petites billes mais plutôt des sortes de petits systèmes solaires avec un noyau à la place du soleil et des électrons qui tournent autour comme des planètes. Mais ce noyau n'est pas non plus une petite bille. C'est un assemblage plus ou moins gros de particules : des protons. Certains atomes peuvent se mettre à cracher des particules, ils sont radioactifs, et l'on utilise cette radioactivité pour détruire des cancers. Un auteur de science-fiction américain, H. G. Wells, a déjà imaginé, dans son roman, *Le Monde libéré*, que l'on pourrait fabriquer des explosifs très puissants avec les atomes. Les physiciens qui ont lu ce livre n'y croient pas ; en fait, ils n'arrivent pas à « voir » ce qui se passe à l'intérieur du noyau.

Ils entreprennent alors d'utiliser des atomes radioactifs comme de tout petits fusils qui crachent des particules. Lorsque ces miniprojectiles arrivent sur une cible, ils entrent en collision avec les atomes, et les physiciens s'efforcent de comprendre ce qui se passe. Et ce n'est pas facile. Tous ces objets, les noyaux atomiques, les protons, les électrons, sont si petits qu'il ne peut être question de les voir, même avec les meilleurs microscopes de l'époque. Pour les étudier, les physiciens regardent les petites traces qu'ils laissent sur des plaques photographiques ou sur des plaques de métal. Un peu comme les avions qui volent très haut dans le ciel, qu'on ne voit pas, mais qui laissent derrière eux une traînée blanche qui se remarque sur le bleu du ciel. Ils doivent deviner la nature de l'atome ou de la particule en ayant cette petite trace pour seul indice. C'est encore beaucoup plus difficile que de reconnaître un animal en relevant l'empreinte de ses pas sur le sol. Seuls les meilleurs physiciens y parviennent, mais les incertitudes et les erreurs sont fréquentes. Bref, il ne suffit pas de faire une expérience, il faut encore comprendre ce qui s'est passé.

En 1932, par exemple, Frédéric et Irène Joliot-Curie avaient provoqué des microcarambolages dont ils avaient méticuleusement relevé les traces. Ils publièrent leurs observations mais furent incapables de fournir une explication. Celle-ci fut donnée par un savant britannique, James Chadwick. Il montra que les traces indéchiffrables trahissaient la présence au sein du noyau atomique d'une particule encore inconnue : le neutron, une particule qui va jouer un rôle très important dans la suite de l'histoire. Il existe donc au sein du noyau non pas une, mais deux sortes de particules : des protons et des neutrons. Frédéric et Irène Joliot-Curie furent tout dépités d'avoir manqué le neutron, mais ils se rattrapèrent peu après en découvrant que, lorsqu'on bombarde des atomes, on peut les rendre radioactifs à leur tour. Finalement, James Chadwick et les Joliot-Curie reçurent des prix Nobel la même année, en 1938 : l'un, le prix de physique, les autres, celui de chimie.

Du coup, beaucoup de physiciens se prirent au jeu et mitraillèrent certains atomes avec des projectiles lancés par des corps radioactifs. En Italie, Enrico Fermi bombarda ainsi le plus gros de tous les atomes, celui d'uranium. Un colosse qui comporte 92 protons et plus encore de neutrons. La collision provoqua un enchevêtrement de traces si compliqué que Fermi n'y comprit rien du tout. Il crut que le noyau d'uranium avait avalé des particules et était devenu encore plus gros. Mais ça ne correspondait pas aux traces qu'il voyait. Alors, que se passait-il quand on bombardait un noyau d'uranium ? Pendant quatre ans, les savants vont faire et refaire l'expérience. Les Joliot-Curie veulent absolument comprendre, une équipe allemande aussi. Ils croient avoir trouvé, se trompent. Tentent d'autres expériences. Les Français sont sur le point d'avoir la bonne réponse, mais ce sont les Allemands qui la donnent en premier : le noyau d'uranium n'est pas devenu plus gros, il s'est cassé. Les traces que tous les physiciens essayaient de déchiffrer étaient tout simplement celles des deux morceaux du noyau qui s'était brisé. Bref, le noyau bombardé avait explosé.

Aussitôt, les physiciens font le calcul. Cette explosion, c'est comme celle d'une grenade, ça dégage de l'énergie. Très peu, car c'est une minuscule grenade, elle ne peut pas faire de mal. Sans doute. Mais il y a des milliards et des milliards d'atomes dans un gramme d'uranium : que se passerait-il s'ils se mettaient tous à exploser ? Cela fournirait une nouvelle source d'énergie qui pourrait, par exemple, donner de l'électricité. Mais si les atomes explosent tous en même temps ? On aurait là un explosif infiniment plus puissant, plus destructeur que la dynamite. En attendant, les Allemands reçoivent à Stockholm le prix fondé par le père de la dynamite, Alfred Nobel.

A ce point de l'histoire, les physiciens savent qu'il y a de l'énergie dans le noyau de l'atome et qu'elle peut se libérer. Certains pensent que ce phénomène pourrait être utilisé pour construire des centrales électriques, d'autres se mettent à craindre qu'il ne soit à l'origine d'une superbombe. Ils s'en inquiètent. Car nous sommes en 1939, et toute cette histoire est inséparable de la montée du nazisme, de la marche à la guerre.

Beaucoup de physiciens ont souffert du nazisme. Albert Einstein a dû se réfugier aux États-Unis, fuyant les persécutions antisémites. Il n'est pas le seul. Dans l'équipe allemande qui a découvert la fission de l'uranium, Lise Meitner, qui est juive, doit se sauver d'Allemagne en quelques heures pour échapper aux SS. Fermi, lui, a quitté l'Italie fasciste de Mussolini. Il se trouve aux États-Unis avec de nombreux autres physiciens juifs d'Europe. C'est dans ces circonstances dramatiques que se poursuit l'exploration du noyau atomique.

La question : « Peut-on provoquer non pas l'explosion d'un noyau, mais celle de milliards de noyaux atomiques, donc faire produire beaucoup d'énergie par l'uranium ? » est d'abord scientifique, mais ses conséquences pourraient aussi être militaires.

Comment serait-ce possible ? Le noyau d'uranium contient plus de deux cents protons et neutrons. Lorsqu'il est frappé par un neutron, il se casse en deux. Mais imaginez qu'à ce moment il y ait plusieurs neutrons qui s'échappent et qui aillent frapper d'autres noyaux d'uranium qui vont se briser, libérant d'autres neutrons qui vont casser d'autres noyaux et ainsi de suite. C'est ce qu'on appelle une réaction en chaîne. Si vous prenez un morceau d'uranium contenant des milliards d'atomes serrés les uns contre les autres, que l'explosion de l'un provoque celle de deux autres, qui provoque celle de quatre autres, qui provoque celle de dix autres, qui provoque celle de cent autres… tout va exploser. Car tout cela se passe très vite au milliardième de seconde. C'est instantané. Il faut donc savoir au plus vite si le noyau d'uranium en se brisant crache des neutrons qui vont aller briser d'autres noyaux d'uranium ?

Tous les physiciens multiplient les expériences pour trouver la réponse. Deux équipes avancent plus vite que les autres, celle de Fermi aux États-Unis et celle des Joliot-Curie à Paris. En quelques mois, ils découvrent que c'est bien le cas. Chaque fois qu'un noyau d'uranium se brise, il lâche plusieurs neutrons, deux, trois, quatre, on ne sait pas bien, qui peuvent aller briser d'autres noyaux. C'est un résultat capital, il prouve qu'il devrait être possible d'obtenir énormément d'énergie à partir de l'uranium.

Il y a un savant très curieux, il s'appelle Léo Szilar,

c'est un juif hongrois et, depuis des années, il devine tout avant tout le monde. Il s'est enfui de son pays, est passé en Angleterre, puis en Amérique. Il a cru dès 1935 que l'on pourrait provoquer une réaction en chaîne, il s'en inquiète, car lui pense à la bombe atomique. Il craint par-dessus tout que les nazis soient les premiers à fabriquer une telle arme. Aux États-Unis, il demande à Enrico Fermi de ne pas divulguer les résultats de ses dernières expériences afin que les nazis n'en soient pas informés ; il écrit une lettre dans ce sens à Frédéric Joliot.

Pour les physiciens, c'est un cas de conscience. Ont-ils le droit de garder le silence sur leurs découvertes ? Contrairement à l'industrie qui garde jalousement ses secrets de fabrication, la science annonce toujours ses résultats. C'est ainsi qu'elle avance. En ne publiant pas, on freine le progrès… et l'on risque qu'un autre s'attribue la découverte.

Fermi et Joliot, comme la plupart des physiciens, sont farouchement opposés aux nazis ; ils sont partagés entre la crainte de donner une information utile aux Allemands et celle de perdre le mérite d'une découverte. Joliot, quant à lui, pense que son expérience pourrait permettre un jour de fabriquer des centrales électriques, mais ne croit pas à la bombe atomique. Il publiera donc un article montrant qu'il est possible de provoquer une réaction en chaîne. Un article important pour ceux qui voudraient faire une bombe. Des Allemands liront l'article et préviendront leur ministère de la Guerre. Heureusement, les nazis ne sauront pas tirer parti de cette information…

Voilà ce qu'on pourrait expliquer pour commencer.

En tout état de cause, de tels cours ne pourraient être des conférences magistrales. Ils ne peuvent se dérouler que sous forme de dialogue, d'échange, en pariant que l'intérêt du sujet tirerait la classe de son apathie. Mais séducteur ou non, un cours reste un cours. Les élèves ne doivent s'intéresser qu'afin de travailler. C'est dire qu'ils ne se contentent pas d'écouter, ils prennent des notes, étudient (le manuel ?), apprennent la leçon, sont interrogés et notés. Plus on renouvelle le fond de l'enseignement, plus on doit conserver les repères traditionnels.

Un tel schéma vise simplement à présenter les notions indispensables pour suivre un tel récit. On ne peut faire l'économie du noyau atomique, du neutron, de l'uranium, de la réaction en chaîne ou de la fission. Mais il n'est pas indispensable d'introduire les transmutations nucléaires, les différentes formes de radioactivité, les forces nucléaires, l'équivalence matière-énergie, les forces électriques, les accélérateurs, etc. Des élèves de troisième possèdent-ils les repères nécessaires, les repères historiques par exemple, sont-ils intellectuellement capables d'assimiler de telles notions ? Je tends à le penser, mais je peux aussi, n'étant pas pédagogue, me tromper du tout au tout. Je surévalue peut-être l'acuité intellectuelle qu'apporte la séduction du récit. Seule l'expérience permettrait de répondre.

Ensuite viendraient les épisodes bien connus. « Les Français déposent le brevet de la bombe », « La lettre d'Einstein au président Roosevelt », « Le lancement du projet Manhattan », « La première pile atomique », « Sur la piste des explosifs nucléaires », « La bataille de l'eau lourde », « La fabrication d'une bombe », « Le premier essai à Alamogordo », « La grande interrogation : faut-il l'utiliser ? », « Pourquoi les Allemands n'ont pas pu construire leur bombe », « Les remords des physiciens », etc.

S'il était possible de raconter une telle histoire dans les collèges et d'en faire comprendre la signification, je pense qu'on aurait parfaitement répondu à l'objectif des programmes actuels : « former les esprits à la méthode scientifique, à la critique et à l'honnêteté intellectuelle ».

Un professeur de physique auquel je soumettais cette idée me faisait remarquer qu'une telle approche reviendrait à faire disparaître l'expérimentation des jeunes classes, ce qu'il ne pouvait admettre. L'objection est d'importance. Il est inconcevable que l'on s'en tienne au récit, même illustré de documents, sans jamais mettre les élèves au contact de la réalité concrète. A cela deux réponses. Tout d'abord, on pourrait largement utiliser des maquettes et reproductions. Pourquoi ne pas fabriquer tout un matériel pédagogique produit en quantité, donc à bas prix ? Est-il si difficile de reproduire en matière plastique quelques fossiles caractéristiques de dinosaures ? Avec de tels indices, toute la classe participerait à l'enquête de type policier qui permet au paléontologue de « faire parler » des ossements. Je me souviens de Philippe Tacquet, ancien directeur du Muséum, m'expliquant en quelques minutes pourquoi l'os de mâchoire qu'il avait découvert montrait que certains dinosaures pêchaient et se nourrissaient de poissons, à la manière des hérons. Un animal disparu depuis des dizaines de millions d'années revivait à travers cet indice si dérisoire que nous l'aurions repoussé du pied sans même le remarquer. C'était fascinant. Je certifie l'intérêt des élèves pour de telles démonstrations. De même, j'imagine mal qu'on puisse raconter le programme Apollo sans quelques maquettes ou parler du noyau atomique sans avoir des modèles en main, etc. D'autre part, il ne serait peut-être pas inconcevable de combiner les deux sortes d'enseignement. Tantôt on raconte Apollo ou les dinosaures, tantôt on fait des expériences d'électricité ou de chimie. Mais là, j'avoue ma totale incompétence, seuls des enseignants peuvent savoir si ces différentes approches sont compatibles. En tout état de cause, il ne peut s'agir que des deux premières années d'initiation, celles qui doivent mettre les élèves en appétit pour l'enseignement classique qui va suivre.

Je n'ignore pas non plus que les maîtres ne sont pas préparés pour ce genre de pédagogie qui bouscule les frontières des disciplines. Comment les professeurs de physique pourraient-ils s'aventurer sur des terres qui ne sont pas les leurs ? En théorie, l'histoire des sciences devrait tenir une large place dans leur formation. En pratique, c'est loin d'être le cas. Mais il n'est pas interdit de se recycler et pas davantage de s'appuyer sur les nouveaux médias. Il n'est tout de même pas écrit que l'Éducation nationale doive manquer tous ses rendez-vous avec l'informatique. Des CD-ROM réalisés sur ces thèmes – ou sur d'autres peu importe – offriraient un support idéal pour de tels cours. Ils auraient leur place naturelle dans la salle de classe. A l'heure d'Internet, l'image du professeur omniscient est dépassée. Elle doit céder la place à celle d'un chercheur qui sait toujours trouver et comprendre l'information dont il a besoin et qui, au passage, montre aux élèves comment faire. Ainsi, lorsque des petits curieux poseraient ces questions impossibles dont les jeunes ont le secret, on irait, tous ensemble, chercher les éléments de réponse sur le micro-ordinateur. Un peu de recherche pratique en classe, ça n'est pas plus mal.

Est-ce ainsi qu'il faut procéder, est-ce autrement ? Ne vaudrait-il pas mieux tout rénover dans le primaire avec des méthodes actives, style « les mains dans la pâte » ? Les deux approches expérimentale et historique sont-elles complémentaires ou incompatibles ? Je ne prétends pas détenir la moindre vérité, et cette proposition, à la différence des méthodes « les mains à la pâte », n'a jamais été essayée. Il est donc impossible de savoir si elle mobiliserait les élèves et, surtout, si elle permettrait l'acquisition de véritables connaissances scientifiques. En matière de pédagogie, les certitudes doivent naître de l'expérience. Pas des spéculations. Ma seule conviction, c'est qu'il faut aller au-delà des réformes déjà réalisées. En dépit de ces progrès, nous sommes toujours incapables de faire aimer la physique-chimie à un public jeune. Mon expérience m'a conduit à envisager un certain type de solution, on peut en imaginer bien d'autres. La seule chose impossible, c'est de s'en tenir à la situation présente. De ne rien entreprendre pour faire naître la passion scientifique.

7

La loi disciplinaire

L'école ne parvient pas à faire naître le bonheur d'apprendre, ce fut mon point de départ, mon premier étonnement. Pour comprendre, j'ai goûté au contenu de son enseignement. La potion m'a semblé amère, le contraire même d'un élixir de jouvence pour entretenir la jeunesse de l'esprit. C'est un constat, pas une réponse. Pour dénicher les responsables de ce désenchantement, ceux qui préparent cette triste pitance, je dois pénétrer au cœur même de l'institution scolaire. En effet, les éditeurs ne sont pas seuls en cause, loin de là. Lorsque notre Éducation nationale veut s'en donner la peine, elle atteint des niveaux d'aberration qui ne laissent aux auteurs de manuels que la pire des solutions. Vérifions ce fait à l'aide d'un dernier exemple.

Le délire technologique

Voici les instructions officielles pour l'enseignement de la technologie en sixième et cinquième, un enseignement d'une heure et demie par semaine destiné à des enfants de onze ans :

> Au-delà des connaissances et savoir-faire techniques à développer, l'enseignement de la technologie, *dans la formation générale* [c'est moi qui souligne, il ne s'agit pas d'un enseignement spécialisé, ces instructions visent

> tous les élèves], doit permettre la compréhension du phénomène technologique dans son évolution, l'appréhension de la diversité des organisations productives, celle des relations entre les mutations technologiques d'une part et les mutations économiques et sociales de l'autre.
> Cet enseignement fait comprendre comment les connaissances se mobilisent et s'utilisent dans l'action ; ainsi l'élève découvre que le savoir et les techniques sont toujours en construction selon des orientations liées aux perspectives et aux valeurs d'une société…

Tout cela vient donc en plus de la technologie proprement dite et doit se conclure par la découverte du monde du travail et de l'entreprise. Mais cet exposé général n'est rien encore comparé à la nomenclature détaillée des savoirs à transmettre. Le total représente deux pages et demie et rassemble pratiquement tout ce qu'on peut dire sur le sujet, qu'on en juge au seul énoncé des chapitres : « Matériaux », « Codes et langages », « Analyse et synthèse d'ensembles technologiques », « Observation raisonnée de systèmes et circuits électriques, électroniques, automatiques », « Techniques et méthodes de fabrication et d'agencement », « Informatique », « Traitement des informations administratives et commerciales », « Découverte de l'entreprise et du milieu du travail » et « Découverte et application de la démarche technologique économique ».

Je ne résiste pas au plaisir d'ouvrir cette dernière valise pour vous en exposer le contenu :

> – Identification du problème à résoudre, du besoin à satisfaire ; définition de la clientèle, repérage de la concurrence ;
> – Adaptation du produit au besoin ;
> – Organisation de la production et prise en compte des contraintes économiques, humaines et sociales ;
> – Approvisionnement en matières premières et en matières consommables ;

– Commercialisation du produit (prix, promotion, distribution, service après-vente) ;
– Évaluation des éléments du coût direct de production[1].

Commentant ce programme, Philippe Némo, professeur à l'École supérieure de commerce de Paris, constate : « On vient de lire à peu près le programme des trois ans de scolarité des grandes écoles de commerce plus celui du doctorat de gestion[2]. » Nous avions vu des auteurs de manuels confondant les élèves de sixième avec des étudiants de Sciences-Po, voici maintenant des auteurs de programmes – ce qui est infiniment plus grave – confondant ces mêmes chérubins avec des étudiants d'HEC.

A lire ce texte, on croirait qu'il s'agit d'un projet farfelu imaginé par quelque ingénieur en retraite n'ayant jamais mis les pieds dans un collège et même jamais vu un gamin, mais non, c'est un texte officiel, fruit d'une longue maturation au sein des instances réglementaires de l'Éducation nationale. Un individu isolé n'est pas capable d'un tel chef-d'œuvre, seule la réunion de nombreux talents permet d'atteindre ce niveau d'irréalisme.

Le règne de la discipline

Voilà relancée la question : mais qui décide des programmes scolaires ? Il ne s'agit évidemment pas d'un individu, mais de tout un système mettant en branle des organismes divers selon des mécanismes réglementés. Pour comprendre son fonctionnement, on peut s'en tenir à une approche procédurale à l'image de notre éducation civique décrivant la démocratie française. Il va de soi que

1. Les instructions officielles et programmes du collège ont été publiés par le ministère de l'Éducation nationale en format de poche, sous le titre *Collège. Programmes et Instructions*, et sont disponibles auprès du CNDP.

2. Philippe Némo, *Le Chaos pédagogique*, *op. cit.*

nous n'accorderons qu'un regard à cette façade avant d'aller explorer les coulisses.

Jusqu'à la fin des années 80, les programmes étaient le domaine réservé des inspecteurs généraux de l'Éducation nationale. Ces supermandarins, au nombre de deux cents, qui se sont longtemps recrutés par cooptation, avaient depuis toujours la haute main sur l'enseignement puisqu'ils contrôlaient non seulement son contenu, mais aussi sa mise en œuvre. Ce sont eux, en effet, qui supervisent les inspections académiques que redoutent tant les professeurs. Les messieurs de l'inspection n'ont jamais eu bonne presse. Taxés de corporatisme, de conservatisme, certains étaient en outre accusés d'avoir partie liée avec les éditeurs scolaires. Mais la forteresse était considérée comme inexpugnable. Elle ne céda qu'en 1989, avec la réforme imposée par Lionel Jospin. La responsabilité des programmes fut alors retirée à l'inspection générale et confiée à de nouveaux organismes. Au sommet du dispositif, un Conseil national des programmes supervise les travaux de groupes techniques disciplinaires. Ces GTD, composés d'une dizaine de personnalités indépendantes et bénévoles, sont chargés d'élaborer des projets dans les différentes disciplines. Leur copie est envoyée pour correction au Conseil national des programmes qui s'efforce d'harmoniser l'ensemble, d'en faire un menu équilibré. Son rôle consiste à sabrer dans les propositions qui lui sont faites. Travail indispensable, car la surenchère naît d'abord au sein des disciplines, donc des GTD. Luc Ferry, président du CNP, possède une pleine besace d'excroissances amputées. « Dans ses premières versions, le programme d'histoire-géo de CM 2 était un véritable programme de deuxième année d'université, allant des temps préhistoriques à Jean Moulin, se souvient-il. Or les élèves, à cet âge, sont encore des bouts de chou[1] ! » Imagine-t-on que l'on prétendait apprendre la différence entre Luther et Calvin à des gamins et gamines de dix ans ! L'inspection

1. *Le Point*, 17 juin 1995.

générale, mise hors de course, ne manqua pas de dénigrer les programmes élaborés en dehors d'elle ; depuis 1993, elle a été réintroduite dans le circuit.

Le texte est encore soumis à l'approbation sourcilleuse de différents organismes et, muni de tous les *imprimatur*, il peut être publié dans le *BO*, le *Bulletin officiel de l'Éducation nationale*, que reçoivent tous les établissements d'enseignement. Les véritables destinataires sont les éditeurs scolaires qui se précipitent pour sortir les premiers livres conformes aux dernières instructions. Les enseignants, pour leur part, auraient une fâcheuse tendance à négliger cette prose technocratique qui se confond dans les boîtes aux lettres avec une littérature administrative, syndicale, parasyndicale, corporative et publicitaire déjà pléthorique. Ainsi : « Le "véhicule" de ces programmes n'est pas le *BO*, mais le manuel scolaire [1] », constate Catherine Moisan, conseillère de Lionel Jospin au ministère.

Les auteurs des manuels sont libres de mettre en forme comme bon leur semble les instructions officielles. L'administration ne peut donc vérifier que le message reçu sera conforme à celui qu'elle a émis. Il est même certain qu'il aura été transformé. Pour le meilleur ou pour le pire. Lorsque le résultat se révèle insatisfaisant, le ministère peut toujours dire : « Ce sont les éditeurs, nous n'y sommes pour rien », tandis que les auteurs plaident à l'inverse : « Ce sont les instructions officielles, nous n'y pouvons rien. » Une parfaite application du principe général de déresponsabilisation qui structure cette grande administration.

Retenons que ce qui compte en pratique, ce n'est pas l'intention première, mais l'expression qu'elle reçoit dans l'édition scolaire, c'est pourquoi je m'y suis aussi largement référé.

Telle est la procédure officielle qui n'empêche pas certains ministres d'imposer leurs décisions pour la réparti-

1. Catherine Moisan, « La réforme des programmes », *La Décision dans l'Éducation nationale*, Presses universitaires de Lille, 1992.

tion des heures entre les disciplines ou l'introduction d'un nouvel enseignement. Les membres des organismes compétents découvrent alors qu'ils ont préconisé ce dont ils n'avaient jamais délibéré. Dans les années qui suivirent la réforme Haby de 1975, il fallut revoir les programmes dans la précipitation – celle-ci n'est pas étrangère à certaines aberrations que nous avons rencontrées. A l'avenir, on devrait travailler dans de meilleures conditions. Avec de meilleurs résultats ?

Cette description n'est qu'une présentation, on pourrait dire une représentation, officielle et formelle. En fait, le contenu, plutôt surprenant, des programmes ne s'explique que par le psychodrame permanent qui préside à leur élaboration.

Tout le système repose sur des disciplines, qui se comportent comme autant de lobbies. Cette organisation est, au sens propre, fondamentale, car elle structure toute l'Éducation nationale. Les frontières qui séparent le français de l'histoire, les mathématiques de la philosophie sont autant de murs porteurs qu'on ne saurait abattre sans provoquer l'effondrement de tout l'édifice. Au début, au milieu et à l'arrivée sont les disciplines, c'est la vérité première de notre enseignement secondaire qui calque sa structure sur son débouché naturel : l'enseignement supérieur.

Une discipline réunit d'abord ceux qui ont charge de l'enseigner et qui se regroupent au sein d'associations professionnelles ou bien à l'intérieur d'organisations de type syndical. Elle peut compter sur ses représentants au sein de l'inspection générale qui, on l'a deviné, adopte également la structure disciplinaire. Elle se prolonge dans l'université à travers les professeurs spécialisés et les chercheurs. Mais, surtout, elle dispose de relais dans la société et, si possible, dans la sphère médiatique. On a vu comment Alain Decaux s'est fait le porte-étendard de l'histoire ; le philosophe Alain Finkielkraut ou quelque autre écrivain connu montera au créneau pour défendre le français ; Georges Charpak plaidera pour la science, etc. Bref, il s'agit d'un groupe de pression qui utilise tous les moyens et toutes les actions pour défendre son territoire.

Toute discipline est impérialiste. Son premier objectif est d'obtenir des heures, le plus d'heures possible. Le second, de se voir reconnaître un poids suffisant dans le baccalauréat, de s'imposer comme matière principale et de ne pas être confinée dans les options à faible coefficient. Les grandes manœuvres commencent sitôt que l'on prétend toucher aux situations acquises.

On a vu les polémiques que souleva dans les années 70 la relégation de l'histoire et de la géographie comme disciplines d'éveil. En 1990, le ministère souleva une tempête chez les biologistes lorsqu'il transforma leur discipline de matière obligatoire en matière optionnelle pour les lycées techniques. Les sciences de la vie se voyaient donc damer le pion par les sciences de la matière qui, elles, restaient obligatoires. Intolérable ! Le président de l'Association des professeurs de biologie, Jean Ulysse, claqua la porte du GTD de biologie, provoquant de proche en proche la démission de tout le groupe.

La première de ces batailles, la plus ancienne et jamais terminée, fut menée à propos des langues anciennes. Elles disparurent de la sixième et de la cinquième en 1968. A l'époque, l'Éducation nationale traversait une telle tempête que les protestations des lobbies disciplinaires ne rencontraient guère d'écho. On n'en était plus là. Pour les professeurs de latin-grec, le choc était d'autant plus rude qu'ils le ressentaient comme un coup de semonce. Ne risquaient-ils pas, à terme, de perdre leurs classes à très petits effectifs et d'être purement et simplement reconvertis en professeurs de français ? Cette inquiétude dépasse la simple réaction corporatiste.

Pour l'amour du grec

Les professeurs ressentent comme un mal, une régression, une dégénérescence, toute tentative pour réduire la place de leur discipline à l'école et, par conséquent, dans la société. En s'y opposant, ils n'ont pas le sentiment de se battre pour leur intérêt particulier, mais pour un bien commun, de défendre un pan essentiel de notre culture.

Mme Jacqueline de Romilly nous donne le parfait exemple de cette attitude. Elle a publié de nombreux articles ainsi que plusieurs ouvrages, a multiplié les démarches et les déclarations, animé des associations, bref elle incarne la défense d'un chef-d'œuvre en péril : le latin-grec. Avec quelque succès.

Dès 1969, Olivier Guichard, nouveau ministre de l'Éducation nommé par Georges Pompidou, normalien et fin lettré, rétablit le latin dans le premier cycle à titre d'initiation d'abord puis d'enseignement. La bataille redouble lorsque Lionel Jospin décide que les élèves devront choisir l'une ou l'autre des langues mortes pour le bac. « Et pourquoi pas les deux ? » tempête Mme de Romilly. Elle obtiendra satisfaction avec François Bayrou, agrégé de lettres classiques s'il faut le préciser, qui, cédant à son insistance, ouvre aux élèves une troisième option, permettant de présenter à la fois le latin et le grec. En élargissant ainsi le jeu des options, on complique encore le baccalauréat, qui devient en 1995 un véritable casse-tête. Il compte alors 24 bacs différents d'enseignement général, plus 20 bacs techniques et 35 bacs professionnels combinant 51 spécialités. En faisant les comptes de la dernière réforme, Bernard Pouliquen constate que « 100 élèves seulement ont choisi le profil classique lettres classiques avec à la fois du latin et du grec[1] ». Seront-ils plus nombreux dans les prochaines années,

1. *L'Express,* 25 mai 1995.

l'avenir le dira, mais il est clair que, pour Jacqueline de Romilly, ses chères langues mortes n'ont pas de prix et qu'elle ne poursuit aucun intérêt particulier en les défendant.

« Je suis professeur de grec, et j'aime mon métier. Le grec aussi, j'y crois. C'est pourquoi je n'aurais pas eu l'âme en paix, si, en ce mois d'octobre [elle écrivait cela lors des premières réformes d'octobre 1968] où tout s'essaie, s'improvise, se fait ou se défait, je n'avais pas au moins essayé de dire pourquoi j'y crois », affirme-t-elle dans sa profession de foi *Nous autres, professeurs*[1]. Son objectif, qui n'a d'ailleurs pas varié, était clair : « Il faut d'abord que l'aménagement des institutions scolaires laisse le plus grand nombre possible d'enfants aborder le plus tôt possible cette étude. Cela n'est pas une ambition impérialiste, mais un simple désir de survie. Car, si le grec est ce que j'ai dit, il est vraiment par trop absurde de ne pas l'ouvrir à des enfants qui feront des lettres ou des sciences, de la philosophie ou de l'histoire, de la politique ou des affaires. Et, d'autre part, il faut aussi qu'il soit convenablement enseigné. »

Depuis lors, l'académicienne s'est faite la championne des humanités dans l'enseignement secondaire et elle a su mobiliser les plus grands noms autour d'elle. Dans sa *Lettre aux parents sur les choix scolaires*[2], publiée en 1993, elle a recueilli le soutien des plus prestigieux médecins, scientifiques, écrivains ou managers qui, de François Jacob au professeur Jean Bernard, manifestent leur attachement à l'étude du latin et du grec.

Il n'est rien de plus généreux, de plus savant, de plus éloquent que les plaidoyers de Jacqueline de Romilly. La passion s'y marie à la science, la rhétorique à la conviction. La harangue commence au son du tocsin. « Depuis

1. Jacqueline de Romilly, *Écrits sur l'enseignement*, Paris, Éd. de Fallois, 1992 ; rééd. de *Nous autres, professeurs*, 1969.

2. Jacqueline de Romilly, *Lettre aux parents sur les choix scolaires*, Paris, Éd. de Fallois, 1993.

quelques années, les lettres, en France, vont à leur perte, à vive allure... La chute des lettres a correspondu à l'instauration de l'école unique et à l'unification du personnel enseignant... La France prépare, obstinément, en plus de ses analphabètes, des êtres à la parole gauche et passe-partout, dressés à mépriser la culture littéraire. » Face à cette nouvelle barbarie, elle réaffirme sa conviction dans les humanités, c'est-à-dire « la formation littéraire, avec ces appuis naturels que sont le latin et le grec... », et tient à préciser : « ... Je ne chercherai pas à dire si je défends la langue française en vue de l'accès à la littérature ou la littérature en vue de la langue française : les deux sont, doivent être, inséparables... »

Le grec, le latin et la littérature ne donnent pas seulement la maîtrise de la langue française, ils ont également des vertus formatrices sans pareilles que l'auteur expose à longueur de page. A l'en croire, l'étude des classiques constitue l'école même de la morale et de la civilité, celle des langues anciennes donne logique et rigueur, le tout ensemble assurant la seule formation qui vaille.

Tout cela est bel et bon, à une réserve près. Ces déclarations enflammées ne sont pas moins convaincantes que celles des mathématiciens sur le langage universel de l'avenir, que celles des historiens sur la nécessité de connaître le passé pour comprendre le présent, que celles des patrons sur l'obligation de parler couramment deux langues vivantes, que celles des scientifiques sur le retard de la France dans la recherche et la technologie... et que celles de tout le monde sur l'insuffisance du sport à l'école.

Toutes les disciplines enseignées ont d'excellents dossiers qui justifieraient une augmentation des horaires. Aucune n'est qu'un passe-temps sans intérêt. Certaines font valoir qu'elles sont en pleine expansion. L'époque contemporaine a pris une place croissante dans l'enseignement de la littérature et de l'histoire, qui le conteste ? Les sciences doivent accueillir toutes les découvertes accumulées depuis cinquante ans, n'est-ce pas naturel ?

Et les langues vivantes ? Il en faut deux et non plus une seule. Bref, les matières principales ont d'excellentes raisons pour réclamer plus de place.

Dans le même temps, il y a les disciplines nouvelles : l'économie, la technologie, l'informatique, la communication, l'éducation sanitaire et l'éducation civique, il faut leur accorder ne serait-ce qu'un strapontin. Et, bien qu'il ne reste plus un siège libre, plus une heure disponible, la foule se presse toujours aux portes. Ne devrait-on pas enseigner l'histoire des religions avant la démographie, pourquoi n'aborder les sciences sociales, au nom de l'ancienne « philosophie », qu'en terminale ? Si les enfants peuvent faire de l'histoire thématique dès le collège, ils peuvent aussi bien s'initier à la sociologie ou à la psychologie dès la seconde. Les Italiens le font et s'en portent très bien.

Voilà ce qu'il faudrait faire – tout en réservant, comme en Allemagne, l'après-midi aux exercices physiques – mais en se contentant d'une année scolaire « effective » la plus courte du monde. On a beau tordre le problème dans tous les sens : il n'y a pas de solution. La surcharge des horaires, que l'on a largement pratiquée pour donner satisfaction aux uns et aux autres, atteint ses limites. Quant à la consécration suprême, celle du baccalauréat, elle les a dépassées depuis longtemps. Aucun pays au monde ne propose dans le secondaire une telle gamme d'options en tout genre. Langues les plus diverses, pratiques sportives ou artistiques, cultures régionales, tout se transforme en un enseignement sanctionné par une option au moment de l'examen et défendu par son lobby. Car le syndrome Romilly sévit partout. Entre autres fantaisies, l'Éducation nationale est devenue la championne des langues étrangères. Sait-on qu'on peut en apprendre quatorze, qui, toutes, peuvent être présentées au bac ! Merveilleux pays qui apprend à ses fils toutes les langues étrangères sans être capable de leur en faire parler une seule ! Le pire est atteint avec les langues d'origine, une stupidité pédagogique et un crime contre l'intégration. On peut apprendre l'arabe dans 60 collèges et le portugais dans 114, alors que ces options ne sont choisies que par 3 % des familles portugaises et 1 % des familles algériennes. Pour parachever cette tour de Babel linguistique, il convient d'ajouter les 19 langues qui ne sont pas enseignées dans les écoles publiques, mais que l'on peut toujours présenter en épreuves facultatives au bac !

Lorsque Lionel Jospin se mit en tête de supprimer certaines de ces options, il dut affronter une véritable levée de boucliers. Les savoirs les plus spéciaux, les moins fréquentés étaient défendus au nom des droits de l'homme qui, en l'occurrence, débouchent sur le droit d'apprendre tout et n'importe quoi en étant subventionné par l'État et reconnu par le bac. Luc Soubré, qui a œuvré aux côtés de Lionel Jospin, fustige les lobbies régionalistes qui viennent encore compliquer le jeu en n'imposant pas moins de 13 langues plus ou moins exotiques : « Ah ! les langues régionales, quel merveilleux thème d'intervention pour quelques parlementaires spécialistes. A l'ordinaire, députés et sénateurs paisibles, voire rassis et plutôt silencieux, les voici tout à coup déchaînés et intenables dès qu'il est question de leur breton, basque, catalan, alsacien ou corse… Misère, j'allais oublier l'occitan[1] ! » Avec la venue au ministère de François Bayrou, ardent défenseur des langues régionales, celles-ci ont de beaux jours devant elles. A force de céder aux disciplines et aux groupes de pression, la France finit par présenter les menus les plus copieux et les cartes les plus fournies. Tous les gastronomes savent pourtant qu'un choix trop large se paie d'une qualité trop basse.

De reculade en subterfuge, l'Éducation nationale est parvenue aux limites du système. On sait aujourd'hui que les professeurs « ne finissent pas le programme », il faudrait tout de même qu'ils puissent en arriver à la moitié. Pour tenir dans ce cadre de moins en moins

1. Luc Soubré, *L'École sous pression*, Paris, Stock, 1995.

extensible, il faut déshabiller Pierre pour habiller Paul. Prendre des heures aux humanités pour les donner à la science. Faire moins de mathématiques dans telle section pour ne pas éliminer l'économie, et ainsi de suite.

Les têtes bien faites

Les représentants des disciplines le savent, c'est pourquoi ils vivent sur la défensive, prêchant pour leur paroisse, sans trop dénigrer celle du voisin, ce que les principes de confraternité réprouvent.

Mais comment départager les compétiteurs ? Jacqueline de Romilly a raison de refuser l'approche utilitariste qui voudrait hiérarchiser les savoirs en fonction de leur implication directe dans l'exercice des professions. Mais nous savons que l'acquis culturel, ce « reste », n'est guère évaluable et sûrement pas mesurable.

Chacun invoque, en dernier recours, la valeur formatrice de son enseignement. Le professeur de latin ou de grec soutient que l'étude des langues mortes confère un sens de la rhétorique qui aidera l'élève tout au long de sa vie. Les mathématiciens vous démontreront de même qu'ils apportent une rigueur du raisonnement qui sera utile dans toutes les matières qu'elles soient scientifiques ou humanistes. Le débat n'est pas nouveau. C'est ainsi que les professeurs de M. Jourdain prétendaient tous que leur art l'emportait sur celui de leurs collègues.

De telles justifications peuvent servir à légitimer tout enseignement quelle que soit la discipline, quelle que soit la pédagogie. Allez donc quantifier telle ou telle aptitude, allez donc prouver qu'elle est le fruit de tel apprentissage plutôt que de tel autre !

Bref, on en vient à légitimer une entreprise au nom des bénéfices indirects et insaisissables qu'on ne manquera pas d'en tirer. Cela me fait penser à ces trop fameuses « retombées » au nom desquelles on prétendait justifier les plus ruineux programmes technologiques. Certes, l'affaire n'était pas rentable, mais l'industrie française en tirerait un profit extraordinaire dans les domaines les plus variés. La démonstration commence toujours par des affirmations générales et péremptoires pour se perdre dans d'insaisissables détours ou de minuscules réalisations lorsqu'on prétend toucher du doigt les bienheureuses retombées.

Pour brillante qu'elle soit, la plaidoirie de Jacqueline de Romilly ne résiste pas à une telle contre-expertise. On concédera volontiers que le français est adossé au latin et au grec, mais il l'est encore plus à l'ancien français, qui, pourtant, n'est pas enseigné. Parmi les écrivains réputés, il s'en trouve beaucoup qui n'ont jamais étudié le grec et, s'il est vrai qu'une connaissance parfaite, je dirais « professionnelle », de notre langue passe par le latin, en est-il de même pour la maîtrise que devrait en avoir tout Français cultivé ? On pourrait citer ici mille exemples contraires. Nous sommes ici dans l'enseignement général, pas à la faculté de lettres.

Lorsque l'illustre académicienne nous prend à témoin : « Qui donc sera gêné par le *p* de baptiser, s'il a seulement une fois rencontré le verbe grec *baptô*, “plonger dans un liquide” ? L'orthographe française devient claire à qui reconnaît sous la forme actuelle des mots leur origine ancienne », il est bien facile de lui objecter que ce serait cher payer le *p* de baptême que de le retrouver après des années de grec, d'autant qu'il ne suffit pas d'avoir rencontré « une fois » sa racine grecque, encore faut-il l'avoir retenue. Autant justifier la construction de la fusée Apollo par la mise au point de poêles à frire qui n'attachent pas (argument totalement faux mais fréquemment utilisé). Je connais bien des personnes qui ne font jamais une faute d'orthographe et qui ne connaissent pas les langues anciennes. Mais il y a pire. En suivant cette logique, on écrirait un « hôtage », car le mot vient de hôte, lui-même dérivé du latin *hospes, hospitis* qui a donné hôpital et hôtel. Après avoir appris le grec et le latin, il faudrait encore se mettre dans la tête tous les cas où le français a martyrisé ses racines antiques, faute de quoi la méthode étymologique serait source de nouvelles erreurs.

Quant à l'apport des littératures grecque ou latine dont Jacqueline de Romilly parle avec tant de lyrisme, il me semble complètement illusoire dans le secondaire. Ayant étudié le latin comme tout le monde en mon temps de la sixième à la première, n'ayant pas été un élève plus mauvais qu'un autre, je puis certifier que je n'ai jamais été frappé par la beauté des textes qu'on me faisait traduire. J'ose même affirmer que mes condisciples n'y furent pas plus sensibles que moi. La raison en est évidente. Pour apprécier une œuvre, il faut non pas la déchiffrer, mais la lire. C'est bien le problème qui se pose aujourd'hui pour la langue française avec tous ces jeunes qui entrent en sixième sans une bonne maîtrise de la lecture. Or je suis arrivé au bac sans être capable de lire couramment le latin. Je pouvais le traduire, ce qui est tout différent. Mais l'effort que je devais fournir pour extraire le sens m'interdisait le plaisir proprement littéraire. Il s'agissait pour moi d'un exercice. Et peu m'importait que le passage en question fût d'Ovide ou de César, c'était un problème. Sans plus.

On aurait certes pu m'enseigner la littérature latine au lieu de la langue. Auquel cas j'aurais lu ces ouvrages en français. Peut-être les aurais-je aimé. Mais je n'aurais pas appris le latin. On pouvait faire les deux au lycée lorsque tout l'enseignement était centré sur le latin, ce n'était déjà plus possible de mon temps, ce l'est encore moins aujourd'hui.

Qu'on ne déduise pas de ces remarques que je suis ennemi des langues anciennes, que je voudrais les voir éliminées des programmes. Certainement pas. J'ai simplement voulu montrer que les justifications avancées dans ce genre de démonstration sont toujours très convaincantes au premier abord, mais qu'elles résistent mal à une analyse critique. Car je pourrais me livrer au même exercice avec les plaidoyers des autres disciplines. Que l'on se souvienne des arguments péremptoires utilisés par les mathématiciens pour nous faire admettre que les maths modernes seraient indispensables à l'utilisation de l'informatique ! Gageons que la réaction actuelle contre la place excessive prise par les mathématiques suscitera des vocations comparables à celle de Mme de Romilly pour les humanités, et que l'on verra se multiplier dans l'avenir les appels pathétiques à la résistance contre la régression mathématique. Les arguments seront du même ordre. Ni plus ni moins convaincants.

Le « toujours » plus disciplinaire

Convenons que tout enseignement apporte un enrichissement aux élèves qui le reçoivent. Quand on a démontré cela, on n'a rien démontré du tout. Si cette condition était suffisante pour transformer un savoir en discipline scolaire, on pourrait apprendre le jeu d'échecs, la philatélie, la psychanalyse, que sais-je ?… Face à ce champ du savoir illimité, les capacités des enfants sont strictement limitées. Il faut donc éliminer ou réduire des matières intéressantes en misant sur l'acquisition adulte pour compenser les lacunes scolaires. L'enjeu est là. Peu importe, à la limite, ce qu'on enseigne, pourvu que la curiosité, le goût d'apprendre aient été éveillés.

Comment faire entrer des lobbies disciplinaires dans une telle logique ? Comment leur faire entendre que l'objectif visé est général et non pas spécialisé, que l'important n'est pas ce qu'on apprend mais la façon de l'apprendre, car il ne sert à rien de prouver que, dans l'absolu, telle ou telle science est formatrice, encore faut-il savoir si la façon de l'enseigner assure bien ce développement intellectuel, et cela tient autant à la manière qu'à la matière. Or les disciplines commencent par raisonner en termes d'heures, de coefficients et de postes.

Antoine Prost, avec ses multiples compétences : historien de l'Éducation, mais également conseiller du Premier ministre Michel Rocard et auteur d'un rapport officiel sur les lycées, a parfaitement diagnostiqué ce mal : « Les seules heures que l'on puisse supprimer sans être submergé par le tollé général, ce sont celles d'éducation physique et sportive. [...] En revanche, ajouter une heure de cours est salué comme une victoire pour la discipline, un progrès pour la culture. On l'a vu récemment, avec l'introduction de deux heures de philosophie dans les terminales d'enseignement technique industriel (séries F). Le système tend ainsi inexorablement à s'alourdir. De fait, les horaires sont plus chargés aujourd'hui qu'il y a vingt ans dans les classes du second cycle long et court. Tendanciellement, on va vers la semaine de quarante heures... de cours[1]. »

Le recteur Bernard Toulemonde, dressant le bilan de toutes ces tentatives avortées pour alléger les programmes, conclut : « Recevoir ensemble les associations de "spécialistes" est tout à fait instructif : mises bout à bout, leurs réclamations pulvérisent la semaine de travail des élèves, déjà trop chargée (+ 25 % en vingt ans)... Les tentatives de rénovation des lycées, depuis le projet Chevènement de 1985, et celles du DEUG en 1991-1992 se sont heurtées à un mur de critiques allant parfois jusqu'à utiliser les élèves et étudiants comme masse de manœuvre[2]. »

Voilà le premier vice du système, les disciplines pèsent beaucoup trop lourd dans les arbitrages. A chacune d'entre elles le ministère accorde un peu plus qu'il ne devrait, faisant vivre les élèves au régime du « toujours plus ».

Le second, c'est la souveraineté de chaque discipline sur son territoire, l'exclusivité des spécialistes dans leur spécialité.

1. Antoine Prost, *Éloge des pédagogues*, *op. cit.*

2. Bernard Toulemonde, dans *Études*, février 1994 ; cité par Luc Soubré, *L'École sous pression*, *op. cit.*

Premier inconvénient : les décideurs ne cessent de se tromper sur le niveau de connaissances assimilables, et les erreurs vont toujours dans le même sens. En préparant les programmes de CM 2 qui se firent retoquer par Luc Ferry, les historiens devaient avoir le sentiment qu'ils savaient cela depuis leur âge le plus tendre et qu'ils pouvaient, sans difficulté, en prévoir l'étude pour tous les bambins de France et de Navarre. De même, le groupe disciplinaire pour la biologie a pondu des programmes pour les lycées devant lesquels l'un des plus grands neurobiologistes français reconnaissait qu'il n'était plus sûr de pouvoir à tout coup réussir son bac… dans sa spécialité, s'entend. Mais, quand on est entre soi, l'erreur va de soi.

En outre, chaque discipline se trouve balkanisée à travers ses prolongements dans le supérieur en un certain nombre de spécialités. Le médiéviste défend son donjon, le biologiste est intraitable sur la génétique. En chacun sommeille une Jacqueline de Romilly dont le « grec » s'appellera « informatique », « civilisations orientales », « histoire des sciences », « géographie physique » ou « poésie » et qui n'aura de cesse d'imposer son thème de prédilection. Le même genre de compromis que nous avons vu à l'échelon supérieur sera donc passé à ce niveau. Qu'ils soient inter- ou intradisciplinaires, ces arrangements reviennent toujours à faire entrer un litre et demi dans un litre. Quand je disais qu'il fallait se mettre à plusieurs pour atteindre un certain degré d'aberration, c'est très exactement à de tels mécanismes que je pensais.

Le niveau théorique – car, pour le moment, nous ne parlons que de ce que les enfants *doivent* apprendre et pas de ce qu'ils apprennent *effectivement* –, défini dans de telles conditions, est aussi déraisonnable par la quantité des connaissances accumulées que par le degré de compréhension supposé. « Nos programmes sont, sur de nombreux points, en avance d'une année sur ceux des pays qui nous entourent », constate Antoine Prost[1] au vu

1. *Éloge des pédagogues, op. cit.*

des études internationales. De telles comparaisons sont toujours délicates. Allez donc situer sur une même échelle les connaissances littéraires d'un jeune Français et celles d'un jeune Anglais ! Il existe cependant un domaine dans lequel de telles comparaisons sont possibles et sont périodiquement effectuées : ce sont les mathématiques. Antoine Prost remarque que, dans des enquêtes internationales portant sur vingt-six pays, la France remporte la médaille d'argent. Seule la Nouvelle-Zélande serait encore plus exigeante pour les maths. Les auteurs de l'étude concluent : « Le programme actuel des terminales C est, pour une bonne partie, enseigné à l'université dans les autres pays. » Les Français tirent-ils un quelconque avantage de cette précocité ? J'en attends encore la démonstration.

« La structure, vous dis-je, la structure ! »

Les méthodes autant que les contenus sont au cœur de ces conflits. On se chamaille tout à la fois sur ce qu'il faut enseigner, sur la façon de l'enseigner et sur l'âge auquel il convient de donner cet enseignement. Face à ces choix, les disciplines éclatent en factions rivales. Dans la plupart d'entre elles, les classiques et les modernes s'affrontent depuis une trentaine d'années. D'un côté, des enseignants à l'ancienne, qui se recrutent aussi bien au SNES, qui fut longtemps proche du PC, qu'à la Société des agrégés ultraconservatrice, parmi les universitaires comme dans des associations professorales ou à l'extérieur du corps enseignant. Ils en tiennent pour les cours magistraux, les disciplines académiques, pour une présentation du savoir calquée sur le modèle universitaire traditionnel, se méfient comme de la peste des innovations pédagogiques et sont très attentifs au niveau de connaissances exigé des élèves. De l'autre, des professeurs qui se recrutaient plutôt du côté du SGEN ou de la FEN, de sensibilité socialiste, des spécialistes et chercheurs dans les sciences de l'éducation, des universitaires soucieux de voir renouveler le contenu des programmes et introduire les nouvelles démarches intellectuelles en réaction contre la tradition humaniste de l'école. Au cœur de la mêlée, les inspecteurs généraux, grands patrons des disciplines, vivant très loin des salles de classes, qui, par tradition, pencheraient vers le conservatisme, mais qui, soucieux de ne pas passer pour de vieilles barbes, sont facilement ébaubis par les dernières théories à la mode.

Cette querelle des anciens et des modernes n'a rien que de très sain, elle aurait dû favoriser les compromis en une matière où les certitudes sont rares et la prudence de rigueur. Mais le débat prit très rapidement un tour idéologique, et les divergences d'appréciation se changèrent en irréductibles oppositions de principe. Dans les années 60-80, le clan des novateurs entendit « moderniser » le contenu des enseignements, avec les brillants résultats que nous avons vus. Le plus surprenant, c'est que toutes ces réformes aient été conduites au nom d'une « psychopédagogie » qui se proclamait « scientifique ». Elles imposaient l'ultime vérité dans le domaine des connaissances mais également dans celui de l'enseignement. Une grande prétention intellectuelle est indispensable à la réussite de si parfaites erreurs. En ces années-là, elle était sans limites.

A l'origine se trouve un courant de pensée qui a pénétré la plupart des milieux universitaires dans les années 50. D'une discipline à l'autre, on note la récurrence d'une même notion, à moins que ce ne soit d'un même mot : *structure*. Claude Lévi-Strauss étudie les *structures* de la parenté, Noam Chomsky recherche les *structures* profondes du langage, Jacques Lacan explore un inconscient *structuré* comme un langage, Roland Barthes déchiffre les *structures* évanescentes du texte, Michel Foucault remonte aux *structures* productrices du discours, Nicolas Bourbaki pose les *structures* unificatrices de la mathématique, etc. Au début des années 60, ces différentes approches, qui se sont développées de manière autonome sinon indépendantes – on sait, par exemple, que Lévi-Strauss et Foucault sont fort éloignés l'un de l'autre sur le plan philosophique –, mettent en effervescence le petit groupe de l'École normale supérieure qui vibrionne autour de Louis Althusser. Ces intellectuels de très haute volée regroupent toutes ces recherches pour en dégager un nouveau système de causalité expliquant les phénomènes les plus divers, un nouveau paradigme. Ce sera le structuralisme, le nouvel *isme*, succédant à l'existentialisme. La structure devient l'arme absolue de la modernité, celle qui dynamite les anciens savoirs, qui annonce, provocante, « la mort de l'homme » au profit d'une nouvelle rationalité se dégageant de l'ancien humanisme. Ce courant dominant et dominateur prétend apporter une rupture épistémologique radicale et ne doute pas que son avènement condamnera les savoirs traditionnels. L'avenir appartient à la pensée structurelle et, comme l'école doit apprendre les vérités de demain et pas celles d'hier, elle se doit de l'enseigner.

D'autant qu'au centre de cette pensée règne le psychologue suisse Jean Piaget. Celui-ci analyse la pensée en termes de structures : « Connaître, c'est assimiler le réel à des structures de transformations, et ce sont les structures qu'élabore l'intelligence en tant que prolongement direct de l'action[1]. » Ces structures organisatrices du réel sont multiples et hiérarchisées, des plus simples, directement branchées sur l'expérience sensible, aux plus élevées qui se meuvent dans la sphère des abstractions. Mais Piaget s'est surtout rendu célèbre en étudiant la genèse de cette complexe machinerie structurale tout au long de l'enfance. En ce domaine, il est considéré comme l'autorité suprême.

1. Jean Piaget, *Psychologie et Pédagogie*, Paris, Denoël, 1969 (le texte date en réalité de 1965).

Dans la première année, explique-t-il, l'enfant met en place des substructures à partir des perceptions sensori-motrices qu'il reçoit essentiellement de son corps. Il commence à organiser son environnement. Entre deux ans et sept ou huit ans s'élabore le système de représentation avec la fonction symbolique et l'utilisation du langage. C'est la première pensée, qui dépasse difficilement les évidences concrètes. L'enfant n'arrive pas à maîtriser les concepts permanents indispensables au raisonnement logique.

Cette troisième phase commence vers sept ou huit ans. Elle permet d'associer la réalité à des opérations schématiques déjà repérées. L'enfant pense le concret. Mais ce n'est que dans une phase ultérieure, vers onze ou douze ans, qu'il peut jongler avec des idées et des propositions aussi bien qu'avec des objets ou des phénomènes sensibles.

Aux structures que l'on prétend découvrir partout dans la réalité et qui constituent le savoir de demain répondent les structures de notre pensée qui se mettent en place au cours de l'enfance. Piaget n'hésite pas à établir le lien entre les unes et les autres. Il a été impressionné par les concepts élémentaires dégagés par l'algèbre de Bourbaki, il se demande s'il faut encore « enseigner les mathématiques les plus modernes au moyen des méthodes les plus traditionnelles, faute de chercher à dégager le rapport entre les structures mathématiques nouvellement découvertes et les structures opératoires spontanément construites au cours du développement mental ». L'idée lui semble lumineuse : « Les structures plus abstraites et plus générales des mathématiques contemporaines rejoignent bien davantage les structures opératoires naturelles de l'intelligence et de la pensée que ne le faisaient les structures particulières qui constituaient l'armature des mathématiques classiques et de l'enseignement[1]. »

Voilà donc lancé par le pape de la psychopédagogie

1. *Ibid.*

structurale le grand mariage des structures du dedans et des structures du dehors. Or, comme le constate Bernard Charlot : « Le fait que le mot “structure” est employé à la fois par les mathématiciens et par les psychologues ne prouve rien. Si l'on ne veut pas fonder une pédagogie sur un jeu de mots, encore faut-il préciser la nature des liens entre les structures mathématiques et les structures intellectuelles de l'enfant. Or cette analyse n'est même pas esquissée dans les textes fondamentaux des promoteurs de la réforme [1]. » Non seulement on ne vérifie rien en ce qui concerne les mathématiques, mais encore on se dépêche d'étendre le postulat aux autres disciplines. On découvre que ces nouveaux savoirs, désincarnés, qui ont chassé l'homme, le récit, la subjectivité, pour s'en tenir à l'analyse, aux relations, aux concepts, bref à l'abstraction pure, sont bien plus accessibles à l'esprit enfantin que l'enseignement traditionnel. C'est la divine surprise. La vérité de demain est celle-là même qu'attendent les petits enfants. Il ne reste plus qu'à revoir l'enseignement de fond en comble.

Telle est la base intellectuelle sur laquelle se fondent les universitaires et pédagogues qui vont imposer les grandes réformes. Tout repose sur une conformité postulée entre une certaine pensée à la mode et les aptitudes supposées de l'intelligence enfantine, conformité qui repose, notons-le bien, sur une simple correspondance entre des schémas psychologiques et des schémas épistémologiques. En effet, les fameuses *structures* ne sont pas des objets extérieurs qui imposent leur réalité aux observateurs comme des galaxies ou des particules, ce sont ces concepts forgés par l'esprit humain et qui n'auraient pas présenté une telle similitude si on ne leur avait collé à tous, et très arbitrairement, cette étiquette passe-partout. Reconnaissons, tout de même, que l'hypothèse était séduisante, elle méritait d'être poussée plus avant. Mais elle fut promue au rang de certitude dès lors qu'elle per-

1. *Faire des mathématiques…*, *op. cit.*

mettait de bousculer « le conservatisme petit-bourgeois de l'institution scolaire qui, depuis l'origine, s'était mis au service du vieil humanisme ». La vérité pédagogique ne s'élaborait plus petit à petit au contact des élèves, elle se postulait dans de grandes constructions idéologico-théoriques.

A cette vague structuraliste née dans les années 50-60 s'ajoute une deuxième déferlante, celle de Mai 68. Moins intellectuelle et plus existentielle. C'est une revendication de libération pour l'individu, grand ou petit. L'école est décrite comme un lieu de répression, de censure qui étouffe la personnalité et fabrique les citoyens aliénés et normalisés dont la société a besoin. La nouvelle pédagogie sera celle de l'enfant-roi qui doit pouvoir s'épanouir, s'exprimer, se construire – le système éducatif ayant pour principale obligation de ne le contraindre en rien. Les maîtres nouvelle manière, blue-jeans et cheveux longs, sont conscients de ne détenir qu'un savoir contestable, qu'une autorité usurpée. Ils se veulent non répressifs et même non directifs, car chaque élève est porteur de sa propre vérité. Les adultes accompagnent, proposent, à l'extrême limite conseillent, mais, pour l'essentiel, ils laissent faire l'enfant, ils laissent l'enfant se faire. L'ancienne école était celle des élèves tristes, la nouvelle sera celle des élèves épanouis.

Ces deux courants se sont combinés pour imposer les grandes réformes des années 70, c'est pourquoi celles-ci présentèrent ce caractère contradictoire et, *a priori*, incompréhensible, d'un relâchement de la discipline et d'un resserrement de l'enseignement. Plus l'école démissionnait devant l'enfant sous prétexte de lui éviter les traumatismes de l'éducation répressive, plus elle lui imposait un brouet indigeste sous prétexte de l'initier aux savoirs les plus récents. La contradiction, qui sautait aux yeux des parents, était imperceptible aux pédagogues de laboratoire qui s'enivraient au cocktail détonant du structuralisme et de la pensée 68.

A l'heure du bilan, chaque discipline s'est efforcée de

corriger le neuf en rajoutant de l'ancien. Les programmes s'en sont trouvés plus comestibles, mais plus abondants. Nul ne perdait la face, et les manuels gagnaient quelques centaines de pages. Et voilà comment la logique disciplinaire combinée avec les élans pseudo-pédagogiques offre aux petits Français des menus si copieux.

La véritable réforme

La surcharge de nos programmes trouve donc sa source dans la structure disciplinaire, et l'irréalisme de nos méthodes dans les errements de notre pédagogie. L'addition des deux peut faire merveille.

Peut-on réduire la pression qu'exercent les lobbies disciplinaires ? Sa base première réside dans la spécialisation du corps enseignant. Elle est intangible. Les professeurs des collèges et des lycées ne peuvent être des généralistes comme les instituteurs. Ils auront donc très naturellement tendance à se regrouper pour défendre leur spécialité. On n'empêchera pas non plus des personnalités éminentes de leur apporter le soutien de leur autorité. Les seules réformes possibles consisteraient à briser la structure corporatiste de l'inspection générale pour en faire un corps de généralistes plutôt que le point de convergence de disciplines antagonistes.

Le véritable changement consisterait à modifier la procédure traditionnelle. Tant que l'on accumulera les savoirs définis par les uns et les autres, le total excédera les possibilités des élèves. La création en 1989 du Conseil national des programmes représente un premier pas dans la bonne direction. Il en faudrait bien d'autres : élargir ses compétences, en faire un véritable chef d'orchestre qui impose sans contestation sa vision globale aux intérêts particuliers. C'est dans cet esprit que devrait être réalisée la réforme en cours. On jugera l'arbre à ses fruits.

Mais il ne suffit pas de modérer l'appétit des disciplines. Les erreurs que nous avons relevées sont typiquement celles que commettent des spécialistes quand ils s'adressent à des non-spécialistes. Je les connais bien pour avoir si souvent interrogé des scientifiques ou des ingénieurs. Dans la plupart des cas, mes interlocuteurs étaient pleins de bonne volonté, ils s'attachaient à se mettre à la portée du public. Et lorsque je leur expliquais que leur réponse serait difficilement compréhensible pour des téléspectateurs non avertis, ils en étaient tout surpris et fort marris. Nous en discutions ensemble et, après plusieurs essais, ils parvenaient à une formulation accessible à tout le monde. Les journalistes ne sont pas seuls à connaître de telles expériences. Des chefs d'entreprise ou des hommes politiques doivent également demander aux spécialistes venus les entretenir de leurs problèmes de leur expliquer les choses plus simplement.

Que sont les collégiens lors de leur première initiation, sinon un public non averti ? Un public qui, je le rappelle, ne doit recevoir à ce stade qu'un savoir de culture générale et non pas une formation préuniversitaire qui n'aurait aucun sens pour tous ceux qui ne poursuivront pas dans cette matière. Or, lorsque les programmes se rédigent en commission, les enfants ne sont pas là, comme les journalistes, les chefs d'entreprise ou les ministres, pour faire part de leurs réactions. Les spécialistes travaillent entre eux, chacun détenant un savoir très supérieur à celui qui doit être transmis.

La conclusion s'impose : si l'on veut que les collégiens s'intéressent aux matières qu'on leur offre, qu'ils ne se contentent pas de les étudier contraints et forcés, mais qu'ils y prennent goût, alors il faut confier à des non-spécialistes le soin de les leur présenter. Je ne parle pas de « faire la classe », qui reste de la compétence exclusive des professeurs, mais de « faire les programmes ».

La proposition ne manquera pas de faire sursauter et pas seulement à l'inspection générale de l'Éducation nationale. Confier les programmes à des ignorants, il ne manquait plus que cela ! Il ne s'agit pourtant ni d'une boutade ni d'une provocation, mais de la conséquence logique de ce que nous avons vu tout au long de ces pages. Pour l'admettre, il faut surmonter un trait caractéristique de la mentalité française : la confiance aveugle dans les titres officiels. A nos yeux, il n'est de compétence qu'estampillée par des diplômes et consacrée par des titres. Celle-ci confère un pouvoir exclusif. Il n'est pas question que des non-spécialistes s'aventurent sur ce terrain. Celui qui n'a pas le titre n'a pas droit au chapitre. Si l'on parle physique, on écoute les physiciens ; si l'on parle économie, on écoute les économistes, distingués comme il se doit. Cette foi aveugle ressemble fort à la crédulité des victimes qui, après avoir été dépouillées, se lamentent : « Que voulez-vous, j'avais confiance. Il avait la Légion d'honneur. »

Il n'est de savoir spécialisé qui ne déforme la vision, qui ne déplace les valeurs, qui ne fausse le jugement. C'est, je dirais, le prix à payer pour une haute compétence. Il en irait différemment si l'on pouvait également s'instruire dans toutes les disciplines. Mais on sait que cet encyclopédisme est hors de portée et qu'on ne progresse dans certaines voies qu'en les privilégiant au détriment d'autres. A l'arrivée, il en résulte nécessairement un déséquilibre dans le niveau de connaissances et, par conséquent, dans le type de perception et d'expression. Nous avons un mode d'appréhension pour les réalités que nous connaissons en profondeur et un autre pour celles qui nous sont simplement familières. Le monde n'est donc pas le même pour un ingénieur, un littéraire, un artiste ou un médecin. Chacun y voit ses zones d'ombres et de lumière, mais qui sont différentes de l'un à l'autre.

C'est faire au savoir un fort mauvais cadeau que de lui reconnaître le pouvoir alors qu'il ne faut lui accorder que le conseil. C'est, au contraire, lui rendre sa dignité que restreindre son champ d'exclusivité aux questions qu'il est seul à même de résoudre. Sur ce principe, la compétence de nos agrégés est bien exclusive de toute autre lorsqu'il s'agit de bâtir les programmes des grandes classes. A ce stade, le niveau de connaissances est déjà très élevé, et la logique de la discipline l'emporte sur celle de l'acquisition, seuls ses détenteurs au plus haut niveau peuvent prendre en charge la transmission d'un savoir spécialisé. Mais nous parlons de tout autre chose : de l'initiation donnée au collège.

Faut-il vraiment être agrégé d'économie pour concevoir, je ne dis pas donner, une culture – pour ne pas dire une teinture – économique en sixième ? Faut-il avoir réussi l'agrégation d'histoire pour tracer la route des jeunes enfants à travers les siècles ? Je ne le crois pas, je pense même que cette qualification devient un handicap insurmontable. Je ne vais pas pousser le paradoxe jusqu'à prétendre que les spécialistes doivent être tenus à l'écart de ce travail, ils doivent y participer, c'est évident. Mais seulement comme conseillers. Ils sont là pour exposer le savoir disponible, pour dire si les présentations envisagées ne le trahissent pas, pour répartir les connaissances dans le cadre fixé, pour aider à la mise en forme du travail ou éviter toute erreur. Mais ils ne doivent ni concevoir à l'origine ni décider en dernier ressort. De même, des pédagogues sérieux – il en existe – qui ont étudié l'enchaînement des connaissances dans l'acquisition des savoirs seraient de très utiles conseillers.

Quels seraient donc ces « programmateurs » ? Des personnes cultivées assurément, mais également, pourquoi pas, des autodidactes, des gens qui ont manifesté leur intérêt pour l'éducation ou pour telle ou telle discipline et, bien évidemment, des enseignants. Mais ces derniers ne devraient pas intervenir en tant que décideurs dans leur spécialité. Qu'un professeur de lettres, du secondaire et non du supérieur, réputé pour le sens pédagogique qu'il a manifesté dans ses classes et pas pour ses publications savantes, prenne en charge des programmes de sciences, voilà qui me semblerait fort bien.

Mais que pourront-ils faire puisqu'ils ne connaissent pas la discipline en question ? La réponse est simple : ils travailleront. Un an, deux ans, le temps qu'il faudra. A force de consulter, d'enquêter, de lire et d'étudier, de voir tout ce qui a déjà été fait, de guetter les réactions des enfants, de prendre les avis des maîtres, ils finiront par en savoir assez pour préparer des programmes de sixième ou de cinquième avec l'aide des spécialistes. Il est tout de même moins difficile de faire un tel travail que de diriger une entreprise de construction automobile sans être ingénieur. C'est pourtant ce que font, et fort bien, MM. Louis Schweitzer et Jacques Calvet. Ce n'est pas pour autant qu'ils seraient capables de construire une voiture… ou que nos « concepteurs non spécialistes » sauraient faire la classe ou organiser l'enseignement en terminale. La spécialisation a bien une sphère d'exclusivité, mais qu'il faut tout à la fois délimiter et respecter.

De telles idées sont encore loin d'être au pouvoir. C'est donc le nouveau système, préférable à l'ancien, qui préside à la réforme en cours. Alléger les programmes, briser le cloisonnement disciplinaire, instaurer une véritable cohérence entre les différents enseignements, se placer dans la logique de l'enfant plus que dans celle du savoir… les intentions sont bonnes. Nous savons que les erreurs à corriger ne sont pas nées du hasard ou du caprice, qu'elles traduisent les tendances les plus profondes de notre système éducatif. C'est dire qu'il ne suffit pas d'intention, pas même de décisions, pour en venir à bout. Le recul est indispensable pour apprécier une politique. Dans quelques années, nous saurons si l'on a effectivement corrigé certaines aberrations que j'ai rencontrées. Si les chapitres précédents peuvent se lire au passé.

8
Le complot pédagogique

Bons ou mauvais, les programmes ne sont jamais qu'une intention, disons une partition ; ils trouvent leur réalité dans l'interprétation qu'en fait le corps enseignant. Monde déroutant par sa spécificité et sa diversité tout à la fois. D'un côté, la planète enseignante tient à garder son identité, sinon ses distances, par rapport au reste de la société ; de l'autre, chacun de ses membres se veut différent, cultivant avec un soin sourcilleux son indépendance pédagogique. Tout se résume dans la « salle des professeurs », inexpugnable donjon de tout établissement scolaire dans lequel se rencontrent et parfois s'affrontent des personnalités fort dissemblables. Chacun a croisé sur son chemin le jeune professeur débordé par sa classe, le maître âgé dont il fallait supporter les mauvaises manies ou, à l'inverse, la prof de français géniale dont le lycée entier voulait suivre les cours. Avec ce sentiment étrange et désespérant qu'aux yeux de l'administration les défauts des uns n'ont pas plus de réalité que les qualités des autres.

Je me souviens d'une réunion de parents d'élèves au cours de laquelle je tentais vainement de saisir les propos du professeur principal. Je finis par interroger discrètement ma voisine, qui leva les yeux au ciel. « C'est toujours comme ça, on ne comprend pas ce qu'il dit », me répondit-elle. A l'issue de la séance, elle m'expliqua que tout le monde savait dans le lycée que monsieur X parlait d'une façon à peu près incompréhensible, que c'était une catastrophe pour les élèves et que les parents « au parfum » s'efforçaient d'éviter sa classe. Elle était surprise que mon épouse et moi n'ayons pas effectué les démarches nécessaires. Cela durait depuis des années, et l'on attendait que le professeur au verbe pâteux prenne sa retraite. A l'inverse, un de mes enfants qui avait de grandes difficultés en mathématiques fut réconcilié avec cette discipline par un professeur… dont évidemment tous les parents savaient que « c'était le meilleur ». Car il existe bien une cote des enseignants auprès des élèves et des familles et, si j'en crois mon expérience de parent – dans des établissements « sans problèmes », je dois à l'honnêteté de le préciser –, elle est assez juste. Officiellement, l'administration ne veut pas le savoir, mais elle est bien la dernière à l'ignorer.

Que ces jugements portent sur la profession en général ou sur tel maître en particulier, ils sont toujours aussi mal tolérés par le corps professoral. Même les éloges créent une certaine gêne, car ils impliquent le blâme en d'autres occasions. Ce refus est compréhensible dans ces collèges de banlieue qui vivent sous la pression de la cité et sont pénétrés par l'agressivité ambiante. Comment accepter le jugement de parents qui ne remercient jamais des succès mais se plaignent des échecs… dont, pourtant, l'origine familiale ne fait aucun doute ? Mais la réaction est plus générale, c'est l'acte d'enseigner en soi qui doit échapper à toute appréciation.

Réaction corporatiste commune à toutes les professions ? Sans doute. Je n'éprouve aucune satisfaction lorsque j'entends critiquer les journalistes, et, tout en sachant que, dans mon métier comme dans d'autres, les meilleurs côtoient les pires, je préfère ne pas avoir à le reconnaître. Disons que c'est affaire de circonstances. Dans le monde de l'enseignement, c'est toujours une question de principe.

L'enseignement est un métier difficile, nul n'en doute plus aujourd'hui. Pour l'exercer, il faut un savoir-faire, que chacun applique avec plus ou moins de talent. Voilà ce qui est admis dans toutes les professions et qui ne peut être entendu ici. Parlons clair, les professeurs agrégés et certifiés – à tout le moins, ceux qui s'expriment en leur nom – détestent l'idée et, plus encore, le mot qui est à la base de telles appréciations : la pédagogie. La plupart se reconnaîtraient dans ce jugement de leurs collègues Marie-Claude Bartholy et Jean-Pierre Despin : « Tout ce à quoi devrait se réduire ce qu'on appelle pédagogie consiste dans l'établissement d'un ordre dans lequel enseigner les connaissances, à l'exclusion de tout le reste, à commencer par les vaticinations sur la psychologie de l'enfant en général[1]. » Quelle peut être l'origine d'une telle allergie ?

Elle s'explique par la situation qui a prévalu jusqu'à la création des instituts universitaires de formation des maîtres (IUFM) en 1989, situation à laquelle se réfère encore l'immense majorité des enseignants. Ces maîtres ont fait des études difficiles, ils ont accumulé, à marches forcées, une somme impressionnante de connaissances et, pour finir, réussi un concours très sélectif, agrégation ou CAPES. Ces titres qui attestent un niveau élevé d'érudition leur octroient la faculté d'enseigner. Ils n'ont pas à proprement parler « appris ce métier », ils n'ont pas étudié la psychologie des élèves, les méthodes d'apprentissage et encore moins la façon de s'adresser à une classe, de susciter la curiosité, de maintenir l'intérêt, de maîtriser son expression physique et vocale, d'éviter les tics et expressions répétitives, d'affronter les situations diverses et soudaines qui peuvent survenir. La plupart des agrégés en exercice ont fait un stage de pure forme, quant aux certifiés ils sont censés avoir effectué un an d'apprentissage dans un centre pédagogique régional sous la houlette d'un conseiller pédagogique. Cette pseudo-« formation professionnelle » n'est qu'une formalité. Selon les statistiques bureaucratiques, 0,1 % des capésiens seraient jugés inaptes à l'enseignement au terme de ce stage ! Bref, un

1. Marie-Claude Bartholy et Jean-Pierre Despin, *La Gestion de l'ignorance*, Paris, PUF, 1993.

maître du secondaire entre dans sa première classe pour son premier cours sans une véritable connaissance théorique ou pratique de son métier. A lui de le découvrir sur le tas. Ce simple constat est censuré dans les déclarations publiques, mais reconnu en confidence. Ainsi, pour Bernard Pauly, professeur agrégé : « Mes études m'ont donné un talent pour traduire Homère ou Tite-Live. Ce talent est réel, pourquoi le nier ? Mais… la première fois que j'ai affronté une classe, je ne savais pas ce qu'était un élève. Agrégé ou non, je ne possédais aucune compétence pour enseigner[1]. » La tradition du secondaire implique donc une ignorance dédaigneuse de la pédagogie : bonne à la maternelle ou dans le primaire, mais certainement pas au lycée.

Linguiste réputé, Jean-Claude Milner[2] a poussé ce refus jusqu'à l'incandescence. « Celui qui engage un individu comme spécialiste de la transmission d'un savoir ne doit tenir compte que de la maîtrise que détient cet individu de ce savoir. » Cela découle d'un postulat : « On transmet d'autant plus efficacement qu'on en sait plus et mieux », lequel postulat entraîne une conséquence naturelle : « La puissance publique n'a pas à tenir compte d'autre chose, quand elle décide d'attacher un sujet à l'école, que de son savoir. » Il ne s'agit pas là d'un monopole corporatiste, mais d'une institution fondatrice : « Le recrutement sur la base exclusive du savoir est la forme historique qu'ont prise, quand il s'agit de l'école, les libertés formelles. » Voilà donc dévoilé le mystère de la sainte agrégation. Certains ignorants avaient pu s'étonner que, dans un concours destiné à recruter des enseignants, on ne mesure que le savoir et pas du tout la faculté d'enseigner. La réponse tombe comme un couperet : il s'agit d'une seule et même chose : plus on sait, mieux on enseigne.

Il s'ensuit que la pédagogie ne saurait être qu'une dan-

1. *Tant qu'il y aura des profs*, Paris, Éd. du Seuil, 1984.
2. Jean-Claude Milner, *De l'école*, Paris, Éd. du Seuil, 1984.

gereuse illusion. Lorsque Milner en parle, il n'hésite pas à évoquer l'astrologie, c'est tout dire. A côté du savoir qui constitue la vérité, il existe des « croyances » pédagogiques. Libre à chacun de les partager ou non. Mais il serait attentatoire aux libertés de prétendre les imposer aux professeurs. Ceux-ci sont des intellectuels qui doivent être les grands prêtres de leur discipline au service de la seule connaissance. Les enfants sont là pour être instruits et non pour être maternés.

Pour Milner, la volonté d'imposer la pédagogie devient un complot contre le savoir. L'âme de cette conjuration, c'est « la corporation », c'est-à-dire, en simplifiant, le Syndicat national des instituteurs soutenu par toutes sortes de bons esprits socialo-démocrates-chrétiens. Son objectif est d'écraser l'élite intellectuelle à travers son noyau le plus solide : les professeurs. Un populisme égalisateur et totalitaire se cacherait sous le masque benoît de la pédagogie.

Diable ! Au départ, on demande simplement que les enfants comprennent ce que dit le professeur et, à l'arrivée, on instaure un nouvel ordre totalitaire. La diatribe de Jean-Claude Milner a de quoi laisser pantois. Elle déconcerterait jusqu'aux professeurs, qui ne vont pas chercher à de telles altitudes les raisons de leur refus. Pourtant, elle ne fait que caricaturer une attitude très répandue. Antoine Prost reconnaît avoir souvent entendu dire qu'« ... il suffit de maîtriser les savoirs pour savoir les transmettre. Dès lors, s'interroger sur les conditions de cette transmission est un aveu d'incompétence et la pédagogie se disqualifie d'elle-même : "Il n'y a pas de problèmes pédagogiques, il n'y a que des professeurs qui n'ont rien à dire", disait un jour un inspecteur général actuellement en fonction. A la limite, il est même dangereux, dans cette perspective, de tenir compte des élèves. C'est introduire, en effet, face à la rigueur immuable des normes scolaires et à l'évidence des savoirs qui s'imposent d'eux-mêmes, le relatif et le contingent dont on ne peut tirer quelque science que ce soit[1] ». Cette opposition, généralement ignorée du public, bloque l'institution scolaire. Oublions donc la théorie, redescendons au niveau plus prosaïque des statuts et des conditions de travail, allons retrouver dans le concret les racines de cet irréductible antagonisme.

Si la pédagogie existe, si le seul fait d'avoir la connaissance ne suffit pas à la transmettre, cela veut dire que des agrégés, à égalité de diplôme, pourraient être les uns bons et les autres mauvais. Les suites d'une telle proposition, on les imagine. Sitôt cette capacité pédagogique reconnue, elle doit être prise en considération. Car on ne peut dire que les uns font bien la classe, les autres mal, sans en tirer les conséquences. Les enseignants seront donc jugés. Par qui ? Selon quels critères ? Avec quelles conséquences ? Devront-ils craindre qu'une quelconque inspection générale, à moins que ce ne soit un vote des parents, décide soudain qu'en dépit de leur agrégation ils ne sont bons à rien ? Verra-t-on, à l'image des cadres dans les entreprises privées, certains certifiés faire des carrières fulgurantes et d'autres végéter sans avancement ? A ce compte, les diplômes prestigieux qu'ils eurent tant de peine à conquérir ne seraient plus que des points de départ et non d'arrivée.

Pour la plupart des professeurs agrégés ou certifiés, de telles perspectives sont proprement cauchemardesques. Élevés dans le culte du savoir, qui les a légitimement valorisés, ils ne peuvent admettre que ces références soient mises à mal au nom d'une prétendue aptitude à enseigner. N'oublions pas qu'ils ont la même formation de base que les enseignants de faculté, ce sont des universitaires dont la compétence repose tout entière sur le savoir, ils n'entendent pas être ramenés au rang de « superinstituteurs » et considérés en proportion de leur aptitude à « faire la classe ».

Leur idéal, c'est une carrière dont le parcours est déterminé par un niveau de connaissances initial dûment

1. *Éloge des pédagogues, op. cit.*

sanctionné par un concours. Pas question d'avoir à se justifier sur une pseudo-qualité de leurs cours. Un agrégé est professeur, un point c'est tout. Il n'y a pas trente-six façons d'enseigner la loi d'Ohm, la Grande Guerre ou les accords de participe, ce qu'il faut, c'est connaître parfaitement son sujet. Qu'on nous fiche la paix avec la pédagogie ! La reconnaître, c'est perdre ce statut particulier qui mêlait si délicieusement – à la grande époque de l'enseignement secondaire – la sécurité de la fonction publique et l'indépendance des professions libérales.

Cette conception est à peu près compatible avec un enseignement de classe terminale dans des lycées d'élite, mais que vaut-elle dans une cinquième de collège populaire ?... Une classe de jeunes enfants, voire d'adolescents, n'est-elle pas un auditoire différent d'un public adulte ? Ne faut-il pas montrer comment on prend des notes, comment on rédige, comment on organise son travail, ne faut-il pas suivre la progression des uns et des autres, savoir donner à propos les encouragements et les sanctions ?... Telle est la difficulté du secondaire, qui touche au primaire par le bas et au supérieur par le haut. Selon qu'on le définit par la base ou par le sommet, on aboutit à une conclusion ou bien à son contraire. Milner décrit une organisation qui peut convenir à une terminale C de Louis-le-Grand, mais qui devient surréaliste lorsqu'on prétend l'appliquer à certains collèges de nos banlieues. La situation que l'on rencontre dans ce type d'établissements évoque une tout autre tradition : celle de l'enseignement primaire.

Instituteurs et professeurs

La pédagogie a toujours tenu une place importante dans les écoles normales d'instituteurs. Les raisons en sont évidentes. Nul ne peut nier que la communication avec de si jeunes élèves et la gestion de classes enfantines posent des problèmes particuliers. La nécessité d'un savoir-faire professionnel n'a jamais été discutée et fondait traditionnellement la fierté d'une profession qui ne s'appuyait pas sur un savoir universitaire.

Au cours des dernières décennies, cette différence est devenue source de conflits, et la pédagogie s'est retrouvée au cœur de la bataille. La querelle a débuté dans les années 60 avec la remise en cause de l'enseignement secondaire traditionnel fondé sur le cours magistral. Béatrice Compagnon et Anne Thévenin ont bien résumé la naissance de ce nouveau courant qui puise autant dans l'*Émile* de Jean-Jacques Rousseau que dans la psychanalyse ou dans les travaux de l'Américain Carl Rogers. On en vient donc à considérer que : « L'essentiel ne serait pas de transmettre des connaissances mais de susciter des comportements en utilisant des méthodes pédagogiques qui permettent aux élèves d'apprendre par eux-mêmes. [...] De nouvelles méthodes qui mettent l'accent sur le travail personnel que l'élève doit fournir, exposés, comptes rendus, enquêtes, études de dossiers sont préconisées. Elles valorisent également la libre expression des élèves. Les pratiques pédagogiques seront donc désormais actives, il s'agit de passer *de l'initiation à l'initiative*[1]. » Et pour couronner le tout, il faut *ouvrir l'école sur la vie*. Il suffit de comparer ces idées à l'intransigeance aristocratique de Milner pour imaginer le rejet qu'elles pouvaient inspirer aux tenants de l'enseignement traditionnel.

Or ces théories, mêlées aux idéologies soixante-huitardes, vont inspirer les réformes au cours des années 60-70. Dans le primaire tout d'abord, mais aussi dans le secondaire. Certaines innovations, comme le remplacement de la notation par une échelle de cinq lettres, ne tiendront pas. D'autres, au contraire, vont s'imposer. Qui donc songerait aujourd'hui à retirer du programme de

1. Béatrice Compagnon et Anne Thévenin, *L'École et la société française*, Paris, Éd. Complexe, 1995.

français les résumés de textes ou à bannir les extraits d'auteurs contemporains pour s'en tenir comme autrefois aux seuls classiques ? Plus généralement, cette rénovation a introduit de nouveaux exercices excellents dans le principe qui, selon l'application, se révèlent la meilleure ou la pire des choses. Il est bon d'apprendre aux enfants à chercher l'information dans une documentation au lieu de la recevoir toute digérée dans le cours. Mais à qui fera-t-on croire que la confrontation d'un enfant de douze ans à des textes réglementaires est plus formatrice qu'une bonne explication donnée par le maître, que l'on est capable dès le plus jeune âge d'écrire des notes de synthèse sur une série de pièces disparates ? Ces nouvelles méthodes exigeraient un très solide mode d'emploi, mais comme le métier ne s'apprend pas...

Les deux positions, dans leurs expressions intégrales, voire intégristes, sont aussi indéfendables l'une que l'autre. On connaît les dégâts provoqués par l'utilisation inconsidérée de la pédagogie active et des savoirs désincarnés qui a entraîné une forte réaction dès le ministère de Christian Beullac, puis avec Alain Savary et Jean-Pierre Chevènement. Mais la crispation sur le rituel scolaire des années 50 n'est pas plus tenable, car elle implique une coopération de l'école et de la famille qui n'existe plus : aujourd'hui, la première doit suppléer, voire remplacer la seconde. En outre, l'émancipation des jeunes et l'influence de la télévision sont des faits irréversibles.

Notre société qui, il y a cinquante ans, ne s'exprimait guère que par l'écrit, monde silencieux dans lequel chacun devait aller chercher sa pitance, est devenue un champ de foire sur lequel les bateleurs médiatiques racolent le chaland dans une surenchère permanente de titres, d'images et de sonos. L'enfant, qu'il soit fils de famille ou fils de RMIste, est immergé dans ce monde bruyant, séducteur, racoleur et obsédant, dans ce bouillonnement de sensations et d'informations, dans ce zapping généralisé qui montre tout sans jamais se donner le temps d'approfondir. Ne nous attardons pas à cultiver la nostalgie des époques révolues, c'est cette génération qu'il faut instruire et pas une autre.

Le lycée a perdu la complicité familiale mais a découvert la concurrence médiatique. Les cours ne prolongent plus le discours parental, ils se confrontent au spectacle audiovisuel. La discipline scolaire doit trouver sa place dans une éducation permissive. Autant de défis qui demandent à être relevés et ne doivent plus être ignorés. Car l'école n'est pas sans atouts face à la télé. Elle propose des êtres de chair et de parole, pas des ectoplasmes électroniques ; elle débouche sur la réalité et la vie, elle ne reste pas dans l'imaginaire. Ici, le jeu n'est pas gratuit, l'enjeu est toujours présent. Mais il est vrai que la curiosité, la volonté d'apprendre, le bonheur de découvrir ne sont plus donnés au départ. L'enseignement ne peut plus se suffire à lui-même, à supposer qu'il l'ait jamais pu, il doit créer sa propre légitimité. Pour instruire, il faut séduire, et le savoir est loin d'en avoir à lui seul le pouvoir.

Peut-on imaginer que l'école serait seule à ne pas changer dans un monde en plein bouleversement ? Ce n'est pas sérieux. Intégrisme pour intégrisme, celui des catholiques traditionalistes qui prétendent arrêter au XIXe siècle l'évolution liturgique est moins absurde que celui des conservateurs scolaires qui voient dans le lycée de leur jeunesse le point oméga de l'enseignement.

La défense du statut à travers celle d'une certaine conception du métier ne suffit pas à expliquer une telle intransigeance. En fait, la querelle des méthodes dissimule l'opposition souterraine, mais combien plus viscérale, des grandes corporations enseignantes.

Les filières pédagogiques

A la fin des années 60, l'Éducation nationale n'a pas seulement introduit de nouvelles méthodes dans le secondaire, elle a également introduit de nouveaux maîtres. Ces réformes, que nous verrons plus en détail, ont conduit à déverser toute la population du primaire dans les collèges. Face à cette très brutale augmentation des effectifs, il a bien fallu trouver des maîtres. Impossible de former des agrégés et des certifiés en si grand nombre dans des délais si courts. L'Éducation nationale a dû franchir le Rubicon qui sépare le primaire du secondaire, elle a fait appel à des instituteurs sélectionnés et recyclés pour enseigner dans les collèges.

Les deux mondes se côtoyaient depuis toujours sans se mélanger. D'un côté, les instituteurs, maîtres polyvalents, sans formation universitaire et sous-payés, qui font l'école aux « petits » ; de l'autre, les professeurs agrégés ou certifiés, au savoir universitaire reconnu, spécialisés dans une discipline, mieux payés, mieux considérés et qui enseignent les « moyens ». Les deux corps sont à ce point non miscibles qu'ils en sont venus à se regrouper dans des organisations syndicales de tendances politiques opposées – le SNI, plus proche des socialistes, pour les instituteurs ; le SNES, plus proche des communistes, pour les enseignants du second degré – sans que ces orientations divergentes traduisent le moins du monde celles des personnels. Il y a tout autant de communistes et de socialistes chez les uns et les autres, mais il est essentiel de se différencier et même de s'opposer.

D'autant que les instituteurs n'ont cessé de se battre pour la création d'un corps unique qui les regrouperait avec leurs collègues des lycées. Ce serait pour eux la même chose que « devenir cadre » pour des salariés du privé ; mais, pour les professeurs, cela reviendrait à sortir de l'encadrement pour se confondre avec les employés. La menace était lointaine aussi longtemps que chacun restait à sa place, elle devenait toute proche si l'on abolissait la frontière.

L'administration prit donc des « instits montés en graine », qu'elle baptisa du joli nom de PEGC et qu'elle chargea d'enseigner deux matières différentes à raison de 21 heures de cours par semaine, quand l'agrégé n'est astreint qu'à 15 heures de cours hebdomadaires avec une seule matière. Elle ne pouvait qu'être satisfaite de ces nouveaux maîtres qui travaillaient plus et qu'elle payait moins. Leur nombre augmenta donc rapidement.

Les professeurs du secondaire n'ont pas manqué, avec toute la confraternité requise, de dénoncer la très médiocre qualité des PEGC. Tel ce professeur d'allemand, titulaire du CAPES, déclarant à Hervé Hamon et Patrick Rotman : « Même si ça n'est pas leur faute, les PEGC sont moins formés que les professeurs spécialisés. C'est la mort de l'enseignement, les PEGC ; c'est une victoire du syndicat des instituteurs mais c'est la mort de l'enseignement ! Ce qui leur manque ? Le savoir[1]. »

De fait, on a vu pour la première fois dans l'école française des maîtres enseigner ce qu'ils ne savaient pas. A la limite, ils pouvaient être bombardés professeurs d'anglais, d'histoire ou de mathématique sans la moindre étude supérieure dans ces disciplines et, la veille du cours, ils s'efforçaient d'apprendre par cœur la leçon dans les manuels. En 1981, le grand mathématicien Laurent Schwartz dénonça leur inculture, montrant au passage que près du tiers d'entre eux ne possédaient que le bac. Depuis lors, le recrutement des PEGC a été arrêté : tous les enseignants, y compris les instituteurs, sont recrutés au niveau de la licence et passent dans des écoles professionnelles : les instituts universitaires de formation des maîtres. Mais on a vu se multiplier les maîtres auxiliaires dont la formation est aussi incertaine que le statut.

Rejetés par les professeurs du secondaire, les PEGC mirent en avant leur savoir pédagogique supérieur. A force de s'entendre dire : « Nous sommes savants, vous êtes des ignorants », les ex-instits finirent par répondre : « Nous savons enseigner et vous ne le savez pas. » La pédagogie s'opposait au savoir, l'opinion se répandit parmi les agrégés et certifiés qu'elle n'était que le cache-misère de l'ignorance. Un superbe gâchis.

1. *Tant qu'il y aura des profs*, *op. cit.*

L'archipel « pédago »

Depuis lors, le « clan des pédagos » s'est conquis un empire à la fois matériel et intellectuel. Sur le plan institutionnel, la France n'a jamais compté autant d'organisations et d'experts en l'art d'apprendre. Dans toute université digne de ce nom se sont développées des unités de recherche consacrées aux sciences de l'éducation, qui s'ajoutent aux laboratoires du CNRS, qui s'ajoutent au vénérable Institut national de la recherche pédagogique. La France est quadrillée par une administration pédagogique avec les centres de documentation pédagogique et les MAFPEN (missions académiques de formation des personnels de l'Éducation nationale). Enfin, couronnant le tout, les IUFM, instituts universitaires de formation des maîtres, sont en place depuis le début des années 90 pour former les enseignants sur le plan pédagogique. Au total, l'archipel « pédago » est devenu une puissance considérable, et les malins ont compris qu'il est moins pénible d'enseigner à enseigner que d'enseigner.

Dans le même temps, la pédagogie pragmatique et sans prétention de nos écoles primaires a été délaissée au profit de recherches théoriques, de modèles alambiqués et de parlers savants. Cette sophistication – qui trouve sa justification dans des recherches de pointe – envahit toute la littérature scolaire, y compris celle destinée au primaire : on ne sait plus parler éducation que sur le mode pédant. Par cette élévation de ton, la corporation « pédago » entend gagner un statut scientifique, car il n'en faut pas moins pour consolider son fief universitaire et faire prospérer les titres associés. Nos didacticiens vivent dans la théorie, bien loin des médiocres « problèmes de classe », et se réfèrent à un savoir scientifique hautement réclamé et proclamé. Ainsi, Claudette Balpe, professeur à l'IUFM de Melun, affirme, en se référant à Piaget : « Aujourd'hui la psychologie cognitive fournit à l'enseignant des éléments du fonctionnement mental de l'enfant dans les activités d'apprentissage scientifique. L'enseignant peut gérer scientifiquement les activités de formation scolaire (dans la limite bien sûr des notions actuellement garanties)[1]. »

Enfin et surtout, ce petit monde a développé un jargon qui tente de s'imposer jusque dans le langage utilisé par les professeurs à l'intention de leurs élèves. Le vocabulaire qui est en usage depuis un siècle dans l'éducation est progressivement remplacé par un pathos prétentieux qui masque le vide des concepts sous l'enflure des mots. Évitons de dire bêtement élèves, collégiens ou lycéens, disons « apprenants », d'autant qu'on n'apprend plus, on « construit des savoirs » et l'on « acquiert des compétences » qui sont mesurés grâce à la « fonction de certification » des examens. Ne prenons plus de notes, laissons une « trace écrite », intéressons-nous aux « registres de langue » plutôt qu'aux façons de parler ; ne rédigeons plus, « produisons des textes » ; ne parlons plus, « émettons un discours », et découvrons que nos mimiques et intonations sont devenues des « indices extralinguistiques », tandis que le nom de l'auteur, le titre du livre et la date de parution forment autant d'« éléments paratextuels ». Les enseignants sont invités à « contextualiser » leur savoir, c'est-à-dire à se mettre au niveau de leurs élèves, etc.

C'en est au point que deux membres de l'Académie française, Mmes Jacqueline de Romilly et Hélène Carrère d'Encausse, après s'être plongées dans cette littérature pédagogique, ont présenté avec une vigueur indignée le collier de perles qu'elles ont relevées : « Pauvres enfants à qui l'on voudrait apprendre à lire et écrire le français ! On leur offre des exercices "portant sur des objets *métalinguistiques* préconstitués" ; on améliorera les performances discursives et *métalangagières* ; on comprendra

1. Claudette Balpe, *Les Sciences physiques à l'école élémentaire*, Paris, Armand Colin, 1991.

que l'usage de l'oral induit plutôt des conduites *méta-pragmatiques* et *métadiscursives*. On insistera sur la nécessité de "faire acquérir un *métadiscours*". Sans doute faut-il rapprocher de ces exemples la "lecture *intertextuelle*" ou "*transtextuelle*" et l'*hypertextualité* (qui désigne l'incessante circulation des textes) !... Mais la prétention ne s'arrête pas à ces mots qui reflètent un mode savant : ces publications inventent sans cesse des mots, qui viennent doubler, froidement, ceux qui existent. Celui qui écrit devient un *écriteur*, celui qui agit un *actant* (et, si l'on transpose en schéma simpliste une action, ce sera un schéma *actantiel*). On aime, en effet, schémas et tableaux : ainsi propose-t-on "*une lecture tabulaire*". Une activité à ses débuts sera dite *augurale*. Jamais on ne parlera d'une connaissance ou d'un savoir, on dira *acquis cognitifs*. On ne parlera pas d'évaluation globale, mais *sommative*. Inversement, on distingue à l'occasion un projet global d'un autre, qui sera alors appelé *séquentiel*. On ne dira pas qu'un procédé a été expérimenté, mais *expériencé*. L'on ne parlera pas de la signification d'un texte, mais de sa *signifiance*. Pour comparer deux choses, on en donnera un *descriptif contrastif*. Pour distinguer les divers niveaux, que dire ? Oh ! c'est simple : on parle de *progressivité taxonomique*. On se pose aussi des problèmes de *centration* : quoi de plus naturel ? Ou bien l'on se construit un système *idéationnel* : quoi de plus utile ?... Ne l'oublions pas : il s'agit toujours de la langue française. Et tout s'éclaire si l'on nous dit que les pronoms de la 1re et de la 2e personne sont des *embrayeurs de langage*. Il est vrai qu'ils peuvent aussi être *déictiques*. Molière aurait été heureux de l'apprendre [1]. »

Tout cela prêterait à sourire si l'enjeu n'était aussi grave. La pédagogie tient un rôle clé dans la société française et pas seulement à l'Éducation nationale. C'est elle

1. Rapport présenté par Mmes J. de Romilly et H. Carrère d'Encausse. Les exemples cités sont, hélas ! bien réels et tous référencés.

qui devrait faire le pont entre un enseignement d'origine élitiste et des enfants d'origine populaire, entre une société de l'image et de l'instant et une culture de l'écrit et de la mémoire. Le défi n'est pas mince ; on ne le relèvera ni en se drapant dans un refus dédaigneux ni en se perdant dans de pédantes spéculations. Les problèmes posés sont dramatiquement concrets, ils appellent des solutions pragmatiques plus que théoriques.

En décidant que tous les enseignants recevraient désormais une formation professionnelle en IUFM, Lionel Jospin est allé dans le bon sens. Mais cette décision, conduite en trop grande complicité avec le lobby pédagogique, s'est heurtée à de nombreuses réticences. Les maîtres du secondaire, agrégés et certifiés, y virent une machine à transformer des « formateurs » issus du primaire en « professeurs », puis à gommer toutes les différences au sein du corps enseignant. Lancé sur de telles bases, ce premier enseignement professionnel dans le secondaire a connu le pire et le meilleur selon les établissements. Beaucoup d'IUFM ont été colonisés par les pédagogues à la nouvelle mode et n'enseignent qu'une didactique théorique et jargonnante ; d'autres, en revanche, s'efforcent d'apporter un véritable savoir-faire professionnel. Finira-t-on par armer les futurs enseignants afin qu'ils puissent surmonter les épreuves qui les attendent ? C'est un enjeu décisif pour l'avenir de l'école.

Heureusement, les comportements évoluent. Confrontés à des situations de plus en plus difficiles, de nombreux jeunes professeurs ressentent l'insuffisance de leur formation. Sans renoncer ouvertement à leurs préventions, ils s'inscrivent discrètement dans des stages qui ne prétendent pas leur apprendre des savoirs abstraits, mais des méthodes pratiques à même de les aider au quotidien.

Cette aide dont les enseignants, particulièrement les jeunes, ont besoin ne leur sera pas apportée par des chercheurs en laboratoire. En ce domaine, c'est l'expérience qui conduit à la connaissance. Elle ne s'acquiert qu'après avoir affronté les classes les plus diverses, avoir douté, s'être trompé, avoir essuyé des échecs et remporté des succès, avoir multiplié les initiatives pour faire peu à peu le tri entre « ce qui marche » et « ce qui ne marche pas ». C'est ainsi qu'au fil des ans certains enseignants qui ont tout à la fois la passion de leur métier et le sens de la pédagogie accumulent un capital qui surpasse toutes les études théoriques.

Le monde enseignant est riche d'une somme prodigieuse d'expériences et de savoirs. Ne l'avons-nous pas constaté de chapitre en chapitre ? Dans chaque discipline, j'ai opposé à la médiocrité de la pédagogie officielle l'invention et la richesse de certains professeurs. J'ai donné quelques exemples, il en existe des dizaines de milliers. Mais aujourd'hui, ce capital dépérit faute d'être considéré. Le reconnaître, ce serait admettre qu'il existe de « bons » professeurs et de « moins bons », ce serait briser le tabou. Chacun s'en va donc en retraite avec son expérience sous le bras, une expérience qui ne sera pas transmise, qui ne lui survivra pas. Le renouveau pédagogique passe d'abord par la valorisation de ces compétences pratiques et non pas abstraites. Le jour où les meilleurs professeurs – oui « les meilleurs », car ils ne sont pas tous « meilleurs » – deviendront les tuteurs des novices, où l'on entrera dans la carrière, c'est-à-dire dans ses premières classes, conforté par un aîné qui ne prodigue pas de grands discours mais, très concrètement, donne de discrets conseils, corrige des premières maladresses, alors un grand pas aura été fait. Aujourd'hui, ce rôle est très vaguement tenu par un éphémère, voire évanescent, conseiller pédagogique. Mais c'est d'un véritable tutorat que les jeunes professeurs ont besoin pour affronter la houle inquiétante de la jeunesse scolaire.

Les nouveaux lycéens

Tous les professeurs s'étonnent de la différence entre les élèves qu'ils ont été et les élèves qu'ils doivent instruire. L'un de mes amis, professeur de lettres dans un lycée de province, a tenté d'analyser cette différence. Il m'expliquait, l'air désolé : « Ce n'est pas qu'ils travaillent moins et peut-être même pas qu'ils en savent moins. Non, ils travaillent et ils savent des choses. Mais, comment dire ? Plus ils en font, moins ils y sont. Alors qu'ils sont en section littéraire, je n'ai pas le sentiment qu'ils se sont approprié la littérature, qu'une œuvre peut les enthousiasmer, les indigner, les faire vibrer, qu'ils ont envie d'en débattre avec moi. Ils veulent apprendre ce qu'il faut en penser et en dire pour avoir une bonne note à l'examen. J'ai le souvenir qu'au lycée il y avait des auteurs au programme qui nous emmerdaient, mais qu'il y en avait d'autres qu'on aimait et que, surtout, on aimait en discuter. Franchement, quand je repense à cette effervescence juvénile, je trouve que ça ne pétille pas beaucoup. Je me demande parfois si ce n'est pas la faute du prof, mais non, c'est pareil dans les autres classes. Il y a ceux qui s'en foutent et ceux qui veulent réussir, mais je ne sais pas bien où sont ceux qui aiment ce qu'ils font. » Faisons donc mieux connaissance avec cette nouvelle génération d'élèves.

Du livre événement d'Hervé Hamon et Patrick Rotman, *Tant qu'il y aura des profs*, en 1984, à l'étude sociologique très fine de François Dubet, *Les Lycéens*, de 1991[1], de nombreuses enquêtes ont mis en évidence les transformations de la population scolaire et le malvivre du corps professoral. Que nous disent-elles ?

François Dubet a identifié plusieurs types de lycéens correspondant à plusieurs types d'établissements. Tout

1. François Dubet, *Les Lycéens*, Paris, Éd. du Seuil, 1991.

d'abord, les « vrais lycées », ceux qui sélectionnent durement leurs élèves et s'estimeraient déshonorés si leur taux de réussite au bac ne dépassait pas largement les 90 %. Leurs élèves sont « héritiers » d'une culture, d'une notabilité que leur famille entend bien leur transmettre. Ultraminoritaires, ils viennent moins pour s'instruire que pour réussir. « On travaille pour le résultat et le diplôme ; le contenu, on s'en fout un peu. »

Cette attitude de « consommateur d'école », selon l'expression du sociologue Robert Ballion, est encore plus marquée dans les « bons lycées », ceux qui misent sur 85 % de succès au bac. Ici, l'on travaille d'autant plus qu'on est dans les « bons » mais pas dans « l'élite », il suffirait d'un faux pas pour se retrouver dans les « pas bons ».

L'élève vit dans la hantise d'être orienté vers une section dévalorisée, de rater la mention ou, pire, de rater le bac. Les lycéens se sont mués en stratèges, ils ne veulent pas des gourous, mais des entraîneurs. « Les enseignants sont beaucoup plus nettement définis en termes d'efficacité pédagogique et de relation d'intérêt porté aux élèves que de charisme. » Quant aux matières, elles ne sont que des instruments pour arriver à ses fins. « Ils expliquent que, pour eux, la philosophie est avant tout une épreuve du bac, parfois même une épreuve avec un faible coefficient dans les sections scientifiques [...] l'enseignement de la philosophie n'est pas “rentable” en termes d'examen et ne mérite donc pas qu'on s'y engage beaucoup. » Les A ne veulent pas perdre de temps avec la physique, les C avec l'histoire, etc. N'en déduisons pas que l'on se donne sans réserve aux matières principales. François Dubet a constaté « l'absence de signification culturelle *reconnue* des matières les plus sélectives ». Des enseignants de physique et leurs élèves estiment que « l'image de la culture scientifique est, au lycée, quasi totalement recouverte par sa fonction sélective. D'emblée, les élèves identifient la physique et les mathématiques aux outils de la sélection ». Preuve de cette « instrumentalisation », les lycéens sont indifférents au contenu culturel, ils veulent des recettes de succès. « Certains enseignants nous l'ont dit, les élèves ne s'intéressent pas aux mathématiques, mais aux techniques de calcul ; pas aux questions, mais aux réponses. [...] Au fameux "Avez-vous des questions à poser ?" les élèves répondent généralement en rangeant leurs affaires. »

Voilà les meilleurs lycéens qu'un professeur puisse rencontrer aujourd'hui. Mais il risque bien davantage d'être confronté aux « nouveaux lycéens » que voici.

On les retrouve dans les « nouveaux lycées » qui ont poussé un peu partout, notamment dans les banlieues, au cours des trente dernières années. Leur taux de succès au bac navigue entre 65 et 55 % selon les sections, et ils accueillent « ceux qui n'auraient pas été au lycée il y a vingt ans et ceux dont les parents n'ont généralement pas fait d'études secondaires longues ». Ils concrétisent l'accès des classes populaires à un niveau d'instruction qui était réservé à la bourgeoisie. Les adolescents que l'on rencontre ici devraient éprouver un sentiment de fierté. Or, le plus souvent, Dubet a découvert des nouveaux lycéens « pessimistes », avec « le thème du mépris omniprésent dans leur discours ».

Ils n'adhèrent pas au système, ils ne font que s'y adapter dans la « tristesse » et la « solitude ». Ainsi, les plus belles intentions, les plus nobles discours, les plus gigantesques efforts ont eu pour premier résultat d'entretenir au sein de la jeunesse les sentiments de découragement, d'injustice et d'échec.

Ces lycéens ne pensent pas qu'ils sont « mieux que leurs parents », car ils sont aveuglés par une autre évidence, celle d'être « moins bons que les autres ». Leur lycée est moins bon, leur section est moins bonne, leur classe est moins bonne, leur parcours est moins bon. Car tout est hiérarchisé dans la nouvelle Éducation nationale, et chacun sait parfaitement où il se situe. Tandis que la nouvelle élite frime dans les « vrais lycées » avec, en ligne de mire, les « prépas » et les grandes écoles, la masse lycéenne mijote dans son sentiment de médiocrité. C'est encore pire dans les lycées professionnels, déversoirs de l'enseignement général. Les enseignants qui rêvent des « bonnes » classes, des « bons » lycées ne peuvent s'empêcher de renvoyer à leurs élèves une image dévalorisante. Dubet a tout un florilège de telles relations : « Le prof, il aime pas les A 2, il nous l'a dit... », « Les A 3, on est des moins que rien, les profs nous rabaissent... », « La prof [...] elle dit qu'on aura le bac, mais que c'est normal parce que le niveau du bac a tellement baissé... », « Pour les S, nous les A, on est des moins que rien », « La prof d'économie [...] elle rabaisse les élèves, elle essaie de les écrouler », « Les profs [...] ils se moquent de nous quand on passe au tableau et qu'on se trompe », etc. Est-ce vrai, est-ce faux, est-ce exagéré ? Peu importe, c'est ressenti, et c'est cela qui compte. Ces lycéens sont mal dans leur peau, méfiants, inquiets, indifférents.

Ils se veulent utilitaristes, mais ils n'ont pas le mode d'emploi, ils ne connaissent pas tous les rouages du système, ils sont mal conseillés par des familles aussi perdues qu'eux. Alors, ils font au plus juste. Dubet résume ainsi les jugements des professeurs sur leurs élèves : « Les lycéens sont conformistes et ne s'intéressent pas aux idées. Ils veulent un enseignement efficace et traditionnel. Souvent, ils sont travailleurs mais ne "participent" pas. Lorsqu'ils possèdent un "esprit critique", ils ne veulent pas l'exercer en classe. Ils délaissent les matières à faible coefficient et mesurent des absences stratégiques. Ils veulent des méthodes plus que de la culture. Ils préfèrent le contrôle continu qui atténue les risques. Ils veulent réussir à tout prix... » C'en est fini du paternalisme autoritaire et bienveillant qui imprégnait la relation enseignant-enseigné. Désormais, les professeurs ont en face d'eux des clients qui sont globalement en situation d'insatisfaction et de frustration. Au mieux, on reste dans une relation distante de prestation de services ; au pire, on bascule dans un rapport de contestation, de refus et d'hostilité.

Quelle est la proportion des « bons » établissements par rapport aux « mauvais » ? Robert Ballion, sur une typologie du même type, estime à 13 % les « établissements d'excellence » et 19 % les « établissements d'éducation pour classes élevées ». Face à ce tiers répondant aux normes de l'enseignement secondaire se trouvent 5 % d'« établissements novateurs », 41 % d'« établissements d'éducation substituts » et 15 % d'« établissements refuges ». Si je résume brutalement : un tiers pour le succès, deux tiers pour l'échec.

Tels sont donc les lycéens, sur le strict plan pédagogique et dans des établissements « convenables », pas dans les établissements sinistrés en proie à la violence des cités, au cancer de la drogue, au phénomène des bandes et au refus généralisé de l'institution. La distance est déjà sidérale par rapport à l'élève de référence auquel le philosophe Alain prodiguait son savoir. En dessous se trouvent les collèges en difficulté, débordés par la vague déferlante du primaire, qui doivent accueillir des enfants incapables de suivre leurs programmes. Une situation décrite à Hamon et Rotman en termes d'« apocalypse ». Comment faire des cours si ambitieux à des élèves qui ne lisent pas couramment ? Des dizaines de milliers de maîtres ont été confrontés depuis vingt ans à ce problème sans solution.

Les élèves, lycéens mais également collégiens, vivent désormais dans l'angoisse du chômage. Ils ne voient plus dans l'école qu'un centre de formation professionnelle qui les aidera à trouver un emploi. Le savoir qu'ils reçoivent a perdu sa dignité, il est devenu un moyen pour atteindre un but. Sans plus. C'est ce qui ressort d'un sondage organisé à la rentrée 1995 par IPSOS pour *Libération* et les *Clés de l'actualité*. 45 % d'entre eux attendent des professeurs qu'ils les aident à préparer leur avenir, 35 % seulement pensent qu'ils doivent leur transmettre le savoir. Lorsqu'on demande quelles sont les mesures urgentes à prendre, 80 % répondent : « de nouvelles formations pour préparer un métier », et 62 % : « plus de matériel adapté à sa formation ». Les activités « culturelles et sportives » n'arrivent qu'en troisième position, à 58 %. Curieusement, dramatiquement, cette volonté d'avoir une vraie formation professionnelle se traduit par un engagement massif dans l'enseignement général et universitaire, celui qui ne vise pas directement à donner un métier ; tandis que les formations professionnelles, pour ne pas parler de l'apprentissage, sont encore très souvent dédaignées. Tel est le désarroi de ces jeunes générations qui s'engagent dans des études au long cours en rêvant de travailler en entreprise et qui risquent de ne tirer aucun profit de leurs efforts, ni pour leur enrichissement personnel ni pour la recherche d'un emploi.

L'ordre bureaucratique

Face à ces « clients » si difficiles, l'Éducation nationale gère le corps enseignant – sa seule richesse – selon une pure logique bureaucratique. Le recrutement se fait sur diplômes, c'est-à-dire sans tenir le moindre compte des motivations ou des aptitudes personnelles. Ces fameuses « qualités humaines » qui intéressent tant les entreprises sont superbement ignorées par l'administration. Les carrières se déroulent selon des critères non professionnels, mais administratifs. Essentiellement à l'ancienneté. Les bons cours sont payés le même prix que les mauvais et ouvrent aux enseignants les mêmes perspectives. C'est dire que l'administration leur fiche une paix royale, celle de l'indifférence plus que de la liberté. Ils ne sont pas sanctionnés en cas d'insuffisance manifeste, c'est vrai, mais, à l'inverse, ils ne sont pas aidés en cas de difficultés exceptionnelles. Face aux situations les plus extrêmes, aux insultes, aux agressions : à chacun de se débrouiller. Les collègues et l'administration font tout ce qu'ils peuvent pour ne pas savoir. Seuls les syndicats s'efforcent d'intervenir.

Dans une entreprise normalement gérée, ces postes difficiles iraient à des professionnels expérimentés, tandis que les classes sans histoires seraient confiées aux novices. L'Éducation nationale fait le contraire. Les professeurs agrégés et certifiés sont recrutés sur le plan national et affectés en fonction des besoins, souvent très loin de leur résidence d'origine. Cette « déportation » est très mal vécue par des jeunes gens frais émoulus de l'université, mal payés, et qui se retrouvent seuls, dans une petite chambre, à des centaines de kilomètres de leur famille et de leurs amis. Des conditions idéales pour découvrir ses premières classes !

La plupart des professeurs souhaitent exercer dans les « bons » lycées plutôt que dans les collèges et lycées techniques de fâcheuse réputation. On peut les comprendre. Ils forment des « vœux » en conséquence, des vœux qui vont tous dans le même sens. Au moment de l'affectation, l'ancienneté joue un rôle déterminant. Les plus âgés décrochent les postes longtemps désirés, les jeunes se voient imposer les autres. Ce sont donc des certifiés et des agrégés sans expérience, voire des maîtres auxiliaires, qui sont confrontés au découragement et à la révolte d'adolescents en situation d'échec scolaire. Ils n'ont pas le temps de faire leurs premières armes dans des établissements « à l'ancienne », c'est tout de suite qu'ils doivent affronter les classes les plus dures.

Philippe, 24 ans, CAPES de lettres modernes, en est à sa deuxième année d'enseignement. En 1994, il a occupé un « poste en responsabilité », galop d'essai en lycée : 6 heures par semaine sous la houlette d'une conseillère pédagogique. Il n'en garde pas un mauvais souvenir. Mais, en 95-96, il attaque son premier poste comme professeur à part entière : « C'est carrément la Bérézina. Je ne suis pas dans un lycée, mais dans un collège. J'ai un temps complet avec des classes qui vont de la sixième à la troisième. Mon collège, situé dans la banlieue de Lille, se trouve en zone d'éducation prioritaire, ce qui signifie qu'il s'agit d'une population scolaire dans laquelle de nombreux élèves sont en difficulté. Et ce n'est pas une clause de style ! Dans ma sixième, par exemple, il y a six nationalités différentes, deux des élèves ne parlent pas vraiment le français, une bonne dizaine ne le parlent pas chez eux ou pas de façon régulière. A l'écrit, c'est une catastrophe. Pour les cours de grammaire, je suis obligé d'inventer totalement par rapport aux programmes. » Pourtant, Philippe appartient à cette nouvelle génération qui a reçu une première formation. Il est passé en IUFM : « Nous avions des cours de pédagogie. J'aurais aimé qu'on m'apprenne des trucs utiles en matière de gestion de groupes : comment relancer l'intérêt face à des élèves fatigués, comment neutraliser de fortes têtes… Au lieu de cela, c'étaient des conférences vagues et pompeuses sur l'adolescent ou l'enseignement du français en soi, mais jamais rien de pratique. Il n'y avait jamais personne à qui je pouvais poser les vraies questions que j'avais en tête et pour lesquelles j'avais besoin de réponses. A l'IUFM, on est complètement infantilisé, mis dans une position d'élèves, obligé d'aller à ces conférences qui vous font perdre du temps par rapport au boulot énorme que vous devez déjà faire. Vous êtes noté et vous devez remettre un mémoire en fin d'année. » Bref, une formation sans utilité pratique. Le conseiller pédagogique, fut-il d'un plus grand secours ? « Ma conseillère pédagogique était censée me recevoir dans sa classe et venir à plusieurs reprises dans la mienne. Elle est venue une fois et m'a dit après le cours de moins marcher ! Elle ne m'a jamais reçu dans la sienne. Elle n'y tenait pas du tout. Bref, en matière de pédagogie, c'était plutôt : soit tu l'as de naissance, soit tu apprendras sur le tas en en bavant et en faisant pas mal de dégâts. Mais certains collègues ont eu plus de chance, ils ont travaillé avec des conseillers qui les ont énormément aidés à se former. » L'administration ne distingue pas plus entre les bons et les mauvais conseillers qu'entre les bons et les mauvais professeurs, faut-il le préciser ?

Les vices du système s'observent à tous les niveaux. On envoie les jeunes au feu sans formation satisfaisante, tandis que les anciens blanchis sous le harnois coulent des jours paisibles à l'arrière. « 60 % des professeurs ont au moins quinze ans d'ancienneté (dans le poste) au sein des lycées "très bourgeois". En revanche, dans les établissements "très populaires", 38 % viennent d'arriver – et parmi ces derniers, 70 % ont moins de 30 ans. La symétrie des âges est, du reste, fort éclairante : la proportion de 30-34 ans dans les lycées "très populaires" est exactement la même que celle des 45 ans et plus dans les secteurs "très bourgeois". La hiérarchie des grades rapportée à celle des milieux sociaux traduit un formidable rejet des élèves défavorisés par les professeurs de haut de gamme : 1 % d'agrégés en zone "très populaire", 68 % en terrain "très bourgeois". Moralité : plus un enseignant gagne du galon et de l'expérience, plus il cherche refuge dans les eaux calmes [1]. »

Mais il y a pire. Dans les établissements les plus troublés, l'administration n'arrive pas à remplir les postes, elle fait alors appel à de malheureux maîtres auxiliaires, véritable sous-prolétariat de l'Éducation nationale, main-d'œuvre encore moins formée, sous-payée et vivant dans une situation de précarité qu'un patron ne saurait infliger à ses employés sans être aussitôt traité de « négrier ». Certains jeunes peuvent s'en accommoder en début de carrière, mais une telle incertitude, un tel manque de considération deviennent rapidement intolérables. Maurice T. Maschino cite le cas d'Odette. Elle possède bien une maîtrise et un DEA, mais, faute d'avoir réussi le CAPES, elle attend vainement sa titularisation. Depuis trente ans, elle se trouve donc en position d'auxiliaire, c'est-à-dire qu'elle se tient à la disposition de l'Éducation nationale pour effectuer des remplacements. « L'an dernier, Odette a failli craquer : nommée à cent kilomètres de Grenoble, où elle habite, elle a été affectée sept fois au même lycée : "Je remplaçais un prof malade, puis je repartais… Quinze jours après, un autre s'absen-

1. *Tant qu'il y aura des profs*, *op. cit.*

tait, on me rappelait… Sept fois comme cela… J'ai à peine le temps de faire connaissance avec les élèves, je m'en vais." Cette année, Odette a enseigné deux mois – septembre, octobre – à cent kilomètres de chez elle, toujours, et dans deux lycées, séparés de trente-cinq kilomètres, où elle avait cours le même jour. Elle gagne, quand elle travaille à plein temps, 6 400 francs par mois… » A la dure école de l'auxiliariat, Odette a fini par apprendre à faire des remplacements, c'est-à-dire à prendre une classe en cours d'année pour une brève période : une difficulté supplémentaire. D'autant que les enseignants à remplacer ne sont pas toujours des mères sur le point d'accoucher, ce sont aussi parfois des professeurs acculés à la dépression par une classe impossible. Il faudrait des « superprofessionnels » pour remplir de telles missions, l'Éducation nationale fait donc appel à des jeunes sans qualification pédagogique…

La création des IUFM et celle des zones d'éducation prioritaire (zones de population difficile à statut spécial pour les enseignants) ne sont que cautère sur jambe de bois dès lors que perdure le système de base consistant à imposer les tâches les plus difficiles aux maîtres les moins expérimentés.

Mais cette gestion bureaucratique est dans la nature même de l'Éducation nationale, qui comptabilise des effectifs, des postes, des titres, des grades, des ordres d'ancienneté et qui tomberait foudroyée si, une seule fois, elle rencontrait les êtres de chair et de sang correspondant à ces références réglementaires. Elle est en outre la seule admise par les intégristes du style Milner et surtout par les syndicats. Toute tentative pour prendre en considération la qualité de l'enseignement effectivement délivré, pour vérifier les niveaux de compétence pédagogique, pour organiser une formation permanente, pour remettre en cause la dictature de l'ancienneté provoquerait l'explosion. Curieusement, cette profession qui repose tout entière sur le mérite, celui dont elle se targue, celui qu'elle évalue chaque jour, est totalement fermée à l'idée d'une rémunération liée au mérite. Depuis trente ans, les ministres successifs comme les innombrables énarques de l'administration centrale rêvent de telles réformes. Mais quand pourra-t-on les réaliser ?

La dépression professionnelle

Traditionnellement, les enseignants étaient considérés comme « peinards » : « La sécurité, le statut, les vacances : pas étonnant qu'ils vivent plus longtemps que les autres Français. » La situation s'est progressivement retournée dans les années 60-70. Dans les salles des profs, un mot revenait de plus en plus fréquemment : *craquer*. « Je n'en peux plus, je vais craquer », « Un tel a craqué »... Les cas de défaillance se sont multipliés, mais le mal-vivre n'entre pas dans les critères de la gestion bureaucratique – d'autant que les profs malades ou déprimés sont parfaitement pris en charge et soignés par la MGEN.

C'est en 1982 seulement que le ministère charge un haut fonctionnaire, Marc Rancurel, d'enquêter sur le sujet. Son rapport est jugé suffisamment sérieux... pour rester confidentiel. En clair, il fait apparaître certains désordres mentaux, notamment des dépressions graves, comme des maladies liées à l'exercice de ce métier : des maladies professionnelles. Preuves à l'appui. Les deux tiers des enseignants demandant une réadaptation après un congé de longue maladie sont des malades psychiques. Pourcentage qui atteint les trois quarts chez les hommes de moins de 40 ans. « La fréquence des affections mentales chez les jeunes et les très jeunes (moins de 30 ans)... est alarmante : elle oblige à s'interroger sur le recrutement, la formation, les attitudes des nouvelles générations d'enseignants devant le métier, leur aptitude à continuer d'assumer une mission que l'évolution des temps rend difficile même aux plus expérimentés », estime le fonctionnaire. A la même époque, le Dr Fradkine, conseiller médical du ministère, enregistre « un accroissement régulier du nombre des maladies mentales qui représentaient, en 1981-1982, de 60 à 75 % de l'ensemble des maladies ou handicaps selon les catégories d'enseignement et qui se révèlent actuellement de plus en plus tôt dans la carrière des intéressés ».

Depuis lors, les choses n'ont cessé de s'aggraver et le nombre des enseignants en déprime de s'accroître. Leurs histoires sont un peu toujours les mêmes. Anne, 35 ans, est professeur d'anglais. Son collège n'est pas dans une banlieue difficile, mais dans une petite ville paisible. En apparence, elle a tout pour être heureuse. Après des années comme remplaçante, elle a été titularisée et nommée dans la même commune que son mari... également enseignant, cela va de soi. Curieusement, elle a attendu cette embellie pour craquer : « J'ai fait une dépression sans doute à cause de la lassitude que j'éprouvais vis-à-vis du métier, explique-t-elle. On réussit enfin à être titularisée, on croit que c'est fini la galère, mais, en fait, on se retrouve seule face à ce métier. Vous ne pouvez plus imputer votre malaise aux difficultés matérielles. Vous craquez parce que vous ne trouvez plus grand sens à ce métier et que pourtant, chaque jour, vous devez pousser la porte de la classe, retrouver les mêmes élèves et que vous en avez jusqu'à la fin de votre vie professionnelle. »

Pierre, professeur d'histoire remplaçant dans l'académie de Caen, avait, lui, toutes les raisons de plonger dans la dépression : « J'ai parfois travaillé à cheval sur deux établissements, un lycée polyvalent et un lycée professionnel. Avec les horaires qu'on me donnait, tout ce que je pouvais faire, c'était de la garderie. A la fin, vous vous en foutez, vous ne préparez même plus vos cours puisque personne ne les écoute. Et ça fait boule de neige, car vous ne travaillez même plus pour les quelques élèves qui vous auraient écouté, de sorte qu'eux non plus ne vous écoutent plus. Votre activité n'a plus de sens et, quand c'est une matière pour laquelle on était à l'origine passionné, on craque. C'est ce qui m'est arrivé. J'ai des cauchemars la nuit. Je ne veux plus jamais avoir à enseigner. »

Maurice T. Maschino dresse un tableau implacable de ce mal-vivre enseignant :

« Profs humiliés, injuriés, battus (par les parents comme par les élèves, y compris à l'école élémentaire), profs qui craquent brutalement en classe (crises de larmes, crises de fureur) ou dans le bureau du proviseur, et que le SAMU emmène à chaud à l'hôpital, profs qui échouent dans un centre de santé mentale ou qui se suicident, ces profs-là ne représentent assurément qu'une minorité. Même si, d'année en année, elle augmente.

« Ou plutôt, tel un abcès sur un organisme infecté, cette minorité ne constitue que la partie visible d'un corps enseignant profondément meurtri, sur laquelle les médias braquent trop souvent (ou exclusivement) les projecteurs. Oubliant tous les autres, infiniment plus nombreux, qui, pour n'être pas malades au sens restreint où les psychiatres l'entendent, peuvent très facilement le devenir : impossibilité fréquente d'exercer son métier (public inadapté), multiples blessures narcissiques, doutes sur sa propre identité, culpabilité, solitude, absence totale de soutien de la hiérarchie et des collègues… autant de facteurs qui minent et, tôt ou tard, déstabilisent[1]. »

Cette enquête et bien d'autres montrent que les enseignants sont les premières victimes du système et de ses dysfonctionnements. Pour beaucoup, le métier devient insupportable.

Face à cette vision pessimiste, l'administration oppose celle, plus rassurante, des sondages. En mai 1991, elle a fait interroger un échantillon représentatif d'enseignants sur leur travail. Surprise ! 80 % d'entre eux ont répondu qu'ils étaient très ou assez satisfaits de leur métier. Un chiffre en amélioration sensible par rapport à la précédente enquête de 1980. Cette très large adhésion apporte-

1. Maurice T. Maschino, *Quand les profs craquent*, Paris, Robert Laffont, 1993.

t-elle un démenti aux récits alarmistes ? Ce n'est pas sûr. D'une part, les situations sont fortement contrastées, nous l'avons vu. D'autre part, l'enseignant n'est pas un ouvrier spécialisé subissant un triste destin. Sa vie, il l'a voulue. A travers ses études, il a investi autant d'efforts que d'espérances dans ce métier. Il s'agit pour lui d'un accomplissement, de son accomplissement. Reconnaître qu'il n'en est pas satisfait, c'est admettre un échec majeur, existentiel, puisqu'il n'a pas de solution alternative. Un professeur peut donc éprouver les plus grandes difficultés dans ses classes et ne pas remettre en cause sa vocation première.

De fait, 41 % des enseignants se déclarent déçus par leurs élèves, proportion qui atteint 48 % pour les maîtres des lycées professionnels. 55 % estiment que l'école fonctionne mal ; 63 %, que leurs conditions matérielles de travail sont insatisfaisantes. Raison première de ce mauvais fonctionnement : la dégradation dans la discipline et l'homogénéité des classes.

Si l'on prend ces chiffres pour ce qu'ils sont : des moyennes entre des extrêmes, il est facile d'y discerner le malaise d'un grand nombre et la détresse d'une forte minorité. Mais aussi un engagement professionnel qui constitue la plus grande chance de l'école.

Longtemps, le corps enseignant a tiré plus d'avantages que d'inconvénients de son statut bureaucratique. Ce n'est plus le cas à présent. La jeune génération qui souffre dans les collèges et les lycées sait qu'elle n'a rien à attendre de ce système, qui la broie bien plus qu'il ne la protège. C'est peut être l'occasion de faire bouger le grand monstre fossilisé.

9

Le droit à l'échec

Aux temps anciens, lorsque les bons comme les mauvais étaient assurés de se caser, que les enfants de la bourgeoisie ne sentaient pas la pression des enfants du peuple et que ces derniers ne percevaient pas la pression du chômage, l'école avait du mal à remplir sa vocation culturelle. Sitôt qu'elle n'était plus adossée à ses deux piliers : le diplôme et le métier, qu'elle délivrait un enseignement désintéressé, elle communiquait l'ennui plus que l'envie. L'origine d'un tel échec était d'abord pédagogique, depuis lors de nouvelles causes sont apparues : des causes sociologiques.

Pour le comprendre, il ne suffit plus d'incriminer l'émetteur, il faut à l'évidence s'interroger sur le récepteur. Ces nouveaux collégiens et nouveaux lycéens sont-ils en état de recevoir un enseignement secondaire classique ? La réponse ne se trouve pas seulement dans les programmes, mais d'abord à l'école et dans la société.

Nos « consommateurs d'école » ont bien des raisons de réduire la matière à un « coef », l'option à une stratégie et la culture à une référence pour dissertation. La première tient à leur origine socioculturelle plus souvent populaire que bourgeoise, par conséquent plus éloignée du savoir académique ; la deuxième, à la pression qu'ils subissent. Il suffit d'écouter les parents rabrouer les professeurs qui parlent culture générale, ouverture d'esprit, formation du jugement, épanouissement de l'enfant pour en prendre la mesure. L'exigence est partout la même : des résultats. Foin des vertueuses indignations ! Lorsque les enfants ont pu décrocher un emploi et s'installer dans la vie, existe-t-il un seul parent pour regretter d'avoir privilégié la réussite scolaire au détriment de « l'épanouissement de la personnalité » ? Un consensus inavoué pousse l'école à se concentrer sur sa mission « utile » au détriment de sa vocation culturelle. La troisième raison, c'est l'extraordinaire âpreté d'une compétition qui entretient un climat bien peu favorable aux études désintéressées. Explorons donc ce nouveau monde scolaire si étranger au bonheur d'apprendre.

L'Éducation nationale ne se laisse pas saisir sur une image instantanée, car elle mélange immobilisme et agitation, permanence et réforme. En cinquante ans, elle a plus changé que la campagne, ce n'est pas peu dire. Le public, les études, les établissements et surtout l'atmosphère générale, tout a été bouleversé ; un maître des années 50 qui serait brusquement plongé dans certaines de nos classes s'enfuirait en criant : « Au fou ! »... Mais, à côté de ces bouleversements, que de traditions, que de fossilisation ! Attachement fétichiste à certains types d'enseignement, indéracinables réflexes corporatistes, immuable présentation des savoirs académiques, vision stéréotypée de la société, etc. : plus la forteresse subit les assauts du changement, plus elle révèle ses propres pesanteurs.

Sitôt arrivé aux commandes de ce paquebot, le nouveau ministre est sommé d'annoncer des réformes. Si, dans les trois mois, il n'a pas changé le bac, réorganisé le premier cycle universitaire, bouleversé l'orientation au collège, proposé un plan pour relancer l'apprentissage, créé de nouveaux bacs professionnels et mis en place deux commissions, l'opinion prévaut qu'il ne fait rien, qu'il n'est bon à rien. Cette grande armée aux dimensions soviétiques vit sous le régime d'un changement permanent qui s'annonce sans cesse et se réalise rarement. Un tel monde ne s'observe que sur une certaine épaisseur de temps et, je dirais, de réalité. Nous l'avons vu pour les programmes. C'est encore plus vrai pour l'institution elle-même.

Mais comment explorer près de 12 000 lycées et collèges dont nous connaissons la foisonnante diversité ? Peut-on porter un jugement global et définitif sur un ensemble aussi disparate ? Faut-il se fier aux statistiques objectives et désincarnées, aux enquêtes ponctuelles et non représentatives, aux paroles vivantes mais ô combien subjectives ? Essayons cette dernière piste, tendons l'oreille.

Première surprise, les échos disent docilement ce que l'on souhaite entendre. Les voulez-vous pessimistes, tournez-vous d'un côté. Les préférez-vous optimistes, allez dans l'autre sens. Dans le premier cas, vous serez assourdis par le « Tout fout le camp ! » que répercutent les médias ; dans l'autre, vous entendrez, mais en tendant l'oreille, des spécialistes qui vont répétant : « Mais non, ça va de mieux en mieux ! » Voici quelques échantillons hautement cacophoniques.

Professeurs tant pis et professeurs tant mieux

« Vos enfants ne m'intéressent plus ! » En 1983, un professeur de philosophie, Maurice T. Maschino, lançait son titre-défi à la tête des parents. Le portrait qu'il brossait de ces « enfants », tout de même élèves de terminale, faisait penser à des gosses de la rue qui ne sont jamais allés à l'école : « Quand les mots s'entrechoquent dans leur tête comme des boules de loto et que n'importe quelle combinaison peut sortir, comment s'entendre ? [...] ils ne savent rien et surtout pas réfléchir. S'ils entendent bien (et encore) le sens littéral, ou ponctuel, d'une idée, cette idée, qui n'en évoque ou n'en féconde aucune autre, reste une idée morte – ce qui signifie qu'à la lettre, *ils ne comprennent rien.* » Ainsi les élèves sont-ils nuls, et les professeurs n'y peuvent rien : « Faire semblant d'enseigner la philosophie à de pseudo-élèves qui font semblant de comprendre, semblant de savoir écrire, semblant de savoir lire, c'est à quoi la plupart d'entre nous, aujourd'hui, nous sommes réduits[1]. »

Ce constat désespéré recoupe celui de ses collègues, Marie-Claude Bartholy et Jean-Pierre Despin, provocateurs confirmés qui avaient déjà torpillé les nouvelles pédagogies avec leur pamphlet, *Le Poisson rouge dans le Perrier* : « L'école n'enseigne plus ou enseigne de moins en moins les savoirs fondamentaux et, pire encore, encombre les jeunes cervelles d'une congérie disparate de pseudo-savoirs. » Pour eux, pas de doute : « Le niveau baisse[2]. » Quant aux enseignants, ils sont majoritairement du même avis. A la question : « Que pensez-vous du niveau des élèves ? », ils ne sont que 10 % à estimer qu'il s'améliore, alors que 28 % le voient stable, tandis que 53 % estiment qu'il se dégrade[3]. D'une enquête à l'autre, le refrain de la décadence revient sur tous les tons : « Quand je leur parle de culture, ils ne comprennent pas. Le savoir n'a plus d'importance », « On transmet de moins en moins de connaissances, la culture est de plus en plus hors programme… »[4]. « Ça se passe, c'est pas vraiment de la philo, ils s'en foutent… », « C'est perdu d'avance, il n'y a rien pour les intéresser… »[5]. « Le niveau des élèves a baissé depuis dix ans. J'en ai fait la constatation en donnant les mêmes exercices : aujourd'hui, ils les trouvent trop difficiles », « La dégradation du niveau des élèves est réelle », « La baisse du niveau est vertigineuse »[6]. Pas de doute, pour les maîtres qui n'enseignent pas dans les établissements d'élites, ça se dégrade.

Philippe Némo voit : « … Pour *tous* les élèves, et pas seulement pour ceux qui étaient mal lotis au départ, un piétinement, du bricolage, une véritable dénaturation du

1. Idem, *Vos enfants ne m'intéressent plus*, Paris, Hachette, 1983.
2. *La Gestion de l'ignorance*, *op. cit.*
3. Sondage publié par *Le Monde de l'Éducation*, février 1978.
4. *Quand les profs craquent*, *op. cit.*
5. *Les Lycéens*, *op. cit.*
6. *Tant qu'il y aura des profs*, *op. cit.*

processus pédagogique de progression structurée. [...] D'année en année, la situation empire [...]. On ne fait rien à l'école : en fait, les enfants sont *gardés* plus qu'*éduqués* et *instruits*[1]. »

Arrêtons ici les témoins de l'accusation, qui, à eux seuls, empliraient le tribunal et le palais de justice : la parole est à la défense.

Le niveau monte[2]. En 1989, le constat de Christian Baudelot et Roger Establet a claqué comme une provocation face à cette déferlante du catastrophisme. C'est sur un mode non polémique, mais démonstratif que les deux sociologues de l'éducation entreprirent de réfuter « une vieille idée concernant la prétendue décadence des écoles ». S'appuyant sur des recherches historiques, des comparaisons internationales ou des évaluations plus récentes, ils concluent : « Une étude sereine de l'évolution du niveau dans la pluralité de ses aspects infirme pour l'essentiel les visions alarmistes traditionnelles. Dans l'ensemble le niveau monte... » Affirmation reprise par Jean-Michel Croissandeau, ancien directeur du *Monde de l'Éducation* : « Oui, le niveau monte, celui de l'ensemble des jeunes, celui des extrêmes des générations – les meilleurs et les moins bons –, certains écarts se creusant au milieu. Oui, la France tient son rang au niveau international[3]. » A l'appui de ses conclusions, il cite Claude Thélot, « Monsieur Évaluation » au ministère de l'Éducation nationale : « Dans tous les savoirs de base, les connaissances n'ont pas diminué. Et elles se sont, au contraire, accrues sur le long terme. [...] L'élite scolaire d'aujourd'hui est plus nombreuse que celle d'autrefois et elle est, en moyenne, de meilleur niveau général. Les jeunes les moins formés d'aujourd'hui le

1. *Le Chaos pédagogique*, *op. cit.*

2. Christian Baudelot et Roger Establet, *Le niveau monte*, Paris, Éd. du Seuil, 1989.

3. Jean-Michel Croissandeau, *Les Bonnes Notes de la France*, Paris, Éd. du Seuil, 1993.

sont pourtant davantage que les moins formés d'autrefois. [...] Les disparités des connaissances entre les jeunes d'une génération sont réduites sur le long terme, bien qu'entre les élèves moyens et l'élite l'écart se soit creusé... »

Les uns et les autres reconnaissent-ils au moins que la situation s'améliore dans telle discipline, se dégrade dans telle autre ? N'y comptez pas.

Beaucoup pensent avec Antoine Prost que : « Le niveau des élèves s'est amélioré dans les disciplines scientifiques et, notamment, en mathématique. Personne ne le conteste véritablement pour les sections scientifiques, dont les programmes sont aujourd'hui beaucoup plus ambitieux qu'hier. Ces enseignements ont été tirés vers le haut par les concours des grandes écoles. [...] On ne peut plus donner aujourd'hui en taupe des problèmes qui ont été donnés au concours de Polytechnique il y a vingt ans, non parce que les élèves ne sauraient pas les faire, mais, au contraire, parce qu'ils les résoudraient tous trop facilement[1]... »

André de Peretti, polytechnicien, estime ce niveau « sans doute excessif » et rappelle qu'en mathématiques de grandes universités américaines admettent directement en deuxième année les titulaires d'un bac C. Les Cassandre se rendront-ils à ces arguments ? Pas du tout. Pour Philippe Némo : « On assiste, depuis quelques années, à une forte chute du niveau des exercices de mathématiques donnés à l'examen, y compris au baccalauréat C. » Marie-Claude Bartholy et Jean-Pierre Despin dénoncent également cette tendance générale à descendre la barre lors des examens : « Jusqu'au bac C, le problème de mathématiques est atomisé en une myriade de questions : le parcours est entièrement balisé, guidé donc. Et il en est de même en physique. »

Impossible de s'entendre sur les mathématiques et la science, mais pour les humanités ? Après Mme de Romilly

1. *Éloge des pédagogues, op. cit.*

ou M. Maschino, Danièle Sallenave porte un diagnostic des plus pessimistes : « Ce qui entrave l'exercice libre et approfondi d'un enseignement supérieur des lettres, aujourd'hui, c'est que les jeunes gens qui chaque année arrivent à l'université n'ont de leur propre langue, de ses ressources, qu'une connaissance insuffisante[1]. » N'assiste-t-on pas à une véritable débandade ? Pas du tout, disent Baudelot et Establet : « Le lycée ne forme pas des hordes de barbares illettrés ; il inculque bien, au contraire, une adhésion forte et spontanée à l'univers de la littérature. Sur la foi de nos souvenirs de potaches, nous aurions envie d'écrire : plus qu'autrefois. » A propos des lettres, justement, René Martin, professeur à la Sorbonne, ne voit aucune baisse de qualité dans les années 80 : « Très franchement, les exigences des professeurs d'aujourd'hui me paraissent pour le moins égales à celles de mes vieux maîtres des années 40 ; elles sont même à bien des égards très supérieures, au point que j'aurais parfois tendance à les trouver excessives[2]. »

Passe pour le français, mais les langues mortes ? Sur ce point, rendra-t-on les armes à l'illustre académicienne ? Certes, non. André de Peretti la contredit, chiffres à l'appui : « Tout d'abord, l'enseignement du latin n'a pas dépéri comme le voudraient certains. Ainsi que nous l'a fait observer l'inspecteur général Jacquenod, latiniste de formation et auteur d'une thèse sur Quintilien, il y a actuellement dans les collèges quatre fois plus d'enfants qui font du latin qu'il n'y en eut avant la guerre de 1939-1945. Leur pourcentage est régulièrement croissant. De la sorte, presque le quart des jeunes Français d'une classe d'âge fait présentement du latin et, pour certains, du grec[3]. »

Donnons à Antoine Prost le fin mot de l'affaire : « En matière de niveau scolaire, il n'y a que des impres-

1. *Lettres mortes, op. cit.*
2. Cité par André de Peretti, *Controverses en éducation*, Paris, Hachette, 1993.
3. Idem.

sions. » A l'appui de leurs thèses, les uns et les autres apportent des faits, des enquêtes, des études mais qui ne peuvent convaincre les sceptiques. Un chercheur de l'Institut national de la recherche pédagogique, André Chervel, entreprit de comparer, à un siècle de distance, l'orthographe des jeunes Français. Il disposait pour cela d'un trésor : les corrigés d'une dictée faite par des milliers d'élèves entre 1873 et 1877. Avec son équipe, ils reprirent cet exercice, un texte de Fénelon, et le dictèrent à des collégiens de même niveau scolaire. En comparant les résultats, ils constatèrent que les enfants d'aujourd'hui font 10 fautes en moyenne alors que ceux du XIXe siècle en faisaient 11,5.

Faut-il en conclure que, contrairement à une idée très répandue, l'école actuelle enseigne mieux l'orthographe que celle du siècle passé ? Pas si vite, répliquent les pessimistes, car, en 1875, l'école de Jules Ferry n'existait pas encore. La comparaison n'est significative qu'au sein du même système. Pour être intéressante, elle devrait confronter les copies actuelles à celles de 1900 ou 1930. Ainsi, tout argument se heurte au contre-argument, toute démonstration à sa réfutation : la matière se dérobe au jugement de Dieu qui mettrait tout le monde d'accord.

Le marathon de New York

Partons d'une réalité incontestée. La durée moyenne de la scolarité était de neuf ans au lendemain de la guerre, elle est de seize ans pour la génération qui poursuit ses études, elle sera de dix-huit pour celle qui les commence. Le budget de l'Éducation nationale était de 20 milliards en 1959 et de 322 milliards en 1994. Précisons bien : en francs constants, pas en francs courants. Qui pourrait imaginer qu'un effort aussi gigantesque n'ait donné aucun fruit, qu'on n'en trouve pas quelque part les conséquences bénéfiques ? Il est vrai qu'en vingt ans les réponses des conscrits aux tests psychotechniques de l'armée se sont améliorées de 18 %, mais un tel résultat ne prouve pas l'efficacité du système. Il en manifeste tout au plus l'existence.

La persistance, voire la résurgence, de l'illettrisme est autrement significative. François Bayrou relate une enquête tristement révélatrice. Il s'agissait de comprendre un texte très simple, d'écrire une phrase élémentaire et de résoudre un problème enfantin de calcul mental. Infométrie fit passer le test à un échantillon représentatif… mais de quoi ? Hélas, oui, représentatif de la culture française. Pas celle de notre patrimoine, celle de nos contemporains. Les personnes âgées obtinrent les plus mauvais résultats : 30 % d'échec, donc d'illettrisme. Résultat prévisible compte tenu d'une instruction moins poussée dans leur jeunesse et des atteintes de l'âge. Pour le reste de la population, le pourcentage diminuait, confirmant pleinement cette interprétation. A 30 ans, ils n'étaient plus que (si l'on peut dire…) 15 % à ne pas savoir lire et écrire couramment. Horreur ! le chiffre remontait à 20 % chez les moins de 25 ans. « Un garçon, une fille sur cinq que nous croisons dans la rue ne peut pas comprendre un texte simple, est paralysé devant un questionnaire, fuit l'écrit. Encore n'avons-nous pas pu prendre en compte les centaines de milliers de marginaux, puisqu'une enquête d'opinion est impuissante à toucher les clandestins, les sans-domicile fixe ou les détenus[1] », concluait le futur ministre de l'Éducation nationale.

Ce bilan doit-il être tout entier imputé à notre système d'éducation ? Ce serait injuste de le penser. Car on bute là sur des difficultés qui tiennent autant à la société dans son ensemble qu'à l'enseignement en particulier. L'école n'est pas la cause de tous nos dysfonctionnements, elle ne peut pas non plus en être le remède.

Pour le reste, faut-il vraiment s'étonner d'opinions

1. François Bayrou, *1990-2000. La Décennie des mal-appris*, Paris, Flammarion, 1990.

aussi peu conciliables ? La question scolaire est de nature conflictuelle et contradictoire, elle comporte une charge idéologique, émotionnelle qui pousse à la radicalisation. Chaque camp en appelle aux valeurs fondatrices : patrimoine culturel d'un côté, principes démocratiques de l'autre, et l'enfant au milieu. Entre les défenseurs d'un enseignement élitiste, sauvegarde de notre culture, et les partisans d'un enseignement de masse, gage de justice, le débat ne peut qu'être passionné. Cette querelle nous renvoie sans cesse d'un extrême à l'autre. Si l'on soutient que le niveau baisse, le travail forcené des étudiants préparant les grands concours nous revient à l'esprit. Peut-on sérieusement penser que la compétition ait perdu de son intensité et les épreuves de leur difficulté ? Je sais fort bien qu'un doctorat en droit ou Sciences-Po demandait moins d'efforts dans les années 50 qu'aujourd'hui. Mais à l'inverse, si l'on prétend que l'enseignement a maintenu sa qualité, on compare ces « nouveaux » lycées et collèges à ceux que nous avons fréquentés, et la comparaison n'est pas en leur faveur. On reste donc dans la vérité que l'on dise blanc ou noir, et la volonté de s'en tenir à des moyennes statistiques s'apparente plus que jamais à l'art de se noyer dans un étang qui n'avait pourtant qu'un mètre de profondeur moyenne. Essayons d'y voir clair.

Est-il contradictoire d'affirmer que le niveau baisse et s'élève tout à la fois ? Certainement pas. Il peut s'élever dans la population et s'abaisser par rapport à certains repères scolaires, on peut avoir une masse plus faible et une élite plus forte. Ce n'est pas incompatible. Tout indique que les élèves de sixième sont, en moyenne, moins bons aujourd'hui qu'il y a trente ans, mais qu'ils sont infiniment plus nombreux, et que les élèves des grandes écoles sont probablement meilleurs.

Pour le comprendre, il suffit de penser à ces marathons qui regroupent des concurrents par dizaines de milliers dans les plus grandes villes du monde. Le niveau moyen est très faible. La plupart de ces coureurs doivent mettre trois ou quatre heures pour parcourir les 42 kilomètres. Comme il est loin le temps des marathons olympiques prestigieux auxquels ne participaient que des champions confirmés et que gagnaient Alain Mimoun et Emil Zatopek ! Oui, mais… le vainqueur du marathon de New York en 1996, à la différence de ses aînés, sera un véritable professionnel, il devra courir en deux heures et dix minutes, soit un bon quart d'heure de moins que nos glorieux médaillés olympiques des années 60. Si l'on considère la foule au départ, on dira que la qualité est bien médiocre ; si l'on regarde les champions à l'arrivée, on dira qu'elle est très élevée. Face à cette marée humaine, on pourrait également constater que le nombre de personnes capables d'affronter une telle épreuve a beaucoup augmenté. Quant au titre de « marathonien », faut-il l'attribuer à tous ceux qui parcourent la distance ou bien le réserver à ceux qui restent en dessous d'un certain temps ?

Notre système scolaire, c'est cela, un marathon auquel tout le monde s'inscrit, les champions et les pépères, ceux qui veulent gagner à tout prix, qui se préparent tout au long de l'année, et les autres pour lesquels « l'important, c'est de participer » et, accessoirement, de terminer. Toutefois, la comparaison est trop flatteuse. Au marathon de New York, tous les participants s'en retournent heureux, avec des souvenirs plein la tête, y compris ceux qui franchissent la ligne d'arrivée une heure et demie après le vainqueur et qui auront la fierté de se dire : « Je l'ai fait. » Au contraire, les élèves qui ne parviennent pas à suivre le train se retrouvent honteux, disqualifiés marqués à vie par les stigmates de l'échec. Le mot est lâché. « L'échec scolaire est au système français ce que le vent est à Tabarly, l'essence à Prost ou le public à Madonna : l'indispensable carburant et le péril majeur », écrit Hervé Hamon[1]. C'est surtout le grand tamis qui permet de sor-

1. Hervé Hamon, « L'école à la tronçonneuse », *L'Événement du jeudi*, janvier 1988.

tir les pépites du sable, de fabriquer des supercracks avec des hordes de bons à rien. Et plus les programmes sont difficiles, plus la sélection semble relevée. Plus dures seront les chutes, plus éclatantes seront les réussites, c'est bien connu. Trêve de métaphore, quelle est la signification réelle de ces contradictions ? Pour la découvrir, il faut reprendre l'histoire à ses débuts. Ne remontons pas à Jules Ferry, l'après-guerre suffira.

L'école des bourgeois et l'école du peuple

Ce fut la grande époque du secondaire, celle dont les dinosaures que nous sommes, je parle des gens de ma génération, gardent une incurable nostalgie. En ce temps-là, tout était clair. L'enseignement secondaire se dispensait dans des lycées où l'on entrait dès son âge le plus tendre, dans les « petites classes ». Les établissements étaient paisibles, les élèves studieux et respectueux, la pédagogie s'appelait encore la discipline, et les meilleurs s'adonnaient au latin et au grec, pas aux maths et aux sciences. Ceux qui suivaient étaient assurés, une fois le bac en poche, de continuer dans le supérieur, de décrocher un diplôme et d'obtenir une place correspondante dans la société. Le problème des lycées n'existait pas.

Le secret de cette bonne santé tient en un chiffre : 100 000. Les sixièmes accueillaient quelque 100 000 élèves. Pas n'importe lesquels, pas les meilleurs non plus. Il n'y avait pas de sélection à proprement parler, mais le fait est que les lycéens appartenaient à des catégories « favorisées », selon la formule consacrée. Disons, pour simplifier, qu'il s'agissait d'une population bourgeoise assez homogène, bien adaptée à l'enseignement qu'elle recevait, qui avait été conçu pour elle. Le lycée reflétait son public et l'aidait à « se reproduire », comme diront les sociologues Bourdieu et Passeron.

100 000 enfants, ça ne fait pas une classe d'âge. Où

étaient les autres enfants ? Ils allaient dans un second système, entièrement différent, celui de l'école primaire, pour préparer le légendaire certificat d'études primaires. Au-delà, ils pouvaient poursuivre dans les cours complémentaires pour viser le brevet, se diriger rapidement vers l'enseignement technique pour préparer un CAP ou aller en apprentissage. Bien entendu les enfants qui entraient dans ce système étaient « les autres » : les enfants des milieux populaires.

Les deux mondes étaient non seulement distincts mais totalement séparés, et la jeunesse était répartie dans l'un ou l'autre par le sort d'un déterminisme social tout-puissant. Ce n'était plus la famille qui se reproduisait au fil des générations, c'était la société. Le système tournait bien, mais il offensait les principes démocratiques. Comment défendre cette séparation et, pire, cette hiérarchie, entre l'école du peuple et l'école des bourgeois ? D'autant que l'air du temps, riche encore des idéaux de la Résistance, ne soufflait pas du tout dans ce sens. Dès 1947, deux scientifiques, hommes de gauche, reprennent les idées en cours depuis des décennies dans le monde laïque et proposent un système tout différent, ce sera le plan Langevin-Wallon appelé à devenir le cheval de bataille de la gauche et des syndicats d'enseignants. Ce programme recommande la grande unification, avec une école unique, la même pour tous les enfants, et une sélection « au mérite » reportée à un âge beaucoup plus avancé.

Tout au long des années 50-60, la réflexion sur l'enseignement se focalise sur cette évidence d'inégalité et cette exigence de justice. Le système en place est dénoncé au nom de la ségrégation sociale. Mais comment donner à tous les enfants de France cet enseignement secondaire traditionnel si favorable aux enfants de la bourgeoisie ? L'école, pour autant qu'elle enseigne ce savoir humaniste et abstrait, ne peut guère que légitimer, sinon amplifier, les écarts sociaux.

Inégalitaire dans son principe même, ce système se révèle pourtant doublement populaire. D'une part, il reflète le peuple qui se reconnaît dans un enseignement simple, concret, pratique, proche de sa culture ; d'autre part, il répond à la volonté de promotion sociale en permettant aux enfants les plus doués de poursuivre leurs études. En effet, les meilleurs élèves des cours complémentaires disposent d'un jeu de passerelles pour rejoindre le lycée au niveau de la seconde. Et ça marche. Les sections M et M', dont les programmes sont adaptés à la formation reçue dans le primaire supérieur, connaissent une faveur croissante tout au long des années 50, au point de fournir, en 1961, plus de la moitié des bacheliers. Antoine Prost, la mémoire de notre école, a pu montrer que ce mécanisme assurait une réelle promotion sociale. Il en a trouvé la preuve dans les archives de quatre lycées d'Orléans. A partir des fiches qui mentionnent la profession des parents, il a reconstitué le pourcentage des enfants d'ouvriers en seconde et constaté que celui-ci était passé de 8,7 % en 1947-1949, à 15,5 % en 1952-1954, pour atteindre 21,5 % en 1962-1964. C'est dire qu'il avait augmenté à un rythme voisin de 1 % par an. Pas besoin d'être grand mathématicien pour imaginer le niveau que l'on aurait atteint si le mouvement s'était poursuivi. Bref, avec ce dédoublement de l'école, un nombre croissant de fils ou de filles d'ouvriers parviennent au bac et accèdent à l'université.

A l'époque, ce fait passe totalement inaperçu car les statistiques officielles ne font pas apparaître l'origine sociale des élèves : « Ni les experts gouvernementaux, ni les sociologues, ni les syndicats enseignants ne percevaient qu'une démocratisation effective était en train de se produire [1] », constate Antoine Prost.

A la différence des élites, les familles populaires en étaient parfaitement conscientes et privilégiaient cette voie qui leur semblait moins risquée qu'un engagement précoce dans le secondaire. Cette dernière solution aurait fait courir le risque d'un échec véritable, tandis que la pre-

1. Antoine Prost, *Éducation, Société et Politiques*, Paris, Éd. du Seuil, 1992.

mière offrait des perspectives plus modestes mais non déshonorantes, tout en préservant la possibilité de rejoindre la voie royale quand on en manifestait la capacité. Ajoutons, pour être équitable par rapport à la situation actuelle, qu'en ces temps lointains le chômage n'existait pas et que le succès scolaire entraînait un succès professionnel équivalent. Les diplômes ne conduisaient pas à l'ANPE. Ce même système dans un contexte de grand chômage aurait sans doute donné des résultats tout différents.

Retenons que les familles populaires pensaient à cette voie bien plus qu'au secondaire classique lorsqu'elles souhaitaient prolonger les études de leurs enfants. Entre 1958-1959 et 1963-1964, le pourcentage des fils d'ouvriers dans les terminales passe de 10,3 % à 12,7 %. Au lieu d'amplifier ce mouvement pour conduire une grande politique de l'enseignement, la France va le jeter à bas. Il est facile de relever cette erreur en 1996, il était beaucoup plus difficile de l'éviter à la fin des années 50.

L'ère des réformes est ouverte par le général de Gaulle en 1959, lorsque la scolarité obligatoire est portée à seize ans. Les motivations du gouvernement sont clairement économiques. La France a besoin d'une main-d'œuvre plus instruite, elle doit donc accroître son effort de formation. Le Général souhaitait que l'élite soit sélectionnée à partir d'une base plus large. Les cours complémentaires deviennent des collèges d'enseignement général qui, au terme de la cinquième, orientent les élèves vers les filières classiques, techniques ou professionnelles. On attend de ce dispositif qu'il répartisse mieux les chances d'aller au baccalauréat. Dans la pratique, l'afflux dans les CEG sera considérable, mais les réorientations vers le secondaire très limitées. Ceux qui entrent en primaire continuent au CEG sans rejoindre le lycée, tandis que ceux qui ont été engagés au départ dans la filière royale du secondaire filent tout droit vers le bac. On se retrouve avec un mécanisme de filières partant très tôt en amont et visant le supérieur, le secondaire court ou l'enseignement technique et professionnel.

Pour briser ce déterminisme, la réforme Fouchet de 1963 reporte en théorie la bifurcation entre les filières courtes et longues au niveau de la seconde, et l'on crée des collèges d'enseignement secondaire, les CES, et des collèges d'enseignement technique, les CET, avec la volonté toujours réaffirmée de retarder l'orientation et de la rendre plus juste.

Ces différentes réformes sont autant de pas vers l'unification du système qui s'impose comme une exigence de la démocratisation. Ses promoteurs vivent dans le schéma du projet Langevin-Wallon, ils ont été impressionnés par les travaux de l'INED et des sociologues Bourdieu et Passeron, et sont persuadés que les enseignements séparés représentent l'instrument de la bourgeoisie pour s'opposer à la promotion populaire. La démocratie passe par l'unification, c'est le dogme. La réforme était inscrite dans un courant historique, elle se serait réalisée en tout état de cause.

Et le collège fut unique

C'est René Haby qui va achever la mise en place du collège unique en 1975, sous l'égide de Valéry Giscard d'Estaing, président de la République, et de Jacques Chirac, Premier ministre. C'en est fini des établissements plus ou moins différenciés, CES, CEG et autres classes préparatoires à l'apprentissage, des sixièmes qui n'en sont pas, des filières traîtresses, tous les enfants de France, au sortir du CM 2, entrent en sixième et suivent les mêmes programmes dans les mêmes collèges pendant quatre ans. En fait, une première bifurcation se présentera en fin de cinquième et une seconde en fin de troisième avant l'entrée au lycée. La réforme se veut démocratique, mais ses auteurs sont très loin d'en mesurer les conséquences. Le débat parlementaire ressemble à tous ceux qui l'ont précédé. D'un côté, la majorité affirme sa volonté d'instaurer l'égalité des chances ; de l'autre, l'opposition dénonce l'insuffisance des moyens et l'asservissement de l'Éducation nationale aux exigences du patronat. Une querelle politicienne convenue sans aucune vision de l'avenir.

La création du collège unique constitue l'aboutissement naturel d'une double évolution, l'une démographique, l'autre démocratique. Sur le plan des effectifs, le second degré est passé de 3,1 millions d'élèves en 1960 à 5 millions en 1975. Pour les accueillir, il faudra construire un CES par jour pendant dix ans ! La totalité de la jeunesse a été progressivement poussée vers le secondaire.

Le collège unique fait sauter les cloisonnements. Désormais, il n'y a qu'un seul type d'établissement donnant la même instruction, le tronc commun, à toute la jeunesse. Chaque enfant est présumé apte à recevoir l'enseignement secondaire, et chaque professeur doit pouvoir le délivrer à un échantillon représentatif de la population française. Tous les enfants de France se retrouvent sur la ligne de départ avec, en point de mire, Normale sup, l'ENA ou Polytechnique.

Cette réforme est, en réalité, une révolution politique autant que pédagogique. Politique au sens le plus large, car elle change radicalement le rôle de l'école. Pédagogique, car elle fait du secondaire un enseignement de masse, alors qu'il a été conçu comme un enseignement élitiste.

Examinons d'abord le bouleversement politique. A travers le collège unique, l'État s'est déchargé sur l'Éducation nationale d'un problème majeur, celui de l'inégalité. Bien que les Français l'aient admise – n'est-ce pas l'inévitable complément de la liberté ? –, celle-ci est toujours aussi impopulaire. C'est particulièrement vrai lorsqu'il s'agit des enfants, qui cristallisent cette fameuse « égalité des chances ».

L'institution scolaire joue un rôle essentiel dans cette distribution des places qui donne aux uns une loge à l'Opéra et aux autres un banc dans un square public.

Selon que tu seras bon ou mauvais élève, tu finiras riche ou misérable. C'est la conséquence de notre foi proclamée dans la méritocratie et de notre confiance aveugle dans les études et les diplômes.

Avec le système des deux écoles, la société prenait en charge la moitié du travail en faisant la présélection entre primaire et secondaire. L'Éducation nationale n'avait pas à dire qui serait dans le premier groupe et qui serait dans le second, elle se contentait de distinguer les meilleurs dans l'une et l'autre catégorie. L'ouvrier en voulait à l'ordre social plus qu'à l'institution scolaire d'avoir été exclu du lycée. C'est lui qu'il contesterait au sein d'un parti politique. Ainsi, cette sale besogne qu'est la sélection de base, celle qui vous place dans les classes moyennes ou dans les classes populaires, était imputable à l'État, disons au mode d'organisation social.

L'école intervenait comme une instance d'appel corrigeant les injustices criantes en permettant aux enfants les plus doués d'échapper au déterminisme social. Elle distribuait des récompenses, bien plus qu'elle n'infligeait de sanctions, et rendait à chaque catégorie des services appréciés. Réduisant les inégalités et répandant le savoir, elle conservait le beau rôle. C'était, par excellence, une institution de progrès, entourée d'un unanime respect et vivant sans tensions excessives, car elle portait des espérances fortes mais raisonnables.

Le gestionnaire de l'inégalité

Avec l'instauration du collège unique, l'école devient le gestionnaire de l'inégalité. C'est elle qui doit répartir les places, des meilleures aux pires, entre tous les enfants de France censés être « à égalité de chances ». C'est donc à elle que les vaincus, les mécontents feront reproche de leurs malheurs scolaires et postscolaires.

Car il ne faut plus seulement former l'élite, il faut

d'abord la sélectionner dans la masse énorme qui se presse en sixième. Cette double fonction n'est pas nouvelle. Mais désormais la sélection l'emporte, et de loin, sur la formation, puisqu'on éliminera tous ceux qui se crurent des champions – ou dont les parents crurent qu'ils pouvaient l'être – pour la seule raison qu'ils avaient été admis à concourir. Ingrate besogne dans laquelle le monde enseignant risque toujours de perdre son âme. A ce jeu, la sainte mère de l'instruction, la dispensatrice du savoir, la protectrice du mérite devient la gare de triage nationale qui classe, qui choisit, qui élimine, qui distribue les sanctions plus que les récompenses.

Qui plus est, ses pires amis n'ont pas hésité à faire de l'école la grande réparatrice qui corrige les injustices sociales, le docteur miracle qui redresse les bossus, qui raffermit les rachitiques, qui guérit les poitrinaires, afin de donner aux plus faiblards comme aux plus costauds la même chance de réussir. Car il ne s'agit pas seulement de trouver les meilleurs dans la foule des petits collégiens – c'est facile et l'école sait parfaitement le faire. Cette sélection-là va recréer la division précédente avec les enfants de bourgeois d'un côté et les enfants du peuple de l'autre, nul ne l'ignore. Si l'on a bâti cette réforme, c'est précisément pour sortir de l'ordre héréditaire. Il appartient donc à l'institution de corriger les handicaps des uns et de relativiser les avantages des autres afin que les jeux cessent d'être faits au départ. C'est ensuite qu'elle lancera la grande compétition dont elle sera le juge arbitre. Voici le collège unique chargé de remédier à l'injustice sociale, de mettre sur pied une pédagogie réparatrice, un service personnalisé afin de gommer les inégalités de naissance et de réaliser dans les faits l'égalité postulée par la loi. Solution bien commode pour l'État et dont il ne cessera d'user et d'abuser : « … l'école doit pallier toutes les insuffisances de la société », constate, désabusé, Luc Soubré [1].

1. *L'École sous pression*, *op. cit.*

Condamnée à jouer les doublures de la DDASS, l'Éducation nationale n'est pas pour autant déchargée de sa mission première : dégager et former une élite. A ce jeu, il y aura désormais beaucoup plus d'appelés mais pas beaucoup plus d'élus. Que faire de tous ces perdants ? Pour eux, le verdict est d'autant plus inacceptable qu'il est plus juste et prétend les renvoyer à leur propre insuffisance.

Car les voies alternatives n'ont jamais été aussi dévalorisées. Les années 50 furent la grande époque de l'enseignement technique et professionnel. Celui-ci était branché sur le primaire mais n'accueillait que les meilleurs éléments, ceux qui poursuivaient vers des CAP et des brevets techniques. Les collèges d'enseignement technique (CET) imposaient une sélection à l'entrée, et les élèves se disputaient les meilleures sections. Pour un enfant d'ouvrier, entrer dans un CET afin de devenir électricien représentait une promotion, une réussite scolaire. Il en allait de même pour les formations professionnelles qui ouvraient un espoir de qualification supérieure par rapport à la formation « sur le tas ». Ces enseignements étaient loin d'être parfaits, mais les jeunes en avaient une image positive, une image qui va se dégrader.

On prétend intégrer les différentes filières, on va les hiérarchiser. Il ne s'agit plus de voies différentes, mais de niveaux inégaux. Les lycées techniques, les bacs techniques qui, en théorie, devraient revaloriser ces enseignements vont, en fait, les dévaluer. Signe caractéristique : en 1967, le concours d'entrée dans les collèges d'enseignement technique est supprimé. Chacun l'a compris : ils seront destinés à recueillir ceux qui sont incapables de suivre dans la filière générale. Il en ira bientôt de même tout au long de l'échelle. Les bacs F, G, H, après avoir connu un certain lustre, deviendront les bacs « non C », « non A », « non B ». Seuls les instituts universitaires de technologie (IUT) et les brevets de technicien supérieur (BTS) préserveront leur image en instaurant une sélection. Pour le reste, le prestige de toutes les orientations non classiques va s'effondrer :

« Les élèves qui ne peuvent pas suivre dans la filière générale seront orientés vers la filière technique au sens large, transformée en voie de relégation[1] », constatent Béatrice Compagnon et Anne Thévenin. C'est le fameux sentiment de « mépris » que François Dubet a si profondément ressenti chez les lycéens des années 80 et qu'il n'aurait sans doute pas rencontré dans les années 50.

C'est ainsi que s'installe la malédiction : la sélection par l'échec. Dans notre société tout entière centrée sur la réussite scolaire, le droit de réussir se transformait pour le plus grand nombre en droit d'échouer. Le cadeau n'était pas moins empoisonné pour la jeunesse populaire que pour l'Éducation nationale.

Cette tension interne, née de la compétition féroce, est dramatiquement aggravée par le flux montant du chômage qui vient battre les murs de l'école. On ne travaille plus pour faire plaisir à ses parents, pour être en tête de sa classe, on lutte pour la survie. Car les places disponibles sur le marché du travail seront réservées à ceux qui obtiendront les meilleurs diplômes. Si l'on ne figure pas dans le peloton de tête, on finit à l'ANPE. Tous les élèves en sont persuadés.

L'angoisse est d'autant plus forte que ces dures réalités ne sont pas avouées. Officiellement, on n'élimine pas, on *oriente*. Dans la vie courante, lorsque vous demandez à quelqu'un de vous « orienter », que vous lui demandez votre chemin, vous attendez qu'il vous indique la direction que vous souhaitez prendre. Dans le monde scolaire, c'est exactement le contraire. On vous oriente toujours dans la direction qui ne vous plaît pas. C'en est au point que le verbe se suffit à lui-même, il n'a pas besoin de complément puisque, de toute façon, la direction importe peu, « c'est pas la bonne ». Être *orienté*, c'est être éliminé, point final. Ainsi, un verbe qui, dans le langage courant, se réfère à un service que l'on rend devient une sanction que l'on reçoit. Et qui fait trembler. Dans un

1. *L'École et la société française*, *op. cit.*

monde où la discipline n'est plus respectée, où les réprimandes, les colles et autres punitions n'ont plus cours, ne reste que la menace suprême : « Vous allez être orienté. » De quoi être passablement désorienté !

L'égalité contre l'humanisme

Le second changement est d'ordre pédagogique. Schématiquement, la réforme revient à faire jouer au Palais omnisports de Bercy une troupe habituée à interpréter des pièces classiques dans une petite salle à l'intention d'un public d'abonnés. Question : pourra- t-on conserver le même répertoire et les mêmes mises en scène ? La comparaison est un peu brutale, j'en conviens, elle servira à éclairer la suite du propos.

L'enseignement secondaire est très lié au caractère élitiste de son recrutement. Il s'est développé en osmose avec une certaine classe instruite d'où émanaient les maîtres comme les élèves, qui, tous, baignaient dans la même culture. Ce fut la clé de sa réussite. Or celle-ci se trouvait déjà remise en cause par l'évolution générale des mentalités. La grande tradition du secondaire qui servait toujours de référence datait terriblement par rapport aux élèves des années 60. Sa manière d'imposer un savoir relativement abstrait et rebutant comme un investissement pour les études ultérieures était difficilement acceptée par une jeunesse plus autonome, plus hédoniste, plus sollicitée aussi, qui supportait mal la position de stricte subordination symbolisée par la discipline de la classe. Sur tous ces plans, il avait fallu en rabattre. On n'entrait plus en rang et en silence, les professeurs avaient renoncé aux sanctions traditionnelles. 68 était passé par là. Bref, le collège et le lycée avaient pris acte du nouveau statut de la jeunesse, sans pouvoir rénover leur type de relations avec les élèves. Le nouveau changement est d'une autre nature. C'est tout le primaire qui se déverse dans le secondaire, c'est-à-dire qui lui repasse les problèmes qu'il n'a pas résolus.

Le premier de tous, c'est l'hétérogénéité. Les classes regroupent des enfants armés pour attaquer les études secondaires et d'autres qui, avant la réforme, auraient été dirigés vers des formations plus pratiques et moins ambitieuses. Par quel tour de passe-passe pédagogique allait-on faire la même leçon à des élèves différents ? René Haby, ancien professeur et même ancien proviseur, ne pouvait ignorer cette difficulté. Il avait prévu des mesures de soutien en faveur des plus faibles. En fait, elles ne seront guère appliquées, et ceux-ci vont bel et bien couler, faute de bouées.

Cette hétérogénéité traduit un double décalage. Sur le plan culturel, la plupart des nouveaux collégiens sont profondément déroutés, car ils n'appartiennent pas à l'univers du secondaire et, sur le plan intellectuel, un certain nombre d'entre eux n'ont pas le niveau intellectuel requis pour un tel enseignement. Que faire ?

Va-t-on bouleverser la pédagogie ? C'est ce que propose un expert comme Louis Legrand. « L'enseignement actuel privilégie la pensée théorique, abstraite et l'univers gratuit du récit et de la connaissance désintéressée. Or l'accès à cette culture intellectuelle exige des conditions d'éducation préalable : sécurité affective, dialogue avec les enfants, habitudes d'autonomie dans les comportements, que les milieux défavorisés ont plus de difficulté à donner à leurs enfants. [...] c'est pourquoi une éducation compensatrice, un soutien, doivent d'abord être une éducation affective et sociale permettant, avec l'épanouissement des élèves, l'investissement affectif positif de l'école[1]. »

Cette seule perspective fait hurler les conservateurs, aux yeux desquels les programmes ne sont pas autre chose que le *savoir*. Or celui-ci est ce qu'il est, et l'école

1. Louis Legrand, « Pour une école de l'"homme total" », *Le Monde de l'Éducation*, septembre 1981.

a pour fonction de le transmettre, pas de jouer les nounous. On ne peut faire de Boris Vian l'équivalent de Chateaubriand sous prétexte que les jeunes préfèrent *L'Écume des jours* aux *Mémoires d'outre-tombe*, on ne peut enseigner la moto à la place de l'optique parce que ça plaît davantage aux ados, et on aurait le plus grand tort de vouloir obstinément revenir à des applications quotidiennes pour intéresser les jeunes. La connaissance savante vaut par elle-même et non pas en vertu de son utilité pratique. Bref, c'est aux collégiens, nouveaux ou anciens, de suivre les cours, pas aux cours de suivre les collégiens, et ceux qui ne suivront pas seront éliminés ou, pour être « pédagogiquement corrects », orientés. L'affaire est grave, car elle touche à la culture et à l'identité françaises.

« Pour les défenseurs du secondaire, convaincus de l'excellence de leur enseignement et de l'universalité de leur culture, la vraie démocratisation consiste à donner aux enfants du peuple ce qu'il y a de meilleur, c'est-à-dire à les intégrer dans le secondaire tel qu'il est, explique Antoine Prost. Modifier celui-ci pour les accueillir, ce serait leur donner une culture "au rabais", et ils s'y refusent avec une sincère énergie. Pour les praticiens du primaire [...] ce discours constitue une tragique méprise : ce qui convient à la masse de la population, ce que demandent les familles et attendent les élèves, ce n'est pas cette culture prestigieuse mais intimidante, désincarnée et lointaine. C'est un enseignement plus concret, plus proche des préoccupations quotidiennes des élèves, plus attentif à leurs débouchés professionnels [1]. » Tel est le formidable malentendu sur lequel se fait le collège unique, malentendu avivé par les rivalités corporatistes entre les professeurs et les PEGC issus du corps des instituteurs.

La réforme ignorait l'ancrage très profond de chaque enseignement dans sa propre culture. Le primaire traditionnel était populaire, tout comme le secondaire était

1. *Éducation, Société et Politiques*, *op. cit.*

bourgeois, et cela tenait autant aux contenus qu'à l'origine sociale des élèves et des maîtres, les instituteurs venant de milieux populaires, tandis que les professeurs avaient une origine bourgeoise. Chacun reflétait des catégories sociales différentes.

Cette difficulté n'avait pas été complètement ignorée, mais elle avait été mal analysée. Et le fruit de cette réflexion ne fit que renforcer le décalage. Beaucoup d'intellectuels de gauche pensaient que ce particularisme bourgeois s'appuyait sur une certaine tradition humaniste étrangère aux milieux populaires.

Une démocratisation qui reviendrait à placer les uns et les autres dans la même compétition sans toucher au contenu de l'enseignement ne pouvait être qu'un jeu de dupes. Pour que l'équité s'ajoute à l'égalité, il fallait réduire le poids des humanités au profit de nouveaux savoirs qui départageraient les enfants sur leurs seules capacités intellectuelles et non pas sur leur héritage familial. Ces idées s'étaient imposées bien avant l'instauration du collège unique et elles avaient influencé le contenu et l'équilibre des programmes.

La solution la plus évidente était de s'appuyer sur les mathématiques, présentées comme le juge arbitre le plus impartial de la compétition scolaire. Leur rôle fut donc renforcé jusqu'à devenir l'outil de sélection privilégié. C'était favoriser la démocratie – et la modernité – que de les préférer dans cette mission au latin et au grec.

Peu à peu, c'est l'ensemble des programmes qui évolue dans un sens « antihumaniste ». Dans le sillage des mathématiques, les disciplines scientifiques, notamment la physique et la chimie, prennent de l'importance et, surtout, constituent les matières principales des sections les plus prestigieuses. En l'occurrence, le souci démocratique rejoignait parfaitement l'intérêt économique. L'économie française avait besoin d'ingénieurs bien plus que de latinistes. Cette même volonté porte les réformes d'inspiration structuraliste.

Les programmes ainsi transformés étaient assez éloignés des anciennes « humanités » et, de ce point de vue, Jacqueline de Romilly n'a pas tort de dénoncer dans cette évolution une volonté délibérée de donner à ses disciplines une place réduite. Mais le résultat le plus indéniable était un renforcement de l'abstraction. Le savoir à transmettre était peut-être moins humaniste, mais certainement moins humain, moins proche, moins chaleureux.

De quelle utilité pouvait être le recours à des méthodes pédagogiques plus participatives, alors que les programmes, eux, partaient en sens contraire ? Antoine Prost nous donne la vision la plus juste de cette dérive : « L'évolution des vingt dernières années est marquée beaucoup moins par un effort d'adaptation des contenus aux élèves, comme certains tentent de nous le faire croire, que par une vague irrésistible de formalisme et d'abstraction. [...] Tandis que les classes se démocratisaient, l'enseignement devenait plus abstrait, plus théorique. [...] l'évolution des contenus enseignés a aggravé la distance culturelle qui sépare l'enseignement de son public[1]. »

Pour reprendre notre comparaison, la troupe a bien changé de répertoire en passant de son théâtre de mille places au Palais omnisports de Bercy, mais, en l'occurrence, elle a remplacé les pièces de Molière par celles de Pirandello !

L'âge de l'abstraction

Le passage au collège unique posait des problèmes non seulement culturels, mais également psychologiques. La totalité des enfants sortant du CM 2 étaient-ils intellectuellement capables de suivre un enseignement secondaire si fortement marqué par l'abstraction ? La question est double, elle concerne les connaissances acquises et la capacité d'apprendre.

1. *Éloge des pédagogues, op. cit.*

Pour attaquer la scolarité du collège, l'élève doit posséder des bases suffisantes en français et en mathématiques. Avec le passage généralisé en sixième, cette condition n'est plus remplie. Pendant vingt ans, les polémiques ont fait rage sur le sujet. Depuis 1989, le ministère procède à une évaluation systématique des arrivants. On dispose donc des chiffres que voici :

Pour 1994, 14,4 % des enfants ne possèdent pas les compétences de base pour la lecture – c'est-à-dire qu'ils ne comprennent pas ce qu'ils déchiffrent –, 23 % ne les ont pas pour le calcul, et 38 % pour la géométrie. 34 % maîtrisent uniquement les compétences de base en lecture, c'est-à-dire sont capables de « saisir l'information explicite de l'écrit (comprendre le sujet, tirer des informations ponctuelles) », mais ils ne vont pas plus loin. En bon français, ils arrivent à peu près à lire et rien de plus. Pour le calcul, c'est près de la moitié qui sont à ce niveau.

Que faut-il pour entamer une sixième dans de bonnes conditions ? Savoir tout juste déchiffrer ou savoir bien lire ? Selon la réponse, on retient un pourcentage ou un autre. Mais, là encore, il ne faut pas se laisser piéger par les moyennes. Toutes les classes ne sont pas « homogènes » dans leur « hétérogénéité ». Ces statistiques signifient en clair que, dans certains collèges, c'est un bon quart de l'effectif qui ne peut suivre et un bon tiers qui n'est pas au niveau. On imagine le problème posé aux enseignants, d'autant que les retardataires côtoient sur les mêmes bancs des élèves qui ont fait preuve de « compétences remarquables » (c'est la formule officielle) à ces mêmes tests. Ils sont obligés de sacrifier les forts aux faibles ou l'inverse. Parmi ces derniers, figurent les plus âgés, qui ont déjà redoublé une, voire deux, fois. Comment leur apporter un « soutien » particulier sans finir par les regrouper et reconstituer les « classes de niveau », les forts d'un côté, les faibles de l'autre, à l'encontre de ces classes « hétérogènes » sur lesquelles prétendait s'appuyer la réforme ?

Plus encore que les connaissances acquises, c'est la

maturité qui pose problème. L'enseignement délivré au collège suppose que l'enfant ait achevé sa construction intellectuelle selon les schémas mis en lumière par Jean Piaget, c'est-à-dire qu'il soit capable de se mouvoir sans difficulté dans un monde d'abstractions. Le passage à cette pensée hypothético-déductive se situe entre dix et quatorze ans. C'est dire que la plupart des élèves de sixième sont en transition de la pensée concrète antérieure à cette pensée abstraite. La diversité génétique des individus va avancer ou retarder ce passage, mais elle n'est pas seule en cause. Michèle Saltiel, analysant la situation difficile des nouveaux collèges, s'interrogeait à ce propos : « Le linguiste Basil Bernstein, le psychologue Jacques Lautrey et bien d'autres chercheurs ont mis l'accent sur l'influence des comportements des parents dans l'accès à la pensée théorique formelle. Là où l'on ne fait qu'un usage pragmatique de la langue, où l'on impose des règles de conduite stéréotypées ne permettant aucune initiative, plus grande est la difficulté à s'adapter aux activités scolaires gratuites, à acquérir une capacité de distanciation par rapport au concret. Mais n'est-ce pas aussi le rôle de l'école de s'adapter aux activités et aux attitudes des enfants qui ne bénéficient pas dans leur milieu des conditions éducatives naturelles aux familles favorisées ? Faut-il à toute force que l'accès à la pensée hypothético-déductive formelle, objectif valable en soi, se fasse sans tenir compte ni du niveau de développement cognitif des enfants, ni de leur propre culture [1] ? »

Brutalement dit : un grand nombre de nouveaux collégiens n'ont pas atteint le niveau intellectuel suffisant pour suivre un enseignement de type secondaire. Ils ne peuvent que perdre pied et partir à la dérive. Éliminés. Pour eux, l'égalité des chances n'aura été qu'une sinistre farce. Faut-il pour autant revoir en profondeur et pas seulement dans la forme les savoirs que l'on prétend

1. Michèle Saltiel, « Le multiple "collège unique" », *Le Monde de l'Éducation,* juin 1982.

transmettre en sixième et cinquième, comme semble le préconiser Michèle Saltiel ? Et que diront les parents des élèves plus mûrs en constatant que le professeur fait avancer sa troupe à pas lents et que leurs petits champions prennent du retard ?

Entre ceux qui souhaitaient que le collège s'adapte à son nouveau public et ceux qui considéraient toute adaptation comme une trahison, l'Éducation nationale a choisi de ne pas choisir, elle a négocié la situation au plus près, à coups d'expédients. Lorsque la réforme se met en place, les professeurs sont effarés par le caractère disparate des élèves qui leur font face et que l'on a réunis dans une même classe, c'est ce que constatent Hamon et Rotman : « L'égalité ne se décrète pas. Non sans ingénuité, le ministre René Haby dépose, avec sa réforme, au fond des classes, un cocktail qui va, rapidement, s'avérer détonant. [...] A écouter les profs, les nouvelles dispositions provoquent un véritable cataclysme : "Les meilleurs élèves piétinent, tandis que les élèves peu scolaires s'ennuient et perturbent le cours." Cette réflexion d'un professeur d'anglais revient comme un leitmotiv dans les conversations avec les enseignants de collège : "Dans ces classes, les faibles sont sacrifiés, car on ne peut rien pour eux tant leur retard est grand : les bons sont aussi sacrifiés... On ne peut approfondir les problèmes intéressants quand certains n'ont pas compris de quoi on est en train de parler", accuse un agrégé d'histoire-géographie. Et un professeur de physique renchérit : "On décourage et on détruit en deux ans les très bons éléments ; on ne peut plus récupérer les enfants en difficulté[1]." » Telle est l'insurmontable contradiction dans laquelle a été plongé le secondaire. D'un côté, un enseignement qui reste élitiste ; de l'autre, un public qui est devenu populaire. Que va-t-il devenir ?

1. *Tant qu'il y aura des profs*, *op. cit.*

10

La stratégie de la survie

Confrontée à la situation impossible du collège unique, l'école réagit selon sa logique propre : notation, sélection, redoublement, élimination. Elle n'a pas à faire preuve d'une sévérité particulière, ses programmes sont suffisamment inadaptés pour que les nouveaux arrivants perdent pied.

A ce jeu, le taux de redoublements fait un bond impressionnant. En l'espace de dix ans, entre 1975 et 1985, il passe de 9,5 à 12,5 % pour la sixième, de 6,5 à 16,4 % pour la cinquième, de 7 à 9,4 % pour la quatrième, de 7,3 à 14,3 % pour la troisième. Au début des années 80, il n'y a plus que 50 % des troisièmes et 40 % des terminales à n'avoir jamais expérimenté le surplace.

Ces redoublements sont le préalable à l'« orientation », c'est-à-dire à l'élimination des sections générales. Celle-ci arrive très vite. En 1980, sur 100 élèves entrant en sixième, 27 ont été perdus en quatrième, 30 en troisième, 55 en seconde ; en terminale, il n'en reste que 44. Une élimination impitoyable, car les « disparus » sont précipités dans des filières sans avenir.

Le massacre commence dès le primaire, car ceux qui redoublent et attaquent la sixième en retard prennent une bonne option pour l'élimination. Ils ne seront que 11 % (pour une moyenne de 50 %) à suivre jusqu'en troisième sans trébucher de nouveau. Bref, celui qui a piétiné à l'école fera du surplace au collège, et ceux qui font du surplace sont vite « orientés ».

Beaucoup de jeunes quittent le système scolaire sans

rien, sans le moindre papier attestant une quelconque valeur. Des années d'école débouchent sur le néant. Dans la décennie 70, les sans-diplôme dépassaient les 200 000 par an. Leur nombre n'a cessé de diminuer pour atteindre 60 000 aujourd'hui. Un résultat flatteur tant que l'on ne regarde pas la valeur des titres délivrés. Pour d'autres, c'est le passage dans ces établissements de seconde zone que la presse qualifie aimablement de « sections-dépotoirs » ou de « lycées-poubelles », reflet à peine exagéré de l'image qu'en ont les intéressés.

Cette bousculade ne traduit-elle pas une chute brutale du niveau ? C'est ce que l'on affirme de tous côtés, mais c'est oublier que : « Les mauvais élèves ne sont pas plus nombreux à présent qu'autrefois, comme le rappelle Hervé Hamon. Simplement, naguère, on les stockait en douceur dans les sections de fin d'études, et la société, miracle des années d'expansion, les absorbait ensuite. Désormais, ils entament le cursus général, donc on les voit. Les 20 % de semi-illettrés qui perturbent les collèges ne sont point une population nouvelle. Ce qui est nouveau, c'est qu'ils soient là[1]. »

A l'aube des années 80, l'institution scolaire n'a relevé l'impossible défi du collège unique qu'en éliminant par l'échec ceux qui n'y avaient pas leur place. Sélectionner impitoyablement, c'était le prix à payer pour maintenir un enseignement secondaire. Si les professeurs s'étaient mis à l'unisson des plus faibles, aucun élève n'aurait été à même de suivre un tel cursus.

Cette méthode brutale soulève de nombreuses protestations, car chaque décision d'orientation est vécue comme un drame par les familles. En réalité, beaucoup d'élèves vivent dès la sixième en situation d'échec et vont de redoublement en redoublement vers l'élimination définitive. On est loin, très loin, des idéaux affichés en 1975.

1. Hervé Hamon, « L'école à la tronçonneuse », art. cité.

80 % de bacheliers !

Jean-Pierre Chevènement va ajouter à la confusion en fixant l'objectif des 80 % de bacheliers. Cette coquecigrue fut provoquée par deux grosses erreurs d'appréciation. Dans le milieu des années 80, une étude commandée par la Mission éducation-entreprise au BIPE fit grand effet sur les pouvoirs publics. Elle recommandait que l'on formât sans attendre le personnel de grande qualification dont les entreprises – entendez les grandes entreprises – auraient besoin dans l'avenir. Les hauts responsables de l'Éducation se hâtèrent de conclure que le niveau général de la population devait être poussé en conséquence. L'évidence était d'autant plus forte que l'exemple japonais corroborait ces conclusions.

A l'époque, l'économie nippone faisait figure de modèle, et la France s'efforçait d'en copier les recettes : cercles de qualité, zéro stocks, etc. C'est alors que nos maîtres penseurs et souverains décideurs reçurent l'illumination. Ils avaient trouvé la potion magique qui, d'un archipel surpeuplé et dépourvu de ressources, avait fait l'une des plus grandes puissances économiques du monde ! Le fameux secret avait été rapporté par une mission d'étude revenant du Japon. Ses membres n'avaient pas limité leur champ d'investigation aux ministères, laboratoires ou bureaux présidentiels, ils s'étaient également rendus dans les centres de production. Visitant l'usine Honda, nos technocrates-enquêteurs s'enquirent de la formation des ouvriers. Ils s'entendirent répondre, dans un anglais fort incertain et assez mal compris, que celle-ci correspondait à un cycle complet d'études secondaires. Voilà donc *la réponse* ! Les ouvriers étaient bacheliers, il n'y avait pas à chercher plus loin l'explication de la qualité japonaise. De retour à Paris, ils firent part de leurs conclusions, et le ministre de l'Éducation nationale Jean-Pierre Chevènement en tira superbement la conséquence. La France devrait se fixer comme objectif d'amener 80 % d'une classe d'âge au niveau du baccalauréat.

Pour des millions de parents, le slogan fut entendu comme une promesse. Si 80 % des enfants doivent décrocher le bac, ce serait bien le diable que le leur n'y parvienne pas ! Ils ne se disaient pas, mais ce n'était pas leur rôle, que ceux qui réussiraient un tel bac n'auraient rien et que ceux qui le rateraient auraient moins que rien.

La formule rencontra un tel succès, souleva un tel enthousiasme qu'il devint impossible de faire machine arrière. Les successeurs de M. Chevènement Rue de Grenelle n'osèrent revenir sur une promesse aussi populaire. Chacun la reprit à son compte. C'est tout juste si René Monory, pour marquer sa différence – ou sa méfiance –, ramena la barre à 74 % ! Peine perdue, les 80 % restèrent dans les mémoires.

Les plus ahuris furent… les Japonais. Dans leur système scolaire, en effet, le redoublement n'existe pas. Tous les enfants finissent à 18 ans le cycle d'études secondaires au terme duquel ils reçoivent un certificat. A partir de là, les très bons éléments, sur la foi de leur livret scolaire ou bien de concours fort difficiles, vont à l'université, tandis que les moins bons, qui ne peuvent continuer, entrent dans la vie active… comme ouvriers. Si l'on transpose cette situation dans le système français, cela revient à dire que ceux qui n'obtiennent pas un titre d'entrée dans le supérieur, c'est-à-dire qui échouent au bac, vont à l'usine. Nos experts avaient tout compris de travers, mais le coup était parti.

Dans l'esprit du ministre, c'étaient essentiellement des bacs professionnels, c'est-à-dire des bacs visant à former des ouvriers qualifiés, qui devaient permettre d'atteindre les 80 % de bacheliers. Mais à vouloir toujours dire une chose et son contraire pour satisfaire tout le monde, on finit par n'être plus compris. Les familles retinrent *bac*, et l'annonce à grand fracas, abondamment reprise par la presse, eut pour effet de précipiter une nouvelle vague de jeunes dans les lycées. Tous les laissés-pour-compte demandèrent à poursuivre leurs études afin de n'être pas les seuls non-bacheliers. La plupart d'entre eux voulaient de « bons » bacs dans les sections générales ou, à la rigueur, dans les sections techniques. Les filières professionnelles perdaient leur peu d'attraits dès lors que la filière de référence semblait si accueillante. Comment réagir devant une telle déferlante ?

Il faut d'abord faire face à des problèmes matériels. Accueillir ces élèves, ouvrir des classes pour les nouveaux bacs professionnels, etc. Or le redoublement accroît la population scolaire. Avec le nouvel afflux, il devenait impossible de laisser les redoublants s'entasser dans les classes-parkings. De plus, le maintien des exigences risquait de rendre la pression intolérable. De fait, le ras-le-bol des parents contre l'orientation-sélection autoritaire a beaucoup joué dans le succès des manifestations anti-Savary en 1984. Ainsi, sans que la chose eût vraiment été décidée, par simple nécessité d'adaptation, les paliers de sélection allaient sauter ou, du moins, être moins rigoureux.

Désormais, on évite l'orientation-élimination, on favorise le passage dans la classe supérieure, voire dans la filière désirée. Au cours des années 1985-1995, les statistiques du redoublement déclinent autant qu'elles avaient monté entre 1975 et 1985. Il est vrai que le redoublement, spécialité assez typiquement française, n'a jamais été une solution en soi et que son application systématique traduisait plus une nécessité d'élimination qu'une volonté de rattrapage. Mais sa réduction ne correspondait pas davantage à une stratégie pédagogique.

Depuis plusieurs années, la population lycéenne n'augmentait plus. En 1982, une étude du commissariat au Plan avait conclu que cette situation perdurerait dans les prochaines années. En réalité – ce qui avait échappé aux experts –, la demande à l'égard du bac n'avait pas disparu, elle était simplement bridée par les barrages au collège. Le slogan chevènementesque provoqua donc une ruée sur les lycées, dont les effectifs augmentèrent de

320 000 unités, soit d'un quart, entre 1985 et 1989. Au début de la décennie, un gros tiers d'une classe d'âge arrivait en terminale ; à la fin, c'était une moitié.

Désormais, les barrières sont moins hautes, et les élèves les franchissent. Entre 1985 et 1989, les non-redoublants en troisième passent de 50 à 69 %. Conséquence logique, les candidats au baccalauréat sont de plus en plus nombreux. A la fin des années 50, ils ne représentaient que 10 % d'une classe d'âge ; au début des années 70, ils montent à 30 %, chiffre à peu près stable pendant une quinzaine d'années et qui augmente brusquement à partir de 1985. Dans les six dernières années, il s'est accru de 22 %, pour atteindre 62,6 % en 1993 et 67 % en 1994. Sur cette lancée, les 80 % de candidats bacheliers sont en vue.

Ce flot ne va-t-il pas s'écraser sur le mur du baccalauréat ? A l'évidence, de nombreux concurrents sont admis à présenter l'épreuve, qui, dans les années précédentes, eussent été éliminés en amont. Ils sont présumés moins bons, et l'on doit s'attendre à un déchet important. Miracle ! Les nouveaux candidats se révèlent meilleurs que les précédents. Le taux de réussite se met à croître spectaculairement d'année en année. Chaque printemps, un nouveau record bat celui de l'année précédente. Le pourcentage était de 71,9 % en 1992, de 73,4 % en 1994, il atteint 75 % en 1995. La plus éblouissante progression est réalisée par le bac technologique, qui stagnait à 58 % dix ans plus tôt et atteint le score incroyable de 75,8 %, passant devant le bac général. Ces exploits sont célébrés dans un grand concert d'acclamations. La presse unanime se félicite de ce « très bon cru », et le ministre annonce que nos potaches sont formidables.

Nul ne semble s'étonner de ce prodige pédagogique. Certes, des réformes utiles sont intervenues : création des IUFM, suppression de la filière C, création des modules pédagogiques. Peut-on croire qu'elles aient suffi à transformer les éliminés d'hier en bacheliers d'aujourd'hui ? Si le fait était avéré, les étrangers, dont les problèmes scolaires valent bien les nôtres, devraient se précipiter à Paris pour copier notre remède miracle.

En son temps, le député François Bayrou n'avait pas manqué de brocarder « l'air rengorgé » de Michel Rocard se félicitant que les résultats au bac aient progressé de 12 % en 1990. Il ajoutait, sévère : « La vraie question n'est pas celle des chiffres. La vraie question est celle-ci : les aptitudes, les connaissances, les capacités, les savoir-faire, les compétences des élèves varient-elles avec les courbes ? Si elles ne varient pas, c'est qu'on a affaire à une escroquerie perverse. Escroquerie d'abord, puisque l'on se contentera désormais de baptiser bacheliers, ou l'équivalent, des élèves du même niveau que ceux qui sortaient hier de seconde, de première, voire d'un plus bas niveau de qualification encore. Escroquerie perverse puisque, la mauvaise monnaie chassant la bonne, on dévalorise, du même mouvement, les études, les titres universitaires qui avaient un sens hier et qui n'en auront plus aucun demain[1]. » C'est fort bien dit, comment se fait-il que, devenu ministre de l'Éducation nationale, François Bayrou se soit félicité de même en annonçant les « excellents » résultats de 1995 ?

Quinze jours plus tôt, dans *Libération*, Robert Redeker, lui-même agrégé de philosophie, avait tout à la fois annoncé les résultats à venir et proposé sa propre explication : « Certains recteurs ont réuni les chefs des centres d'examen pour pousser à la hausse tous les systèmes de notation et s'autoriser les plus expresses pressions sur les correcteurs. Chez beaucoup d'examinateurs, le téléphone académique n'a cessé de sonner pour les inciter à la clémence maximale. [...] On l'aura compris, les notes du bac ne sont pas des notes pédagogiques, ce sont des notes administratives, les professeurs n'étant plus dans ce contexte que les scribes (ou les ronds-de-cuir) chargés de distribuer ces notes administratives. [...] La note doit désormais entrer dans des grilles statistiques déci-

1. *La Décennie des mal-appris*, *op. cit.*

dées avant la lecture des copies. [...] La suppression des redoublements dans le secondaire entraîne que beaucoup de candidats passent le bac avec un niveau très inférieur à ce qu'on pourrait attendre : cependant, par nécessité politique, par raison démagogique, il importe qu'une bonne partie d'entre eux soient déclarés admis. »

Peu après, *Le Canard enchaîné* revient à la charge, documents à l'appui. Le journal cite une lettre d'enseignant relatant : « La consigne (émanant du rectorat) était de noter très large. Un 9,1 était, par exemple, arrondi à 10, et la moyenne des copies corrigées devait atteindre 11 sur 20. » Dans les séries scientifiques, la moyenne pour les maths, matière déterminante, aurait même été fixée à 12 sur 20. Consignes orales qui auraient pris la forme d'une note écrite dans l'académie de Lille : « Il a été explicitement admis que la moyenne réelle des copies corrigées doit être de 10 et non plus de 8 comme nous en avons l'habitude. »

L'administration plaida la confusion entre des directives liées à la nouveauté du bac 1995 et l'interprétation qui en était faite. Pour prouver que le niveau d'exigence restait constant, elle mit en avant les résultats des bacheliers aux tests psychotechniques de l'armée. La courbe marque une certaine inflexion vers le haut. Par malheur, cette même statistique montre que la plus forte progression s'observe chez les conscrits... non scolarisés. Preuve que ces examens reflètent bien autre chose que le niveau d'instruction.

De nombreux facteurs peuvent expliquer cette riche moisson bachelière. D'abord, la diversité du bac, qui n'est plus une épreuve unique et, en dépit du label commun, correspond à des niveaux de connaissances très différents selon les sections. Ensuite, la capacité d'adaptation du système, un mécanisme essentiel et toujours sous-estimé. Les mêmes raisons, très pratiques – éviter les classes surchargées –, qui conduisirent à limiter les redoublements ont également incité à l'indulgence. Accorder le bac à un candidat trop faible, c'est se dispenser de l'instruire une année de plus pour le mettre à niveau. Pour des enseignants accablés, c'est une façon de baisser les bras, de laisser les problèmes filer vers l'aval. Bref, on n'a pas fini de disserter sur le niveau actuel du bac et sur les raisons de son abaissement. Dans une telle confusion, on peut soutenir une chose et son contraire pour peu que l'on choisisse les exemples appropriés.

A dire vrai, le problème est ailleurs. Pour les jeunes, la valeur absolue du diplôme – c'est-à-dire son contenu – est moins importante que sa valeur d'échange. Ils n'attendent pas un certain niveau de connaissance et de culture, ils veulent un titre qui facilite leur insertion sur le marché du travail. Ils descendraient dans la rue si le bac cessait d'être le ticket d'entrée à l'université, ils ne bougeraient pas s'il était accordé pour de moindres compétences.

Dans cette optique, ce n'est pas le niveau du bac qui compte, c'est sa rareté. Or le nombre des bacheliers est passé de 160 000 à 273 000 entre 1980 et 1994 si l'on s'en tient aux bacs généraux, mais on arrive à 475 000 avec les bacs professionnels. Cette inflation est, en elle-même, porteuse d'une dévaluation ; les épreuves seraient-elles plus difficiles, et les corrections plus sévères, que cela n'y changerait rien. Dès lors que les emplois correspondants ne se sont pas multipliés au même rythme, on a créé de la monnaie sans créer les richesses en proportion : on a dévalué. En termes de valeur marchande – l'expression peut choquer, mais c'est celle qui convient –, le parchemin est moins coté. De cela les jeunes s'apercevront plus tard dans leurs études supérieures, puis sur le marché du travail. Mais, dès à présent, ceux qui évaluent les titres savent que le bac devient le certificat d'études secondaires et que, pour se présenter en tant que bachelier, il faut être dans une bonne section et enrichir son diplôme d'une mention.

Les risques de redoublement ont diminué dans le premier cycle, les chances de réussite augmenté, mais l'âpreté de la compétition scolaire demeure la même. On a simplement retardé l'épreuve de vérité dans une logique typique de notre Éducation nationale. Chaque niveau s'efforce de repasser ses difficultés au niveau supérieur, lequel ne manque pas de dénoncer les insuffisances dont il hérite. L'école envoie le plus de monde possible – sachant ou ne sachant pas lire peu importe – au collège, qui en fait passer le plus possible – ayant le niveau de la seconde ou de la quatrième, on ne sait trop – au lycée, qui en propulse le plus possible – vrais ou faux bacheliers, l'histoire ne le dit pas – à l'université. Chacun se lamente de devoir gérer les difficultés qui auraient dû se résoudre en amont ; le système ne fait que reculer pour mieux sauter un jour ou l'autre. Tôt ou tard, au niveau du primaire, du secondaire, du supérieur ou sur le marché du travail, la sélection aura lieu, la sélection et, par conséquent, l'élimination. Elle sera d'autant plus dure qu'on aura trop tardé, créé trop d'illusions et que l'échec sera sans recours. Les corrections de trajectoire en fin de parcours sont toujours les plus coûteuses – en orientation scolaire comme en orientation spatiale.

Le refus de l'élimination en cours de route étire démesurément le peloton du secondaire. Il y avait peut-être autant d'écart entre les bons lycéens et les cancres de la communale, mais cela ne choquait pas, car ils appartenaient à deux systèmes différents. Aujourd'hui, l'institution prétend leur faire suivre les mêmes études, avec les mêmes programmes, au même niveau, une prétention qui ne résiste pas à la moindre observation.

On atteint alors un comble d'hypocrisie et d'absurdité. C'est l'égalité formelle, celle de l'étiquette : on écrit *classe de première* sur toutes les portes et l'on transforme tous les enfants en élèves de première. Cela demande moins de courage que d'assumer l'inégalité à visage découvert.

Dans la mêlée générale voulue et créée au nom de l'égalité – dont on découvre un peu tard qu'elle correspond à un état de guerre et non pas à un état de paix –, la compétition triomphe au détriment de la formation.

Désormais, toute notre Éducation nationale n'est plus qu'un gigantesque concours dont l'enjeu n'est pas le niveau de culture, mais les places à gagner : elle n'est qu'un marché auquel chacun s'adapte en fonction de l'utilité escomptée.

Le collège unique devait effacer l'avantage de naissance au profit du mérite personnel, les meilleurs seraient les meilleurs, c'est-à-dire les plus doués, les plus travailleurs – toutes qualités qui, comme on sait, ne sont pas l'apanage d'une catégorie sociale plus que d'une autre. Cet idéal démocratique s'est-il réalisé ?

Le collège « inique »

J'ai évoqué l'échec scolaire en chiffres globaux, mais la statistique permet de pénétrer plus avant dans la réalité. Reprenons les choses au départ, à l'entrée en sixième. Les enfants n'ont pas tous le même âge. Le gros de la troupe (67 %) a 11 ans, mais certains ont un an de moins (3,6 %), d'autres un an de plus (21,7 %) ; on trouve ensuite les retardataires, « 13 ans ou plus », donc « un redoublement ou plus », qui représentent 7,7 % de l'effectif. Pour les enfants de cadres supérieurs, l'âge de 11 ans est la norme absolue (80 %). Les seuls qui dérogent sont les élèves en avance (11 %), les grands retardataires sont inconnus. Pour les fils d'ouvriers non qualifiés, au contraire, ces derniers (un an ou plus de retard) représentent à peu près la moitié des enfants ; ce sont, au contraire, les élèves précoces qui sont absents. Un handicap de départ qui, nous l'avons vu, ne se résorbe pas.

Suivons la piste du redoublement. En 1980, une moitié seulement des élèves arrivent en troisième sans s'être arrêtés en cours de route. Cette moitié s'obtient en mêlant la progéniture des milieux favorisés, qui réalise un superbe 75 %, et celle des catégories défavorisées, qui dépasse tout juste le tiers. Depuis que les feux sont clignotants, ce tiers est monté à 60 %, mais les 75 % des premiers atteignent désormais 85 %. En fin de troisième, les redoutés conseils de classe proposent une « orientation » ou un redoublement à une moitié des élèves qui viennent de milieux défavorisés, mais à 13 % seulement de ceux qui ont une famille favorisée.

Dès ce stade, les enfants d'ouvriers ont pour moitié décroché, alors que les enfants de cadres supérieurs sont à 85 % toujours dans la course. En terminale, ils ne seront plus qu'un tiers, et les rejetons de cadres 82 %. Quant au bac, c'est 20 % d'un côté, 70 % de l'autre, et encore, il y a pire, les enfants de chômeurs n'ont que 12 % de chances de l'avoir un jour. Commentant ces chiffres, François Bayrou, simple député, notait : « … Selon la condition de vos parents, dans cette école de l'égalité, du collège unique, du traitement unique, de l'indifférenciation, vos chances d'aller au terme de l'enseignement secondaire et d'y être diplômé varient simplement, modestement, de 600 %[1]. » Et le futur ministre de faire remarquer qu'on n'a pas encore atteint le dernier étage de notre colonne de distillation. En effet, baccalauréat ne veut plus dire grand-chose. Il faut maintenant préciser quel bac et avec quelle mention. Si l'on poussait le jeu des probabilités jusqu'au bac C mention bien, qui ouvre la voie royale vers le sommet, on atteindrait des chiffres vertigineux. Mais on aurait déjà fait un grand progrès si les fils d'ouvriers ne devaient faire leur deuil que des diplômes les plus prestigieux.

Car cette immense cohorte des élèves en situation d'échec est plus que jamais marquée par un impitoyable déterminisme social. Certes, la bourgeoisie fabrique aussi son petit lot de cancres mais, à grand renfort de boîtes à bac, de soutien familial et de cours particuliers, ceux-ci finissent toujours par atterrir quelque part. La troupe à l'abandon de l'Éducation nationale vient bien des catégories défavorisées que j'ai symbolisées par l'« enfant d'ouvrier ». Une étude très approfondie leur a été consa-

1. *Ibid.*

crée par la Direction de l'évaluation et de la prospective du ministère[1]. Elle ne laisse aucun doute à ce sujet.

Dès le départ, les deux tiers des enfants en échec ont des parents ouvriers, personnel de service ou inactifs qui, le plus souvent, ne possèdent aucun diplôme ou bien le certificat d'études. Les familles dissociées ou confrontées au chômage sont deux fois plus nombreuses dans cette catégorie. A l'opposé, l'enquête constate que les « bons » élèves bénéficient d'un soutien familial constant, qui ne se limite pas à une « surveillance » mais qui implique une véritable assistance. Une situation qui est donc largement conditionnée par la catégorie sociale des parents.

L'hétérogénéité était bien plus sociale qu'individuelle, elle mêlait non seulement des collégiens différents, mais des milieux totalement dissemblables. Pourtant, il serait malhonnête de nier ou même de minimiser les efforts accomplis pour résoudre ce casse-tête. De bonnes mesures ont été prises, tels le diagnostic précoce dès l'entrée en sixième, que l'on applique systématiquement depuis 1989, les études dirigées, les nouvelles formes du soutien pédagogique, etc.

Depuis la rentrée 1995, l'Éducation nationale a enfin reconnu le problème en considérant la sixième comme une classe d'« observation et d'adaptation à l'enseignement secondaire ». Il sera possible d'aider les plus faibles dans des « sixièmes de consolidation » ou de porter les horaires de français de quatre heures et demie à six heures, plus trois heures d'études dirigées. Après être passé du redoublement systématique au passage automatique, on revient au redoublement, mais dans des conditions qui devraient aider à rattraper le retard. Bref, l'école va s'efforcer réellement de donner des traitements différents à des élèves différents, simple exigence de justice. Nous saurons dans quelques années si cette politique a donné quelques chances à ceux qui n'en avaient aucune.

1. *Éducation et Formations*, numéro spécial, *Les Élèves en difficulté au collège*, 1993.

Car la généralisation du bac puis, éventuellement, de l'enseignement supérieur ne peut, à elle seule, faire progresser la démocratisation. Autant miser sur l'inflation pour réduire les inégalités. Ce seront toujours, à l'échelle statistique, les enfants des catégories favorisées qui réussiront et ceux des catégories défavorisées qui échoueront. Mais plus tard. Aujourd'hui, les chiffres concernant le collège ou le lycée sont flatteurs. Par rapport à ceux des années 80, ils semblent traduire une plus grande égalité des chances, mais c'est, pour l'essentiel, une illusion. On parle de baccalauréat là où il faudrait parler de séries et de mentions ; on parle d'arrivée en terminale quand il faudrait parler d'âge ; on parle d'accès à l'enseignement supérieur quand il faudrait parler de grandes écoles ou de facultés. « Les recherches [...] montrent que les inégalités de cursus se sont dans une large mesure substituées aux inégalités d'accès et que les différentes filières du bac jouent le rôle différenciateur exercé antérieurement par l'accès au bac [1] », constatent Marlaine Cacouault et Françoise Œuvrard. En fait, on masque des différences qui se révéleront plus tard vers l'aval.

C'est ce que montre une étude récente de l'Observatoire de la vie étudiante. Commentant ces résultats, *Le Monde* écrit : « Entre classes sociales et parcours scolaires, le clivage s'accentue au fur et à mesure de l'avancée dans les études. La proportion d'étudiants issus de familles de cadres supérieurs s'accroît régulièrement : ils sont 29,3 % à bac + 1, 34,9 % à bac + 3, 46,5 % à bac + 6. Le phénomène inverse se produit au détriment des étudiants issus des familles d'ouvriers et d'employés. Présents à hauteur de 18,1 % à bac + 1, leur proportion diminue progressivement pour atteindre 8,9 % à bac + 6 [2]. » Pourcentages qui s'effondrent à 3 % quand il s'agit d'un bac G. 3 %, c'est à peu près le pourcentage

1. Marlaine Cacouault et Françoise Œuvrard, *Sociologie de l'éducation*, *op. cit.*
2. *Le Monde*, 6 juillet 1995.

des enfants d'ouvriers, d'employés ou d'agriculteurs qui intègrent l'ENA.

La rupture du collège unique traduisait une volonté de démocratisation. Avec le recul, peut-on penser que l'objectif est atteint ou, simplement, approché ? Antoine Prost, qui a soutenu ce mouvement, dresse le bilan avec courage et lucidité : « Contrairement aux intentions qui avaient présidé à sa création, le collège unique n'est pas l'instrument d'une démocratisation, mais un filtre efficace qui réserve, en fait, aux élèves originaires des milieux sociaux favorisés une place privilégiée dans les filières les plus prestigieuses du système scolaire. » Comparant avec le système précédent des deux écoles, il conclut : « Avant la réforme, les victimes de la sélection pouvaient en rendre responsable le système, qui ne leur avait pas donné leur chance. En leur donnant apparemment leur chance, sans pour autant combattre efficacement les pesanteurs sociologiques, la réforme des collèges a rendu les élèves responsables de leur échec et de leur succès. Elle a transformé en mérite ou en incapacité personnelle ce qu'on aurait auparavant imputé aux hasards de la naissance[1]. »

Penser qu'une réforme pourrait effacer le poids du déterminisme familial, c'était sous-évaluer gravement la volonté reproductrice des différents groupes sociaux. Les ingénieurs accepteraient-ils sans réagir de voir leurs fils devenir ouvriers tandis que les fils d'ouvriers deviendraient ingénieurs ? Et les professeurs donc ! De tous les comportements imaginables, celui-ci est bien le plus improbable. Ainsi, tandis que le collège unique s'efforçait tant bien que mal de donner une chance aux défavorisés, les favorisés, eux, mettaient au point les stratégies qui leur permettraient de conserver leurs avantages.

1. *Éducation, Société et Politiques*, *op. cit.*

La stratégie du succès

Les familles « bourgeoises », quelle que soit leur position sur la démocratisation – et nous verrons à quel point l'opinion du citoyen et le comportement du parent peuvent diverger –, virent immédiatement le danger que les classes hétérogènes faisaient courir à leur progéniture. Depuis toujours, dans ces milieux, la scolarisation des enfants est l'objet d'une délibération : on ne s'en remet pas à l'administration. Après la réforme, cette délibération va se transformer en stratégie. Car les intéressés comprennent bien vite qu'une telle mêlée risque bien plus d'aspirer les bons élèves vers le bas que d'attirer les mauvais vers le haut. « La création du collège unique et l'abolition officielle des filières en 1975 ont été sans cesse contournées depuis cette époque par les stratégies des familles et notamment celles des milieux aisés, grâce à l'appui de constantes complicités à l'intérieur de l'institution », note le sociologue Alain Léger[1].

Si le collège s'applique à devenir unique dans la lettre et dans l'esprit, il doit renoncer à un enseignement qui ne fut jamais si abstrait. Imagine-t-on ces gamins et gamines qui ânonnent encore et que l'on bombarde d'histoire thématique, d'algèbre des ensembles, de lecture méthodique et de théories économiques ? Ce serait à rire si ce n'était à pleurer. Pas de secondaire vrai dans l'hétérogénéité totale, l'évidence s'impose même si elle n'est jamais formulée de la sorte. L'Éducation nationale, qui ne peut aller contre la loi, va s'appliquer à sauver le « vrai » secondaire à l'intérieur du collège unique.

Elle élimine ceux qui n'ont pas leur place au collège, nous l'avons vu ; dans le même temps, elle laisse s'installer une ségrégation de fait afin de regrouper les « bons »

1. Alain Léger, « Les stratégies des familles et le choix des établissements », *La Décision dans l'Éducation nationale*, *op. cit.*

élèves qui progresseront à un rythme satisfaisant. Il y aura donc deux écoles imbriquées l'une dans l'autre : l'école de tout le monde, celle de l'échec, et l'école de quelques-uns, celle du succès. L'institution scolaire n'aura pas à organiser ce dédoublement, les familles s'en chargeront. Elles saisiront toutes les occasions, se précipiteront dans tous les espaces pour créer cette différenciation sans laquelle les études des enfants sont compromises. L'institution laissera faire l'indispensable.

Dès le départ, le collège unique vise un bac multiple. Celui-ci se décline comme les vitamines avec les premières lettres de l'alphabet, mais tout le monde sait que cette diversification cache une hiérarchisation. Il y a le bac C et les autres, les bacs généraux et les bacs techniques. On ne parle pas de « filière », mot à proscrire, seulement de section, et l'on dissimule l'excellence sous la spécialisation. Mais la réalité, qui existait dès avant 1975 et qui s'imposera bien davantage après, c'est que le secondaire nourrit en son sein une filière supérieure aux autres. Celle-ci est légitimée par l'aval. Que l'on veuille présenter une grande école de commerce, faire médecine ou entrer dans une fac très cotée, il est indispensable d'arriver avec le bac C.

A la base de cette filière se trouvent les mathématiques chargées de dégager l'élite scolaire. Les maths modernes devaient renforcer le caractère démocratique de cette sélection selon les schémas piagétiens. L'illusion fut de courte durée. Elles deviendront un instrument de la ségrégation sociale tout aussi efficace que le latin et le grec. Même les mathématiciens à l'origine de la réforme devront en convenir, comme le rappelle André de Peretti : « Ils ont vu au contraire par l'algébrisation, par un formalisme de plus en plus abstrait, un enseignement devenir dissuasif et rebutant pour un certain nombre de jeunes, notamment dans les milieux populaires. » Ainsi s'est créée « cette subtile terminale C qui a rétabli, dans un système qui cherchait une différenciation correspondant à des aptitudes reconnues comme différentes et comme utilement différentes, une filière d'excellence pour laquelle, bien entendu, les enfants d'enseignants étaient avec les enfants des cadres supérieurs, à 80 % merveilleusement préparés[1] ».

Très rapidement, cette « section scientifique » devient celle des bons élèves et des bons professeurs. En théorie, « tous les enseignants se valent », c'est le dogme. En pratique, chaque établissement connaît les meilleurs et, mine de rien, les regroupe dans ces classes d'élites. Un encadrement indispensable pour suivre ce cursus dont la difficulté ne cesse de croître. Dès la sixième, les familles développent des stratégies pour atteindre ces mythiques « terminales C » dont l'accès représente un visa pour la réussite sociale.

Tout lycéen brillant est incité à rejoindre cette section, indépendamment de ses goûts et de ses projets. Être littéraire en C, c'est bien mieux qu'être littéraire en A. Il sera toujours temps, une fois labellisé bac C, de s'orienter dans le supérieur. Les enseignants en sont conscients : « Ce n'est pas parce que les élèves de C font des maths qu'ils sont les meilleurs, c'est parce qu'ils sont les meilleurs qu'ils font des maths », dit un prof de mathématique. « Les bons élèves de C font les meilleures copies d'histoire, ils ont de l'étoffe et ont confiance dans leur avenir personnel[2]. »

Les enseignements ne sont plus des contenus, ce sont des itinéraires. Peu importe ce qu'aime l'élève, ce qu'il souhaite et la formation dont il aurait besoin : il faut d'abord choisir les voies de l'excellence. Cette « instrumentalisation » des savoirs se retrouve tout au long de la scolarité. Dès le départ, il faut éviter l'enlisement dans les classes hétérogènes. C'est là que la stratégie des familles va se déployer dans toute son inventivité.

En principe, les parents n'ont plus le choix de l'établis-

1. Alain de Peretti, « Les mécanismes de sélection : le cas des mathématiques », *La Décision dans l'Éducation nationale*, *op. cit.*
2. *Les Lycéens*, *op. cit.*

sement, car la France vit depuis 1963 – et depuis 1977 à Paris – sous la loi de la sectorisation qui affecte chaque enfant à l'école de son domicile. Politique égalitaire qui entraîne immédiatement une première inégalité, car les élèves ne sont pas les mêmes dans les beaux quartiers et dans les cités difficiles. De ce seul point de vue, il y aura des classes « plus hétérogènes » que d'autres. Aux États-Unis, l'administration, qui voulait imposer l'intégration scolaire, avait tenté d'aller chercher en bus les élèves d'un quartier pour les conduire à l'école d'un autre quartier afin de créer des classes « ethniquement hétérogènes ». Sans succès. Les familles préférèrent l'école privée au « *busing* ». Des mesures aussi radicales n'étant guère envisageables dans notre pays, l'évolution s'est accomplie en sens inverse. Les parents n'ont eu de cesse d'accroître les différences initiales.

Ainsi, le collège unique ne va pas entraîner l'uniformisation mais, au contraire, la diversification. Sitôt qu'un établissement est de meilleure qualité – ou qu'il en a la réputation –, les parents des secteurs voisins se lancent à l'assaut. Cependant, toutes les familles sont loin d'être égales dans la chasse à la dérogation. Il y a celles qui se soucient peu des études, il y a celles qui ne sont pas capables d'avoir les informations – discrètes sinon confidentielles – sur la qualité des établissements, il y a celles qui savent mal évaluer le possible et le souhaitable pour le rejeton, il y a celles qui n'ont pas l'instruction pour discuter avec le principal, et pas davantage les relations à faire intervenir, il y a celles qu'une école plus éloignée n'effraie pas et celles qui ne peuvent conduire les enfants. Dans les catégories « cadres supérieurs et assimilés », on sait résoudre ce genre de difficulté ; dans les catégories populaires, on renonce.

Le sociologue Robert Ballion a étudié les demandes des parents pour sortir de leur secteur d'affectation. Les motifs officiellement évoqués sont des plus variés. Mais, en questionnaire anonyme, une motivation revient dans plus de la moitié des cas : le désir de fuir un collège de mauvaise réputation. Là encore, les parents des milieux aisés ont tout de suite compris la règle du jeu : ne jamais dire que l'on recherche un établissement pour sa meilleure qualité. L'administration ne saurait entendre ce genre de raison. Il faut invoquer un autre motif… même si personne n'est dupe. Tous les prétextes seront bons : on domicilie l'élève chez un parent du quartier, on invoque la présence d'un camarade d'enfance, on annonce un prochain déménagement ou un changement de situation… Tous les procédés seront utilisés : on fait le siège du proviseur, on obtient l'intervention d'une amie enseignante, du maire ou du député – bref, on se débrouille. Mais l'ouvrière qui élève seule sa fille, bonne élève, et s'inquiète de la voir inscrite dans un collège de mauvaise réputation, ira de bonne foi déballer ses inquiétudes et s'entendra dire que ses alarmes sont vaines, que sa fille réussira très bien dans le collège choisi par l'administration. Car tout se fait dans le non-dit : « L'Éducation nationale refuse de reconnaître que tous les collèges ne sont pas identiques, et les parents s'évertuent à inventer une grand-mère dans le quartier ou un impérieux besoin de grec pour ne pas avoir à avouer leur refus d'un collège mal famé », constate Philippe Bernard[1]. Tous les établissements se valent, tous les professeurs et toutes les classes aussi, c'est la thèse officielle. A chacun de se renseigner dans chaque cas particulier.

De nature, le mouvement est auto-amplifié. Plus un collège est évité, plus son niveau baisse ; plus son niveau baisse, plus il est évité. Une situation intenable pour cette directrice d'un collège populaire de Paris : « En juillet, nous recevons les dossiers des élèves affectés avec une sectorisation parfaite. En septembre, c'est l'hémorragie. Une quinzaine d'enfants sur cent vingt "disparaissent". Et ce sont les meilleurs. Comme ils libèrent des places, je suis obligée de les remplacer avec les élèves dont personne ne veut. Nous sommes dans un

1. « A qui profite la liberté », *Le Monde*, 10 septembre 1987.

cercle infernal, car ces enfants agités suffisent à démolir l'atmosphère d'un collège. » Mauvaise atmosphère, mauvaise réputation. La fuite des bons élèves a toutes les chances de se précipiter, et l'écart entre les bons et les mauvais établissements de s'accentuer. On arrive ainsi à un système dual avec les écoles d'excellence d'un côté et les écoles ghettos de l'autre. Au début, les « bourgeois » seuls y sont sensibles ; quelques années plus tard, les employés à leur tour ont compris.

La sectorisation, devenue la bête noire des familles, fut assouplie après la grande manifestation de 1984. La dérogation fut admise… Mais, là encore, il faut savoir quel établissement demander, pas trop fort, pas trop faible, et comment justifier sa demande. Le cadre garde son avantage sur l'ouvrière. En pratique, les parents qui usent de cette liberté ne sont pas très nombreux, 10 % environ, une proportion qui tombe à 6 % pour les agriculteurs ou les ouvriers et monte à 25 % pour les cadres qui, pourtant, ont en général de bonnes écoles à proximité de leurs domiciles. Les immigrés placent leurs enfants dans l'établissement le plus proche… que tentent d'éviter les « bons Français », bourgeois ou non bourgeois.

Faites du japonais

Très rapidement, le jeu des options s'est imposé comme le plus sûr moyen d'obtenir l'école et la classe de son choix. Une stratégie élaborée de l'intérieur même de l'institution, comme le signale Alain Léger. Par un choix subtil des matières, une utilisation astucieuse des contraintes liées aux horaires, il fut possible de recréer sans le dire des classes de niveau, de niveau élevé bien sûr. Dans certains milieux, les parents comprirent très vite la règle du jeu et découvrirent que leurs enfants avaient une furieuse envie d'apprendre l'allemand. Pas en seconde langue, en première.

Dès le collège, les enfants se livrent eux-mêmes à ce genre de calcul, comme l'expliquait Sami, 14 ans et demi, élève, et bon élève, en banlieue parisienne, à l'enquêtrice de l'Éducation nationale. Son père est mécanicien, sa mère monteuse, il a pris ses affaires en main et choisi l'allemand. Il a déjà tout compris :

« Tu penses que allemand première langue, ça donne une classe plus forte ? – Ouais, c'est pour ça, en espagnol, en anglais, il y a des classes mélangées, faut pas être fort pour faire ça, ceux qui se sentent pas capables de faire allemand ou russe, c'est trop compliqué, eh bien, ils vont dans des classes comme ça, l'ambiance, elle est pas très bonne… ils n'arrivent pas à suivre. – Et c'est toi qui as renseigné tes parents là-dessus ou ils se sont renseignés de leur côté ? – Non, c'est moi qui les ai renseignés [1]. »

Quand Sami est au courant, c'est que le tuyau commence à s'éventer. De fait, la germanophilie n'a plus suffi, il a fallu compliquer le jeu. Solution classique entre toutes : le latin-grec. Pour peu qu'on se retrouve à vingt-cinq latinistes, il devient possible d'envisager une classe homogène, et l'établissement ne refusera pas de bons maîtres à des élèves si bien disposés pour les langues anciennes. Mais il faut aller toujours plus loin, jouer sur la deuxième puis sur la troisième option, calculer dès les premiers choix en cinquième. Jusqu'à l'aberration. « On retrouve des élèves de terminale, avec russe en première langue, allemand deuxième langue, latin et grec [2]. Un peu comme s'ils concevaient leurs choix de filières et d'options comme un passeport pour être sûrs de se retrouver avec l'élite, constate un professeur de mathématique dans un lycée prestigieux. Ça donne parfois des élèves qui semblent ne prendre plaisir à rien de ce qu'ils apprennent et sont capables de se concentrer avec une égale rigueur sur la géographie, le grec, le fran-

1. Entretien réalisé par Régine Boyer et Brigitte Larguèze pour *Les Élèves en difficulté au collège*, *op. cit.*

2. Ce fut, un temps, le prix à payer pour intégrer le lycée Henri-IV.

çais ou les mathématiques. On ne sent pas chez eux un véritable amour pour une discipline. »

Comment s'en étonner puisque les matières n'ont pas été « choisies » pour ce qu'elles sont, mais pour ce qu'elles permettent ? C'est ainsi que les options devinrent des poissons pilotes pour naviguer à l'intérieur du labyrinthe scolaire. On se met au japonais ou à l'hébreu, on demande des « sections européennes », on se découvre une vocation musicale ou artistique, n'importe quoi pour se retrouver dans un bon lycée, dans une bonne classe. Un jeu dont les règles changent sans cesse et dans lequel les joueurs mal informés ont toutes chances de se tromper.

Quand on ne peut manœuvrer à l'intérieur de l'Éducation nationale, il reste toujours le privé. A la moindre difficulté, on bascule de l'autre côté. Car les familles ne recherchent plus dans l'enseignement catholique une éducation religieuse, mais une instruction secondaire tout simplement. Alain Léger, pistant les « slalomeurs public-privé », constate que les changements correspondent à des tactiques opportunistes pour contourner les obstacles. Officiellement, le privé n'accueille que 16 à 17 % des effectifs scolarisés dans le secondaire, mais ce chiffre demande une interprétation : « Compte tenu de l'augmentation du taux de transfert qui est intervenue dans la période récente, c'est à l'heure actuelle plus de 37 % d'une génération qui a utilisé le privé, au moins une année, entre le CP et la sortie du secondaire [1]. » Résumons cela en termes d'opinion, c'est probablement la moitié des familles qui tenait à la solution alternative du privé face aux contraintes du public. Si les socialistes en avaient été conscients, ils ne se seraient pas laissé surprendre par les manifestations de 1984. Mais ils vivaient encore sur l'ancienne image de l'enseignement libre et n'avaient pas vu que l'école privée était pour tous les Français, indépendamment de leurs options philosophiques, l'indispensable recours face à une école publique de plus en plus incertaine.

1. « Les stratégies des familles… », art. cité.

La réussite à 2 ans

Ce ne sont plus seulement les familles « bourgeoises » qui manœuvrent à l'intérieur du système scolaire, ce sont également celles des classes moyennes ou des catégories populaires. Les premières se battent pour avoir les meilleurs établissements, les autres pour éviter les pires. La femme d'ouvrier qui va voir la directrice, le maire et le député pour que sa petite n'aille pas à l'école « mal fréquentée » n'est pas moins angoissée, pas moins déterminée que la femme d'énarque calculant de subtiles trajectoires vers Louis-le-Grand. Seuls les plus démunis, tout en bas de l'échelle, subissent passivement la loi de l'institution scolaire. Mais il ne suffit pas de vouloir, encore faut-il savoir et pouvoir. De ce point de vue, certains restent « plus égaux » que d'autres.

Le système scolaire vit sous l'incessante pression des parents. Toujours inquiets, toujours à se demander s'ils ne doivent pas changer d'établissement. « Je suis atterrée par le parcours de certains enfants, confie Claire Martin, enseignante et parent d'élève. Se demander sans cesse si l'élève est dans le meilleur établissement, dans la meilleure classe, avec les meilleures options et les meilleurs profs, c'est lui mettre dans la tête que tout son avenir se joue sur l'action de facteurs extérieurs et qu'il n'est pour rien dans sa propre réussite [1]. »

Face à cette compétition généralisée, il ne faut surtout pas perdre de temps : à Paris, les maternelles sont prises d'assaut. « Certaines familles déménagent ou donnent l'adresse d'un parent pour que l'on puisse inscrire leur enfant de 2 ans dans une école maternelle du Ve arrondissement de Paris, raconte une inspectrice de l'Éducation nationale. Ils arrivent et nous disent d'emblée qu'ils veulent que leur enfant aille à cette école maternelle-ci, qu'il

1. *Le Monde de l'Éducation*, avril 1995.

passe en cours préparatoire à l'école primaire du quartier avec un an d'avance pour être admis au lycée Henri-IV. Dès 2 ans, certains enfants ont donc leur avenir programmé par leurs parents. Un père à qui j'avais refusé l'entrée de son enfant à 2 ans a fait intervenir le député de l'arrondissement pour tenter de forcer le barrage. »

Partout revient cette obsession de donner à l'enfant, dès le départ, une année d'avance. Une directrice d'école maternelle dans le IXe arrondissement le confirme : « J'ai chaque année des parents qui se mettent en colère parce que je refuse d'admettre leur enfant de 2 ans et demi. Certains sont complètement angoissés. Ils disent : "On ne sait jamais ce qui peut arriver au collège, ce serait toujours bon de lui faire prendre une année d'avance." L'an passé, une mère à qui je refusais une inscription à 2 ans m'a annoncé qu'elle déménagerait dans le VIe arrondissement, où une école pourrait accueillir son enfant. Une autre m'a dit qu'elle mettait son fils dans un jardin d'enfants bilingue, sans classes distinctes, pour tenter de le faire entrer en CP avec un an d'avance. » Ce sont les familles bourgeoises qui se comportent ainsi, sous la pression des familles populaires qui, à leur niveau, se démènent tout autant.

Pour atteindre une grande école, la partie doit s'engager dès la naissance, et les efforts ne jamais se relâcher. Certes, la presse adore présenter ces jeunes gens de la France profonde qui ont triomphé au concours général ou au baccalauréat. En 1995, nous avons eu droit à Laure Peter, jeune fille de 17 ans qui s'offrit un 19,38 sur 20 de moyenne en série S. Son handicap fut un 14 en éducation physique ! Or cette championne toutes catégories n'est pas fille d'énarques et n'a pas fait ses études à Henri-IV ou à Stanislas, mais au lycée de Montbéliard, qui ne figurait pas, jusqu'à présent, dans les établissements les plus prestigieux de France. Ces heureuses exceptions ne sont que des fioritures sur la vérité statistique : il existe un profil du très bon élève, et ce n'est pas du tout celui de Laure Peter. Pour le rencontrer, il faut aller dans les meilleurs établissements qui, tel Henri-IV, affichent des 100 % de reçus au bac. Un succès construit à l'ombre des plus sélectives barrières et donc peu probant sur le plan pédagogique : faire réussir ceux qui ne peuvent échouer, n'est-ce pas trouver des solutions là où il n'y a pas de problème ? Les lycées ordinaires qui accueillent tous les publics ont bien plus de mérite. Christian Baudelot et Roger Establet ont composé un indicateur de rendement pédagogique qui relativise le seul taux de réussite au bac. Avec ce nouvel outil, beaucoup plus révélateur, la hiérarchie des établissements se trouve bouleversée. Louis-le-Grand, le Ritz du secondaire, n'est que le 860ᵉ lycée de France, la palme revenant au plus anonyme des bahuts : Jean-Baptiste-Corot de Douai. Un renversement qui s'explique fort bien en fonction des nouveaux critères. D'un côté entrent les cracks qui ressentent une mention « bien » comme un échec, de l'autre se retrouve le tout-venant de la population scolaire pour lequel la statistique ne prévoit qu'un taux de réussite assez médiocre : 63 %. Or ils furent 83 % de Douaisiens à réussir le bachot… Mais ce moindre mérite des lycées d'élite ne change rien au résultat final. C'est dans les classes des établissements les plus prestigieux que les élèves bien partis sont les mieux placés pour bien arriver. C'est de là que l'on se donne le plus de chances d'atteindre notre empyrée scolaire.

L'ethnologue Irène Bellier[1], après avoir séjourné des années en Amazonie à étudier des tribus primitives, s'est penchée sur celle, sensiblement plus moderne, des énarques. Elle constate que les destins scolaires aussi brillants n'apparaissent pas en fin de parcours, qu'ils suivent un déterminisme rigoureux sur de nombreuses années. Il faut d'abord un bon élève : « Dans la promotion Victor-Hugo, 33 % des personnes ont été régulière-

1. Irène Bellier, *L'ENA comme si vous y étiez*, Paris, Éd. du Seuil, 1993.

ment premières en classe depuis la maternelle, et 65 % des élèves ont eu une bonne scolarité », ensuite un bon établissement, « 80 % ont fréquenté un lycée public prestigieux : Louis-le-Grand, Henri-IV, Carnot, Fénelon, etc., ou bien un établissement privé réputé : Sainte-Geneviève, Sainte-Croix de Neuilly, Saint-Louis-de-Gonzague, Stanislas, École alsacienne, École bilingue ou lycées internationaux ». Ajoutons que 80 % appartiennent aux milieux les plus favorisés, dont un pourcentage qui commence à être non négligeable… d'énarques.

Tous les parents n'échafaudent pas des plans aussi minutieux, mais l'angoisse sous-jacente affecte tous les milieux. Simplement, les uns ne savent que s'agiter, tandis que les autres agissent. Dans tous les cas, les enfants s'entendent répéter qu'ils ont le chômage aux fesses et qu'il les rattrapera s'ils ne courent pas assez vite.

Au terme de cette féroce compétition, ce sont toujours les mêmes qui gagnent. La terminale C était devenue un club bourgeois : on y comptait 28 % d'enfants de professions supérieures en 1973, on arrivait à 40 % en 1980. Dans le même temps, les enfants d'ouvriers étaient passés de 15 % à moins de 9 %. Issu d'un milieu cadre, le lycéen avait huit fois plus de chances de décrocher un bac C que l'enfant d'ouvrier.

La filière C, étant devenue par trop voyante comme filière élitiste, fut remplacée par les trois bacs d'enseignement général qui ne devraient plus présenter entre eux ce décalage majeur. Effort louable dans la mesure où il réduira cet absurde système de sélection par les maths. Mais l'histoire de ces dernières années prouve que ce genre de réforme ne changera rien au maintien d'un système élitiste au sein du secondaire. Les familles sauront tracer les nouveaux chemins de l'excellence dans l'enseignement de masse. Il suffit de voir leur acharnement au cours des dernières années pour s'en convaincre.

Devant un tel tableau, comment peut-on sérieusement prétendre que le niveau baisse en tête de course ? La compétition n'a jamais été aussi féroce, et les concurrents qui, jadis, avaient encore une mentalité d'amateurs – ce qui n'exclut pas le travail – se comportent désormais en professionnels entraînés dès le plus jeune âge par un *pool* de parents-stratèges-soigneurs qui ne relâche jamais son attention. Voilà ce qui se passe dans le peloton de tête, celui qui vise les grands concours. En deuxième ligne, un second peloton, celui des bons lycéens, des semi-professionnels disposant de familles en soutien, bataille ferme. Ici, on est fortement motivé, on sait travailler, on prend les bonnes options, les bonnes sections, les bonnes classes et l'on espère bien décrocher une mention.

A l'arrière se traîne l'immense troupe de ces nouveaux lycéens qui suivent difficilement ou pas du tout. Au début du collège unique, ils étaient en limite d'élimination, aujourd'hui ils sont repêchés. Ils finiront par décrocher un bac d'indulgence après avoir erré pendant des années dans des établissements médiocres, des classes hétérogènes et pris un ou deux ans de retard. Il y a trente ou quarante ans, la plupart de ces jeunes n'auraient eu droit qu'à une scolarité courte qui, cessons de fantasmer sur le passé, ne laissait qu'un bagage bien mince. Le passage au collège puis au lycée, même dans de telles conditions, se révèle plus enrichissant, mais il ne leur donne pas le bon niveau pour attaquer le supérieur.

Ainsi, le projet démocratique s'est brisé sur la volonté des familles, dont aucune n'est disposée à sacrifier ne serait-ce que l'ombre d'une chance de ses enfants.

Les enfants d'enseignants

Le métier de parents a changé. Comment les enseignants, situés de part et d'autre de la barrière, ont-ils piloté le destin de leur progéniture dans ce monde tourmenté ?

Si l'on consulte les statistiques, la réponse saute aux

yeux : leurs enfants sont toujours en tête. A tous les niveaux, ils font jeu égal ou dament le pion aux enfants de cadres supérieurs. Dès le départ, à l'entrée en sixième, c'est chez eux que l'on trouve le plus de collégiens précoces de 10 ans ou moins : 18,4 %, cinq points de mieux que pour les autres catégories supérieures. Un avantage généralement déconseillé par les pédagogues, mais apprécié dans le corps enseignant. Leurs enfants ne connaissent pas l'« orientation » ni même le redoublement. 92,2 % passent en quatrième sans encombre, 86,7 % se retrouvent en terminale – en avance de cinq points sur les cadres supérieurs –, et près de 80 % obtiennent le bac. Avec une forte propension pour la série C et les mentions. Leur triomphe absolu, ce sont les plus grandes écoles. Avec des parents (père et mère) professeurs, les chances d'entrer à l'X ou à l'ENA sont deux fois plus fortes qu'avec des parents cadres supérieurs, cinquante fois plus fortes qu'avec des parents ouvriers !

Que les enseignants soient les mieux placés pour exercer le métier traditionnel de parents, pour suivre les études, vérifier le travail, pour aider quand il le faut, c'est bien naturel. Mais, pour atteindre de telles performances, il faut plus : une véritable stratégie. D'autant que les professeurs n'ont pas les moyens financiers des cadres pour s'offrir une coûteuse école privée en cas de nécessité. Ces succès sont remportés à l'intérieur de l'enseignement public. Ils supposent une connaissance parfaite du système permettant d'en utiliser toutes les ressources. Les enseignants sont évidemment les mieux placés pour savoir à tout moment et dans chaque situation ce qu'il convient de faire. Un avantage considérable, comment pourraient-ils ne pas en faire profiter leurs enfants ?

Dans la course à la dérogation pour choisir les meilleurs établissements, les enseignants arrivent en tête devant toutes les autres catégories. Autre illustration : 80 % des petits Français choisissent l'anglais comme première langue, sauf… les enfants de cadres sup, qui sont un quart à préférer l'allemand, et les enfants d'enseignants, qui sont près d'un tiers ; en options de langues anciennes, la moyenne nationale est de 19 %, mais elle bondit à plus de 55 % chez les enfants de profs. Faut-il inclure une légende sous la photo ? Marguerite Gentzbittel, « Madame le proviseur », parle à ce propos de « délit d'initié ». En toute légalité s'entend. Il n'est pas interdit d'être informé...

Du point de vue scolaire – et de ce seul point de vue –, avoir pour parents des enseignants ou des cadres supérieurs représente un même privilège. L'avantage par rapport aux enfants des milieux populaires est du même ordre.

Or le corps enseignant dans son ensemble n'a cessé de défendre le plan Langevin-Wallon et de militer pour une démocratisation du système scolaire. Cette grande unification qui devait mettre tous les enfants à égalité de chances, c'est sa réforme, il l'a voulue et durement payée, car elle a rendu le métier beaucoup plus difficile. Mais qu'importe ! puisque ce progrès de la démocratisation aurait pour conséquence de lier les résultats scolaires au mérite individuel et non plus à la catégorie sociale. Beaucoup de professeurs ont agi dans ce sens et se sont dévoués pour permettre à des enfants d'agriculteurs, d'employées de maison, d'immigrés, d'éviter le redoublement et la relégation, de poursuivre vers le lycée et le bac. Les enseignants, c'est un fait et pas un cliché, ne sont jamais si heureux que lorsqu'ils aident un « fils du peuple » à réussir. Ils aiment voir un de leurs élèves devenir agrégé, mais s'ils peuvent ajouter qu'il est fils d'ouvrier, que la famille le voyait instituteur et qu'à force de patience et de persuasion ils ont pu lui faire poursuivre des études, alors, oui, ils tirent de leur métier plus que de la fierté, du bonheur.

Mais, tandis qu'ils poussent les enfants des autres, les professeurs ne peuvent s'empêcher – et qui donc le leur reprocherait ? – de tirer les leurs deux fois plus fort. « Alors que les professeurs rencontrés se déclarent quasi tous hostiles à la désectorisation et aux diverses “magouilles” permettant aux familles privilégiées de tourner la loi, on sait par ailleurs que, en tant que parents, les enseignants sont les plus nombreux à demander des dérogations à la carte scolaire. Comme le dit Robert Ballion, les enseignants “républicains” et égalitaristes ne sont pas seulement des consommateurs d’école, ce sont des “spéculateurs” », constate François Dubet[1].

Curieusement, les enfants d’enseignants auraient perdu un peu de leur superbe au cours des dernières années et, plutôt qu’être systématiquement seuls en tête, ils se retrouveraient dans le peloton des meilleurs avec les enfants de cadres supérieurs. Claude Thélot, l’homme de l’évaluation au ministère, commentant cette très relative perte de suprématie, l’attribue à la massification… du corps enseignant. Les lycéens ne sont plus ce qu’ils étaient, les profs non plus : « Tous n’ont sans doute pas la même capacité de pousser leurs enfants. » En somme, la banalisation des conditions se transmettrait d’une génération à l’autre. Décidément, l’école n’est que le révélateur des conditions familiales !

Dans notre société judéo-chrétienne, il paraît moins choquant de faire profiter sa famille de son savoir que de son argent, de faire travailler son fils que de lui payer des leçons particulières. Mais le résultat est rigoureusement le même sur le plan des inégalités : une catégorie d’enfants bénéficie d’une assistance familiale qui lui donne un avantage décisif sur les autres.

Cet exemple nous dégage de l’argent qui fausse le jugement. Chacun est conscient qu’on ne peut reprocher à des parents d’aider leurs enfants, qu’on ne peut, à plus forte raison, l’interdire. Tous autant que nous sommes, nous faisons passer leur réussite avant tout le reste. A la grande époque de « Touche pas à mon pote », j’eus l’occasion de m’entretenir avec différentes personnalités qui soutenaient SOS-Racisme. J’en vins à leur demander si

1. *Les Lycéens*, *op. cit.*

leurs enfants allaient à l'école de leur secteur. L'une d'entre elles était dans ce cas, il faut dire qu'elle habitait un des plus beaux quartiers de Paris, ce qui évite bien des problèmes. Deux autres avaient choisi des écoles privées très élitistes. Et les deux dernières, dont les logements étaient moins bien situés, reconnurent qu'elles avaient pu obtenir une autre école, car la leur était vraiment trop mauvaise – je n'ai pas demandé quel était le pourcentage de fils d'immigrés –, ce qui, mécaniquement, a pour résultat de la rendre encore plus mauvaise, d'inciter d'autres parents à faire de même et de pousser à la constitution d'établissements ghettos. Je me suis gardé de la moindre observation, qui, en la circonstance, eût été un comble d'hypocrisie.

On pourrait multiplier les exemples de ce type, ils débouchent tous sur la même conclusion. Quand il s'agit de ses enfants, il n'y a pas de principe qui tienne, chacun fait tout ce qu'il peut pour leur donner les meilleures chances. Si l'on avait une société parfaitement égalitaire sur le plan économique, il resterait les différences culturelles que les familles feraient jouer et qui, à l'arrivée, recréeraient un déterminisme social. La seule façon de mettre les enfants à égalité de chances, c'est de les retirer à leurs familles. Le kibboutz n'étant pas très à la mode, force est de conclure que la naissance pèsera toujours très lourdement dans la réussite scolaire. Et nulle pédagogie différenciée ne pourra corriger tout à fait l'avantage décisif qu'apporte le soutien familial.

Allons plus loin, faut-il en quoi que ce soit culpabiliser des parents qui, à l'image des enseignants, s'investissent fortement dans la réussite scolaire de leurs enfants ? Que font-ils ? Ils transmettent du savoir d'une génération à la suivante. Une des tâches les plus utiles, les plus fondamentales de toute organisation sociale. Et ils le font bénévolement. Comment pourrait-on le leur reprocher ? Au reste, dans le climat actuel, il n'existe guère que deux sortes de parents : une majorité qui se bat pour ses enfants et une petite minorité qui ne s'en occupe pas.

Que préfère-t-on ? Les mères qui défendent bec et ongles leurs « petits » ou bien les pères qui laissent leurs familles à l'abandon ? Sur le plan matériel, cet investissement dans la descendance peut être freiné par l'impôt sur l'héritage, et c'est fort bien, il ne saurait l'être sur le plan culturel. En ce domaine, on ne peut que laisser chacun donner sans limites.

Au cours des deux dernières décennies, les parents ont fourni une démonstration impressionnante de cette détermination farouche. Ils se sont professionnalisés dans leur fonction scolaire, et cette pression ne se relâchera pas dans les années à venir. Pour le meilleur ou pour le pire, ce ne sont plus les enfants qui vont à l'école, mais les familles.

C'est une illusion de penser qu'une réforme scolaire de ce type peut combler l'écart qui sépare les plus défavorisés des mieux pourvus. La justice ne se décrète pas, elle se construit. En l'occurrence, la bataille se joue sur les solutions alternatives. Car l'échec en soi est parfaitement sain, il est dans la logique de l'école. Tout examen, tout concours implique des reçus et des recalés. Cela s'appelle la compétition, et même les plus attardés des soixante-huitards ont cessé d'en contester le principe. Tout le monde ne peut pas être agrégé ni même bachelier. Encore faut-il que de vraies perspectives professionnelles, pas les mêmes évidemment, s'ouvrent devant ceux qui ont échoué.

Il n'est pas interdit de fantasmer sur une sélection qui ne serait pas faussée par l'héritage familial – héritage matériel, social ou culturel – mais, en pratique, une telle égalité ne se réalise qu'à l'orphelinat. Et là encore, la diversité des dons individuels, innés pour une part, permet aux uns de réussir aisément, tandis que les autres échouent en dépit de tous leurs efforts.

Lorsque le succès du vainqueur n'entraine pas l'écrasement du vaincu, la compétition est morale et saine tout à la fois. Malheureusement, à l'école française, l'élève se bat le dos au précipice, il joue sa vie à chaque examen. C'est alors que, juste ou pas, le combat devient inacceptable.

Le collège unique, sur lequel il est politiquement impossible de revenir, était une fausse solution, car le vrai problème de l'école en France, ce n'est pas l'entrée mais la sortie. Le pire n'est pas de savoir, dès le départ, qu'on ne décrochera pas son bac, mais de savoir qu'on se retrouvera dehors sans rien. Or l'école française est excellente pour les médailles d'or, mais vraiment très mauvaise pour les lots de consolation.

La sélection avant la formation

Placée sous le signe de l'échec, l'école connaît une tension insupportable : partout la sélection l'emporte sur la formation. Peu importe ce que l'on apprend, pourvu qu'on obtienne un bon bac. Mme de Romilly pourrait se réjouir de voir les langues mortes si bien résister – car elles résistent fort bien – dans une société technico-utilitariste. Malheureusement, son cher Thucydide et son bien-aimé Sophocle n'y sont pour rien. Nos hellénistes s'en fichent éperdument. Ils ont mis en équation les différentes options qu'on leur proposait, ont sorti la calculette pour trouver le meilleur rapport travail/avantage et se sont inscrits. Ils auraient aussi bien étudié le chinois, la fugue et le contrepoint, l'histoire des religions, la cuisine ou l'escrime, s'ils en avaient attendu un meilleur profit. Les arguments, si chaleureusement développés par la vénérable académicienne, ne pèsent en rien dans de telles décisions. Les critères de choix sont tout autres. D'ailleurs, bien des élèves ne choisissent le grec que le temps de se placer dans la bonne filière et s'empressent de l'abandonner ensuite.

Les savoirs ne sont que des instruments pour atteindre un autre but. Ils n'ont pas de valeur intrinsèque. C'est dire qu'on ne fait rien par goût. Il peut arriver que la matière utile séduise, et c'est tant mieux. Mais on ne fait pas ça pour ça. Le plaisir intellectuel est donné de surcroît, quand il est donné. Il ne saurait déterminer les comportements. « Les élèves ont un comportement d'usagers, des motivations strictement utilitaristes ; ils veulent avoir leur bac, leur BTn, leur BEP ou leur CAP. [...] Les professeurs, surtout en lettres et en sciences humaines, souhaiteraient plus de curiosité, et une curiosité plus désintéressée, un goût des choses de l'esprit, un souci de culture, une ouverture, une avidité. La plupart des élèves n'en ont que faire. » Notons qu'Antoine Prost ne parle pas ici d'une stratégie bourgeoise focalisée sur les grands concours, il parle de CAP. Du haut en bas de la société, on limite désormais le savoir à sa fonction promotionnelle, c'est un moyen pour réussir et rien d'autre. L'Éducation nationale n'est plus une machine à former les esprits, mais à sélectionner les producteurs depuis les ouvriers non qualifiés jusqu'aux dirigeants. Dès lors qu'elle a le monopole de distribuer les places, toutes ses autres fonctions paraissent vaines. Quand elle parle culture, les élèves sortent le règlement du concours. « Ça pèse combien, la culture ? » Le plus incroyable est que cet utilitarisme ne conduise pas à privilégier des formations professionnelles mais, au contraire, des formations générales sans débouchés sur le marché du travail.

Tout notre enseignement supérieur fonctionne déjà sur ce principe. Un polytechnicien est sélectionné sur des connaissances qui ne lui serviront en rien, puis reçoit une formation qui lui sera pour une bonne part tout aussi inutile. En revanche, il n'apprend pas certaines choses qui lui seraient bien nécessaires. Quelle importance ! Tout le monde se moque de ce qu'un polytechnicien a pu emmagasiner sous son bicorne. Une seule chose compte : le nombre et la qualité des candidats qu'il faut devancer. Le concours d'entrée à l'X étant le plus sélectif, les champions qui l'auront réussi seront les meilleurs. Les meilleurs en quoi ? Les meilleurs pour quoi ? Ces questions n'ont plus de sens. Si demain Polytechnique modifiait le contenu de son enseignement, cela ne changerait rien à rien ; si, en revanche, les règles de sélection étaient modifiées, si l'on pouvait dire que l'élimination est moins sévère, alors l'École perdrait de son prestige.

Passé une certaine intensité, la pression compétitive tue la curiosité intellectuelle. On ne peut pas courir deux lièvres à la fois... quand l'un des deux court vraiment trop vite. Désormais, le second critère l'a emporté sur le premier. Il l'a tué. C'est tout le drame de l'université qui, interdite de sélection, ne peut valoriser ses meilleurs enseignements. On sait que certains cursus universitaires sont aujourd'hui de grande qualité, supérieurs même à ceux d'écoles très cotées. Mais, sur le marché du travail, ce sont toujours les diplômes arrachés après un concours sélectif qui font prime. Il faut d'abord prouver son aptitude à passer devant les autres. Pour le reste, il sera toujours temps d'apprendre plus tard ce dont on a besoin, il existe tous les stages de recyclage nécessaires. La seule épreuve dont on ne puisse être dispensé pour une réussite indiscutable, c'est la sélection.

Là encore, ce qui est vrai au sommet l'est tout autant à la base. L'absence de sélection constitue le malheur de l'apprentissage dont tout le monde reconnaît les mérites. Mais qu'importe la formation reçue et les perspectives offertes dès lors qu'on y accède au terme d'une « antisélection », lorsqu'on a été orienté-éliminé par l'enseignement général.

A l'inverse, les créateurs des IUT eurent la sagesse de prévoir une sélection à l'entrée. C'est ainsi qu'une filière que l'on croyait vouée à l'échec connut un franc succès. Les formations données dans les différents IUT ne pèsent pas grand-chose en comparaison du concours d'admission. Pour la cote des établissements, tout se joue à l'entrée, pas à la sortie... sauf pour l'ENA. Ce qui se passe à l'intérieur, et qui constitue tout de même l'essentiel, est peu considéré.

Dans ce climat général, l'enseignement secondaire ne

peut qu'oublier sa vocation culturelle. Et cela ne tient pas aux défaillances de la pédagogie, mais au refus des élèves… et des familles. On préfère les sinistres exercices de français qui assurent une moyenne aux découvertes littéraires d'un rendement moins assuré. A ce jeu, le meilleur prof n'est pas celui qui communique sa passion, mais le bon entraîneur, le bachoteur qui connaît les ficelles et donne les recettes.

Ces matières que l'on découvre au collège et que l'on abandonne au lycée, ces enseignements de simple culture générale sont plus que jamais délaissés. Les meilleurs ont le sentiment de perdre un temps qui serait bien mieux employé à étudier les matières principales. Les moins bons, ceux qui ne se tuent pas au travail, ne comprennent simplement pas pourquoi on voudrait leur faire apprendre quelque chose qui ne leur servira pas au bac. Ne sont-ils pas à l'école pour ça et rien que pour ça ? N'est-ce pas ce qu'espèrent leurs parents ? N'est-ce pas ce dont ils attendent un métier, de l'argent, une vie ? Car tout passe par la réussite scolaire, n'est-ce pas ?

11

Le diplôme pour tous… et pour rien

Depuis un demi-siècle, l'éducation est une priorité nationale. Elle est au centre d'un débat permanent, ponctué d'affrontements passionnés, elle a fait l'objet de réformes multiples et bien souvent avortées, elle a bénéficié de budgets gigantesques qui ne cessent de s'accroître. Est-il concevable qu'un intérêt et des efforts si constants n'aient abouti qu'à faire disparaître le bonheur d'apprendre à mesure que s'étendait l'instruction, à fossiliser la culture alors que s'allongeait la scolarité ? Ce constat n'est pas à lui seul un bilan, car il montre le passif sans considérer l'actif. Les Français fréquentent plus longuement l'école, récoltent une abondante moisson de diplômes, ce sont des contreparties appréciables. Mais l'essentiel n'est pas là. Ce parti pris utilitaire, voire utilitariste, devait permettre à nos enfants d'affronter le monde en crise que nous leur laisserons. Sur ce point, avons-nous réussi ? C'est l'ultime question à laquelle il faut répondre pour terminer cette chevauchée transscolaire.

L'évolution que j'ai retracée tient de la fatalité autant que de la volonté. De réforme en réforme, les Français ont obstinément poursuivi un rêve démocratique et culturel : donner à tous les enfants des chances égales de s'instruire et de s'épanouir. Personne n'a décidé un jour que l'école n'aurait pour but que d'opérer une sélection sanctionnée par des diplômes. Bien au contraire.

Mais l'ambition culturelle fut étouffée par la pression sociale. Des millions de démarches individuelles ont déporté l'institution scolaire vers son pôle utilitariste, ont fait du savoir un instrument et non plus une finalité. Les réformateurs imaginaient un système, les acteurs en faisaient un autre.

Une telle dérive traduit un courant profond, irrésistible. Les Français ont vu dans l'école un remède anticrise et, confrontés à l'alternative réussite ou chômage, ils ont vite fait le pire de tous les choix : la poursuite d'études non professionnelles à des fins professionnelles. Mais qu'importe la formation, pourvu qu'on ait un titre. Ce qui doit rester quand on a tout oublié, ce n'est plus la culture, c'est le diplôme. Ce parti peut être regretté, mais guère contesté... pour autant que les prémisses soient exactes, que la réussite dans la vie dépende bien de la réussite à l'école. Si l'on admet cela, il faut admettre la suite : l'abandon de l'éducation au profit de la seule compétition.

Si, en revanche et par hypothèse, cette vérité d'évidence n'était, une fois de plus, que l'erreur la plus communément admise, si les diplômes, n'étaient que des remèdes illusoires, alors ce troc forcé n'aurait été qu'un gigantesque marché de dupes, une sinistre farce. Il faut donc lever le dernier doute : le jeu au moins en valait-il la chandelle, l'autodafé de la culture était-il un contre-feu sacrilège mais indispensable ?

La religion du diplôme

Au centre du débat se trouve le diplôme. Les Français subissent sa loi sans être toujours conscients du rôle central, impérial qu'il joue dans notre société. A ce stade de notre réflexion, c'est la question clé. Est-ce une incontournable nécessité des temps modernes, est-ce un fantasme spécifiquement français ?

Dans notre pays, le parchemin ne donne pas seulement un brevet de compétence, il fixe un destin. Ceux qui réussissent sans posséder ce sauf-conduit font figure d'êtres exceptionnels, de personnages romanesques. La presse rappelle constamment les noms des autodidactes qui, en dehors du sport et du show-biz, gagnèrent la célébrité. Toujours les mêmes. Cette récurrence renforce la loi du diplôme selon le principe bien connu de la règle et de l'exception. La rareté de tels exemples interdit d'y voir une instance d'appel par rapport à la sanction scolaire. Quel père dira, voyant son fils quitter le collège à seize ans : « Après tout, Marcel Bleustein-Blanchet en savait encore moins quand il a quitté l'école, ça ne l'a pas empêché de devenir le patron de Publicis. » Autant miser sur le Loto pour se consoler d'un échec au bac !

Cette évidence n'a fait que se renforcer au cours des dernières décennies. Chaque année, de nouvelles professions se protègent derrière le rempart du diplôme. Combien de temps encore pourra-t-on tenir un éventaire au marché, vendre des cravates à la sauvette, trimballer des caisses dans un entrepôt, être concierge ou femme de ménage sans un certificat d'aptitude délivré par l'autorité compétente, au terme d'une scolarité obligatoire dûment sanctionnée par des épreuves normalisées ?

Ce règne du diplôme s'étend sur terre, car il resplendit au firmament. Au sommet de la hiérarchie sociale, c'est lui qui régente le pouvoir, la notabilité et la richesse. Hier, c'était Polytechnique, aujourd'hui l'ENA ; peu importe, en France on devient chef au nom de sa réussite scolaire. C'est aussi vrai dans l'administration que dans les affaires ou la politique. Celle-ci aurait dû ouvrir une large voie aux non-diplômés. On sait ce qu'il en est. Et l'insistance pesante mise à rappeler la promotion « hors normes » d'autodidactes comme Pierre Bérégovoy ou Bernard Tapie contribue à renforcer le message : de bas en haut de l'échelle sociale, les places sont numérotées, et chaque numéro correspond à un titre scolaire ou universitaire. A la limite, il devient malséant de se donner une autre légitimité que celle-là. Un Bernard Kouchner ne devrait être « que » médecin. Il perturbe le jeu politique en apparaissant comme le fondateur de « Médecins sans frontières » et le prototype des *French doctors*, car il fait ressortir, par comparaison, le dénominateur commun de tous les autres : ce sont de bons élèves couverts de lauriers et rien de plus.

Au reste, les Français n'imaginent plus d'autres compétences que celles acquises dans le cadre scolaire. Les entreprises ont réduit la promotion interne à la portion congrue, et il semble incroyable, pour ne pas dire extravagant, qu'un ouvrier puisse devenir directeur après vingt-cinq années de carrière. Seuls les commerçants ont droit à ce genre de réussite. Mais à leurs risques et périls. Et d'ailleurs le « sens du commerce » ne s'apprend pas, c'est bien connu.

Le diplôme est donc au cœur du système social, il vaut emploi et considération. Cette institution trouve son expression parfaite dans l'agrégation, l'épreuve initiale qui, à elle seule, détermine toute une existence.

Situation extrême ? Certainement pas. Le concours réussi, la carrière professorale suit, c'est une évidence culturelle. Tout le secteur public et parapublic vit sous le régime de l'examen et du concours. Des millions d'emplois sont pourvus au terme d'une épreuve théorique et anonyme qui assure une carrière à vie, une carrière déterminée par le cours prévisible de l'ancienneté.

C'est une philosophie qui tend à se répandre. La plupart des syndicats y sont très attachés, et bien des Français y voient la forme la plus juste de l'organisation sociale : celle qui interdit les magouilles tant dans le recrutement que dans l'avancement. Tout le monde est à égalité de chances devant l'épreuve initiale, et les gagnants seront à égalité d'avenir pour la suite. Si le chef de l'État proposait par référendum d'étendre le système à tous les emplois du privé, les « oui » auraient une bonne chance de l'emporter.

Je peux comprendre les raisons d'un tel attachement, je ne puis m'empêcher d'en être effrayé, car il revient à disqualifier la vraie vie au profit de la fausse. En effet, l'école et les examens ou concours qui en sont la conclusion ne constituent qu'un monde de simulation, disons de modélisation. Les savoirs qui sont enseignés, alors même qu'ils ont été parfaitement acquis, restent académiques. Ils n'ont pas été validés au feu de l'expérience. Les « problèmes » que l'on propose aux élèves et même les fameuses « études de cas » ne sont jamais que des exercices préfabriqués aux fins d'une évaluation scolaire. Ils restent très éloignés des situations concrètes, complexes, toujours différentes, toujours imprévisibles, que l'on doit affronter dans la vie et que l'on ne peut résoudre sur la seule base d'un savoir théorique. C'est pourquoi les employeurs s'intéressent à la personnalité du candidat autant qu'à ses études, car ils n'ont pas à évaluer des connaissances, ce qui n'est pas bien difficile, mais à prévoir un comportement, ce qui est autrement délicat. Face à ces évidences cent fois démontrées par l'expérience, comment peut-on encore imaginer qu'un individu se réduit à une feuille d'examen, que des aptitudes professionnelles peuvent s'emprisonner dans les notes d'un concours anonyme et déshumanisé ?

Pourtant, des millions de Français s'entretiennent dans ce rêve d'un destin joué au départ, avant l'entrée dans la vie active. Ils admettent que celle-ci ne soit plus qu'un monde figé, bureaucratisé, dans lequel chaque acteur est vissé à son rail, asservi à son programme avec, pour seuls aiguillages autorisés, d'autres concours non moins artificiels que les premiers.

J'ai la chance d'exercer les professions de journaliste et d'écrivain pour lesquelles le diplôme initial n'est pas déterminant. Les grandes plumes de la presse, les stars de l'édition n'ont pas toujours été les premiers en classe ; à l'inverse, bien des normaliens-énarques ne purent jamais se faire un nom ou un renom dans ce monde. La nuit, quand je veux m'offrir une frayeur, j'imagine que, dans un souci de justice, ces professions soient enfin réglementées. Que la carrière de chacun y soit déterminée par un concours scolaire de sortie ou un concours professionnel d'entrée. Le cauchemar ! Combien ai-je vu de ces confrères tout juste bacheliers qui devenaient de formidables reporters, qui surpassaient les polydiplômés par l'élégance du style ou la force des analyses ?

Certes, je recommande à tous les jeunes qui choisissent ce métier de réussir leurs études, les plus brillantes possibles. Je leur explique aussi, que, lorsqu'ils entreront dans une rédaction, ils déposeront leurs parchemins au vestiaire et se retrouveront à égalité de chances avec les autodidactes. Mais cette profession ouverte et, par conséquent vivante, fait figure de village gaulois dans le grand empire du déterminisme bureaucratique. Hors du diplôme, point de salut, c'est article de foi et vérité d'évidence dans la France de 1996.

L'ascenseur social

L'allongement des études, l'amélioration de l'instruction furent les vecteurs du progrès social, on ne saurait l'oublier ; malheureusement, ils ont cessé de l'être, voilà ce qu'on ne peut ignorer et qui change complètement l'évaluation de notre « actif ».

Au cours des Trente Glorieuses, le nombre des diplômés n'a cessé de croître, et l'équivalence « réussite scolaire = réussite professionnelle » de se vérifier. Cette dynamique entretenait le fameux ascenseur social grâce auquel les enfants accédaient à des situations matérielles, intellectuelles et professionnelles supérieures à celles de leurs parents. Ouvrier ou paysan à la première génération, instituteur ou employé à la seconde, agrégé ou ingénieur à la troisième, c'était le modèle qui, complétant la reproduction bourgeoise, assurait le progrès social et cimentait la société.

On constate cette amélioration générale des conditions sur le long terme et, si l'on peut dire, dans le rétroviseur, car nul n'aurait osé en faire l'annonce ou la promesse au début du siècle. Il allait de soi que le progrès social ne viendrait pas « naturellement », qu'il serait le fruit de la volonté politique. C'est pourquoi le communisme, dont c'était l'objectif premier, semblait le mieux à même de l'assurer. Nous savons aujourd'hui que cet idéal ne fut qu'une référence illusoire dans les sociétés de type soviétique, alors qu'il fut pour une part réalisé dans les sociétés « bourgeoises », dont ce n'était pas la raison d'être. L'explication tient dans un paradoxe : le social n'est pas une cause première, mais un effet second ou, pour le dire plus simplement : avant de penser à distribuer, il faut être capable de produire ; avant de faire monter les gens, il faut créer les places en haut.

La logique des sociétés industrielles nous a entraînés dans cette bienheureuse ascension. Elle tire sa dynamique du progrès technique que le marché transforme en croissance économique. Les innovations diffusent dans la sphère de production accroissant la productivité du travail, faisant apparaître des biens et des services nouveaux. Les mécanismes sociaux, progressivement mis en place, assurent la distribution de cette richesse supplémentaire, c'est ainsi que le niveau de vie s'élève et que le mode de vie se transforme. La société de consommation est en vue.

Ce changement technique bouleverse la condition des travailleurs. Première touchée, l'agriculture : le paysan, lui ou son fils, quitte la terre pour venir travailler en usine. A partir des années 60, l'exode rural est relayé par le recul industriel. Les enfants d'ouvriers quittent l'usine pour le bureau. Cette migration du primaire vers le secondaire et du secondaire vers le tertiaire, comme disent les économistes, entraîne la destruction des emplois de faible qualification : ouvriers agricoles, manœuvres, ouvriers spécialisés, tandis qu'en apparaissent d'autres qui nécessitent une meilleure formation. La machine économique, dans son expansion, exige donc une élévation des qualifications, une amélioration de l'instruction. Ce n'est pas un objectif socioculturel, c'est un impératif technico-économique.

Souvenons-nous que la réforme de 1959 qui étendit à seize ans la scolarité obligatoire n'était pas l'expression d'un grand dessein culturel, elle faisait suite à des études économiques. Ainsi, depuis un siècle, c'est le progrès technique qui tire le progrès socioculturel, et nous avons attribué par erreur à une volonté humaniste et philanthropique ce qui relevait d'une approche matérialiste et utilitariste. Mais peu importe, il valait mieux que le progrès découlât d'un processus nécessaire et intéressé que d'une volonté généreuse et désintéressée. La continuité du processus n'en était que mieux assurée.

Jean Fourastié a popularisé ce modèle avec la théorie des Trente Glorieuses, ces années 1945-1975 qui combinèrent, comme jamais dans l'histoire, progrès économique, progrès social et progrès culturel. Il en tirait des prévisions qui ne pouvaient qu'être optimistes puisqu'elles prenaient appui sur « la prodigieuse élévation des qualifications professionnelles » qu'il constatait, statistiques à l'appui. Fourastié pose en loi générale et permanente que l'évolution des sociétés industrielles « s'accompagne d'une croissance très rapide des qualifications et des statuts techniques. De manière générale, les migrations se font dans le sens d'une élévation des qualifications, d'abord parce que, en moyenne, le tertiaire requiert des connaissances professionnelles plus élevées que le secondaire et le primaire ; ensuite parce que, dans chaque profession, le travail devient d'année en année plus "scientifique"[1] ».

L'éducation devient le moteur du progrès économique, les jeunes doivent être mieux formés que les anciens et, pour cela, obtenir davantage de diplômes et des diplômes plus élevés. Les économistes estiment que l'instruction est un facteur de croissance tout aussi important, quoique moins visible, que l'investissement ou la consommation.

Dans ce jeu à gains croissants, il n'y a pas d'antago-

1. Jean Fourastié, *Les 40 000 Heures*, Paris, Robert Laffont, 1965.

nisme entre les enfants de la bourgeoisie et ceux du peuple. Les ingénieurs auront des fils ingénieurs dont les collègues seront des fils d'ouvriers, c'est aussi simple que cela. L'ascenseur social emporte tout le monde vers l'état postindustriel dans lequel la production sera complètement automatisée, n'emploiera plus qu'un très petit nombre de supertechniciens, tandis que le reste de la population sera occupé dans des activités de services à haute valeur ajoutée et forte qualification.

Nous vivons tous sur ce schéma. Les familles de milieux populaires n'en connaissent pas la théorie, mais elles l'ont parfaitement assimilé avec sa conséquence : « Les enfants feront de meilleures études que nous, ce qui leur permettra d'avoir un métier plus intéressant et mieux payé. » Une évolution qui passe encore et toujours par le diplôme. Stimulée par la volonté des gouvernants, la demande populaire d'instruction présente donc une grande cohérence intellectuelle. Elle trouve dans les 80 % de bacheliers un aboutissement naturel.

Tout au long des années 70, les pouvoirs publics et les experts attribuent à nos retards scolaires une lourde responsabilité dans la crise. Les plans antichômage comportent toujours une batterie de mesures destinées à donner aux jeunes la formation qui leur fait défaut et qui, une fois acquise, leur assurera un travail. Les ministres ne manquent jamais d'évoquer les formidables gisements d'emploi qui dorment dans les industries de pointe et qu'il faut exploiter davantage. Des diplômés, des diplômés, il nous faut des diplômés ! De préférence scientifiques et techniques, mais peu importe. Les métiers de l'avenir exigeront un niveau très élevé d'instruction. C'est le *credo* des années de crise.

Tu seras domestique, mon fils

Ces convictions, que je partageais pour l'essentiel, furent mises à mal par un homme extraordinaire, un des rares « maîtres » que j'aie jamais rencontrés : Alfred Sauvy. Il avait été mon professeur à Sciences-Po. Son cours, le seul que je n'ai jamais oublié, s'intitulait « Les faits et les opinions ». Il apprenait à se méfier des opinions, surtout si elles étaient très répandues, pour toujours en revenir aux faits. N'aurais-je retenu que cela de toutes mes études que je n'aurais pas perdu mon temps. J'avais donc le privilège de m'entretenir avec lui, et le vieux sage nonagénaire, qui n'avait cessé de dénoncer le mythe de la machine créatrice de chômage, me fit part de ses interrogations sur le modèle de Fourastié. On constatait à l'époque que la vigoureuse croissance américaine créait beaucoup de « petits boulots » et très peu de postes de haut niveau. La presse bien-pensante y voyait une conséquence directe du « reaganisme ». Le libéralisme effréné ne pouvait qu'entraîner une régression sociale, et notamment une dégradation de la condition salariale : CQFD. Sauvy pensait qu'il s'agissait d'un phénomène beaucoup plus profond, c'est ce qu'il m'expliqua le plus simplement du monde à travers une petite fable.

Il était une fois un petit patron et ses quatre ouvriers. Il découvre un jour l'existence de nouvelles machines, beaucoup plus efficaces. Il en équipe son atelier. Deux ouvriers suivent des stages de formation, deviennent techniciens, font tourner les machines et touchent de meilleurs salaires. En revanche, dans l'atelier modernisé, il n'y a plus de travail pour les deux autres compagnons. Selon le schéma de Fourastié, le troisième serait devenu chef de rayon dans un supermarché, et le quatrième se serait reconverti comme chauffeur de taxi. Bref, tout le monde y aurait trouvé son compte.

« Malheureusement, m'expliqua Alfred Sauvy, je pense

que les choses ne se passent plus ainsi. Admettons la reconversion du troisième ouvrier, mais le quatrième ? » Voici donc l'épilogue, dans cette nouvelle version de la fable. En un premier temps, l'ouvrier licencié va s'inscrire au chômage. Mais le patron accroît son chiffre d'affaires et ses bénéfices grâce à ses nouvelles machines. Il s'enrichit, achète une belle propriété. Il a besoin d'un gardien pour s'en occuper et la surveiller. Il demande donc à son ancien salarié, traînant de chômage en petits boulots depuis des années, de venir faire le ménage, entretenir le jardin et surveiller la maison. Il le prend à son service. Ainsi, la mutation technique aura fait des gagnants et des perdants. Ici, l'ouvrier est devenu technicien, là il s'est transformé en concierge : « Eh bien, concluait Sauvy, c'est une résurgence de ce que l'on appelait, au XIXe siècle, la domesticité. »

Cette évolution, qu'aucun prévisionniste n'avait annoncée, a de multiples causes. D'abord, la faiblesse des gains de productivité en ce domaine. On ne peut automatiser la surveillance des enfants, l'assistance aux personnes âgées ou handicapées, le soin de la maison, le bricolage, le jardinage, la surveillance, etc. D'autre part, l'enrichissement des classes aisées qui découvrent, après avoir rempli leurs maisons de gadgets, qu'on n'est jamais si bien servi que par une personne. Enfin, la société elle-même qui « solvabilise » cette demande à travers l'aide sociale, permettant à ceux qui n'en avaient pas les moyens de se payer une telle assistance.

Il existe donc une offre importante de travail domestique. Mais tous ces employeurs en puissance ne sauraient se plier aux normes du salariat. Ils proposent le plus souvent « des heures » de travail et non pas un emploi à temps complet. Ils paient mal et n'ouvrent aucune perspective de carrière. Dans les années de vaches grasses, seuls quelques immigrés clandestins acceptaient de telles conditions, et ces « services aux personnes » n'apparaissaient guère dans les enquêtes sur l'emploi. En période de vaches maigres, alors que l'on gratte les fonds de tiroir, que l'on fait feu de toute brindille, ces places redeviennent intéressantes. Mais comment motiver son fils d'un vibrant : « Passe ton bac et tu seras domestique, mon fils ! » Il est vrai que le « parler correct » n'utilise plus ce vilain mot, mais que peuvent les tours de passe-passe langagiers contre l'évidence ? L'offre de travail ne va plus nécessairement vers le haut, elle s'oriente tout autant à la baisse. Une tendance difficilement conciliable avec l'espérance de promotion qui est à la base du consensus social ?

Les gros bataillons

Dans les années qui suivirent, les responsables changèrent discrètement leur discours sur « les gisements d'emplois de l'avenir ». Ils cessèrent de les situer dans les industries de pointe : électronique, biotechnologie, informatique, etc., et, s'ils ne les trouvèrent pas dans « la domesticité », ils évoquèrent les « services de proximité et services aux personnes », ce qui évidemment change tout. Les intuitions d'Alfred Sauvy avaient été pleinement confirmées.

Malheureusement, bien des experts officiels ont minimisé cette évolution, car ils sont fascinés par les grandes entreprises et ne regardent pas assez le marché du travail dans son ensemble. A l'encontre de ces prévisions qui poursuivent les tendances passées, l'analyse des plus récentes statistiques a conduit Michel Godet, professeur au Conservatoire des arts et métiers, à tirer la sonnette d'alarme[1]. Certes, explique-t-il, certaines industries de pointe vont se développer et connaître un taux d'expansion impressionnant, certaines professions aussi : chefs de produit, directeurs de marketing, spécialistes finan-

1. Michel Godet, *L'Avenir autrement*, Paris, Armand Colin, 1991 ; *Le Grand Mensonge*, Paris, Fixot, 1995.

ciers, chercheurs en ingénierie génétique, etc. Mais, attention, ces emplois représentent peu de monde au total. Si même leur nombre double ou triple, cela ne portera jamais que sur quelques dizaines de milliers de personnes tout au plus. Ici, on joue à la marge, où sont les gros bataillons ?

Cherchons-les d'abord dans l'économie américaine. Celle-ci a créé de nombreux emplois au cours des années 80. Dans quelles professions ? En tête viennent les cuisiniers, puis les médecins et infirmières, les caissiers, les secrétaires, les employés de bureau, les représentants de commerce, les garçons de café et, enfin, les ingénieurs, les mécaniciens auto, les analystes programmeurs, etc. Ces professions sont fort honorables mais, pour la plupart, ne nécessitent pas de longues études universitaires.

Pour la France, l'INSEE est arrivé à des conclusions à peu près similaires. Voici le palmarès des créations d'emplois au cours des années 80 :

+ 256 000	secrétaires
+ 145 000	enseignants du secondaire
+ 99 000	informaticiens
+ 75 000	aides-soignantes
+ 74 000	nettoyeurs
+ 70 000	représentants auprès d'entreprises
+ 70 000	gardiennes d'enfants
+ 67 000	ouvriers du tri, emballage, expéditions
+ 66 000	serveurs de café-restaurant
+ 61 000	agents de service
+ 61 000	représentants auprès des particuliers
+ 60 000	techniciens entretien industriel.

Si l'on veut bien considérer que l'informatique, en tant que créatrice d'emplois, a son âge d'or derrière elle, on ne voit guère dans cette liste des emplois à « bac + 5 », selon la formule consacrée. Conclusion implacable de Michel Godet : « Le changement technique dans l'industrie et les services se traduit à la fois par un besoin accru, mais limité en nombre, de spécialistes de haut niveau et par un besoin encore bien plus massif de travailleurs assez peu qualifiés, pour surveiller les machines et occuper les emplois de demain essentiellement situés dans le tertiaire marchand non qualifié[1]. »

Laissons les spécialistes se perdre en conjectures sur les raisons d'un tel changement et efforçons-nous d'en mesurer les conséquences. C'est toute la logique du progrès social qui se trouve remise en cause. On a voulu croire que la politique sociale traduisait une volonté spécifique, en réalité elle n'était qu'un wagon tiré par la locomotive économique. Mais qu'importe, puisque le train allait dans le bon sens.

C'en est fini de cette heureuse concordance, la dynamique industrielle ne tire plus systématiquement vers le haut, ne correspond plus aux aspirations de la jeunesse, notamment de la jeunesse populaire. Cette déconnexion intervient au pire moment, après des années de couplage parfait qui ont créé un mouvement social et forgé des représentations collectives, alors que la machine est lancée à pleine vitesse. C'est un déferlement amazonien qui ne va plus trouver son champ de déversement naturel et qui risque de tout emporter sur son passage. Et qui donc sait détourner les eaux du fleuve en crue après la destruction des digues et des barrages ? C'est l'un des plus grands défis lancés à notre société, si grand qu'on n'en parle jamais.

250 000 face à 70 000

Tel est l'arrière-plan sur lequel il convient d'évaluer l'« actif », c'est-à-dire ces études toujours plus longues et ces diplômes toujours plus élevés. Car on assiste à une

1. Michel Godet, « Les obstacles structurels à l'emploi », *Futuribles*, octobre 1993.

irrépressible lame de fond qui, après avoir renversé tous les obstacles dans le secondaire, déferle maintenant dans le supérieur. Ce bac, obtenu par 60 % d'une classe d'âge, n'est qu'une étape. Tous les bacheliers veulent poursuivre plus haut, plus loin, plus longtemps – un choix qui répond autant au désir de faire des études supérieures qu'à la crainte d'affronter le marché du travail. C'est ainsi que la population étudiante est passée de 1 200 000 en 1980 à 2 100 000 aujourd'hui. Tous ne décrocheront pas un diplôme universitaire, car beaucoup de « nouveaux lycéens » promus « nouveaux bacheliers » viendront s'échouer sur la barrière du premier cycle. Une barrière qui, comme les précédentes, commence à devenir moins sélective. En dix ans, le taux de réussite au DEUG est passé de 45 à 55 %. Toujours plus de diplômes, c'est la règle de bas en haut de l'institution. Le nombre de doctorats délivrés a cru au rythme de 10 % l'an entre 1988 et 1992, permettant aujourd'hui de « produire » 25 000 docteurs chaque année.

L'administration[1] a recensé 164 720 jeunes qui se sont présentés sur le marché du travail à bac + 2 ou davantage. Mais elle fait mieux, elle nous annonce, imperturbable, que ces mêmes bac + 2 et plus seront 173 465 en l'an 2000 et 179 938 en l'an 2004. Pas un de plus, pas un de moins. En science, la précision est fille de l'exactitude. Toute décimale gagnée est une victoire, et l'expérimentateur se doit de préciser la marge d'incertitude dont sont affectées ses mesures. En statistique, pour peu que l'on ne s'embarrasse pas de ces scrupules méthodologiques, on demande à l'ordinateur de fabriquer de la précision à partir d'évaluations pifométriques. En l'occurrence, ce calcul à l'unité près n'est rien qu'un artifice pour crédibiliser de très incertaines évaluations. Sur cette base, nos experts officiels peuvent conclure que le rythme de formation correspond « à peu près à ce que peut absorber la

1. « Projection du système éducatif », *Éducation et Formations*, septembre 1995.

société française[1] ». Ces chiffres et ces conclusions sont fortement contestés par d'autres experts qui se fondent sur une démarche beaucoup plus approximative, donc beaucoup plus rigoureuse.

Constatons tout d'abord que 465 000 jeunes sont entrés dans le supérieur en 1995. Un chiffre légèrement surévalué en raison des doubles inscriptions. Mettons 450 000. Les tendances lourdes que l'on observe, tant celles des jeunes qui veulent prolonger leurs études que celles de l'administration qui accorde plus facilement les diplômes, indiquent que plus de la moitié d'entre eux sortiront à bac + 4. C'est une évidence aisément démontrable et autrement convaincante que des prévisions qui fabriquent de la précision avec des conjectures. Conclusion d'un spécialiste comme Claude Vimont, qui a dirigé successivement l'ONISEP, le CEREQ et le Centre d'études sur l'emploi : « La prolongation des tendances actuelles des poursuites d'études [...] donne un résultat d'environ 210 000 diplômés à bac + 4 et plus en 1996 [...] ce niveau devrait monter à 255 000 en l'an 2000[2]. » Tel est donc « l'actif » qui a toutes les chances de se révéler un cadeau empoisonné, nous annonce Claude Vimont : « En l'an 2000, la société française ne pourra pas intégrer à la fois plus de 250 000 diplômés à bac + 4 et plus, et 140 000 diplômés au niveau bac + 2, auxquels il faut ajouter 160 000 jeunes gens qui auront échoué dès les premières années d'enseignement supérieur. »

Ces études correspondent-elles à une simple volonté de se cultiver ? Certainement pas, l'objectif est de trouver un travail et, je précise, un travail « correspondant ». Il faut donc mettre ces emplois, c'est-à-dire les emplois de cadre, face à cette abondante moisson universitaire. Le chiffre est simple : 70 000. On estime que notre économie, secteurs privé et public confondus, offre chaque

1. Cité dans *Le Monde*, 24 octobre 1995.
2. Claude Vimont, « Le diplôme et l'emploi », *Economica*, 1995.

année 70 000 emplois de cadres aux jeunes qui se présentent sur le marché du travail.

Tout indique que ce nombre n'augmentera pas. N'oublions pas que l'encadrement est plus fourni en France qu'en Allemagne, laquelle, d'ailleurs, compte beaucoup moins d'étudiants que la France. Ainsi, la reprise tant espérée des créations d'emplois n'aura certainement pas lieu en priorité dans l'encadrement.

70 000 d'un côté, entre 200 000 et 250 000 de l'autre. Mettrait-on 100 000 au lieu de 70 000 que cela ne changerait pas grand-chose, car la réalité est encore plus inquiétante. En effet, nombre d'étudiants « ratés » qui ont plus ou moins fréquenté les facultés vont également postuler à ces emplois et en arracheront un certain nombre. Comptons donc que notre pays délivrera au moins trois fois plus de diplômes de haut niveau qu'il n'offrira d'emplois correspondants. Entre un système éducatif qui conduira les deux tiers puis les trois quarts des jeunes à un niveau égal ou supérieur au bac et une économie qui ne crée qu'un quart de ses emplois dans l'encadrement, tous les éléments d'une superbe explosion sont réunis. On peut certes miser sur une baisse démographique dans dix ou quinze ans, mais en attendant…

La protection antichômage

Faut-il en conclure que l'égalité diplôme = emploi n'a plus cours et que les jeunes qui ont tout sacrifié à une réussite scolaire se sont fait avoir ? La réalité est beaucoup plus nuancée. L'enquête « Jeunes » de l'INSEE[1] prouve qu'en 1995 c'est toujours « moins pire » d'être diplômé que de ne pas l'être. Au départ, c'est-à-dire en 1975, lorsque la crise est apparue, elle a d'abord frappé

1. « Les trajectoires des jeunes », *Économie et Statistique*, septembre 1995.

les plus faibles, ceux qui avaient tout raté. Au milieu des années 80, le taux de chômage chez les jeunes était très sensible au niveau de formation : pour les non-diplômés, il atteignait 30 % ; pour les bacheliers, il n'était que de 10 %, et de 5 % seulement chez les diplômés du supérieur.

Tous ces chiffres sont repartis à la hausse depuis 1992. Les non-diplômés sont passés à 35 %, les « petits diplômés » (BEPC, BEP, CAP ou bac) à 19 %, et les diplômés du supérieur à 12 %. Cinq ans après l'entrée dans la vie active, le chômage atteint 35 % pour les moins diplômés et 5 % pour ceux qui ont un parchemin universitaire. La conclusion ne fait aucun doute : le diplôme protège toujours, même si les auteurs de l'enquête observent qu'aux dernières tendances « la montée du chômage est notamment importante pour les diplômés du supérieur ».

Mais il ne faut pas se fier aveuglément aux statistiques. Celles-ci amalgament les maîtrises d'histoire de l'art et les diplômes d'une bonne école de commerce, ce qui n'a aucun sens. En fait, l'inflation des diplômes – et par conséquent leur dévaluation – est très variable selon les secteurs. De 1989 à 1994, le nombre des élèves dans les « prépas » n'a augmenté que de 11,20 % – en pharmacie, il a même diminué de 3,8 % –, en revanche, l'augmentation a été de 46,7 % dans les facultés de lettres et sciences humaines, pour les DEUG en option sociologie elle atteint 126 % ! La ruée se fait donc sur les formations sans débouchés, qui se trouvent être aussi les plus accueillantes. Les étudiants qui viennent se fourrer dans ce guêpier sont les plus faibles, ceux qui furent les « nouveaux lycéens », les jeunes issus des milieux populaires. Si l'on considérait les débouchés ouverts à ces « nouveaux bacheliers », on arriverait à des taux de chômage qui n'auraient rien à voir avec les rassurantes moyennes.

Cet effet protecteur du diplôme ne s'est pas seulement amoindri, il a changé de nature : il évite encore le pire, mais il n'assure plus le meilleur. Que sont les parcours types de ces jeunes diplômés ? Une première illustration m'en fut donnée en 1990, avec Carole, une jeune fille que j'avais rencontrée à l'occasion d'une émission consacrée au chômage des jeunes. Après son bac, elle veut se consacrer à la peinture. Pas raisonnable. Pour avoir un « métier sérieux », elle sacrifie ses goûts personnels et s'engage dans de « vraies études ». Ce sera le droit. Elle s'inscrit en fac, travaille bien, passe son premier cycle et doit choisir une spécialité. Conseillée par ses professeurs, elle s'oriente vers le droit administratif, car la politique socialiste – on est en 1984 – semble favorable au secteur public. Elle soutient sa maîtrise et se présente sur le marché du travail. Manque de chance, la situation s'est retournée, l'heure est au libéralisme triomphant, et ses compétences n'intéressent plus personne. Pour sortir du chômage, elle se résout à cacher sa maîtrise. Surprise, elle est mieux reçue. C'est ainsi qu'elle peut décrocher un emploi qui lui permet de gagner sa vie. Elle est serveuse de bar dans un TGV. Ce témoignage avait surpris lorsque je l'avais présenté dans l'émission *Médiations*. On l'avait cru exceptionnel, il était exemplaire, il annonçait la nouvelle condition des diplômés qui ne trouvent un emploi qu'en faisant le deuil de leurs espérances.

Cinq ans plus tard, c'est *Le Figaro Magazine* qui publie un dossier sur le chômage des cadres et présente un certain nombre de portraits. Je retiens celui de Dauphine[1]. Ce n'est pas une de ces « nouvelles lycéennes » des milieux populaires. Père énarque, mère avocate, elle a tout pour réussir, et elle réussit. Bac avec mention, études à Paris-IX complétées par un troisième cycle à la London School of Economics. Parfaitement bilingue, je dirais biculturelle, elle se présente sur le marché du travail en 1992 avec les meilleurs atouts. L'époque est trop mauvaise, les embauches trop rares, elle « galère », décroche des contrats de courte durée (CDD) de cadre qui la rejettent ensuite au chômage. Elle ne s'en sort pas.

1. Enquête sur les cadres du *Figaro Magazine*, 21 octobre 1995.

Elle prend alors la décision héroïco-réaliste de suivre une formation privée de secrétariat. A ce niveau, elle devient intéressante pour un employeur. Elle obtient un emploi de secrétaire auprès du groupe parlementaire de l'UDF. Voilà donc l'itinéraire d'une jeune fille qui a pleinement réussi ses études universitaires et bénéficié d'un bon soutien familial. Imagine-t-on les perspectives qui s'offrent à une fille d'ouvrier affrontant le marché du travail avec une maîtrise en sciences humaines qui n'intéresse pas les employeurs ? Elle aussi, nous disent les statistiques, finira par se caser, mais à quelles conditions ?

Dans les années 80, les détenteurs d'un parchemin étaient exigeants, ils n'acceptaient que des emplois de cadres à leur convenance. Ces prétentions se sont effondrées dans les années 90, laissant place à la ruée sauvage sur toutes les places disponibles. A tous les niveaux et à tous les prix. Dans cette mêlée confuse, les diplômés restent mieux armés, c'est vrai, mais pour décrocher des jobs qu'en d'autres temps ils eussent dédaignés. On ne compte plus les titulaires de maîtrise, de doctorat qui vendent des livres ou des pizzas, qui font les courses ou le gardiennage, bref qui « piquent » les boulots des non-bacheliers. Cinq années d'études à l'université pour un emploi, précaire, sous-qualifié, à 6 000 francs par mois, voilà ce que vaut un diplôme universitaire banal aujourd'hui. Cette dégradation qualitative échappe aux statistiques officielles qui, pour le moment, ne prennent pas en considération la nature du travail.

Les diplômés n'ont maintenu leur avantage comparatif qu'en investissant la seconde division. Du coup, les moins instruits se trouvent refoulés vers les terrains vagues de l'exclusion. Quand les secrétaires auront un doctorat, les balayeurs un baccalauréat, que restera-t-il aux 20 % de non-bacheliers ?

Le temps des assignats

A présent, nous pouvons dresser le bilan : passif et actif face à face. La jeunesse suit une scolarité difficile, un enseignement déculturé, une sélection impitoyable pour obtenir des diplômes dévalués, des « assignats », comme dit justement Michel Godet. Qu'on ne s'y trompe pas, nous parlons ici en termes d'échange, pas de contenu. Ne reprenons pas la querelle sur le niveau des études. Tout indique de fortes hausses dans certains secteurs comme le droit, la médecine ou certains enseignements universitaires qui ont été bien rénovés. Mais rien n'empêche malheureusement qu'un même diplôme soit réévalué par l'amont, qu'il représente plus de travail, exige davantage de connaissances et que, dans le même temps, il se dévalue par l'aval sur le marché du travail.

Aujourd'hui, pour la moindre offre d'emploi, les entreprises reçoivent des centaines de CV, tous ornés d'un titre universitaire flatteur, licence au minimum, mais souvent DEA ou DESS. Faute de pouvoir gérer un tel afflux, elles chargent des graphologues – voire des numérologues ! – de faire le tri. Ces « spécialistes » vont, en un coup d'œil, éliminer sur une graphie jugée insatisfaisante 90 % du paquet et renvoyer le reste pour lecture approfondie. Qu'en sera-t-il demain lorsque l'université aura mis en circulation encore plus de monnaie dépréciée ?

Il n'est plus besoin d'une erreur d'orientation pour se retrouver en rade au terme d'un parcours universitaire réussi. Les surdiplômés, après avoir envoyé des centaines de CV comme autant de bouteilles à la mer qui n'atteignent jamais le rivage, se résignent à postuler pour des emplois subalternes, mais préfèrent, dans ce cas, ne plus annoncer la totalité de leurs titres. Ils savent, en effet, que certains employeurs craignent la déception et l'aigreur que provoque une trop grande déqualification. L'administration, dans la catégorie B, celle des non cadres, est envahie par les bac + 4 qui ont dissimulé leur cursus universitaire pour se présenter à des concours administratifs de bas niveau. Imagine-t-on l'amertume de cette nouvelle génération de fonctionnaires qui, pour prix d'une maîtrise ou d'un doctorat réussi, aura gagné le droit de remplir des formulaires et de coller des enveloppes ?

Le drame, que souligne Godet, c'est qu'un diplôme sans valeur devient indispensable, on le vit bien en son temps avec le certificat d'études primaires. Fallait-il vraiment un tel effort d'éducation pour inventer cette monstruosité : le certificat d'études supérieures ? Un diplôme qui ne sert à rien, mais que tout le monde doit avoir. Les jeunes s'imaginent encore qu'en réussissant ces examens ils vont se dégager du lot, ils ignorent qu'ils concourent seulement pour rester dans la course.

Dans le supérieur se retrouvent en fait les deux populations qu'on a vues dans le secondaire. D'une part, de « vrais étudiants » qui sont entrés avec le bagage suffisant pour viser les bonnes formations, sélectives, à finalités professionnelles bien définies, ils deviendront ingénieurs, financiers, avocats, chercheurs, experts-comptables, etc. D'autre part, de « nouveaux étudiants » qui sont entrés à l'université parce que la porte était ouverte et qui devront se contenter des formations les plus accueillantes, c'est-à-dire celles qui ne correspondent à aucun débouché professionnel. Pour eux, le supérieur est d'abord un refuge, comme l'analyse Guy Bourgeois, haut technocrate qui connaît de l'intérieur tous les rouages de l'Éducation nationale : « A l'heure actuelle, un jeune normalement constitué, à la sortie du lycée, ne se livre pas à de longues hésitations : entre d'une part le “statut social” de l'étudiant bénéficiant de la Sécurité sociale, de restaurants universitaires, de tarifs réduits ici ou là, de la perspective que cela puisse durer quatre ou cinq ans et se terminer par un diplôme malgré tout intéressant, d'autre part “la galère” sur le marché du travail, les petits boulots, les stages d'insertion, et au bout du compte le chômage ou le RMI, le choix est vite fait[1]. »

Plus que jamais, ces jeunes visent à travers leurs études une insertion sociale ; ce souci, parfaitement légitime, devrait les orienter vers des filières hautement professionnalisées, prévoyant une formation en alternance. Ainsi se présenteraient-ils sur le marché du travail avec une bonne connaissance de l'entreprise qui les valoriserait par rapport à leurs concurrents sortant d'écoles plus prestigieuses. Eh bien, non ! Par centaines de milliers, ils se précipitent sur les savoirs les plus théoriques, les plus invendables aux employeurs et vont rester le plus longtemps possible dans le cocon protecteur de l'université. Ils ne voient plus dans leur formation qu'un niveau abstrait : c'est « bac + n ». Peu importe ce qu'on a appris, seul compte le nombre des années d'études. Si encore leur finalité était culturelle, s'ils voulaient apprendre pour leur plaisir la psychologie, l'histoire, la sociologie ou l'ethnologie, mais non, c'est avec l'obsession de trouver un travail, et qui plus est un travail comme cadre, qu'ils s'engouffrent dans ces disciplines cul-de-sac qu'ils n'ont même pas choisies et qui ne correspondent pour eux à aucun projet. Je doute qu'à l'arrivée ils tirent un grand profit d'études poursuivies dans de telles conditions. Quant aux dividendes professionnels, on sait qu'ils ne dépassent guère ceux que l'on attendait jadis d'un bac.

Sans doute, dira-t-on, mais une bonne formation universitaire constitue toujours un atout professionnel. Justement pas. D'une part, les étudiants acquièrent des connaissances inutiles pour les emplois qui leur seront effectivement proposés ; d'autre part, ils n'acquièrent pas les attitudes et les comportements qu'attendent les employeurs. La majorité des emplois de demain, notamment dans les services (santé, restauration, gardiennage), ne nécessitera pas de hautes qualifications mais un grand

1. Dans *L'Éducation nationale en mai 1995*, publié par l'Association des créateurs d'écoles.

professionnalisme ; or pour être un bon professionnel, il faut être bien dans sa peau et aimer ce que l'on fait. Bref, c'est tout le contraire des frustrés et des aigris que nous prépare la diplômo-sclérose, explique Michel Godet.

Voilà le fin mot de l'affaire, les travailleurs de l'avenir auront besoin de qualités humaines bien plus que de qualifications techniques et si, à la limite, il leur manque, à un moment ou à un autre de leur carrière, un savoir spécialisé, la formation permanente sera là pour leur permettre de l'acquérir. En revanche, si ce ne sont pas de vrais professionnels, des gens qui, comme on dit, « assurent » en toutes circonstances, qui savent se plier à la discipline du client roi, du service parfait, du délai respecté, de la qualité vérifiée, de l'attention jamais relâchée, alors tous les doctorats du monde ne leur seront d'aucun secours, ils seront éliminés. Ce n'est pas à l'université telle qu'elle fonctionne aujourd'hui que l'on acquiert de tels comportements, et les employeurs le savent.

Mozart et le management

Le diplôme est de moins en moins déterminant dans l'embauche. Dans le meilleur des cas, il permet d'accéder à l'entretien, pas plus. C'est à ce stade que tout va se juger. Seule l'administration engage encore – avec les résultats que l'on sait – des profils universitaires certifiés par l'anonymat de l'examen, les employeurs conséquents, eux, ne voient dans le parcours universitaire, si brillant soit-il, qu'une condition peut-être nécessaire mais jamais suffisante. Dans tous les cas, ils ont une bonne dizaine d'excellents candidats sur le plan des titres et du cursus, et c'est parmi eux qu'ils vont chercher ces fameuses qualités humaines – celles qui ne s'évaluent pas dans les concours académiques et qui tendent à devenir primordiales. Telle est la nouvelle règle du jeu : quatre années de travail à l'université, plusieurs examens subis avec succès, pour aboutir à une nouvelle sélection qui portera sur tout ce qu'on ne vous a pas appris.

Le plus triste de l'histoire, c'est que tout ce qui fut sacrifié, la culture vivante, la curiosité en éveil, l'ouverture d'esprit, le goût d'apprendre, se révèle aujourd'hui plus utile que les savoirs utilitaires. Un homme s'est fait le champion de ce grand retournement : Bruno Lussato. Diable d'homme. Sa spécialité, c'est l'organisation d'entreprise, qu'il enseigne et pour laquelle il conseille de grandes sociétés. A la fin des années 70, il fut le prophète iconoclaste d'une micro-informatique qui n'existait pas encore et l'imprécateur d'une méga-informatique que tout le monde attendait. La suite lui donna raison. Mais Lussato est d'abord un homme de culture qui maîtrise aussi bien la calligraphie japonaise que l'enchevêtrement des thèmes dans la *Tétralogie* de Wagner, qui se passionne autant pour la peinture moderne que pour l'histoire des techniques, bref un personnage de la Renaissance égaré dans le monde moderne. Égaré… pas tant que cela, car il a réussi à convaincre ses clients-managers que la compréhension de *Guernica* ou des quatuors de Beethoven était aussi formatrice pour leurs cadres que les dernières recettes du marketing. Sur ce principe, il a déjà créé deux centres en région parisienne où des ingénieurs, des financiers, des commerciaux viennent se plonger dans la découverte des grandes œuvres. « Au début, explique-t-il, nous consacrions la journée aux techniques classiques du management et la soirée à la culture, mais, rapidement, on m'a demandé de renoncer à ces enseignements que l'on trouve ailleurs pour ne me consacrer qu'à l'initiation culturelle. » Voici donc des directeurs de supermarché, des ingénieurs électroniciens, des gestionnaires de portefeuille ou des directeurs du personnel qui viennent, aux frais de l'entreprise, découvrir l'opéra ou la poésie, la philosophie zen ou le cubisme. Ces managers, qui sont loin d'être des philanthropes, ont constaté que ces « mises à niveau » culturelles sont rentables pour l'entreprise. Croirait-on qu'une chaîne d'hypermarchés attribue à cette nouvelle formation permanente les bons résultats enregistrés dans ses magasins ? « On a observé, commente Lussato, que le personnel qui a volontairement suivi ces stages se révèle plus dynamique, plus équilibré, plus efficace et que l'entreprise en profite. En effet, des gens qui ont pris le goût de se cultiver sont plus épanouis, plus ouverts, plus imaginatifs. Ils ne sont plus seulement des techniciens, et cette dimension supplémentaire améliore leurs performances professionnelles. »

Précisons bien qu'il ne s'agit pas de stages touristiques, mais d'un véritable apprentissage qui vise à faire comprendre l'intelligence secrète des œuvres et pas seulement à les « connaître » au sens mondain. Les stagiaires suivent des cours d'art ou de philosophie, ils ne viennent pas pour se distraire, mais pour travailler… et pour découvrir un bonheur qu'ils ignoraient. « Aujourd'hui, on veut nous faire croire qu'on peut s'enrichir sans efforts, c'est faux. Il ne faut pas moins apprendre pour pénétrer dans une œuvre d'art que dans la physique nucléaire, et ce travail est bien plus formateur que la découverte des dernières recettes professionnelles », conclut Bruno Lussato.

L'exemple est encore exceptionnel, mais il s'inscrit dans une tendance générale. Depuis plusieurs années déjà, on constate que les employeurs s'intéressent de nouveau aux littéraires, à ceux qui ont suivi un enseignement humaniste de haut niveau. Il n'est plus ridicule ou désespéré de se présenter aux portes d'une entreprise commerciale en sortant de l'École normale supérieure. Et l'on sait qu'un agrégé de lettres peut devenir un excellent spécialiste en systèmes informatiques. Sa maîtrise intellectuelle lui permettra d'assimiler rapidement les bases techniques qui lui font défaut ; ce travail accompli, il sera beaucoup plus qu'un simple spécialiste d'informatique.

Telle est la dernière ironie de ce conte cruel. Les types de savoirs que l'on a sacrifiés au nom de l'utilité pratique tendent à devenir ceux qui peuvent faire la différence sur le marché du travail et dans l'entreprise. Une fois que chacun aura son diplôme – ou que personne ne l'aura, ce qui revient au même –, le plus cultivé reprendra l'avantage pour trouver un emploi et faire une carrière.

L'élite sur diplôme

Curieusement, cette dévaluation du diplôme ordinaire va de pair avec une surévaluation du diplôme exceptionnel. D'un côté, la France distribue à tous des parchemins démonétisés ; de l'autre, elle réserve à quelques uns de véritables titres de noblesse. Car l'institution scolaire est plus que jamais l'instance de répartition et de légitimation du pouvoir. Et ces diplômes prestigieux qui scintillent au firmament de l'État, qui occupent le ciel et fixent les regards, se reflètent aussi dans chaque cour d'école et de la moindre flaque font un miroir aux alouettes. Comment ne pas consentir les plus grands sacrifices à ces divinités qui tiennent en leur main le destin de nos enfants, qui, à travers la réussite des puissants, nous rappellent chaque jour qu'ils seront heureux ou malheureux, fortunés ou misérables pour un point de plus ou de moins au jugement premier, celui d'un concours qui vaudra pour toute une vie. Après avoir vu les études qui ne mènent à rien ou pas grand-chose, il faut maintenant aborder celles qui conduisent au pouvoir.

Car le dualisme s'est imposé dans le supérieur, comme dans le secondaire, à une différence près, c'est qu'ici il a toujours existé. La division entre universités et grandes écoles est si fortement ancrée dans notre culture qu'on aura plus tôt fait de décentraliser la tour Eiffel dans le Limousin que d'unifier notre enseignement supérieur.

Entre les deux systèmes, l'écart quantitatif est saisissant. Sur 2 millions d'étudiants, on n'en compte que 130 000 dans les écoles au sens large, c'est-à-dire dans le supérieur non universitaire ; pour les grandes écoles au sens administratif, le chiffre ne dépasse guère 50 000 ; et, si l'on parle des écoles les plus prestigieuses, celles que le public connaît et dont les diplômes constituent des sortes de jokers sur le marché du travail, alors il faut compter en milliers et non plus en dizaines de milliers. On le voit, il s'agit d'une infime minorité par rapport à la masse du monde estudiantin, mais s'il est un art que l'on cultive ici, c'est bien celui de ne pas se fondre dans la masse.

Tandis que les universités étaient prises d'assaut et qu'elles devaient multiplier et dévaluer tout à la fois leurs diplômes, le système des grandes écoles résistait parfaitement, contenait ses flux, maintenait ses exigences et préservait ses titres. Certes, les élèves ont dû en rabattre sur les prétentions extravagantes qui étaient les leurs dans les années 80, mais ils restent prisés des employeurs. Seules sont décotées les écoles plus ou moins bidon, créées pour récupérer à grands frais les fils et cancres de famille.

Ces grandes écoles sont le creuset d'une classe dirigeante très réduite et très fermée. C'est un fait aujourd'hui reconnu par les sociologues. « La France est sans doute l'un des pays industrialisés qui valorisent le plus la réussite scolaire, c'est-à-dire en réalité le passage par une des dix à quinze "grandes écoles" considérées par les élites en place, qui en sont elles-mêmes issues la plupart du temps, comme les seules habilitées à former leurs successeurs[1] », estime Ezra Suleiman, observateur américain de la société française. Cette communauté d'origine imprime fortement sa marque : « L'un des traits caractéristiques du monde des élites françaises est sa très forte homogénéité. Homogénéité qui tient tout autant à une appartenance commune, à un même "milieu" socioculturel qu'à un passage commun dans quelques écoles d'élite. [...] On peut dire, en schématisant quelque peu, qu'il n'existe pas en France de distinction nette entre les

1. Ezra Suleiman et Henri Mendras (sous la dir. de), *Le Recrutement des élites en Europe*, Paris, La Découverte, 1995.

profils sociaux, culturels et scolaires des leaders politiques, des élites administratives et des dirigeants des grandes entreprises privées[1]. »

Qu'un système éducatif vise à former une élite de laquelle émergeront les dirigeants du pays, c'est parfaitement naturel, c'est même indispensable. Mais, en France, nous allons beaucoup plus loin. Notre colonne de distillation a deux étages de plus que celle des autres pays. Passé le niveau des grandes écoles en général, on trouve le niveau ENA et Polytechnique et, encore au-dessus, le niveau « grands corps ». D'où jaillit, tout au sommet, l'homme – c'est le plus souvent un homme – le plus remarquable de sa génération : le major de l'ENA. Voilà bien notre singularité : « Notre pays, constatent Michel Bauer et Bénédicte Bertin-Mourot, détient un record mondial jamais mentionné et que même l'école du Parti communiste de l'ex-Union soviétique n'avait pas réussi à égaler. En détectant, à vingt ans, quatre-vingts jeunes sur une génération de huit cent mille, soit 0,01 %, il parvient à créer une pépinière de futurs dirigeants qui, trente ans plus tard, occuperont l'essentiel des postes du pouvoir administratif, politique et économique[2]. »

Ce sont des champions à compétence universelle qui sont sélectionnés à travers cette institution sans équivalent dans le monde, celle des grands corps. On les retrouve dans l'administration ou dans la politique, dans l'industrie ou dans la finance, à la tête d'organismes scientifiques, militaires ou artistiques, dans le secteur public ou le secteur privé. Tous ensemble, ils constituent une caste marquée par une très forte endogamie. Ses membres, recrutés au terme d'une sélection implacable, ont été les meilleurs étudiants de leur génération, nul ne le conteste. Ce mérite, qui n'est pas mince, peut-il, à lui seul, légitimer semblable prétention ? L'exercice du pouvoir peut-il se réduire à une

1. *Ibid.*

2. Michel Bauer et Bénédicte Bertin-Mourot, « L'ENA et la seconde fracture sociale », *Le Monde*, 6 octobre 1995.

discipline scolaire et l'habilitation au commandement se gagner à l'école et se figer dans un diplôme ? Ce sont les questions à ne jamais poser.

Afin de les éviter, les grandes écoles dissimulent pudiquement la vraie nature de cette sélection. Officiellement, elles créent des corps techniques correspondant à des spécialisations et à des métiers différents. L'ENA parle de l'inspection des Finances, du Conseil d'État, de la Cour des comptes ; Polytechnique, des ingénieurs des Mines, des ingénieurs des Ponts et Chaussées, des ingénieurs des Télécommunications, etc., mais nul n'est dupe. Les membres de ces corps ne se recrutent pas en fonction de leurs aptitudes ou de leurs compétences, mais de leur classement. La technicité n'est qu'un voile de pudeur, voile transparent lorsqu'il fabrique *a posteriori* des « spécialistes » à partir d'élèves qui ont tous la même formation ! En fait, ces premiers des premières classes ne prétendent qu'à une seule spécialité : l'exercice du pouvoir. Mais il est impossible de dire les choses aussi crûment, impossible de présenter des jeunes gens frais émoulus de leur école en annonçant : « Français, voici vos chefs. »

Au reste, les grands corps ne sont guère que des bases arrière. Si l'on tient à y entrer, c'est afin d'en sortir pour faire une carrière sans risques dans les hautes sphères du pouvoir. Ainsi, ce culte français des études et du diplôme conduit très logiquement au triomphe absolu de la fausse vie sur la vraie. Car l'école n'est pas plus la vie que la carte n'est le territoire. L'âpreté de la compétition, la qualité de la formation, l'intelligence des maîtres et des étudiants n'y changent rien. Et ce décalage n'est jamais si grand que dans l'aptitude à décider, à diriger. Celle-ci, à la différence du savoir technique, fait appel à des qualités qui ne peuvent être simulées ni mesurées *a priori*. Prétendre, comme nous le faisons, désigner nos élites, à l'école, sur des bases théoriques, en disqualifiant le tribunal de l'expérience, l'épreuve des faits et la confrontation des hommes, c'est faire preuve d'une foi aveugle dans l'institution scolaire, d'une adoration fétichiste du diplôme.

Ainsi recrutée, cette élite crève d'homogénéité. Homogénéité complice des formations, mais en tout premier lieu homogénéité sociale, avec un recrutement provenant à 80 % des catégories supérieures et à 1,5 % seulement du monde ouvrier. La Direction de l'évaluation et de la prospective au ministère a étudié l'origine sociale des élèves dans les quatre grandes écoles : ENA, Polytechnique, École normale supérieure et HEC. Conclusion brutale : l'élitisme du recrutement n'a pratiquement pas bougé depuis quarante ans. Un fils de famille aisée a toujours vingt-trois fois plus de chances qu'un enfant de milieux populaires d'entrer dans ces écoles. Seuls des sujets exceptionnellement brillants, des « petits génies », peuvent échapper à une telle fatalité et passer du plus bas au plus haut de la société. Comment briser ce mélange d'arrogance et de conformisme qu'est « l'esprit de corps » sans introduire un minimum de diversité sociologique ? Simple vœu pieux avec un tel mode de recrutement.

La dictature de la compétence

Aussi longtemps que les diplômes les plus élevés constitueront des tickets d'entrée dans la caste dirigeante, les autres diplômes, jusqu'aux plus courants, auront aux yeux des Français valeur de déterminants sociaux. Si l'on veut réduire l'extrême tension qui règne aujourd'hui dans tout le système scolaire, il faut en toute priorité lui retirer cette charge extravagante de désigner les chefs suprêmes du pays. Cette improbable réforme soulagerait l'école, mais également la société.

Le simple bon sens voudrait que l'on arrêtât la compétition universitaire à l'étage des grandes écoles. Chaque année, le système, à son niveau le plus élevé, formerait et lancerait dans la société non pas quelques dizaines, mais des centaines, voire quelques milliers de jeunes gens remarquables, ayant une très solide formation générale et une compétence élevée dans leur spécialité. La France n'est pas différente des autres grandes nations qui vivent sur de telles exigences En effet, les niveaux exceptionnels de l'ENA ou de Polytechnique ont pour seul but de sélectionner. Aucun polytechnicien n'utilise dans son travail les connaissances si élevées qu'on a exigées de lui en mathématiques. Un tournoi d'échecs, un concours de poésie latine, une épreuve de calcul mental ou un Trivial Pursuit sur Internet auraient aussi bien fait l'affaire. Dès lors que le résultat est discriminant et permet de classer les gagnants, l'épreuve est bonne quel qu'en soit le contenu. Bref, si l'on éliminait l'ultime compétition, on n'en aurait pas moins, et dans tous les domaines, des cadres parfaitement compétents.

La classe dirigeante fait valoir que de telles réformes remettraient en cause la qualité supérieure de l'élite française. L'argument porte. Encore faudrait-il connaître l'usage qui est fait de ladite compétence. Car le système n'a pas que des avantages.

Ces prestigieux technocrates coiffent les différents secteurs de notre société : finances, industrie, énergie, télécommunications, défense, etc. Ils deviennent alors des chefs de lobby mettant leur prestige et leurs capacités au service des organismes qu'ils dirigent et des intérêts dont ils ont la charge. Il en va de même avec les représentants des agriculteurs, des pharmaciens ou de l'industrie du bâtiment. Mais, dans de telles situations, tout est clair : ce sont des intérêts particuliers qui s'expriment. Ces hauts fonctionnaires, au contraire, ne parlent qu'au nom de l'intérêt général – c'est la langue maternelle de tous les énarques –, en sorte qu'ils ne se présentent pas comme demandeurs, mais comme conseilleurs. Leur position à la tête de tel grand organisme, de telle société nationale, de telle direction ministérielle est censée accroître leur compétence sans aucunement biaiser leur point de vue. Dans cette caste surdiplômée où tout le monde puise sa légitimité à la même source, il semble donc tout naturel de s'en remettre au jugement de ceux qui ont le dossier dans leur champ de responsabilité. Mode de décision typique d'une France colbertiste dans laquelle l'État tend à devenir le décideur universel. C'est alors que le pouvoir glisse du politique au technique. Pour le meilleur – ce fut souvent le cas, reconnaissons-le – ou pour le pire.

S'il faut déterminer notre programme nucléaire, développer l'usage du plutonium ou fixer le destin de Super-Phénix, les gouvernants s'en remettent aux nucléocrates. Ils savent. S'il faut choisir les programmes spatiaux, arbitrer entre l'astronautique humaine et les engins automatiques, décider de construire la navette Hermès ou jouer à grands frais les utilités dans la station spatiale américano-russe, les politiques s'en remettent aux spatiocrates. Ils savent. S'il faut se prononcer sur la télévision du futur – fibre optique, D2 Mac Paquets –, haute définition, on écoute les électrocrates. Ils savent. Plus récemment, lorsque le gouvernement s'est interrogé sur les autoroutes de l'information, il a demandé un rapport à un célèbre polytechnicien, X Télécom, Gérard Théry, un grand télécrate, l'homme qui a construit le réseau téléphonique. Il savait. Tout naturellement, il a conseillé de faire un effort gigantesque dans ce domaine – son domaine. De même, les aérocrates, labellisés X Sup Aéro, pressent les gouvernements de débloquer les crédits nécessaires pour le lancement d'un supersonique de deuxième génération. Le gouffre *Concorde* refroidit les ardeurs, mais, tôt ou tard, il faudra leur donner satisfaction. Ils savent. Pour la reprise des essais nucléaires, Jacques Chirac s'en est remis aux polémocrates. Ils savaient.

L'école de guerre

J'ai le plus grand respect pour la compétence en général, celle de ces hommes en particulier. Lorsqu'ils doivent mettre en œuvre leurs techniques, ils sont sans égal.

Mais, à travers cette vénération des titres et des diplômes, on en vient à tout confondre. Or les décisions stratégiques, les choix politiques, les lancements de programmes ne relèvent pas de la compétence technique mais du pouvoir politique, c'est-à-dire de l'incompétence. La démocratie, on ne le redira jamais assez, c'est la légitimité du généraliste, pas du spécialiste. Un président de la République, un Premier ministre ont pour fonction de décider dans des domaines qu'ils ne connaissent pas. En une journée, ils sautent de la Sécurité sociale à l'aménagement du territoire, rebondissent sur les finances locales, choisissent un nouveau type de missile air-air, jettent un œil au bilan de l'EDF, regardent la réforme des tribunaux administratifs, président un conseil pour réorganiser la formation professionnelle, etc. Et, sans cesse, ils doivent apprécier, juger, trancher, alors qu'ils ne sont en rien des spécialistes de ces questions. Ils ont été élus pour cela : pour avoir compétence de décision universelle. En notre nom. C'est cela le pouvoir politique : la capacité de se situer au-dessus du savoir. Si l'ultime volonté, celle qui engage l'avenir, se place au niveau de la compétence technique et non pas du pouvoir politique, alors il faut remplacer les élections par des concours universitaires. C'est d'ailleurs ce que nous faisons parfois sans nous en rendre compte.

La société tremble devant ces oracles nimbés d'un prestige intellectuel quasi religieux. Or les décisions relèvent bien souvent du simple bon sens. Elles ne peuvent se prendre sans une étude des dossiers, une écoute attentive des techniciens, mais « le tour de la question » une fois fait, le choix relève de critères assez simples… à moins qu'on ne se soit laissé embobiner par les « gens compétents ». Or le pouvoir politique tend à suivre purement et simplement la technocratie en place, celle qui met ses capacités au service du secteur qu'elle dirige. Du coup, c'est la première de toutes les aides à la décision, le bon sens, qui se trouve censurée.

Les experts ne cessent de s'interroger sur les circonstances particulières qui ont permis de creuser le gouffre abyssal du Crédit Lyonnais. Les causes sont multiples, mais parmi celles-ci le système des grands corps a sans doute une part de responsabilité. Jean-Yves Haberer l'incarne jusqu'à la caricature. Star de l'énarchie, inspecteur des Finances, ancien directeur du Trésor, le PDG du Lyonnais ne pouvait entretenir le moindre doute sur sa valeur hors du commun. Il était le meilleur, c'était écrit sur ses titres. Lorsqu'on découvrit l'étendue du désastre, la première réaction de l'*establishment* (gauche et droite confondues) fut d'admettre qu'on ne pouvait pas sanctionner un personnage aussi important… en le réintégrant dans son corps d'origine, l'inspection des Finances. Un diplomatique jeu de chaises musicales en fit donc le PDG d'une autre banque : le Crédit national. L'honneur des grands corps était sauf. C'est seulement devant l'ampleur des réactions que Jean-Yves Haberer redevint « simple » inspecteur général des Finances, c'est-à-dire « maître contrôleur » de tous les financiers de France.

Ne le vit-on pas, devant la commission d'enquête parlementaire, contester la compétence de son successeur, Jean Peyrelevade, en matière bancaire pour la simple raison qu'il n'avait pas fait l'ENA ! Les autorités de tutelle et de contrôle, elles-mêmes composées de hauts technocrates, communiaient dans le même culte de l'autorité mandarinale. Admettre qu'un personnage à ce point diplômé et titré puisse commettre de telles erreurs était, au sens le plus fort, impensable. Cette paralysie face à une remise en cause sacrilège explique l'absence de réactions jusqu'à la catastrophe finale. N'oublions pas qu'une élite confite dans la religion du concours présente également des risques et qu'il faut se garder de la sacraliser au nom d'une sélection initiale exceptionnelle.

Et, s'il convient de donner une formation spécifique à ceux qui devront exercer des fonctions de direction dans les plus hautes sphères de l'État, alors il faut s'inspirer du modèle militaire. On sait que les jeunes officiers sortant de Saint-Cyr n'ont aucune assurance de devenir généraux. Ils n'ont encore gagné que des galons, pas des étoiles. C'est après une dizaine d'années de commandement qu'ils pourront postuler à l'École de guerre ou au Collège interarmes de défense et, s'ils réussissent, voir des étoiles scintiller à l'horizon de leur carrière. Rien n'interdirait d'avoir, sur le même modèle, une école d'excellence civile. Mais une école où l'on ne pourrait postuler qu'après dix ans de vie active, où le parcours professionnel, les réalisations concrètes compteraient plus que les titres universitaires et les notes au concours. Une école, enfin, d'où l'on sortirait très clairement labellisé pour exercer de hautes responsabilités, mais où l'on n'aurait pas seulement gagné cette qualification en se révélant une bête à concours hors pair.

Si, sous une forme ou une autre, on instaurait un tel système, je ne doute pas qu'il ferait émerger pour une large part ceux-là mêmes que la sélection actuelle place dans les grands corps. Car ils sont remarquables et parfaitement capables de s'imposer quel que soit le type de compétition. Ce serait, dans l'ensemble, les mêmes, mais ils ne seraient pas les mêmes. Ils ne tiendraient pas leur légitimité de leur seul diplôme, ils l'auraient conquise sur le terrain ; ils ne seraient pas entrés dans la vie avec cette certitude folle qu'ils sont les meilleurs parce qu'ils ont été les meilleurs élèves. Obligés de faire leurs preuves dans la pratique et non plus seulement en théorie, ils auraient certainement acquis pas mal de bon sens et de prudence, ils sauraient sans doute mieux écouter et comprendre. Et quelques fausses valeurs – bêtes à concours mais bêtes tout court – auraient été éliminées au passage. Bref, je vois bien ce qu'on aurait à gagner, mais je ne vois pas ce qu'on risquerait de perdre à un tel changement.

Le grand sociologue Michel Crozier est encore plus radical : « Quel est ce système qui produit ce gaspillage extravagant de nos ressources ? C'est d'abord celui des “prépas” et des concours. Comment peut-on, au vingt et unième siècle naissant, penser que, par souci d'égalité, on va décider de la carrière des gens au travers d'un concours étroit ne correspondant pas au développement des sciences, en jouant sur des demi-points ?… Je ne vois pas d'autres moyens que de supprimer les prépas pour les intégrer dans des ensembles plus vastes qu'une école particulière cloisonnée et rivale des autres, des sortes d'ensembles universitaires de haut niveau qui soient les égaux des meilleurs du monde. […] La deuxième ouverture possible […] c'est de donner moins d'importance à la formation de départ au profit de celle qui serait donnée après quelques années d'expérience[1]. »

J'avoue que, dans la situation actuelle de notre enseignement supérieur, la première proposition de Michel Crozier me fait frémir. Je n'ai pas la moindre confiance dans le système qui devrait remplacer les prépas, je pense qu'il serait rapidement dissous dans la masse universitaire. La filière des classes préparatoires et des grandes écoles est ce qu'elle est, mais, si elle venait à disparaître, un coup fatal serait porté à la formation des élites en France.

Nombreux sont les sociologues à penser qu'il faudrait s'attaquer au point le plus discutable du système : les grands corps. Une telle réforme, touchant au cœur la classe dirigeante, se heurterait aux plus vives résistances. Les socialistes l'avaient bien prévue dans leur programme de 1981, il ne leur a pas fallu longtemps pour comprendre qu'il était plus facile de gouverner avec la caste qui tient l'État que contre elle. Ayant présidé, en 1989, la Commission de l'efficacité de l'État, j'avais proposé une telle mesure. Je n'ai pas eu besoin de procéder à un vote pour savoir qu'il n'y aurait qu'une voix pour. Il faudra pourtant faire bouger cette élitocratie, mais sans donner dans l'anti-élitisme populiste si fort à la mode : aucune société moderne ne peut se priver d'un système scolaire qui laisse émerger chaque année, en

1. Michel Crozier, *La Crise de l'intelligence*, Interéditions, 1995.

petit nombre, les meilleurs éléments d'une classe d'âge. Autant il est abusif de jouer sur quelques dizaines de sujets, autant il serait catastrophique de confondre les différences de mérite dans des dizaines de milliers de diplômés. Un enseignement supérieur élitaire est aussi indispensable à la survie du pays qu'une défense nationale.

Corriger les excès de notre méritocratie tout au sommet aurait surtout une valeur symbolique, une valeur d'exemple. Il n'est plus possible de faire vivre toute une société sur l'empreinte absolue et déterminante de la formation initiale, sur le mythe que l'homme est tout entier dans l'étudiant, qu'une existence n'est que le prolongement d'une scolarité.

L'intraitable malade

Insensiblement, je me trouve entraîné vers des eaux, ô combien traîtresses : la mer des solutions. « Que faire ? » La question va de soi, la réponse sûrement pas. Si l'on parle du souhaitable, elle est trop simple et même simpliste, si l'on parle du faisable… on mesure son bonheur de n'avoir pas à diriger l'Éducation nationale.

S'il suffisait de faire des réformes, il y a belle lurette que l'affaire serait réglée. Car on imagine assez bien les mesures à prendre. Au travers d'analyses parfois divergentes, les experts qui se succédèrent au chevet de l'école aboutirent à des diagnostics concordants et à des propositions convergentes. Bref, le mal est identifié, et le traitement connu. Mais comment soigner un malade qui, à l'évidence, préfère sa maladie à son remède et refuse obstinément les secours de la médecine ?

La première leçon que je retiens de cette enquête, c'est que l'état actuel de notre système éducatif n'est que partiellement le produit de décisions réglementaires. La seconde, c'est qu'il n'est pas susceptible d'être changé par des décisions en sens contraire. Les réformes successives traduisaient moins une vision stratégique que la volonté de satisfaire l'opinion, elles répondaient souvent à une demande populaire. La politique égalitaire, tous les Français l'ont voulue… mais en espérant toujours qu'elle profiterait d'abord à leurs enfants. Une compétition qui n'engendrerait que des gagnants en quelque sorte. Ce fut le « toujours plus » d'études et de diplômes.

Les gouvernants se sont contentés de mettre en place des systèmes, ce sont les familles qui en ont défini le mode d'emploi, et parfois même l'esprit, bousculant au passage tous les plans sur la comète tirés par les planificateurs. Aucun ministre, jamais, n'a décidé que la sélection l'emporterait sur la formation, que l'école sacrificrait la culture à la réussite, que tous les jeunes devraient poursuivre leurs études jusqu'à bac + 4, etc. Mais cela s'est fait. Les réformes, même consignées dans les textes, mêmes coulées dans le béton de nouveaux bâtiments, ne sont jamais que proposées. Pour s'imposer, elles doivent être adoptées par les utilisateurs. Faute de quoi elles dépérissent malgré tous les votes du Parlement et les circulaires ministérielles. L'enseignement secondaire hétérogène fut contourné, les formations professionnelles courtes snobées, et toute l'économie du système se trouva bouleversée. La situation présente est donc fille de l'usage autant que de la législation, c'est dire qu'elle ne peut être changée sans l'accord ou, du moins, la neutralité des consommateurs. Or ces derniers ne sont pas d'humeur réformiste, c'est le moins que l'on puisse dire.

Élèves, étudiants, parents, professeurs vivent en état d'extrême crispation. Derrière tout projet, ils voient un complot ; derrière tout changement, une menace. L'explosion de la rentrée 1995 s'est d'ailleurs produite en l'absence de toute réforme. Seule l'augmentation des crédits dans le maintien des structures en place trouve grâce aux yeux des Français. A tout moment, sur un simple malentendu, le corps professoral, la jeunesse scolaire ou universitaire, voire les parents courroucés peuvent bloquer l'institution et envahir les rues.

De ce point de vue, le retrait de la loi Devaquet a laissé plus que des traces, des habitudes. Avec le recul, chacun s'accorde à reconnaître qu'Alain Devaquet était un honnête homme et un bon ministre, que son projet, pour perfectible qu'il fût, allait dans le bon sens. Encore fallait-il surmonter la méfiance et la peur du monde étudiant. Ce fut impossible, et de petits groupes organisés n'eurent pas grand-peine à mobiliser les facs. Quand la garrigue est desséchée et que le mistral souffle, une étincelle suffit à embraser la pinède. Je ne dénonce pas un quelconque complot. Il y aura toujours des activistes dans les cités, dans les entreprises, dans les facultés pour prêcher la révolte, pour tenter de l'organiser. C'est la règle du jeu démocratique, et ce n'est pas plus mal : les antigènes ont leur place et leur rôle dans un organisme sain. Lorsqu'ils gagnent, ils ne le doivent pas à leur génie particulier, mais au terrain favorable qu'ils ont rencontré. Pendant des années, les groupuscules contestataires ont vainement prêché sur les campus. Un jour, les conditions ont été propices, et la parole s'est faite action. La récurrence de telles protestations prouve que ces « conditions » seront toujours réunies, que désormais il n'y a même plus besoin d'un prétexte ou d'un catalyseur pour déclencher l'explosion.

D'autant que le monde adulte proclame chaque fois que les jeunes ont raison, que leur protestation est juste et leurs propositions raisonnables. La démagogie transforme la compréhension en approbation, et les adultes « se mettent à l'écoute de la jeunesse qui a quelque chose à nous dire » pour l'entendre réclamer : « Des sous ! Des sous ! » sans la moindre proposition originale. La faute n'en revenant pas aux étudiants qui n'ont pas à réformer le système, mais aux adultes qui n'ont pas à attendre les étudiants pour savoir ce qu'ils ont à faire.

Une tradition se transmet ainsi de génération en génération, qui se résume dans la plus conservatrice de toutes les formules : « ne pas se faire avoir ». Les réformes proposées sont *a priori* classées « antijeunes », la « riposte » est toujours prête, et la reculade du ministre ou du gouvernement exigée. Seules les mesures vraiment « anti-jeunes » comme la multiplication des diplômes, le libre accès à toutes les formations, etc., sont populaires dans les amphis. En revanche, toute tentative pour maîtriser la ruée sur les facultés, pour adapter l'enseignement aux débouchés est considérée comme une agression appelant la « riposte ».

Les mêmes résistances, le même refus se manifestent de la maternelle à l'ENA. Que l'on prétende réduire l'élitisme délirant de nos grandes écoles, en finir avec la formation uniforme des collégiens, reconnaître la diversité des filières dans le secondaire ou simplifier le baccalauréat, on risque toujours le *tsunami* protestataire. Tout ministre ayant tenu plus de trois ans Rue de Grenelle peut se reconvertir en professionnel du déminage. Bref, la machine est joliment bloquée, mais à pleine vitesse, celle de la fuite en avant.

Cet emballement ne peut avoir qu'un temps. Ensuite, c'est le mur. L'échéance a été retardée par le transfert des problèmes non résolus du primaire au secondaire, du secondaire au supérieur et du supérieur au marché du travail. A ce point, le jeu s'arrête. Les entreprises n'embauchent pas sur décret. Après des années de mensonge, nous voici à l'heure de vérité.

Cette situation n'est pas particulière à l'école, c'est celle de la France dans son ensemble. Le mal français est, en réalité, un mal des Français. En lui-même, il ne présente aucune gravité. Sur une planète de misère et de déchirements, notre pays semble béni des dieux, et les maux dont il se plaint sont de banales marques de vieillesse sans commune mesure avec les fléaux qui accablent d'autres nations. Les remèdes sont connus, c'est de la médecine, pas de la chirurgie. Rien de comparable aux traitements de choc que subissent les peuples d'Amérique latine ou de l'ancien monde communiste. Pourtant, à écouter les hurlements du patient, on penserait qu'il est écorché vif, alors que le médecin ne l'a pas encore touché. Le moindre ajustement de revenus, de revenus décents et non pas misérables, la moindre remise en cause de situations établies soulèvent des tempêtes, provoquent d'insurmontables crispations.

Ainsi, le corps social a perdu cette volonté générale sans laquelle il n'est pas d'adaptation, donc pas de survie, possible. Les Français sont claquemurés dans le présent et le particulier. Ils ne supportent plus rien à titre prospectif ou préventif. Si gouverner, c'est prévoir, alors ils ont cessé d'être gouvernables. Du coup, les crises ne peuvent être évitées ni même traitées à un stade précoce. Elles doivent prendre une dimension dramatique pour qu'enfin, en toute dernière extrémité, le médecin ait le droit d'intervenir. Qu'il s'agisse de nos équilibres financiers, de notre protection sociale… ou de notre système d'éducation, la France ne souffre vraiment que d'une incapacité à se soigner.

Incapables d'éviter le pire, les Français doivent s'en faire un allié. Lui, au moins, ne manque jamais ses rendez-vous et frappe à coups sûrs et redoublés ceux qui dédaignèrent ses avertissements. C'est alors que, de force et non de gré, chacun doit réagir et s'adapter coûte que coûte – et cela coûte généralement le double de ce qui avait été précédemment refusé. Pour les Gaulois que nous sommes, à l'horizon borné de nos villages et de nos cabanes, fuyant les remèdes efficaces pour d'illusoires potions magiques, il n'est plus d'autre recours possible. Les catastrophes sont devenues les seuls électrochocs susceptibles de provoquer le sursaut salvateur. Mais cette politique non pas *du* pire mais *par* le pire ne va pas sans crises, drames et convulsions, notamment pour les générations sacrifiées, qu'une autre conduite eût permis d'épargner. N'ayant aucun goût pour la chirurgie d'urgence, la plus traumatisante, j'aurais préféré que la France construise elle-même son avenir et, surtout, celui de ses enfants. Ce ne sera pas le cas. N'en déduisons pas que le futur est mort. Il naîtra autrement, voilà tout. Que va-t-il se passer ?

L'inévitable adaptation

D'une façon ou d'une autre, les mentalités devront changer, et les comportements s'adapter. Il fut un temps, dans les années 60, où les automobilistes ne voulaient entendre parler ni de limitation de vitesse, ni de ceinture de sécurité, ni de contrôles d'alcoolémie. Les spécialistes savaient parfaitement ce qu'il fallait faire, mais les hommes politiques n'osaient braver l'opinion et défier les lobbies. C'est ainsi qu'au début des années 70 la France atteignit le total effarant de 16 000 morts sur les routes. Ce carnage finit par provoquer un sursaut de conscience. Les mesures furent prises et, dans les années suivantes, le nombre des morts diminua de moitié, alors que le trafic faisait plus que doubler. Il en ira de même ici. Aujourd'hui, familles, élèves, étudiants et enseignants sont tétanisés. Ils se précipitent tous dans la même direction. Dans la fausse direction. Une véritable réforme devrait se réaliser contre eux. Elle est donc impossible. Le volontarisme si fort à la mode est impuissant contre la menace d'explosion généralisée. Alain Savary, René Monory, Lionel Jospin, François Bayrou, tous les ministres ont dû faire machine arrière.

Les seules réformes possibles concernent la formation des maîtres et le contenu des enseignements. Le gouvernement veut revoir les programmes, les alléger, les rendre plus cohérents entre eux, mieux adaptés aux enfants. C'est faisable et ce sera encore mieux quand ce sera effectivement réalisé. On pourrait également récupérer le mois de juin et rendre notre année scolaire un peu moins démente. Les semaines et les journées seraient moins chargées, le travail serait plus efficace. C'est encore dans le champ du possible.

Pour le reste, pour l'essentiel, le changement ne peut se produire que par réaction, c'est-à-dire après les échecs, les drames, bref l'intolérable. Nous voilà donc à l'aube des temps nouveaux. Car l'absurdité du système, si longtemps dissimulée, éclate au grand jour. Les victimes – et non plus seulement les déçus – sont de plus en plus nombreuses. Étudiants, parents, entreprises, tout le monde verra que ces études longues ne correspondent à rien, ni sur le plan professionnel ni sur le plan culturel, et les pseudo-formations professionnelles avortées pas davantage. Comment réagira une jeunesse studieuse qui collectionne tant de titres dans le monde universitaire et tant de rebuffades dans le monde du travail ? Et les familles, ne vont-elles pas développer une nouvelle stratégie pour déjouer les pièges qui guettent les étudiants prolongés ? Les conseillers du ministre, de tous les ministres, savent fort bien qu'il faut arrêter cette inflation diplômaniaque et réorienter les jeunes vers des formations plus courtes, plus modestes, mieux adaptées aux futurs emplois. Plus de techniciens, moins de docteurs, plus de compétences, moins de connaissances : le diagnostic est simple. Transformé en politique, il devient explosif.

Comment expliquer aux jeunes que le bac s'appelle toujours le bac, mais qu'il n'est plus vraiment le bac et qu'on leur ferme au nez les portes qui s'ouvraient devant leurs aînés ? Des barrages autoritaires se briseraient sous la colère des étudiants refoulés. Seule la triste cohorte des éclopés, des mutilés, des laissés-pour-compte qui crurent au mirage du « bac + 4 » pourra persuader les suivants de prendre une autre voie. C'est alors que la demande s'orientera différemment : il suffira de l'accueillir. Aujourd'hui, la réforme serait incapable de provoquer le changement ; demain, le changement adviendra en l'absence de toute réforme. Il ne sera pas réglementaire.

Diplômes, on se calme

Il en ira de même dans tous les domaines. Chacun comprend qu'il faudrait réduire les enjeux de la scolarité pour permettre à l'école de respirer, de faire travailler les enfants dans un climat rasséréné. La plupart des spécialistes de l'éducation pensent, comme Michel Godet, qu'il convient de « réduire le rôle excessif joué par les diplômes initiaux et multiplier les chances tout au long de la vie pour ne pas faire des diplômés des rentiers et des chômeurs des exclus[1] ». Mais l'actuelle fascination du diplôme n'est pas le fruit d'une loi ou d'un décret, c'est un état général de notre société, je dirais presque un état d'esprit. Les mécanismes correcteurs seront sociologiques ou ne seront pas. Les mesures gouvernementales pourront accompagner une telle évolution, elles ne pourront jamais la créer.

Ne nous berçons pas d'illusions, il s'agit d'une véritable révolution culturelle, puisque nous vivons encore sur le principe de l'équivalence diplôme-emploi et même diplôme-carrière. Pour qu'il en aille autrement, il faudrait changer les critères d'embauche, favoriser la promotion interne, développer la formation permanente. Le jour où un jeune, en dépit d'un médiocre parcours scolaire, saura que le marché du travail peut fonctionner comme une instance d'appel et que, engagé à bas niveau, il garde l'espoir de s'élever peu à peu, un pas immense aura été franchi. Voilà, par excellence, les mesures que préconisent tous les experts depuis des années, et qui n'ont guère donné de résultat puisqu'on a vu, au contraire, les Français se ruer sur les études longues. Mais la réaction, ou plutôt la rétroaction, commence à se faire sentir.

Certains employeurs, submergés par les bac + 4, tendent à préférer les bac + 2 et, pour des tâches peu qualifiées, choisissent de simples bacheliers jeunes et heureux de travailler plutôt que de hauts diplômés âgés et amers. Dominique de Calan, chargé des problèmes de la formation dans les instances patronales, indique bien les nouvelles tendances des employeurs : « Les jeunes feraient mieux de débuter tôt et de gagner leurs galons dans le cadre de l'entreprise. » On assiste à deux mouvements en

1. *Le Grand Mensonge, op. cit.*

sens contraire. D'un côté, familles et étudiants sont toujours portés par la diplômanie et croient que des études plus longues réservent de meilleures perspectives d'embauche ; de l'autre, les employeurs, reconsidérant leur attitude vis-à-vis des diplômes, les regardent avec une certaine méfiance et s'intéressent aux personnalités plus qu'aux qualifications. En période de fort chômage, la demande finira nécessairement par s'adapter à l'offre. Tôt ou tard, la dévaluation qui frappe les titres universitaires sur le marché du travail se répercutera dans le monde de l'enseignement. Le « toujours plus » fera place au « juste assez ».

Si les entreprises adoptent cette politique de recrutement, il leur faudra accorder une plus grande place à la formation et ouvrir des perspectives plus intéressantes à ceux qu'elles embauchent à plus bas niveau. La pression sur le diplôme initial se relâchera ; du coup, les solutions alternatives seront revalorisées et l'orientation retrouvera son sens. Ce jour-là, il sera possible de conjurer la malédiction qui s'est abattue sur les enseignements technologiques et professionnels.

Il s'agit, on l'ignore trop souvent, d'une particularité française. Dans les pays étrangers, les rôles sont bien délimités : d'un côté, l'école délivre les savoirs académiques, la culture générale ; de l'autre, les entreprises donnent les qualifications techniques dont elles ont besoin. Chez nous, pour des raisons historiques, nous avons voulu que les métiers et le savoir-faire soient enseignés par des professeurs. Le résultat ne peut qu'être insatisfaisant. Sur le plan proprement technique, l'Éducation nationale est nécessairement en retard, ses machines-outils sont obsolètes, le savoir des enseignants est dépassé et, lorsqu'un métier apparaît ou disparaît, il lui faut des années pour créer ou supprimer les enseignements correspondants. Les élèves reçoivent donc des formations inadaptées aux exigences des utilisateurs directs : les employeurs.

Plus que tout, l'école ne peut pas enseigner l'entreprise. C'est affaire de culture. Antoine Prost a des mots très durs sur le sujet : « Les normes de fonctionnement du système scolaire sont aux antipodes de celles des entreprises. On ne peut donc apprendre dans celui-ci les comportements indispensables à celles-ci. […] Aussi est-ce se moquer du monde que de prétendre développer dans un cadre scolaire les qualités d'adaptabilité, d'innovation, d'aptitude au changement où l'on voit, à juste titre, l'une des clés du progrès économique et social. C'est aussi efficace que d'apprendre à nager en répétant sur un tabouret les mouvements de la brasse[1]. » Il faudrait ajouter que l'entreprise, c'est le monde de la responsabilité, celui dans lequel on fait les choses « pour de vrai », pas comme des devoirs ou des exercices, avec un examinateur autrement exigeant que le professeur : un client. En outre, les savoirs ne sont pas transmis de façon théorique et programmée, mais dans un certain désordre, par la confrontation avec les problèmes concrets qui s'imposent sans avoir de solution préexistante.

Pas surprenant, dans ces conditions, qu'en dépit des efforts méritoires accomplis par les gouvernements, et des succès enregistrés dans certaines filières, l'image de l'échec colle toujours à notre enseignement technologique et professionnel. Mais les élèves rêvent de l'entreprise plus que de l'école, ils demandent des stages de plus en plus nombreux. Du coup, les préventions de l'Éducation nationale tombent, et le patronat est sollicité après avoir été tenu en suspicion. Bref, sous l'apparente immobilité des positions officielles, la crise, la peur du chômage font bouger les comportements. Et c'est fort bien ainsi.

L'espoir de l'apprentissage

Une des solutions que tout le monde connaît, c'est l'apprentissage : la formation en entreprise, sous statut non pas scolaire mais salarial, avec un complément théorique

1. *Éloge des pédagogues, op. cit.*

et culturel fourni par l'école. En France, cette formule n'a jamais marché. Ce n'est pas faute d'avoir essayé. Depuis vingt ans, tous les gouvernements sont convaincus de sa nécessité. Ils ont pris un nombre invraisemblable de mesures incitatives. Toujours inefficaces. Cette filière n'intéresse guère que 10 % des jeunes contre 90 % pour les formations scolaires. Voilà bien la preuve qu'on ne peut réformer par décret.

Les responsables sont d'autant plus désespérés qu'ils ont sous les yeux, en Allemagne, la démonstration que cette filière peut vraiment devenir l'indispensable solution alternative. Les chiffres ne souffrent aucune discussion : « Le taux de chômage des jeunes actifs est cinq fois plus faible en Allemagne qu'en France et il y a aussi cinq fois plus d'apprentis », rappelle Michel Godet. Sur une telle constatation, chacun s'écrie : « Développons l'apprentissage », mais les choses ne sont pas si simples.

En Allemagne, il s'agit d'une tradition et d'une institution tout à la fois. Patronat, syndicats et corps enseignants s'y sont également engagés et concourent au fonctionnement du système. C'est en commun qu'ils définissent les formations, les conditions de travail et d'études. Les jeunes qui s'engagent dans cette voie n'ont pas le sentiment de déchoir, ils savent qu'ils réussiront aussi bien qu'en suivant une scolarité classique, ils savent que le quart des patrons sont passés par un tel cursus. Les entreprises qui misent sur cette formule sont assurées que leurs salariés posséderont non seulement les qualifications techniques, mais encore les qualités humaines. Elles consentent donc un effort considérable. Car l'investissement est énorme, un apprenti représente une charge de 80 000 francs par an, qu'elles doivent financer à 80 %, et il nécessite un véritable suivi pédagogique. Les apprentis sont pris en tutelle par des travailleurs expérimentés. L'industrie semble y trouver son compte, cette formation n'est pas étrangère à la fameuse qualité allemande qui permet de gagner des marchés en vendant plus cher.

Il s'agit d'une filière de masse et d'élite à la fois qui

regroupe 1 700 000 apprentis recrutés par sélection et non pas repêchés après un échec. Elle intéresse les plus grandes entreprises et pas seulement les PME, s'étend à tous les secteurs de l'économie, industriel comme tertiaire, et permet de rejoindre l'enseignement supérieur et les postes enviés de l'encadrement.

Par comparaison, le tableau de l'apprentissage à la française est consternant. Sa défaveur se lit d'abord dans ses effectifs. Après avoir légèrement augmenté, ils ont diminué entre 1988 et 1992, tandis que se produisait la ruée sur le secondaire classique. Au total, on ne comptait que 200 000 apprentis en France, dix fois moins que d'étudiants. La plupart se retrouvent dans cette filière après avoir été « orientés », c'est-à-dire comme sanction d'un échec. Le tiers a quitté le collège dès la quatrième… on imagine dans quelles conditions. De nouvelles dispositions permettent de poursuivre par cette voie dans le supérieur, mais, en 1993, on ne comptait encore que 5 000 anciens apprentis ayant atteint un niveau universitaire.

Ce manque de considération se lit dans la répartition des apprentis par secteurs d'activité. En tête, le commerce et la distribution, l'hôtellerie et la restauration, la mécanique, les soins personnels, la boulangerie-pâtisserie, la plomberie, le travail du bois. L'électronique a vingt fois moins d'apprentis que la restauration, la chimie biologie soixante fois moins que la boulangerie. Sur les 200 000, ils ne sont que 31 à étudier l'informatique ! Comment s'étonner que les jeunes interrogés par l'IFOP en 1990 aient considéré que l'apprentissage conduisait à des fonctions subalternes de basse qualification !

Il existe bien une taxe d'apprentissage, à laquelle sont assujetties les entreprises, qui rapporte plus de 6 milliards. Mais les deux tiers de cette somme vont à des écoles classiques. Qu'importe, puisque certains centres d'apprentissage qui, en fin d'études, trouvent un emploi à tous leurs élèves manquent encore de candidats !

La tradition française se situe donc aux antipodes de la tradition germanique. Il s'agit d'une filière réservée à quelques secteurs qui regroupent essentiellement des PME et dans lesquels on utilise une main-d'œuvre peu qualifiée et « formée sur le tas ». Ajoutons à cela la mauvaise réputation, pas toujours injustifiée, d'une filière d'exploitation. Périodiquement, on découvre que des patrons trouvent là une main-d'œuvre sous-payée qui trime sans apprendre grand-chose.

Qui est responsable de cet échec ? Les entreprises françaises qui n'ont jamais consenti les efforts nécessaires pour former la main-d'œuvre ? Le monde enseignant agrippé à son monopole et n'envoyant en statut salarial que les jeunes dont il ne sait plus que faire ? Les familles qui sacralisent les études et qui n'imaginent pas que leurs enfants puissent apprendre autant et mieux à l'entreprise qu'à l'école ?... Tout le monde a mis un maximum de bonne volonté pour faire échouer cette filière.

Un échec définitif ? Certainement pas. Pendant des décennies, les familles n'ont pas voulu voir que l'apprentissage assure mieux l'emploi que les études classiques bien qu'il fonctionne comme voiture-balai de l'enseignement secondaire. Elles ont ignoré le fait que les régions qui le pratiquent plus que d'autres, Alsace, Vendée, sont aussi celles qui souffrent moins que d'autres du chômage.

Les entreprises n'ont cessé de déplorer les formations trop théoriques, trop abstraites données par l'école, sans prendre les choses en main. Elles finiront bien par en tirer la conséquence : elles doivent assurer la formation de leurs futurs salariés et ne pas se contenter d'attendre qu'ils aient trouvé chez des concurrents les méthodes qui leur font défaut. Enfin, l'Éducation nationale, qui a tant de problèmes sur les bras, qui vit si mal les drames de l'orientation, sait qu'elle se porterait mieux si les élèves qui ne peuvent suivre avec profit l'enseignement général trouvaient une autre voie d'avenir. N'est-ce pas une raison suffisante pour revoir un monopole ingérable ? Demain, l'enseignement en entreprise pourra se combiner avec une véritable formation générale ; demain, de nouveaux statuts permettront d'être salarié à mi-temps et étudiant le reste du temps ; demain, il sera possible d'entrer plus tôt dans la vie active et de reprendre plus tard un cycle d'étude ; demain, le grand bazar de la formation professionnelle sera revu, assaini, simplifié et débouchera sur des formations plus recherchées que tous les certificats d'études supérieures.

Non, tout cela ne relève pas de l'utopie, en voici la preuve. Les tout derniers chiffres révèlent un retournement de tendance totalement inattendu. Le nombre des apprentis, qui avait chuté de 32 000 entre 1988 et 1992, s'est accru de 60 000 au cours des deux dernières années. On tangentait les 200 000, on atteint 266 000. Les effectifs ont augmenté de 6,6 % en 1993, de 14,5 % en 1994, et de 17,2 % si l'on ne considère que les entrées en apprentissage. Et cette évolution s'est produite alors que l'école est beaucoup moins stricte et brutale que dans les années 80 pour ses procédures d'orientation. C'est dire que les nouveaux apprentis ne sont pas des élèves en échec rejetés par le secondaire, ce sont, de plus en plus, des jeunes qui choisissent. D'ailleurs, la progression se fait essentiellement dans les nouvelles voies, celles qui permettent d'accéder par l'apprentissage à des formations plus ambitieuses. Peut-on expliquer cette évolution par la politique gouvernementale ? Difficile à croire. Depuis le temps que l'on prend des mesures, pourquoi les dernières auraient-elles eu plus d'effet que les précédentes ? Ce qui a changé, c'est la situation générale avec l'évidence de l'échec dans les formations classiques et, par réaction, le comportement des familles. La peur du chômage est devenue si forte qu'elle vient à bout de tous les préjugés. Voilà bien la preuve que l'évidence des faits finit par s'imposer, qu'elle influe sur l'évolution des comportements.

Je n'ai garde d'affirmer que l'hirondelle de l'apprentissage annonce le printemps de l'école. Mais je crois que de telles évolutions vont se multiplier et, peu à peu, aideront à remettre le système éducatif sur ses rails. Nous n'en connaissons pas la date, peut-être moins lointaine qu'on imagine, et pas davantage les circonstances qui, en tout état de cause, seront douloureuses. En attendant, des générations sacrifiées s'entassent dans les universités pour éviter de se retrouver à l'ANPE et laissent périodiquement éclater leur angoisse et leur désespoir dans de pathétiques révoltes. Mais, d'une façon ou d'une autre, la réalité l'emportera sur les illusions qui obscurcissent le ciel et les esprits.

Gouverner, c'est préparer ce retour au réel, c'est mettre en place les structures qui, demain, accueilleront les jeunes revenus de leurs mirages universitaires, des jeunes qui voudront à la fois s'instruire et se former, se donner une base culturelle et obtenir un emploi. Pour cela, il faut desserrer le carcan de la sélection, c'est-à-dire faire en sorte que le succès des uns ne soit pas l'échec des autres, que l'école donne, à la sortie et pas seulement à l'entrée, une chance à chacun, mais pas la même à tous. Corriger les dérives actuelles, c'est tout ensemble dissiper l'illusion du diplôme-roi et conjurer la malédiction de l'examen-sentence. Il n'en faudra pas moins pour que la vie reprenne ses droits – à l'école et dans la cité. Pour que l'une redevienne un espace de découverte et pas seulement de compétition, et l'autre un terrain d'aventure pour chacun et pas seulement un déroulement de carrière pour tous.

Pour tout dire

Dans la France de 1996, livrée sans défense à la rapacité des intérêts, à l'égoïsme des corporations, impuissante à guérir les maux qui la rongent, paralysée face aux échéances qui s'annoncent, une France qui voit monter les périls et ne combat que les remèdes, qui s'engage avec un lâche soulagement dans la voie du sous-développement, France des jeunes au chômage, des cités à la dérive, de l'avenir en lambeaux, peut-on encore évoquer le bonheur d'apprendre ? N'est-ce pas disserter sur le sexe des anges dans Byzance assiégée ? La culture n'est-elle pas un luxe inaccessible, un plaisir hors de saison ? Je ne le pense pas et j'aimerais faire partager cette foi avant de clore ce livre.

J'ai choisi le mot *apprendre* comme point de départ, il sera également mon point d'arrivée, car c'est un verbe fondateur. Le sens qui lui est donné, la place qui lui est octroyée définissent une société. La nôtre se condamne en le reléguant dans le monde scolaire, en le réduisant à sa fonction utilitaire.

Nous vivons dans le grand bazar du progrès, c'est notre monde. Progrès de la science, des techniques, de l'industrie qui entasse les connaissances dans les laboratoires, les marchandises dans les magasins. Je dis *entasse*, car cette accumulation ne correspond à aucune logique, à aucun dessein. Elle se fait au hasard des découvertes et des inventions. Dans quel but ? La question n'a pas à être posée. La modernité offre des moyens et nous laisse le choix des fins. Et encore… Je ne pense pas aux fins dernières, au sens de l'existence, mais plus modestement à cet art de vivre élémentaire qu'est le bon usage des choses. Même ce rudiment de culture n'est jamais fourni avec la marchandise. L'automobile est née sans Code de la route, le génie génétique a été découvert sans éthique correspondante, et Prométhée ne savait pas que le feu servirait à allumer les bûchers du fanatisme. C'est ainsi : le progrès ne glisse jamais le mode d'emploi dans ses paquets-cadeaux. A nous d'en faire ce que nous voudrons... ce que nous pourrons. La science va de l'avant ; quand d'aventure elle regarde dans le rétroviseur, il est trop tard.

Cette fuite peut nous emporter dans deux directions opposées : vers une néo-barbarie gadgétisée ou vers une civilisation technicienne. De l'une à l'autre, le décor ne varie guère : il y a toujours des marchandises derrière les vitrines, des écrans devant les ordinateurs, des voitures sur les routes et des avions dans le ciel, mais les hommes ne sont pas les mêmes : ici, ce sont des esclaves, et là des maîtres. Un « détail » qui mérite quelque attention. Le verbe *apprendre* balise l'une et l'autre route, mais il n'a pas le même sens, c'est pourquoi elles ne prennent pas la même direction.

Dans le scénario de l'inacceptable, les enfants n'apprennent que pour devenir producteurs. Le savoir qu'ils acquièrent à l'école permet de décrocher un certificat qu'ils vont monnayer sur le marché du travail. Car, une fois entré dans la « vie active » – une vie singulièrement passive –, il n'est plus question d'*apprendre*, mais d'*acheter* et de *consommer*. Chacun exploite son capital scolaire pour gagner de l'argent ; le reste est donné, ou plus exactement vendu, de surcroît. Le reste, c'est-à-dire toute l'assistance technique qui doit rendre l'existence moins rude. Scénario classique d'une société de consommation qui n'a de cesse d'éliminer tout effort personnel, de nous transformer en rois fainéants. La critique, née dans un monde qui se croyait d'abondance, garde toute sa pertinence dans le nôtre, qui se croit de pénurie et n'est, en vérité, que d'économie.

Le système marchand s'efforce de traquer nos désirs les plus secrets, cela s'appelle du *marketing*. Sitôt qu'il a décelé une envie, avant même qu'elle n'ait été formulée, il l'érige en demande et propose une réponse qui n'exigera aucune participation active, aucune création individuelle, aucun véritable apprentissage : du prêt-à-vivre vendu sur catalogue.

Souhaitez-vous découvrir le monde ? L'industrie du tourisme vous prend en charge et vous permet de vérifier qu'il ressemble aux photographies des dépliants publicitaires. Est-ce la beauté qui vous tente ? Utilisez des crèmes et des pilules, recourez aux massages, à la chirurgie esthétique, allez en cure de thalassothérapie, emballez le tout dans un habillage seyant, la beauté est à ce prix. Élevé, cela va de soi. Si vous êtes friand de belles histoires, ne prenez pas la peine de lire : regardez la télévision, allez au cinéma ; si la gastronomie vous tente, n'apprenez pas la cuisine : offrez-vous de bons restaurants ; si vous recherchez les sensations fortes, faites un tour à EuroDisney ; si vous êtes fasciné par les questions métaphysiques, allez consulter un mage et si, en dépit de tous ces divertissements, vous sombrez dans la déprime, prenez du Prozac ou du Lexomil. Mais, surtout, n'entreprenez rien par vous-même, n'allez pas vous efforcer, vous évertuer, vous fatiguer, vous astreindre à une discipline contraignante. Payez, c'est tout ce que vous avez à faire.

C'est alors que cette mirifique panoplie, de la dernière invention à la dernière mode, agit à la façon d'un stupéfiant. Elle nous séduit, nous grise, nous enivre, mais dans le même temps nous rapetisse, nous amenuise, nous anémie. Nos ressources propres, notre richesse intérieure s'atrophient et nous devons sans cesse forcer la dose, c'est-à-dire dépenser plus, pour renouveler notre plaisir. Cette utilisation gloutonne et passive du progrès, même couplée à un niveau très élevé d'instruction, n'est à mes yeux qu'une nouvelle barbarie, certainement pas l'avenir que je souhaite à mes enfants. Le piège fonctionne pour les riches comme pour les pauvres : à la consommation pour les uns, aux frustrations pour les autres. Entre le jeune des cités qui ne rêve que de belles bagnoles, de fringues griffées, de frime, d'esbroufe, et n'imagine d'autres bonheurs que ceux de l'argent facile, et le jeune friqué qui fait le paon en étalant les signes extérieurs de la richesse parentale, le vide intérieur est le même.

Qu'on m'entende bien, je suis hostile à cette philosophie, mais sûrement pas à ces plaisirs. J'apprécie les commodités du monde moderne et ne rêve pas d'un retour à la vie saine et rude de nos ancêtres. Je veux simplement que ces objets, ces outils, ces machines restent à leur place, qu'ils soient des esclaves et que nous soyons les maîtres, qu'ils nous aident à devenir plus humains, mais que, surtout, ils n'imposent pas leur loi. Lorsque la technique nous libère, en réduisant la durée du travail, lorsqu'elle met le monde entier à notre portée, lorsqu'elle répand la culture à travers les supports d'information et les moyens de communication, elle devient un outil de civilisation. A condition que l'usage suive… Les voyages pour ne rien comprendre, les images pour ne pas lire, la voiture pour se pavaner, l'informatique pour se perdre dans des mondes irréels, tout cela ne condamne pas les machines mais les hommes. Dès lors que ces moyens cessent d'être des fins en soi, qu'ils servent un devenir personnel, alors, oui, c'est une civilisation nouvelle qui naît. La plus passionnante de toutes à mes yeux, et ce n'est pas un mince privilège que d'en jouir. Encore faut-il la mériter. C'est-à-dire rendre au verbe *apprendre* son sens véritable, celui d'une sagesse de vie au-delà de l'étroite acception scolaire que j'ai rappelée dans les premières pages.

Un art de vivre

APPRENDRE, c'est un effort. Aucune machine, aucune recette, aucune pilule ne peut le faire à notre place. Au jeu de l'apprentissage, il faut toujours payer de sa personne. Ce qui est donné instantanément, qui ne requiert aucun entraînement, aucune recherche, aucune étude, n'apporte rien. Des maîtres peuvent nous guider, des méthodes nous aider, des machines nous assister, des professeurs nous instruire, mais il nous faudra toujours parcourir le chemin si nous voulons arriver au but.

APPRENDRE, c'est un enrichissement. Non pas de l'avoir, mais de l'être. Jouer d'un instrument, pratiquer un sport, maîtriser une langue, comprendre une philosophie, connaître un pays ou cultiver les roses de son jardin, peu importe le *hobby* ; dès lors que nous le pratiquons avec constance et passion, c'est notre personne qui prend de la valeur, pas notre patrimoine. Et ce profit-là, nul impôt, nulle dévaluation ne nous le reprendra.

APPRENDRE, c'est une aventure. Certainement pas un voyage organisé dont les étapes et le point d'arrivée sont annoncés sur le programme des agences. Impossible de prévoir les plaisirs, les émotions, les étonnements et, pourquoi pas, les répulsions. Il faut prendre ses risques et ne pas lâcher à la première difficulté. La montagne est toujours la même quand on la découvre depuis le belvédère où s'arrêtent les cars de touristes le temps d'une photo, elle ne sera jamais pareille pour ceux qui tenteront de l'escalader à pied. Pour les uns, ce sera une image ; pour les autres, une histoire.

APPRENDRE, c'est une initiation. L'apprenti s'engage sur une route tracée par d'autres : en mettant ses pas dans les leurs, il rejoint leur communauté. Celle des astronomes amateurs ou des chercheurs de fossiles, des fous d'opéra ou des accros d'Internet, des passionnés d'histoire ou des peintres du dimanche, celle d'autres hommes qui partagèrent la même passion. Toute culture nous fait pénétrer dans un savoir constitué, un art élaboré. Apprendre, c'est toujours s'approprier une parcelle d'un patrimoine immense, celui de l'humanité.

APPRENDRE, c'est un plaisir. Dans nos souvenirs scolaires, le bonheur est associé à la réussite, pas au travail. Nous nous sommes embêtés pendant des années et puis, un jour, nous avons sauté de joie en découvrant notre nom sur une liste de reçus. En l'absence de cette gratification, nos efforts n'auraient eu aucun sens, ne nous auraient procuré aucune satisfaction. A ce jeu, nous avons oublié que le plaisir de découvrir existe en soi et pour soi, qu'il ne dépend pas de sa rémunération. Certes, l'apprentissage comporte des étapes fastidieuses, répétitives, harassantes. Il faut faire des gammes pour assouplir son corps et son esprit, et le noviciat n'est guère gratifiant. Il vaut mieux le savoir. Mais quel bonheur à chaque progrès ! Un bonheur ignoré de ceux qui, rebutés par les premières difficultés, ont préféré le plaisir clé en main des services gadgétisés.

APPRENDRE, c'est beaucoup plus qu'apprendre. Car cette initiation n'est pas un cul-de-sac, elle nous conduit à un point de départ. Une fois maître de son art, qu'il s'agisse d'informatique ou de musique, de yoga ou d'équitation, de philosophie ou de mécanique, chacun en use à sa façon. L'apprentissage ouvre une infinité de voies, peut-être inexplorées. On n'apprend jamais que pour la suite.

APPRENDRE, c'est un art de vivre. L'art d'entretenir dans son âge adulte ce feu que Montaigne voulait allumer chez l'enfant. Voilà qu'on nous propose chauffage et climatisation, pelisses et palais, lampes et fluos pour nous baigner de lumière et nous tenir au chaud. C'est fort bien, je n'aime pas les engelures. Mais ce confort-là ne réchauffe pas le cœur. Seule la flamme vive d'une attente aux aguets, d'une rencontre inespérée, d'une envie renaissante, d'une quête sereine et déraisonnable, nous tient éveillés dans ce monde hypnotique. C'est elle qui, face aux plaisirs mercantiles, nous garde à la bonne distance : non pas celle qui nous inflige la pénitence, mais celle, au contraire, qui nous procure la vraie jouissance. Lorsqu'on porte en soi ses propres passions, on ne se laisse plus abuser par les réclames tapageuses, on attend du progrès ce qu'il peut nous donner : des commodités et rien de plus.

L'homme heureux a d'abord trouvé sa place dans le monde, c'est vrai – et c'est pourquoi tout ce que je dis là est vide de sens pour les chômeurs, les réprouvés – mais, en outre, il se donne des plaisirs qui ne dépendent ni des autres ni de la fortune et dont il fait ses délices, tel M. Ingres jouant de son violon. Et tant qu'à faire, mieux vaut s'en offrir plusieurs. Car c'est un peu triste une seule passion et cela confine vite à la manie. La curiosité ne se met pas en cage, elle gambade, nous emporte. Et ce virus-là, il ne faut jamais le laisser s'endormir, il doit guetter au coin de l'œil, prêt à sauter sur une occasion qui passe, une tentation qui s'offre. Brève rencontre le plus souvent. Mais qu'importe ! On ne peut se lancer chaque jour dans un nouvel apprentissage, et le plaisir de la découverte se nourrit aussi des savoirs grappillés, des paysages aperçus, des secrets entrevus et non encore dévoilés.

Paul Valéry disait : « Je vaux par ce qui me manque. » Se définir par ses désirs. Je retiens le principe de vie. C'est aujourd'hui l'argent qui manque le plus, aux pauvres comme aux riches, l'argent et les rêves de plaisirs préfabriqués, de jouissance instantanée, de satisfaction garantie. Bref, tout ce qui ne vaut pas grand-chose. Pour ma part, je manque d'abord et avant tout de ce que je ne pourrai jamais acheter. C'était déjà vrai à l'époque où ma bourse était plate, ce l'est plus encore aujourd'hui. Les soirs de lassitude, j'égrène la litanie de mes insuffisances et je sais que jamais une signature au bas d'un chèque ne pourra les abolir. Je suis incapable de tirer une mélodie d'un piano ou de faire chanter une guitare, et je contemple, l'air stupide, un échiquier ; je me perds vite dans le monde oriental trop exubérant ou trop dépouillé à mon goût ; je ne sais pas déchiffrer la nature – à peine si je reconnais une pie ou un écureuil. Indigente lecture ! Et le monde magique des vents et des courants ? Il m'est inconnu. Je tente d'imaginer l'ivresse silencieuse d'un vol en planeur, les furieuses batailles dans un vent de force 7. Pas pour moi ! Et cette pensée obstinément incolore et rationnelle, blanche comme ma peau. Je ne connais d'autre vision du monde, d'autres relations humaines que par ouï-dire, jamais je ne plongerai dans ces mondes différents où les mêmes cerveaux suivent d'autres programmes. Oublions l'ethnologue que je ne serai jamais ! Homme moderne, je ne suis que locataire de mon corps. Qu'il marche, je l'oublie ; qu'il tombe en panne, je vais chez le médecin-garagiste. D'autres, je le sais, en possèdent une véritable maîtrise, une perception immédiate, une connaissance plus intime, un contrôle véritable… après des années de travail sur eux-mêmes, des années que je ne retrouverai pas. Et tout ce que je n'ai pas écrit ! Ces romans, ces pièces, ces poèmes que je fus incapable de mener à terme. Dites-moi où, en quelle saison, me sera donnée la chance d'apprendre tout ce que je ne sais pas, afin de vivre tout ce que je n'ai pas vécu. Allez ! Mes regrets ne valent pas bien cher. Ils sont trop ambitieux.

Pour la génération 68, notre société était la terre promise et non désirée ; pour la génération 96, elle est la terre désirée et non promise. Je n'oublie pas un instant que pour des millions de jeunes, le monde d'où je parle est aussi fermé qu'un château fort au pont-levis dressé, à la herse abaissée, je n'oublie pas tous ceux qui tombèrent des murailles et s'entassent, laissés pour compte, dans les fossés et sur les terrains vagues. Il faut que la vie bouscule ce pays apeuré, auto-embastillé où les gens en place attendent avec des fourches les nouveaux venus, où la sclérose aux rides de barbelés défend les rentes et les privilèges. Cela, l'école ne pourra le faire ; elle ne pourra même pas donner à chacun ne serait-ce qu'une place à l'intérieur ou plus modestement un billet d'entrée. Demandons-lui ce qui est en son pouvoir : rien qu'un mode d'emploi. Une formation pour chaque enfant mais aussi ce goût de l'essentiel, ce sens de la vie sans lesquels, travailleur ou chômeur, il ne connaîtra jamais le siècle fantastique qu'il va traverser – et manquer.

Pour gagner dans son âge tendre cette richesse intérieure, il faut une famille, il faut aussi des professeurs, des éveilleurs d'âme, de bons génies qui répandent sur tous la curiosité, qui révèlent à chacun une clé du bonheur, une parmi d'autres mais combien essentielle : le bonheur d'apprendre. Dans ce « reste » qui survit à l'oubli de nos années scolaires, si les cendres ont étouffé les braises, les plus prestigieux diplômes ne seront que ce qu'ils sont : une réussite matérielle et rien de plus. Ce n'est pas négligeable, pas satisfaisant non plus. Si, au contraire, demeurent la soif, l'envie, la passion, si le peu que l'on a retenu, c'est que nous sommes riches de tout l'inconnu, alors l'existence cesse d'être inscrite sur un parchemin et l'avenir d'être emprisonné dans une situation. Chacun retrouve en lui, et pas dans ses esclaves, son propre devenir, chacun construit sa vie au hasard de ses découvertes.

Il existe à Hauterives, petit village de la Drôme, un monument historique, le plus insolite de tous : le « Palais idéal » du facteur Cheval. C'est l'œuvre d'un seul homme, Joseph Ferdinand Cheval, né en 1836, facteur de son état, qui entreprit de réaliser un projet insensé : se construire un palais. Non pas une maison comparable à celle de ses voisins, mais un monument qui ne ressemblerait qu'à lui. Il n'avait rien, ne possédait aucune fortune, ne connaissait pas la maçonnerie, il n'était riche que de ce rêve obstiné. Il apprit seul à tracer des plans, à manier la truelle et le marteau, à dresser des murs, à saisir le ciment, à sculpter la pierre. Il trouva dans les environs, au hasard de ses tournées, les matériaux qu'il ne pouvait acheter. Il travailla plus de trente années pour édifier un monument comme il n'y en aura jamais d'autre, incroyable enchevêtrement de fioritures architecturales, délirante accumulation de naïves décorations, invraisemblable foisonnement de personnages, d'animaux, de symboles qui, pour lui seul, avait un sens et une beauté. A la même époque, l'architecte Antonio Gaudí construisait à Barcelone l'église de la Sagrada Familia qui stupéfia le monde entier par son exubérance. Pourtant, le sanctuaire de Gaudí, salué comme le chef-d'œuvre de l'architecture onirique, paraît bien sage, presque classique, comparé aux imprévisibles jaillissements du « Palais idéal ».

Le facteur n'était ni fou ni sage, il bâtissait sa vie à travers un monument dont il entendait faire son tombeau. Son palais, c'était sa propre image qu'il façonnait longuement, au fil des ans, au hasard de ses pensées, au prix de son travail. Je connais peu l'histoire de ce bâtisseur du soir et du dimanche, mais je trouve la parabole superbe. Et j'éprouve ce même mélange de respect, de tendresse et d'admiration chaque fois que je croise par chance un de ces personnages qui, sortant du rail scolaire et professionnel, est parti à l'aventure, apprenant ce qu'il ignorait, pour aller au bout de lui-même.

Que l'école donne à tout élève une place, ce serait déjà très bien, mais qu'elle lui ouvre un chemin, ce serait tellement mieux. Non pas l'une de ces routes connues et balisées qu'il faut aussi emprunter, mais un chemin bien à soi, que l'on trace pas à pas, une étoile en tête pour unique boussole : l'itinéraire d'une seule vie construite jour après jour avec l'obstination de ce facteur Cheval qui toujours allait à pied et chaque soir ajoutait un caillou du chemin au palais de ses rêves.

Pour la rédaction de cet ouvrage,
j'ai bénéficié de l'aide efficace et des conseils précieux
d'Hervé Hamon,
ainsi que de Dominique de Libera,
Véronique Maumusson,
Renée Rousseau,
Séverine Miquel,
qu'ils en soient remerciés.

Table

RÉALISATION : PAO ÉDITIONS DU SEUIL
IMPRESSION : BUSSIÈRE CAMEDAN IMPRIMERIES A SAINT-AMAND
DÉPÔT LÉGAL : MARS 1997. N° 31428 (4/225)

Collection Points

DERNIERS TITRES PARUS

P225. La Grande Maison, *par Mohammed Dib*
P226. Une mort en rouge, *par Walter Mosley*
P227. N'en faites pas une histoire, *par Raymond Carver*
P228. Les Quatre Faces d'une histoire, *par John Updike*
P229. Moustiques, *par William Faulkner*
P230. Mortelle, *par Christopher Frank*
P231. Ceux de 14, *par Maurice Genevoix*
P232. Le Baron perché, *par Italo Calvino*
P233. Le Tueur et son ombre, *par Herbert Lieberman*
P234. La Nuit du solstice, *par Herbert Lieberman*
P235. L'Après-Midi bleu, *par William Boyd*
P236. Le Sémaphore d'Alexandrie, *par Robert Solé*
P237. Un nom de torero, *par Luis Sepúlveda*
P238. Halloween, *par Lesley Glaister*
P239. Un bonheur mortel, *par Anne Fine*
P240. Mésalliance, *par Anita Brookner*
P241. Le Vingt-Septième Royaume, *par Alice Thomas Ellis*
P242. Le Sucre et autres récits, *par Antonia S. Byatt*
P243. Le Dernier Tramway, *par Nedim Gürsel*
P244. Une enquête philosophique, *par Philippe Ken*
P245. Un homme peut en cacher un autre
par Andreu Martín
P246. A l'ouest d'Allah, *par Gilles Kepel*
P247. Nedjma, *par Kateb Yacine*
P248. Le Prochain sur la liste, *par Dan Greenburg*
P249. Les Chambres de bois, *par Anne Hébert*
P250. La Nuit du décret, *par Michel del Castillo*
P251. Malraux, une vie dans le siècle, *par Jean Lacouture*
P252. Une année en Provence, *par Peter Mayle*
P253. Cap Horn, *par Francisco Coloane*
P254. Eldorado 51, *par Marc Trillard*
P255. Juan sans terre, *par Juan Goytisolo*
P256. La Dynastie des Rothschild, *par Herbert Lottman*
P257. La Trahison des Lumières
par Jean-Claude Guillebaud
P258. Je suis vivant et vous êtes morts
par Emmanuel Carrère
P259. Minuit passé, *par David Laing Dawson*
P260. Le Guépard, *par Giuseppe Tomasi di Lampedusa*
P261. Remise de peine, *par Patrick Modiano*

P262. L'Honneur perdu de Katharina Blum
par Heinrich Böll
P263. Un loup est un loup, *par Michel Folco*
P264. Daddy's Girl, *par Janet Inglis*
P265. Une liaison dangereuse, *par Hella S. Haasse*
P266. Sombre Sentier, *par Dominique Manotti*
P267. Ténèbres sur Jacksonville, *par Brigitte Aubert*
P268. Blackburn, *par Bradley Denton*
P269. La Glace noire, *par Michael Connelly*
P270. La Couette, *par Camille Todd*
P271. Le Petit Mitterrand illustré, *par Plantu*
P272. Le Train vert, *par Herbert Lieberman*
P273. Les Villes invisibles, *par Italo Calvino*
P274. Le Passage, *par Jean Reverzy*
P275. La Couleur du destin, *par Franco Lucentini et Carlo Fruttero*
P276. Gérard Philipe, *par Gérard Bonal*
P277. Petit Dictionnaire pour lutter contre l'extrême droite
par Martine Aubry et Olivier Duhamel
P278. Le premier amour est toujours le dernier
par Tahar Ben Jelloun
P279. La Plage noire, *par François Maspero*
P280. Dixie, *par Julien Green*
P281. L'Occasion, *par Juan José Saer*
P282. Le diable t'attend, *par Lawrence Block*
P283. Les cancres n'existent pas, *par Anny Cordié*
P284. Tous les fleuves vont à la mer, *par Elie Wiesel*
P285. Parias, *par Pascal Bruckner*
P286. Le Baiser de la femme-araignée
par Manuel Puig
P287. Gargantua, *par François Rabelais*
P288. Pantagruel, *par François Rabelais*
P289. La Cocadrille, *par John Berger*
P290. Senilità, *par Italo Svevo*
P291. Le Bon Vieux et la Belle Enfant
par Italo Svevo
P292. Carla's Song, *par Ken Loach*
P293. Hier, *par Agota Kristof*
P294. L'Orgue de Barbarie, *par Bernard Chambaz*
P295. La Jurée, *par George Dawes Green*
P296. Siam, *par Morgan Sportès*
P297. Une saison dans la vie d'Emmanuel
par Marie-Claire Blais
P298. Smilla et l'Amour de la neige, *par Peter Høeg*
P299. Mal et Modernité, *par Jorge Semprún*

P300. Vidal et les Siens, *par Edgar Morin*
P301. Dieu et nous seuls pouvons
par Michel Folco
P302. La Mulâtresse Solitude
par André Schwarz-Bart
P303. Les Lycéens, *par François Dubet*
P304. L'Arbre à soleils, *par Henri Gougaud*
P305. L'Homme à la vie inexplicable
par Henri Gougaud
P306. Bélibaste, *par Henri Gougaud*
P307. Joue moi quelque chose, *par John Berger*
P308. Flamme et Lilas, *par John Berger*
P309. Histoires du Bon Dieu, *par Rainer Maria Rilke*
P310. In extremis *suivi de* La Condition
par Henri James
P311. Héros et Tombes, *par Ernesto Sábato*
P312. L'Ange des ténèbres, *par Ernesto Sábato*
P313. Acid Test, *par Tom Wolfe*
P314. Un plat de porc aux bananes vertes
par Simone et André Schwarz-Bart
P315. Prends soin de moi, *par Jean-Paul Dubois*
P316. La Puissance des mouches, *par Lydie Salvayre*
P317. Le Tiers Livre, *par François Rabelais*
P318. Le Quart Livre, *par François Rabelais*
P319. Un enfant de la balle, *par John Irving*
P320. A la merci d'un courant violent, *par Henry Roth*
P321. Tony et Susan, *par Austin Wright*
P322. La Foi du charbonnier
par Marguerite Gentzbittel
P323. Les Armes de la nuit *et* La Puissance du jour
par Vercors
P324. Voltaire le conquérant, *par Pierre Lepape*
P325. Frère François, *par Julien Green*
P326. Manhattan terminus, *par Michel Rio*
P327. En Russie, *par Olivier Rolin*
P328. Tonkinoise…, *par Morgan Sportès*
P329. Peau de lapin, *par Nicolas Kieffer*
P330. Notre jeu, par John Le Carré
P331. Brésil, *par John Updike*
P332. Fantômes et Cie, *par Robertson Davies*
P333. Sofka, *par Anita Brookner*
P334. Chienne d'année, *par Françoise Giroud*
P335. Nos hommes, *par Denise Bombardier*
P336. Parlez-moi de la France
par Michel Winock